実践例から学ぶ

# 競技力アップの
# スポーツカウンセリング

マークB.アンダーセン ≫≫編
Mark B. Andersen

辻 秀一＋布施 努 ≫≫訳
Shuichi Tsuji　Tsutomu Fuse

DOING SPORT
PSYCHOLOGY

大修館書店

# DOING SPORT PSYCHOLOGY
by Mark B. Andersen

Copyright © 2000 by Mark B. Andersen
Japanese trranslation rights arranged with
Human Kinetics Publishers, Inc.
through Japan UNI Agency, Inc., Tokyo.

Taishukan Publishing Co.,Ltd.
Tokyo, Japan, 2008

まえがき

## Mark B. Andersen (Victoria University)

† なぜまた，応用スポーツ心理学の本を出すのか？

　リラクセーション，イメージ，目標設定，セルフトーク——これらは応用スポーツ心理学の観点から見たときに，役に立つスキルです。パフォーマンス向上のサポート提供における，これらのメンタルスキルの使い方を記述した実用的なテキストは，無数に存在します（例：Gauron, 1984；Harris & Harros 1984；Murphy, 1995；Syer & Connolly, 1984；Williams, 1998）。では，そこに新たに応用スポーツ心理学のテキストは必要なのでしょうか？　その答えは，あいまいなようですが，イエスでありノーでもあります。そしてイエスであるかノーであるかは，そのような新たな実用的テキストの中で，著者らが何を扱い，問いかけるかによって変わってきます。それでは本書ははたして，新しい事柄や問いに対してどのようにアプローチし，読者である学生やスーパーバイザー，実践家たちはそこからどんなメリットを得られるというのでしょうか？

　最初の問いへの答えは，本書の核となるものでもあります。これは，「どのようにすれば，スポーツ心理学のサポートをするということをもっともうまく説明し得るか？」という問いとも言えるでしょう。必要とされているのは"何が"成されねばならないか（例：リラクセーション，目標設定）について書くことではなく，"どのようにして"スポーツ心理学のサポートが達成されているかについての実例を示すことなのです。そこで起こっていることを知る一番手っ取り早い方法は，スポーツ心理学者とアスリートやコーチの間で交わされる，多岐にわたる会話（それに，事実の列挙）の実例に目を向けることなのです。記録された会話から生の声を読者に伝えるそれらの実例が，スポーツ心理学のサポートをいきいきとしたものにしてくれます。コメントや解説つきの実際の会話は，学生や実践家たちに，応用スポーツ心理学が機能しているときのイメージを膨らませます。本書に書かれているスポーツ心理学者とアスリートとのやりとりで勉強できることは，スポーツ心理学の実際のサポート提供や活

気のあるロールプレイングに参加することなどに次いで，学生や実践家が現実に経験できることに近いものとなるでしょう。

「スポーツ心理学はどうやって行うのか」とか，「どうすればうまくできるのか」といった問いは，ほとんどの学生や多くの実践家から寄せられる質問です。スポーツ心理学を実践する上で，これらは避けては通れない質問です。興味深いことに，スポーツ心理学者たちは目標設定についてコンサルティングする際にしばしば，目標までの過程を大きく重視し，その目標の結果についてはそれほど注意を払わないものです。しかしながら研究者や実践書の執筆者たちは，スポーツ心理学のサポートについて書く際，その介入やサービス提供による成果（例：アスリートのパフォーマンス向上）に非常に大きく力点を置いてしまい，アスリートと一緒に仕事をすることの過程（例：アスリートとスポーツ心理学者がお互いに交わす会話の様子）が描かれることはほとんどありません。私の仮説は，スポーツ心理学のサポート提供のされ方に注意を払い理解しようとすれば，アスリートの（そしてスポーツ心理学者の）望む結果はより得られやすいものになるのではないだろうか，というものです。

この思考の結果が，今あなたが手元に持っているこの本，"Doing Sport Psychology" です（訳者註：本書の原著タイトル）。本書の多くの部分は，この過程について明らかにし，それを理解することに費やされています。不謹慎かもしれませんが，本書のタイトルは臨床テキストの古典である "Doing Psychotherapy" (Michael Franz Basch, 1980) から拝借しました。私は自分の修士課程や博士課程のトレーニングにおいて，カウンセリングや心理療法についてのさまざまなテキストを使ってきました。多くは興味深く，有用なものでした。けれどもそれらの本のほとんどは，あるべきモデルを示すものであったり，心理療法やカウンセリングでもたらされるべき結果について記したものであって，どのようにしてそのモデルを現実の心理療法においての活動や過程に組み込めるのかについて説明するものではありませんでした。そののち私は，精神分析的心理療法のトレーニングを Deborah Brogan, MD とともに始めることになりました。その最初のテキストが，上述した Basch 氏の書いたテキストだったのです。それはまさに新発見でした。私の眼前にあったのは，セラピストとクライアントの間での多くの会話の再現とともに描かれた心理療法のすばらしいモデルであり，また，心理療法の現場において起きている実際の出来事に対する深い考察や，その精力的な解釈だったのです。実際に精神分析的心理療

法をしたり，その療法のスーパービジョンを経たりすることに次いで，"Doing Psychotherapy"を読むことこそが私に，スポーツ心理学のサポートを提供する過程に関する多くを教えてくれたのです。そしてこの教育課程の間に私は，スポーツ心理学のトレーニングにおいても"Doing Psychotherapy"と同じ手法が取れるのではないかと考えました。それが，本書の作られる出発点となりました。

ここでの私の目標は，精神分析的アプローチのスポーツ心理学テキストを作ることではなく，そこから遠く離れたところにあります。それらのアプローチでよく用いられるエディプス・コンプレックスや去勢不安といった概念には，おそらく本書では一度も言及しないことになると思います（もっとも，アスリートとスポーツ心理学者の関係を分析するといった例において，精神分析の理論における中心的な論点のいくつかが特徴として登場することにはなるでしょうが）。むしろ私は本書のモデルに"Doing Psychotherapy"を置き，交わされる会話ややりとりの実例を各章で挙げながら，さまざまな理論の適応や実践のモデルを示すことで，スポーツ心理学のサポートがどのようなものであるかを説明したいと目論んでいるのです。そこでは会話や深い解説，分析，そしてアスリートのケーススタディが挙げられるとともに，スポーツ心理学者とアスリートの間でのやりとりや一緒に仕事をしていくことについてのあり方へと，私たち執筆者らは分け入っていくことになるでしょう。

読者にとって本書のアプローチが，アスリートと仕事をする際に私たちが行っていることの複雑さ，サポートするクライアントたちを私たちはどのようにして理解しようとしているのか，そしてさらには，スポーツ心理学を実践する過程で私たちは自らをどのようにして理解しているのか――について考える一助となることを願っています。

# 訳者まえがき

　本書の翻訳を始めるとすぐにアメリカでスポーツ心理のトレーニングをしていたときの，選手との会話，選手の反応，教授とのスーパーバイズのセッションを懐かしく思い出しました。本書との出会いは 2001 年，スポーツ心理学をアメリカの大学院で学び，その理論をこれから実践していこうとしていたころでした。そんなおりに，恩師である Dr. Laura Finch より「マーク（原著編者）が，スポーツ心理のサービスに関して面白い本を書いたから，今学期の授業でその本を使うわ。スポーツ心理コンサルタントとしてコーチや選手と仕事をしていこうとしているあなたには，ぴったりの本よ」と手渡されました。さっそく内容を見て，すぐに"これは"と思いました。

　もともと私がアメリカでスポーツ心理学を学ぼうとした際，"すばらしいスポーツ心理学の理論を，一体どうやってスポーツの現場で実践しているのだろうか"，それを知りたい，そして実際に Scientific Practitioner になるべく "一対一で専門家からスーパーバイズを受けたい" と思っていました。本書はまさにその現場と理論をつなぐ部分に焦点が当てられています。スポーツ現場での活き活きとした会話を中心とした内容は，スポーツ選手のパフォーマンス向上に当たり "何を" に加えて "どうやって" の部分が詳細に描かれています。

　"スポーツ心理コンサルタント"，まさにこの人たちの存在が本書 "*Doing Sport Psychology*"（原題）を生み出したと言えるでしょう。彼らは大学院でスポーツ心理の理論を学び，その理論を使って，スポーツの現場でいかにパフォーマンス向上させるかのトレーニングを受けた専門家です。彼らの仕事はフィールドでぶらぶらすることから始まり，単に心理的スキルトレーニングを行うばかりではなく，その先のセルフコンセプトの対処のようなパフォーマンスに直結する心理的な問題を取り扱います。本書はまさに彼らの仕事そのものを書き表しており，これこそ現在の日本のスポーツの現場で求められていることであり，その現場で働きたいと考えている方々にはこの上ないテキストだと思います。

　また，邦題につきましては，『実践　スポーツ心理コンサルティング』，『実

践 選手と使う応用スポーツ心理学』としたかったのですが，編集サイドより提案で"スポーツ心理コンサルティング""応用スポーツ心理学"が日本ではまだあまり一般的ではないことから現邦題となりました．

　最後に，本書の翻訳にあたっては数多くの方にアドバイスいただきました．アメリカ大学院での留学中にご指導いただいた，Dr. Laura Finch（ウエスタン・イリノイ大学），Dr. Daniel Gould, Dr. Diane Gill（ノースカロライナ大学グリーンズボロ校），英語の細かなニュアンスについてアドバイスいただいたリーバイ・ヒンソン/康子ご夫妻，日本語訳出時にご協力いただいた木下直子氏（NPO法人パフォーマンス・エクセレンス研究所），皆様に心より感謝申し上げたいと思います．

2008年6月　布施　努

実践例から学ぶ 競技力アップのスポーツカウンセリング 目 次

まえがき　Mark B. Andersen
◎なぜまた，応用スポーツ心理学の本を出すのか？　　i

訳者まえがき　布施　努　iv

# 序　章……xii
Mark B. Andersen
◎実践におけるいくつかの基本的な問い……xii
何が／どこで／いつ／なぜ／誰が／どのように
◎最後に……xvi

# 第Ⅰ部
# スポーツカウンセリングを行うにあたって

## 第1章…受理面接：クライアントとの関係開始………1
Mark B. Andersen
◎始めるにあたって………3
◎話をする………11
◎新しい始まり………27
◎付録………27

## 第2章…心理的障壁を取り除く：遮るものをなくす………32
Burt Giges
◎哲学的側面………33
◎指導の基本原則………34
心理的な体験…34／聴くこと…35／入口となるきっかけ…35
◎心理的障壁を取り除く………36
障壁を特定する…36／意味を探求する…37／変化を起こす…37
◎クライアントの実例………38
オフィスにて 38／スポーツ心理学のワークショップから…53
◎まとめ………64

# 第3章…フィールド内外でのストレスをコントロール：学問的資料へのリトルフットアプローチ……66
Albert J. Petitpas

◎スポーツ心理学介入へのリトルフットアプローチ………67
問題を決めつける前に，まず問題そのものを理解せよ…69／好奇心を強く持ち，読心は避けよ…70／リードする前に，まずペースをつかめ…72／元気づけ，しかし効果をそこねないこと…73／「でも」に注意を払え，疑いを疑え…74／アスリートは，自分がどうあるべきかと考えるところへあなたを連れていってくれる…76／変えることの難しさを認めよ…78／プラトーや後退を考慮に入れよ…78／一般化せよ…79

◎試合中にストレスをコントロールすること………80
◎要約………88

# 第II部 応用スポーツ心理学の原則

## 第4章…リラックス！ …って言われても難しい!?………89
Clay P. Sherman & Artur Poczwardowski

◎リラクセーションの理論的根拠………90
◎会話………96
初面談の記録ノート…96
◎リラクセーションの理論と実践………102
◎結論………117

## 第5章…セルフトークを聴くセルフコンセプトに耳をすませる………119
Clark Perry, Jr. & Herbert W. Marsh

◎シャイヴェルソンのモデル………122
◎矛盾の理論：現実と理想のボディイメージ………124
◎枠組効果の影響………125

内的・外的な枠組（I/E）モデル…125／Big-Fish-Little-Pond 効果（BFLPE）…127／BFLPE の対比と同化（栄光欲）効果…128
◎セルフコンセプトの測定………130
エリートアスリートの自己分析アンケート…130／絶対的な自己評価：自己認識テスト…132
◎ある水泳選手のセルフコンセプト………133

# 第6章…フィールドでイメージを使う………149
Jeff Simons
◎イメージの最初のセッション：イントロダクション………152
◎技能の発達………161
◎望ましい態度と考え方の強化………172
◎試合のためにメンタルモデルを作り上げる………175
◎まとめ………182

# 第7章…未来を定める：プロの選手たちの目標設定………184
Daryl B. Marchant
◎個人の目標設定………185
◎目標を見直す………194
◎チームの目標設定………198
◎チームの目標管理：3月-9月………204
◎結論………207

# 第Ⅲ部
# 実例：スーパービジョンから複雑なサービス提供まで

# 第8章…スーパービジョン：ケーススタディ………209
Mark B. Andersen & Judy L. Van Raalte & Greg Harris
◎スーパービジョンの初面談………211

◎セッション3：承認欲求………223
◎セッション7：援助欲求………229
◎十ヵ月後：関係が変わる………233
◎セッション31………234
◎セッション32………236

## 第9章…初めてのインターンシップでの経験
## ──または，私が休日にやったこと………238
Vance V. Tammen
◎教育的な経験………239
◎意見・偏見・そして哲学の形成………241
◎オリンピック・トレーニング・センターでの経験………242
◎最初のアスリート………243
◎向上心に燃えているオリンピック選手………252
◎最高の一瞬………259
◎学習によって得た教訓………265
◎終わりに………268

## 第10章…大渦巻きの中で：
## 大学アメフトからＮＦＬまでの5年間の関係………270
Frances L. Price & Mark B. Andersen
◎仲間からの紹介………271
◎初面談………272
◎仕事の始まり………275
自律訓練法…277／ヒーリングイメージ…279
◎ドラフトの準備………283
◎ルーキーシーズン………290
◎2年目………291
◎3年目………294
◎4年目………297
◎ビッグパーティー………299
◎結論………300

# 第IV部

# 展開：ケガ，引退…
# その他の問題

## 第11章…大舞台でのスポーツ心理学………302
Sean C.McCann
◎理論的土台………302
◎基本的な哲学………303
具体的な行動目標に焦点を当てる…303／介入の一部としての教育…304／技術の構築…304／選手（クライアント）との協力…305／自立の促進…305
◎オリンピックと，他の高プレッシャー大会での仕事………306
◎オリンピックの物語………308
ホテルで…310／2日後…322
◎おわりに………326
スポーツ心理学者のために…327／選手のために…329
◎付録………331

## 第12章…ケガをしたアスリートへの
## スポーツ心理学………333
Gregory S.Kolt
◎フィジカルセラピストの役割………334
◎フィジカルセラピストの認識………336
◎アスリートとフィジカルセラピストの関係………337
◎ケーススタディ………340
◎セッション4………340
◎セッション5………345
◎セッション10………348
◎セッション25………350
◎結論………356

## 第13章…コーチ活動におけるスポーツ心理学………358
Britton W.Brewer
◎一人二役の問題………359
倫理的考慮…359／実用的考慮…361
◎コーチングにスポーツ心理学を組み入れる………362
最高のチーム環境を作り上げる…362／スポーツスキルを教える…364／スポーツ特有の心理的スキルを練習する…365／一般的な心理的スキルを教える…367／試合の準備をする…368
◎スポーツ心理学や他のサポートサービスのための紹介をする………371
紹介する理由…372／紹介のプロセス…375
◎スポーツ心理学の準備をする………379
◎要約と結論………379

## 第14章…スポーツ界を離れる：
## 上手なキャリア・トランジション………381
David Lavallee & Mark B. Andersen
◎理論………382
◎トランジションの最中のアスリート………384
辞めることを考える：青年とスポーツの転機…384／撃ち倒された：トランジション後のアスリートへのカウンセリング…393
◎過去, 現在, そして未来………402

あとがきに代えて（AFTERWORD）　Shane M. Murphy　405
訳者あとがき　辻　秀一　417
参考文献　419

カバー写真＝Duomo／Corbis／amanaimages

# 序　章

## Mark B. Andersen (Victoria University)

### 実践におけるいくつかの基本的な問い

　応用スポーツ心理学のサポート提供についてなお残されている，回答がなされるべき問いとは何でしょうか。入門的なレベルにおいては，これはジャーナリストの例が参考になるかもしれない領域です。ジャーナリズムの入門クラスにいる生徒ならば皆叩き込まれ，訓練する古典的な問いとは，いわゆる５Ｗ１Ｈ，すなわち何が，どこで，いつ，なぜ，誰が，どのようにして，というものです――それに回答しようと試みる応用スポーツ心理学のテキストは数多いのですが，充分なものではありません。本書，"*Doing Sport Psychology*"において執筆者たちがそれらの問いにどうアプローチしているかの全体像を知る方法として，ひとまずそれらの問いを簡単に取り上げておくことが，ここではふさわしいように思います。

† 何が

　この問いは，その下位にさらに二つの基礎的な問いを持っています――すなわち，スポーツ心理学とは何かという問いと，スポーツ心理学者が行うことはいったい何か，という問いです。スポーツ心理学の定義は，一般的かつ極めて広範な"スポーツの心理学的側面の研究"といったものから"スポーツのパフォーマンス向上を試みる心理学的原理の研究"などのようなむしろ狭義のものにまでわたり，その間には全てのことが含まれてしまいます。人がどちらの定義を支持するかは，先ほどあげた二番目の問い，すなわち，スポーツ心理学者が行うことはいったい何か――ということに多大な影響を及ぼすことでしょう。スポーツ心理学は単にパフォーマンス向上のためのものにすぎないと考える人があったならば，彼が行うのは，まえがきの最初の一文で言及されていたことにほとんど限られることになるでしょう（例：リラクセーション，イメージ）。しかしながら，スポーツ心理学は心理学とスポーツのあらゆる側面に関

わり，競技の範疇にとどまらずアスリートやコーチたちを心理学的にトレーニング，手当て，ケアすることを含んでいると考える人がいたなら（例：Andersen, 1992；Balague, 1999；Murphy, 1995），彼が行うこと，あるいは行うであろうことは，ずっと広範な学問的研究や実践的営為を含んだものになるでしょう。けれども本書は，そのような原理や実践の及ぶ範囲についてディベートする場となることはないでしょう。目次からも見て取れるように，本書におけるスポーツ心理学の定義や実践の範囲は，広範な方の極へともっぱら向けられています。したがって続く章で示されるのは，パフォーマーやアスリートが自分たちの競技やパフォーマンス，人生の挑戦においてより願ったものになることを促すであろう全てのことを含んだものが，サポート提供というものである，という視点です。アスリートのパフォーマンス向上をサポートすることだけに費やされる章があるかと思えば，スポーツ心理学者たちが自分たちの仕事により長けることができるようサポートすることについて特に仕立てられた章もあります。たとえばスーパーバイズについての章は，実践者たちの成長や発展にとって非常に重要なこのサポートについてのモデルや理論を説明するために費やされているのです。

† どこで

スポーツ心理学者がアスリートと仕事をするということは，実に多様な環境のもとでや，移動しながらという状況において，もっぱら成されています。Ken Ravizza は，そのことを次のように表現しています——

> 理想的なシチュエーションは，アスリートが自分のオフィスを訪れ，2時間ほど時間をともにしてセッションに没頭するというものであろう。しかし現実は，仕事の多くはチームとともに飛び回るものだ。それはホテルのロビーであったりバスの上であったり，こっちでは5分，あっちでは6分しか時間が取れないなどというのはざらで，そのばらばらの短い時間の中で多くのことを行うのである。(Simons & Andersen, 1995, p.459)

"どこで"という問いには多くの答え方があり，陸上競技のアスリートとイメージを用いることについて記された Jeff Simon による章のように，本書でしばしば示されることでしょう。

† いつ

"いつ"という問いは，これまでの"どこで"という問いと非常に絡み合っています。——スポーツ心理学の介入とサポートにとって，いつがもっとも適

切なのだろうか？　とか，実際にどの時期（プレシーズン，シーズン中，大会前，大会中）に，そしてどんなシチュエーション（チーム選抜，延長決勝戦）での介入とサポートがもっとも望ましいのだろうか？　など――。いつ，とどこで，という問いについては本書において非常に熱意のある考察が加えられることになりますが，もっとも中心を成すのは Sean McCann による章で示される，世界のスポーツの頂点の一つにおいてスポーツ心理学のサポート提供をするありようでしょう――すなわち，オリンピックです。

† なぜ

　スポーツ心理学における"なぜ"という問いには，さまざまなレベルのものがあります。表面的には，なぜ私たちがスポーツ心理学のサポート提供や介入をするのかというのは，明白に見えます――アスリートのパフォーマンスを向上させる，スポーツへの満足度や自己効力感を高める，アスリートとコーチ間のコミュニケーションの質を高める…といったことです。サポート提供を行う理由は無数にありますが，その全ては次の言葉に集約されます。すなわち，よりよくなること，です。私たちなみな，言わば向上することについての試合をしているようなものなのです。スポーツ心理学サポートをパフォーマンス向上のトレーニングに限定したものと捉えようと（例：Rotella, 1992），またアスリートの競技の内外に関わらず心理的な健康状態を取り巻くものと捉えようとも（例：Balague, 1999），目標は同じ――アスリートがスポーツや生活の中でより向上すること――なのです。

　なぜ私たちがスポーツ心理学を行うかという，もう一つのより根元的な問いへの回答は，なぜ人々は非生産的で不適合な考え方をするのか，どうやって，そしてなぜ人々は態度を変化させるのか，そしてなぜ私たちの行動がその変化を起こすことができるのかといった，スポーツ心理学者が持っている基本的な問いのモデルや理論に関係しています。以後の章では，執筆者たちはサポート提供の裏にあるモデルや理論を描写して，なぜ自分たちはそれを行うのかという問いに答えていくことになります。各章のコメントや会話は，理論やモデル，行動の変化がどのように現実のサポートに反映されているのかを描写します。

† 誰が

　"誰が"という問いは，実際は二つの大きな問いに分けることができます。A）応用心理学のサポートはどのような人が受けるのか，そして B）このサー

ビスはどのような人々が提供するのか、ということです。最初の問いに答えることは、表面的には簡単に見えます。すなわちアスリートとコーチです。しかしこの答えは、複雑なケースにおいてはあやういものであることがわかります。たとえば摂食障害があるアスリートの場合は、クライアントは誰かという問題をわかりにくくします。食事や体重コントロールの悩みを抱えているアスリートは、はたしてクライアントなのでしょうか。それともコーチ、スポーツ医療チーム、大学間のスポーツ組織、チームそれ自体、アスリートの家族に介入の焦点を置くべきでしょうか。"誰が"という問いは、単純な問題はほとんどなく、困難さがより注意深く観察されるとそれらがますます複雑味を帯びてきます。"誰がクライアントなのか"という問いはよりひんぱんにされており、近年の応用スポーツ心理学と運動心理学の本においてより深く研究されています（例：Heyman & Andersen 1998；Perna ら，1995）。

二つ目の"誰が"という問いですが、それは過去に激しい論争を巻き起こしてきた問いです。この誰がスポーツ心理学をできて、またするべきかという問いは終わりそうにありません。Burt Giges は、誰がそれをあざやかに成し遂げられるかという問題について、こうまとめています——

> 我々が知っていること、行うことは、我々が呼んでいる言い方に限られる必要はない。誰かが新しい考えを学んだり、信念や思考を変えることをサポートすることは、教育と見なされるべきだろうか。コンサルティング、あるいはセラピーだろうか。私はそれが以下にあげる三者おのおのの役割だと思っている。つまり、教育者、カウンセラー、そしてセラピストのうち必要な知識、スキル、そして経験を持っている者こそがサポートを遂行することができるということである。(Simons & Andersen, 1995)

† どのように

ジャーナリズムの入門クラスの学生が尋ねるであろう問いの中で、もっとも注意を払われない——払われるとしてもごく限られる——であろうものが、"どのように"という問いです。私たちはどのようにスポーツ心理学を行うのでしょうか。どのようにアスリートを理解するのでしょうか。私たちは関係の中で、どのようにして自らを理解するのでしょうか。私たちははどのようにして過ちを犯すのでしょうか。その答えこそが、各章の核となっています。これらやその他の問いに答えようとする私たちの努力を通じ、現在、そして未来のスポーツ心理学者たちが自分のやっていることをより理解することの助けとな

ること，そして究極的には，アスリートがよくなることの助けにもなることを願っています。

## 最後に

　本書における会話形式は意図的なものです。というのも，それこそがサポート提供の場で私たちが実際に行っていること——会話を交わすこと，なのですから。そのスタイルはいささかだけたものかもしれませんが，本書は応用スポーツ心理学や運動心理学を学んでいる修士課程，博士課程にいる生徒たち，スポーツ心理学の研修生，研究者，そしてアスリートやコーチなどと仕事をするスポーツ心理学者に向けられたものです。この本はまた，スポーツ心理学の領域に身を置く者の中で，私はここで何かを見落としてはいないか，アスリートには何が起きているのだろうか，今私は何を言ったらよいのだろうか，なぜこれはうまくいっているのだろうか…といった自らへの問いを一度でも発した方がいるなら，本書はそのような方々へ向けられたものともなるでしょう。本書の執筆者たちは全ての答えを持っているわけではないかもしれませんが，そのような問いに対して彼らがどのような答えを下してきたかを説明しています。そしてもっとも重要なことは，そのような問いの中で執筆者たちが中心的に取り組むことになるのは"どのように"の問いであるということです——どのようにそれは成されたのか，これはどのように聞こえるのか，私たちはどのように進めるべきかなのか，私たちはどのように成果をあげているのか…——。

◉第Ⅰ部
スポーツカウンセリングを行うにあたって

# 第1章 受理面接：クライアントとの関係開始

(BEGINNINGS : INTAKES AND THE INITIATION OF RELATIONSHIPS)

■ Mark B. Andersen (Victoria University)

　**選**手がスポーツ心理学者と初めて会う。どのようなことが起こるのでしょうか？　その質問に答える前に，選手（コーチ，トレーナー）がスポーツ心理学者と初めて顔を合わせるきっかけとなった状況，環境，そして紹介されてここに至るまでのプロセスに注目してみましょう。多くの応用心理学の仕事において，心理学者とクライアントとが面談するに至る道筋は，かなり限られています。クライアントが心理学者に紹介されてくる主な方法としては，心理学者のオフィスへ自発的に電話をかけてアポイントメントを入れるもの，HMO（訳者註：health maintenance organization 民間健康維持組織）の心理士からの事前問診によるもの，医師，スクールカウンセラー，またはソーシャルワーカーからの紹介状によるもの，それに他のいくつかのルートがあります。この紹介された選手との面接はたいていオフィスで行われています。

　とはいえ，選手とスポーツ心理学者が話し合うようになる道筋は，きちんと紹介を受けてオフィスで行う場合もあれば，もっとくだけた雰囲気のこともあります。たとえば，選手を見かけたときに声をかける，偶然に会って親しくな

る、コーチやトレーナーの紹介、大学でスポーツ心理学を教えていたときの出会いなど、さまざまです。私がフルタイムで大学の体育局の専属として働いていたときは、色々なきっかけで選手と関係をもつことができました。またその関係は、心理療法の範疇に入るくらいの長期間のものから、グループでの話し合い、廊下での軽い話、プールデッキ、トラック、ゴルフコースなどで過ごした長い時間、選手が軽く挨拶をしに私のオフィスに立ち寄る（私のオフィスの場所はロッカールームの近くで、フィールドへつながるメインの廊下沿いにあったため最高でした）などさまざまです。これと対照的に、私がキャンパスの反対側の大学健康センターで一般の学生とカウンセリングを始める方法は、いつも彼らの名前が予約表に記入され、私のメンタル・カウンセリングのオフィスで会うというようなものでした。

　臨床心理学やほとんどのカウンセリング心理学の基準からすれば、スポーツ心理学のサポート開始やサービス方法は明らかに自由です。またそうあるべきだと思います。これはスポーツ心理学やスポーツ心理学者を批判しているのではなく、スポーツ心理学者が活動する場所と方法に関しては、いままであったメンタルクリニックの職務と比べて多彩であり自由であるということなのです。通常、診療所のような環境にいるときはテニスコートでぶらぶらしているときよりもその役割は明確です。しかし、スポーツ心理学者はいろいろな状況や環境の中で選手やコーチを見たり、彼らに会ったり、携わったりすることになるので、9時から5時まで管理された診療所で働いている心理学者よりも役割と活動範囲についてかなり注意する必要があります。

　クライアントとの関係の始め方に関して、まず「ぶらぶらする」という方法は多くのスポーツ心理学者にとってこの上なく重要なものでしょう。そして続いてのシナリオは、なりたてのスポーツ心理学者にとってよくあるできごとです。コーチが大学の心理学部や体育学部の教授に連絡を取り、ちょっとスポーツ心理学を教えてくれないかと頼んできます。たまに、それがどういうものかを理解されていないこともありますが、ともかく何らかのサービスをしてほしいのです。そこで、教授はコーチにスポーツ心理学を充分理解している大学院生を練習に参加させ、グループ講習や一対一のセッションなどを開かせることにします（北米やオーストラリアのプログラムに参加した多くのスポーツ心理学者は、こういうシナリオに慣れているでしょう）。その次に何が起こるでしょうか。ふつうは、学生が1週間に1回ぐらいリラクセーション、目標設定、

イメージなどについてグループ講習をします（あまり練習時間に差し支えないように）。残りの時間で学生は練習を観察したり，もしかしたらトラックにハードルを運ぶのを手伝ったり，水泳の飛び込み選手をビデオテープに撮ったりしますが，ほとんどはぶらぶらする時間が多いものです。ぶらぶらするというのは，何もしないということではありません。私たちはよく学生に，ぶらぶらするということは，サービスを開始するプロセスの第一歩だと教えます。それは，学生がその環境にとけこみ，彼らがその場にいることについて選手が違和感をなくして気楽に話しかけられるようになるための第一歩だからです。まじめな学生であまりに選手を助けようと熱心すぎる人たちは，初めはこの何もしていないように思われがちな行動になじめません。「ぶらぶらする」ということは意外に難しいものです。しかし，これこそ最初に学ばなければならない重要なポイントです。

第2章の著者，Burt Giges は，陸上チームと一緒に働いたときの話をしてくれます。1年目の彼の主な仕事は，ハードルをトラックに運んだりかたづけたり，ボトルに水を入れたりすることでした。Burt は，ぶらぶらすることの専門家になりました。充分にぶらぶらしたころ（それは1ヶ月，2ヶ月，6ヶ月とかかるかもしれませんが），希望を胸に秘めたスポーツ心理学者のところに選手がやって来て，「あの，こんにちは。ちょっと話をしてもいいですか」という状況がやってくるにちがいありません。

さあ，ここからです。スポーツ心理学者が実践に突入しました。次の展開はどうなるのでしょう。この時点までに，どんな理論やモデルがスポーツ心理学者の行動を左右してきたのでしょうか。それは多分，社会心理学モデルや学習理論（チームの新しいメンバーに慣れる）でしょう。しかし，ここからは新しいサポートの関係が始まります。さて最初の一対一のセッションでどのようなモデルがスポーツ心理学者の助けとなるのでしょうか。

## 始めるにあたって

応用スポーツ心理学の文献の中には，タイラーとシュナイダー（1992）がスポーツ心理学と臨床に関する問題を取り上げた，the Sport-Clinical Intake Protocol（SCIP）と呼ばれる選手との受理面接の手引きがあります。このプロトコルは特に選手と日常的に臨床的な関わりがある人にとっては貴重な資料です。

しかしながら、この受理面接プロトコルではあらゆる分野や問題を包括的に取り上げているので、選手によってはこのままだとちょっと妙に感じる部分もあります。また、臨床的な問題点を探ることによって選手を遠ざけてしまう可能性がありますので、選手とこれから教育的なアプローチでやっていこうとしているのであれば、プロトコルを基に進めていくのではなく、選手の話についていきながら進めていくのが賢い選択でしょう。SCIP は、選手がスポーツ心理学者に会いにくるときに持ってくる可能性がある問題点の領域について、私が大学院のゼミの場で説明する際に使いますが、本章では扱いません。しかし、章の終わりでケースノートを取るのに使える 2 種類のプロトコルのみを説明します。

　スポーツ心理学者が一対一の受理面接を進めるにあたり、選手を理解し介入の根拠を作るのにどういうモデルや理論を使っていようと、受理面接の目的は、あくまでも選手に自分のことを話させることです。認知行動療法を専門にするスポーツ心理学者は主に選手の適切、不適切な考え方のプロセスに興味を持つでしょう (Ellis, 1994)。クライアント中心の実践家は個人的説明を聞き、選手の現在の状況と彼らが望む場所の違い（現実と理想の違い）を探そうと彼らの話に耳を傾けます (Rogers, 1957, 1961)。行動主義者 (Wolpe, 1973) は話を聞き選手の行動との関連づけ（例：「私はいつも競技場で神経質になります」）、つまり古典的、オペラント条件づけの経歴、最近の強化随伴性（例：現在の行動を維持しているもの）などについて語っている部分を聞き出します。家族システム論アプローチ (Hellstedt, 1987, 1995；Stainback&La Marche, 1998) では、家族とのバランス、コミュニケーションのパターン、家族階層、そして家庭内の力のバランスなどを問題にします。精神力学に重点を置くスポーツ心理学者は（このタイプはそれほど多くないが；Andersen & Williams-Rice [1996], Giges [1998], and Strean & Strean, [1998]）、競技を始めたころの経験や、選手のスポーツへの参加に際しての家族の関わり方、コーチやチームメイトとの関係、そしてその話が選手がスポーツ心理学者と関係を作り上げていく中でどう現れてくるかについて関心を持つでしょう。スポーツ心理学者が選手から聞いた話をどう利用するか、どう解釈するか、選手の介入や治療の計画をどうするかは、彼らが選ぶモデルによって決定されます。けれども、どのモデルを使おうと私たちの最終的な目的は話をしている選手を助けることにあります。そしてここで重要なのは、選手の話なくしては私たちはどうしよ

うもないという点です。

　さて，どうやって彼らに話をしてもらうかですが，そのためには彼らを受容し，彼らが何を思い感じているかに充分に注意を払い，勝手に自分で判断せず，純粋に暖かく彼らを励まし，さらに彼らに充分な興味を持つことが大切です。そして，彼らを助けるためにそっとつついたり探るような質問を与えたりします。これは簡単な仕事ではありません。このことをもっと説明するために，受理面接の始まりが悪い方向に進んでしまった（そしてあとにそれをどのようにうまく進めるかの）解説つきの例を挙げます。

*SP＝スポーツ心理学者　S＝スー*
　SP：ようこそ，スーさん，ジムです。まあ入ってかけてください。
　S ：ありがとう。
　SP：で，今日は何のために僕に会いに来たの？

　この受理面接の最初の15秒で何が起きたのでしょうか？　選手は歓迎され，スポーツ心理学者は自分をファーストネームで紹介し，心地よいくだけた雰囲気があります。自己紹介と第一印象は大切で，スポーツ心理学者は選手に彼らとの距離がそれほどないことを示そうとしています。私は，選手と会うときにはファーストネームを使い，ドクターなどの肩書きを避けています。ファーストネームを最初に使うことによってラポールを築く手助けになり，あとから選手がスポーツ心理学者をドクなどという気安い名前で呼ぶようになるかもしれません。ニックネームは尊敬，親近感，愛情などを表します。しかし大切なのは，呼び名は選手が決めるということです。呼び名というのは（もしくは肩書きのなさは）親近感やラポールを築くために役立つのであって，スポーツ心理学者がクライアントとの関係に強いるものではありません。

　スポーツ心理学者の「で，今日は何のために僕に会いに来たの？」という一言は，一見選手に話をさせるのによい始まり方には見えます。しかし，この一言は見えないところでセッションの重点を選手からスポーツ心理学者へと微妙に切り替えてしまうかもしれません。その質問は「なぜ"僕に"話をしたいのか？」というふうに取られてしまう可能性がありますし，スポーツ心理学者の欲求を表しているのかもしれません。なぜスポーツ心理学者は，セッションの焦点を自分へ向けようとする必要があるのでしょうか。その理由は一つに断定はできませんが，現場においてのスポーツ心理学者の動機を推測し討論するのによい出発点となります。この本の各章で使われている著者の例は，討論や推

測，そしていくつかの解釈ができるようにしてあります。なぜならこの本の主な目的の一つはクラスやスーパービジョンのセッションにおいて討論の題材を提供することにあるのです。私はこの受理面接の例が，そのような目的や意図に役立つことを願っています。
　たとえば，この最初の質問でのスポーツ心理学者の態度は次のように解釈できるかもしれません。

A. スポーツ心理学者は，自分が他人に対して変化を起こすことができる存在だと思っている。彼自身が，選手を助けることができると思っている。
B. スポーツ心理学者は，選手にものごとを変えることができる存在だと見られたい。
C. スポーツ心理学者は，権力的な動機でドクターであることを見せないといけない（すでに肩書きはなしですませたはずなのに）。
D. サービスの主役は選手ではなくスポーツ心理学者だという，スポーツ心理学者のナルシスト的な要求を満たそうとしている。

　ここで述べた最初の質問についての解釈は，後ろになるほどどんどん強烈な物になっています。ことによると，「僕に」という言葉にこだわりすぎていると思われるかもしれません。確かに「今日は，何のために僕に会いに来たの？」というのは，何の変哲もない一言に見えます。しかし，この一言にはスポーツ心理学のサービスを提供する際の動機について，議論や考察をする教育的価値が含まれている優れた材料なのです。他のスポーツ心理学者がなぜその分野で活動しようとしているのかの動機を考察し推測することによって，初めて私たち自身が選手と一緒に働く動機を考えることができます。選手が会いに来て，私たちは何を引き出すことができるのか。この一つの質問で，大学院でのゼミの半日は盛り上がるでしょう。それでは，もう1回先程の会話に戻ってみましょう。

　　SP：ようこそ，スーさん，僕の名前はジムです。まあ入ってかけてください。
　　S：ありがとう。
　　SP：今日は何かな？
　　S：（やや無気力に）よくわかりません。ただ，先生に会いに行きなさい，とコーチに言われただけです。

　無遠慮な生徒の一人は，このせりふを読み「やばい!!」と言いました。たしかにそうだと思います。彼女の返答で，スポーツ心理学者は何を思い起こすで

しょうか。これからこの場をどうしたらいいのだろう，彼女は無理やりここに来させられて怒っているのだろうか，などのことが頭に浮かびます。彼女は心理学者に会うのが恥ずかしいのでしょうか。彼女の無気力な口調はこの場が楽しくないことを表しているのか，単に退屈なのでしょうか。もしくは彼女は誰かと話せてほっとしているけど，何から話したらいいのかわからないのでしょうか。それともやはりただ彼女が言った通りに，本当に監督がなぜ来させたのかわからないので当惑しているのでしょうか。さて，心理学者はこれからどう進めていくべきでしょうか。

SP：今日は何かな？
S ：（やや無気力に）よくわかりません。ただ，先生に会いに行きなさい，とコーチに言われただけです。
SP：コーチがここに来させたかった理由とか思いあたらない？

　この質問まじりの反応はなぜ出てきたのでしょうか。スポーツ心理学者は，ここで「いきなり最初からクライアントに難しい質問をしてはならない」という初期面接の基本的ルールを破っています。こういう難しい質問をした場合，選手は心の壁を作る可能性があります。経験の少ないスポーツ心理学者が選手に「スポーツ心理学って知ってる？」などという質問をするのを，私はよく目にします。そういう質問の目的は，選手の知識をなんとなく探るためなのでしょうが，スポーツ心理学者は明らかにその分野の専門家なので，この類の質問は選手を試しているようなものです（少なくとも，そうとられるかもしれません）。受理面接では，選手が簡単に答えられるような質問をするべきです（例：どうやってダイビングを始めたの？）。彼らを責めるような質問をするのではなく，どんどん話させるような質問をしないといけません。例に挙げた心理学者は，難しい質問をしただけではなく，「思いあたらない？」という否定的な言い回しをしています。このような言い方は挑戦的に響きます。もしかしたら，スポーツ心理学者は少し焦っているのかもしれません。彼は，何をすればいいのか，どちらへ行けばよいのか，わからないのかもしれません。何をすればいいのかがわからないことで，彼は無力感を感じ，ふさわしくない反応を自分自身にではなく，彼女へ向けてしまいました。「今日は何のために来たのかわからないのか，あほ！」という質問に変化していっています。この「あほ！」というのは，実際，選手に対する彼の無力感の投影です。彼が選手を責めるのは，自分も責められたからです。心理学者は自分がどれだけプロフェッ

ショナルであるかを試される場面で，攻撃的に反応しました（たぶん，無意識でしょうが）。なぜ，こんなことが起きたのでしょうか。彼の知識に自信がないのでしょうか。それとも，自分が有能であることや権力を示したかったのでしょうか。ここで出す答えはどれも推測になりますが，それらがそれぞれの場で議論の刺激になることをここでは期待しています。この心理学者と選手のやり取りは，スポーツ心理学者個人の人間性がサービスを提供するときに助けになったり邪魔になったりすることについて話し合う，よい出発点となります。論文や学会の発表でまだ取り扱われたことのない問題は，スポーツ心理学者個人の人間性がサービスの妨げになるケースです。大学院生と議論するのにすばらしいトピックではありますが，残念ながら問題のあるスポーツ心理学者をどうすればよいかということについてはこの本の領域を越えています。ですからそれはひとまず置き，スポーツ心理学者の問題のある発言に選手はどう反応するかを見てみましょう。

SP：コーチがここに来させたかった理由とか思いあたらない？
S：思いあたりません。

会話の終了。スポーツ心理学者の攻撃的な態度が選手に強い抵抗を引き起こし，二人の出会いは取り返しのつかない状態に近づいています。もう一度，最初からやり直す必要があります。口数の少ないやる気のない選手と会話するとき，心理学者はどのようにして会話に弾みをつける応答ができるでしょうか。

SP：今日は何かな？
S：(やや無気力に) よくわかりません。ただ，先生に会いに行きなさい，とコーチに言われただけです。
SP：ああ，そうか…。なぜコーチがここへ来させたのか僕もわからないけど，今はそれを気にしないでおこう。僕の仕事っていうのは，選手と最近の調子を話し合って，練習や試合での精神的な部分を助けて競技生活がもっと楽しくなるように二人で協力していくことなんだ。ふつう，僕がどういうふうにするかというと，そう，まず君のことをもっと聞きたいね。あなたがどのように飛び込み競技（ダイビング）をやり始めたのか，ダイビングのどこがあなたを楽しくさせるのか，何が嫌なところか，チームメイトや，コーチとうまくいっているのか，などを知りたいですね。そして，ここで話すことはすべてあなたと僕の間だけのことであって，あなたが望まない限り，いっさいこの部屋からはもれないから安心してください。ここでどういうことをやっているかもっとわかってもらうために，あとで僕が他の選手と一緒にやったことを教えてあげましょう。こんな感じでどうかな？

> S ：いいですね。
> SP：じゃあ，ダイビングをやり始めたきっかけなどを教えてくれないかな？
> S ：いいですよ。うーん，そうね，実は，体操が最初だったんですよ。家族でカリフォルニアに住んでいたときのことで…。

　もうこれで，二人の会話は誰にも止められません。スポーツ心理学者は，飛び込み選手の当惑に自分も同じように当惑しているのだという返答をしました。彼のメッセージは，"僕らは同じ立場なんだよ"ということです。この返答は，コーチがスポーツ心理学者に，いろいろな悪いことを言ったのだろうと思い描いていた彼女を安心させたでしょう。そういう心配をもっと和らげるために，スポーツ心理学者はコーチの心配や関心事をあっさりと捨てています。今まではコーチは部屋にいる見えない第三者でしたが，今は蚊帳（かや）の外です。その次にスポーツ心理学者は，彼らの出会いについてのルールを説明し始めています。彼の話の中で一番重要な点は，彼の仕事はスポーツ心理学者と選手の二人で行うことを説明している点です。彼は，これは二人の共同作業であるといった認識を確立させました。初めに飛び込み選手がスポーツ心理学者に話をし，その次に彼はその飛び込み選手に他の選手と行ったスポーツ心理学の仕事を話します。ここでは気持ちいいほどの同志二人の特別な関係ができあがってきています。心理学者は，選手に今話しているあなたが一番大切であって，私はあなたと働きたいということを表明しています。選手は，彼女と協調関係を築くこと以外念頭にない人として，そのオフィスに入ってきました。これによって，選手は自分の話を自由にすることができ，互いに価値のある関係を始めることができそうです。

　たった1分のスポーツ心理学の出会いで，そんなにたくさんのことが起きたのでしょうか。少し分析しすぎたかもしれませんが，受理面接というのは重要なときであり，語り尽くせないほどたくさんのことがあります。受理面接で中心となる問題は，この人と一緒にやっていくことができるのかどうかということです。この問題は，理論にのっとった質問や心理的介入より先にくるものです。そしてこの問題への答えは，選手とスポーツ心理学者がこれから始まる関係に以前から持っているお互いの人間性や生き方，対人関係のスタイルによります。もしスポーツ心理学者が強く指示的な性格やスタイルを持っていて，選手がそういうはっきりした指導のもとで動きやすく，指示されたり練習日誌や記録ノートの記入が好きな人であれば，協調関係は強いものになる可能性があ

り，選手に有益であるし，またお互いに満足できるでしょう。しかし，もし選手がそういう権力的な人に対して抵抗的で少し反抗的である場合には，指示的な心理学者との協調関係はそんなに強くないものになるか，もしくは全く関係を結ぶことができないでしょう。

　ある程度までは，協調関係が築かれるのかどうかは二人のつりあいの問題です。スポーツ心理学者側ではこのことは人間性の問題に関わってきます。スポーツ心理学サービスというのは，リラクセーションのテクニックや，イメージだけではありません。そういう心理的介入は大事な手段ではありますが，あくまでも手段です。この本でのスポーツ心理学サービスの研究は，サービスの提供と使われる手段に焦点を合わせています（手段自体をそれほど多くは取り扱いませんが）。サービスの研究というのは，プロセスの研究です。別の言葉で言えば，どのようにして自己紹介のプロセスを行い，選手の話を知り，協力関係を作り，どのようにして選手を助けるか仮説を立て，セットアップし，方法を説明して，心理的教育介入を行い（例：リラクセーション），そして最後に選手との仕事の効果を評価するのです。

　私たちの人間性は，私たちの職業において一番大切な手段であり，サービス提供プロセスの中心です。もしスポーツ心理学者が純粋で，寛容で，前向きな心遣いを持っていて，ナルシスト的な要求を持っておらず，スポーツ心理学が他人への奉仕であることを本当に信じ，さまざまな人間の行動や関係に魅力を感じていれば，そのスポーツ心理学者はきっと最高の道具を手にしていることになります。それは自分自身です。しかし，反対にもしスポーツ心理学者がコーチや選手に受け入れられたいという気持ちが強すぎ，二人の領域がわからなくなるぐらいまで選手に共感し，そしてクライアントから絶対にすばらしいスポーツ心理学者であると見なされなければならないと考えている場合は，せっかくの自分の資質を無駄にしてしまいます。もっと問題のある例として，スポーツ心理学者が有名になることを夢見たり，有名な選手と働きたいと思っていたり，選手を自分が認められる手段とみなしている場合です。そういうナルシスト的な要求はあるときは表面に出さずに（選手が依存してくるようにする），あるときははっきりと（完全に選手を利用する）行動に現れ，この本の焦点である協調関係に最終的には影響を与えてしまいます。

　協調関係を形成するにあたり，中心となるプロセスの一つはお互いのこれまでを話したり聞いたりすることです。スポーツ心理学者が，選手の話を思い起

こさせたり，聞いたり，返答したり，解釈したりするための道具は，心理学者自身の人間性と理論的基盤によるものなのです。

## 話をする

　いままでのところで，受理面接での最初の1分間の会話で協調関係を確立する際に，プロセスがどう悪く進むか，またはどううまく進むかを見ました。ここで，私は飛び込み選手との面接を続けてみて（実はこれは私のファイルから取り出して集めてきたケースなのですが，私がこれからスポーツ心理学者の役をやります），どのようにスポーツ心理学者が（願わくはいい方向に進んでいって）選手に彼女自身の話をさせるのかを見ていきたいと思います。始める前に，理論的な枠組みについてまず考えてみましょう。なぜなら，それがスポーツ心理学者たち自身を彼らが見つけようとしているものに導くことになるからです。つまり実際の選手と彼らが自分を説明した世界がどの程度合っているか（またはいないか），一番効果的に介入するポイントがどこにあるのかを知るための基礎となります。

　私は選手とともに働いて彼らを理解するときに使う二つのアプローチを区別する際，フロイドの古典的な夢分析（1955/1900）から借りた"顕在"と"潜在"という概念を使います。顕在的なアプローチというのは，認知行動カウンセリングと心理療法からきています。選手の顕在化した心配事を理解するには（「ダイブする直前は緊張するんです」「コーチがあまり私を助けてくれるように見えないんです」），私は，選手らが自分自身や，試合，コーチ，チームメイト，親，目標をどうとらえているかの情報として，彼らの話を使います。そしてそれらが彼らのスポーツ内外での経験の質にどう影響しているか考察します。私はまた，健全な行動と非建設的な行動を見つけ，その行動を維持する強化随伴性も探します。思考や行動についての深い考察は，その誤った思考，不適合な行動の繰り返しを解消するためにどこで介入すべきかの考えをもたらしてくれるでしょう。それはしばしば，スポーツ心理学における介入と強く関連した手法をともないます（例：認知的再構成，系統的脱感作法，リラクセーション，メンタルリハーサル）。

　顕在的なアプローチは，二人で問題を解決するために，思考や行動を利用しています。一方，私が使う潜在的なアプローチというのは，精神力学の理論に

原点があり，選手がなぜそのように考え行動をとるのかを知り，それが過去の関係や経験にどう関連していて，そして選手が協調関係の中で私にどう関わっているのかを知るのに使っています。潜在的なアプローチの核となるのは，過去や現在の親，コーチ，チームメイトとの関係であり，その関係が選手にどう作用しているかどうかを聞き出すことです。精神力学の理論の核心になるのは，過去の大事な人との関係の仕方が現在の関係や行動に強い影響を及ぼしているとする点です。たとえば，先程の例として挙げた指示的な人とはうまくやれない選手は，その原因が過去の極度に厳しい親のあれをしなさい，これをしなさいということに対しての反発からきているかもしれません。そういう過去の衝突というのは，現在の権力的な人（例：コーチ，先生，スポーツ心理学者たち）との関係に現れてくるかもしれません。しかしながら，私でしたら選手とコーチの問題は，過去にあった父親との衝突が反映されているという解釈を選手には言わないかもしれません。むしろ，選手を理解する手段としてその情報を使い，介入には（通常は）使いません。しかし，たまにいるのですが，自分の親や子供時代について話したがる選手が私のオフィスに来た場合は，積極的に使っていきます。ハミルトン（1997）は，芸術家との仕事の中で，似たような認知行動的な介入と選手の人生についての精神力学的考察の組み合わせを使っています。選手の親，コーチ，スポーツ心理学者との関係を研究するにあたって，中心となるのは感情転移と逆転移という力動的な概念です。

　感情転移と逆転移はスポーツ心理学の文献で簡単に述べられており（Andersen & Williams-Rice, 1996；Yambor & Connoly, 1991），最近ではさらに注目されるようになってきました（Strean & Strean, 1998）。もっとも簡単な心理療法の用語説明では，感情転移というのはクライアントが過去の大事な人物（例：両親たち）や空想の人物（例：けして叶わなかったよき父親）に向けていた反応と同様の反応を，今度はセラピストに対して向け始めることです。転移現象は，心理セラピストとの関係だけで起こるのではなくて，スポーツの世界ではいたるところに存在します。選手から聞いた話の根幹の部分で，コーチが母親や父親像になっていたり（Henschen, 1991），コーチとの対立が実家での対立に似ていたり，恋愛対象としてコーチに愛情を感じてしまっていたりすることがよくあります。

　"逆転移"というのは，転移に似たような過去の反応や，物の見方，または行動がセラピストの側で起こり，クライアントに向けられた場合をいいます。

これらの感情転移や逆転移はネガティブな現象であり，サービスの介入の妨げになるためできるだけ避けるべきだ，という間違ったとらえ方があります。感情転移や逆転移というのは，確かにスポーツ心理学者と選手の関係にネガティブな影響も及ぼすかもしれませんが，感情転移や逆転移はポジティブなものとネガティブなものを区別する必要があるのです。

　次の例を考えてみましょう。ある選手が，自分を受けもつスポーツ心理学者のことを慕っています。彼と会うのが楽しく，彼の優しさや世話を受けることによって気分がよくなり，イメージトレーニングを熱心に行い（スポーツ心理学者に恩返しをしたいという思いと，喜ばせたいという思いで），スポーツ心理学者との関係によって自分のことやスポーツをもっと好きになり，結果としてコーチとの関係がよくなりました。選手は心理的スキルやコミュニケーションスキルを身につけ，スポーツ心理学者の健全な行動や他の人との関係に触れることにより，自らそれらのスキルを発揮しだしました。その証拠として，今はコーチと前よりよいコミュニケーションをとっています。スポーツ心理学者に向けられた彼女の感情転移と彼を慕う気持ちは，彼女が経験しているポジティブな変化の原動力となっています。ここでは感情転移は効果的な現象です。心理学者からの逆転移も同じように力強くポジティブなものだったでしょう。

　逆転移についての個人的な例を挙げるとすれば，私は姉と妹にはさまれた男の子で，なぜか自分の使命は姉妹の面倒を見て守ることだと感じていました。そして，いじめることも守ることもでき，自分を尊敬してくれるような弟がほしかったことを思い出します。私がカウンセリングや心理療法の活動を始めたときと，のちに大学の選手とスポーツ心理学を実践したとき，特にクライアントや選手の年が私と近かったり若い場合は，彼らを守ってやり彼らに害がないようにしないといけないというような気持ちに駆られることに気付きました。その上，私は選手に尊敬されないといけないような気持ちが私の中にあることに気付きました（ビックブラザーシンドローム？）。私は特に選手の成功に個人的に必要以上に興味を持ち，こういう気持ちは私の誇りみたいなものであり，「よくやったぞ，あれが僕の妹さ」とか，「あれが僕の弟さ」と言っているように聞こえてもしょうがないほどでした。こういう逆転移は，本来は選手が自分で問題を解決できるように私は手伝うだけなのに，選手のために私が問題を解決してしまうこと（オーバーサポート）になるかもしれません。スーパービジョンによって（第8章参照），私はそういうポジティブな（よい兄弟のような

感情）と，ネガティブな（ナルシスト的な欲求を満たすために称賛されたいという気持ち）逆転移反応を自ら認知することを学び，それを自分自身で注視して私の行動を選手の能力を引き出し，選手が独立できるような助けとなる方向に向けようとしています。感情転移と逆転移というのは，強力な現象です。それらを学ぶことによって，スポーツ心理学者がサービスの中で何が起こっているか，そしてどのように心理学者や選手の人間性や過去の歴史が，全てのプロセスの中で関係しているかを理解する助けとなります。力学的な問題点を理解することによって，私たちをその関係の中でより観察することができ，「選手との協調関係の場に何が必要なのか」（Ken Ravizza；Simons & Andersen, 1995）を判断することができます。そして，私たちが自分たちの欲求のために活動しているのではなく，選手のために活動していることを確認することができます。

ここで私はもう一度飛び込み選手のスーさんの話に戻ることにします。選手や心理学者の行動の顕在（認知行動的な）と潜在（精神力学の）の公式を頭において，私たちは初頭にあったスーさんとの面接に戻ることにしましょう。

S：私は14歳のときに体操をあきらめました。本当のことを言うと，体操が大嫌いだったんです。州レベルまでは行ったんですけど，常に怪我をしていました。その上にあのコーチ!! もう，最悪な人でした。もしかしたらいくつかの個人的な問題を抱えてたんじゃないかと思います。まあ，それでも，チームメイトの女の子たちのことは好きだったから，やめるのは辛かったですけどね。

彼女は静かに過去の体操時代の懐かしいいい思い出にひたっているように見えました。私も静かに，彼女が最初のスポーツから離れるときの寂しさの話から，他の話題に進むのを待ちました。経験の浅いスポーツ心理学者にとっておそらく一番難しいことの一つは，静かにしていることです。経験の浅いスポーツ心理学者のほぼ全員が（私も含めて），受理面接は情報収集の場と考えています。スポーツ心理学者には予定したそこで聞かなければいけないことがあり，答えないといけない疑問点もたくさんあり（例：過去の歴史，親との関わり，提示された問題，コーチとの関係），一瞬でも沈黙があると，早く次の質問へと進まないといけないと思いがちです。特に初心者にとっては，受理面接に枠組があると安心して進められるのですが，準備された質問のリストに沿って進めるのではなく選手のペースで話を進めるというのは難しいものです。しかしながら，受理面接の目的はスポーツ心理学者が予定していた質問をしたり答え

たりすることではありません。目的は選手自身に自分のことを話させることであって、私たちが彼女の話を作成するのではありません。しかし、私たちは何とか力になりたいと思っているので、ときには頑張りすぎてしまいます。選手は彼女自身の心の中に話を持っているし、ソクラテス風に言えば、私たちは助産婦であらなければいけない。静かにするということは、話を進展させる助けになります。ここでのスーさんとの場合は、私は少しだけ待っていたら、彼女は話を続けました。

S：私のお母さんは、ある程度、残念がっていたんですが、お父さんは本当に優しい人で、「お前のやりたいようにしていいんだよ」と言ってくれました。私が思うには、お母さんは大学の奨学金のことを考えていたんだと思います。私はいつもダイビングを見るのが好きで、兄も泳ぎがすごく上手でしたので水泳とかダイビングの試合とかよく見に行っていましたし、私は、体操とか、トランポリンの練習をいっぱいやっていたから、ダイビングはうまくできると思っていました。もう、自然だったんですよ。まあ、とりあえず、うまかったし、お母さんが望んでいた奨学金ももらえてここにいるんですよ（大学の1年生、ダイビングシーズンのまっただなか）。

ここでスーさんは話を止めて、「次は何？」のような表情で、私の方を見上げました。家族関係の話が少し出始めたし、彼女は家族について率直に話せるように見えたので、コーチが彼女をここに来させたのは、彼女の家族が重大な理由だと私は思いませんでした。そこで家族についての情報は、あとで参考にするためにとっておきます。母親は彼女の教育、金銭面や、成功について心配しています。父親はかわいい娘を溺愛しています。彼女は兄を尊敬しているし、競争相手とみなしているときもあります。しかし、これ以上に話さなければいけないことがたくさんあり、彼女は続けて話すのに少し助けを必要としていました。認知行動の視点から、私はよく選手にそのスポーツと試合のどこが本当に好きで楽しいのかについて質問をします。こういう質問に対する答えは、彼らのスポーツとの関わりを強化している原因を明らかにし、成功や目標に向かっている行動にも触れることができます。

SP：あなたは約5年間ダイビングをしていて（彼女は19才である）、奨学金ももらえて、現在ここに来ています。もう少し、あなたにとってダイビングは何か教えてくれないかな。ダイビングのどこが本当に好きなんだい？　ダイビングをやって、どんないいことがあるの？

S：うーん…、いい質問ですね。私が思うには、私はダイブを完璧に決めることが好きなんです。たとえば、最高のハードル、完璧なテイクオフ、素早い回転、

そして，きれいに水中に入ることができれば，それ以上に気持ちいいことがないし，いい演技をした感じです。その上，チームの仲間が大好きなんです。一緒に練習するのがとても楽しいし，練習が終わっても一緒に遊んだりするんです。私はここへ来てみんなと家族みたいになったんです（彼女は，州外から奨学金を受けて来ました）。
SP：そうか，何かをうまくやるのが本当に楽しいんだ。そして，ダイビングを楽しくさせてくれる人たちが周りにいるみたいだね。
S：その通りなんです。今シーズンが終わったら，あと3年あるんですけど，もっともっとうまくなりたいんです。
SP：あなたはダイビングを上達させるのに打ち込んでいるみたいだし，たぶんあなたがもっとよくなるために，僕たちは一緒にやれると思う。でもその前に，さっき聞いた質問をひっくり返して聞きたいのだけど，ダイビングで嫌なところはどこかな？　いらいらするところとか。
S：誰にもそういうことを尋かれたことがないです。よくわからないです。
SP：たとえば，ダイビングの中であなたが気詰まりなこととかありますか。
S：そうね，競争することが好きなんだけど，反対に嫌いでもある変な気持ちなんですよ…。
SP：なるほど，なんとなく言っていることはわかります。あなたにとって「好きでもあるけど，嫌いでもある」という気持ちを教えてくれないかな？
S：ダイブを完璧に決めて，いい点数を取るようないいパフォーマンスをするのがすごく好きなんだけど，ときどき，いやときどきじゃないや，ほとんどいつも，緊張しすぎるんですよ。気分が悪くなって，試合がただ早く終わってほしいって思ってるんですよ。あるときはその緊張の中でいいダイブをするんだけど，本当最悪な結果になることもある。こうやって考えているだけでちょっと変な気分になります。
SP：変な気分？　どんな？
S：いや，ただここに座っているだけで緊張感や不安な気持ちがわいてきます。
SP：ああ，なるほど，たしかに過去の精神的にいやな経験を思い出すだけで，そのときに感じたいやな気分になることなどがあるね。僕も，一番最近にあった大きな試合を思い出すだけで緊張してくるよ。
S：記憶がこんなに強い力があるのって，不思議ですよね。
SP：そうですね。記憶というのは本当に強いものなんだよ。まあ，コーチが今日ここに来させて話させることを願った理由は，今，話したことの中にあるのかもしれないね。
S：よくわからないけど，試合のときに緊張しすぎちゃうことについて，助けてくれませんか？

この短時間のやり取りの中には，選手や形成されつつあるお互いの関係につ

いて，たくさんの情報が含まれています。ダイビングの何がスーさんを強化させているのかという質問には，彼女はよいパフォーマンスをすることをこよなく愛するとともに，このスポーツによって人と交流したり何かに所属したいという気持ちが満たされていることがわかりました。コーチのことはまだ触れてはいませんが，コーチとの関係についての質問は準備しています。何年もの選手との仕事の中で，コーチとのいざこざやコミュニケーションの問題がサービスを提供する最も共通した問題の一つであると私は気付きました。

　ダイビングをすることで，よいパフォーマンスをする楽しさや，人との交流のことを私が繰り返したときに，スーさんは「その通りなんです」と言いました。彼女は理解してくれたことがわかり，続けて「もっともっとうまくなりたいんです」とコメントしました。序章で述べたように，スポーツ心理学者の仕事は人がもっとよくなるように助けることです。まだ選手はそれに気付いていないかもしれませんが，スポーツ心理学者と選手は共通の目標に向かっています。私は心の中で「やった!! 彼女は自分がいきたい方向に僕を連れていっている。これはいいぞ」と言い，一緒に働くことができるかもしれないと感じ，彼女がもっとうまくなりたいという目標へいけるよう私は助けたいということを彼女に示唆しました。

　「ダイビングのどこが好きなんだい？」の質問をひっくり返すことによって，上達の前に立ちふさがってしまうかもしれない障害物や，条件付けされたネガティブな反応，罰の刺激があきらかになります。スポーツや試合のネガティブな面を話し合うのは，少し怖い感じがするかもしれません。スーさんの場合は，この話題にとりかかると，ある程度おののき，その上，混乱もありました。私は質問を変え，「気詰まりなこと」と言葉を優しくしました。競争することは好きでもあるけど嫌いでもあるという彼女のコメントは的確で，私は彼女を理解しましたが，彼女が自分自身のことをもっと話すことにより自分のことを自分でわかるようにもっと詳しく説明してほしかったのです。私たちが選手を助けないといけないと思うあまり，彼らの問題を勝手に私たちがまとめてしまうことがあるかもしれません。しかし，そのような援助プロセスはベストの方法ではないでしょう。基本の中の基本として，選手から話が出てくるようにさせて，彼女の代わりに話を作ってはいけません。

　スーさんは過去の経験を思い出すだけで，そのときの気持ちの小さな再現が起こるほどの強い圧迫感と不安の反応を私に伝えてくれました。私は彼女の現

在の緊張感をもとに戻そうとしました。もしこれが心理療法だったら，私はやり方を変えて彼女が緊張や不安になっていくときの気持ちや思考を追求していたかもしれませんが，これは心理療法ではなかったし，彼女は不安感や圧迫感の治療に来ているわけではありません。彼女はコーチに言われて来ていました。心理療法で行うこととスポーツ心理学で行うことには共通点がたくさんあり，はっきりと区別がつけられない場合があります。私は通常，心理療法というのはある程度恒常的な問題や病理（意気消沈，性格障害との境界線，高所恐怖症など）が確認されていて，治療の焦点が定まっているときに行うことだと思っています。心理療法というのは，機能障害があるものを機能的にすることが関係してきますが，スポーツ心理学のほとんどのサービスは高機能を持っている人に向けられていて，彼らがすでに充分できることをもっと上手にできるよう助けるためにあります。

　彼女の不安になるという発言に対し，私も同じように，試合のことを考えると神経質になることを告白しました。これは何の目的のために使ったのでしょうか。第一に，私は彼女の現在の状況（彼女は試合のことを考えるだけで変な気分になる）を確認しようとしました。これはまた，彼女はふつうなのだと伝えているのですが（彼女だけが変な気分になるわけではない），今回はスポーツ心理学者としての経験もつけ加えました。彼女の試合でよく起こる神経質や不安な気持ちは，機能障害になり，心配の種になり，最高の状態になるための妨げとなっています。私はお互いの間に作ろうとしているつながりをもっと強めるために，私も過去の試合経験の中でそういう反応があったと彼女に伝えました。

　インターンや研修生が，自分のことを告白したり打ち明けたりするのはいいことなのか，と私に尋いてくるときは，あなたたちは間違った質問をしている，と答えます。彼らが尋いている質問には，二通りの答えが必要で（イエス，あるいはノー）簡単な答えなどありません。学生が自分自身に問いかけてほしいのは，私のすることが誰の役にたつのか。この質問に答えるために，私は学生たちに，自分のことを打ち明けることが適切なのかそうでないのか，という点に目を向けさせます。もし個人的な告白が協調関係のためになっていて，スポーツ心理学者と選手の関係を強めたり，もしくは，彼女一人だけがその経験をしているのではないのだと安心するのなら，答えは明らかです。もしその告白の目的が，スポーツ心理学者が選手に一体感を抱かせる必要性だとか，選手が

スポーツ心理学者にもっと関心を持つため，または面談の焦点を再びスポーツ心理学者に戻し，彼のナルシスト的な欲求を満たすためであれば，自己告白はしてもいいのかという質問への答えは，同様に明らかです。応用スポーツ心理学の基本の中でも，自分の行動や何をすればいいのかわからないとき，「私のすることは，誰のためになるのか」と自分に問いかけることほど大切なものはありません。この質問にはあいまいな答えなどありません。もし答えが「選手」でなければ，その答えは間違っています。

「記憶って不思議なほど強いものですね」というスーさんの発言から，彼女は私たち二人が共通の経験をしたことを認め，ともにそのことについて話し合わないかと求めてきました（「ですね」という語尾で私を会話に引き込みました）。このやり取りはいいきざしでした。協調関係はまさに二人で協力しながら歩んでいく道に入りました。この時点で，彼女がここに来ている理由について聞けるような状態になったと私は確信しました。彼女はまだためらいましたし（誘いかけに対して「わからないけど」と答えた），抵抗もありましたが，私が助けてくれるのかは聞いてくれました。この時点で私たちはこの受理面接の第二段階まで進みました。最初の段階は，ルールの設立（身の上話をする）と話し合うことへの同意の時点です。現在の段階は，助けを求めているところです。ときおり，この両方の段階は受理面接の最初の30秒間で起こります。それは選手が「フィールドで気になっていることをちょっと話したくて，相談にのってもらえないでしょうか」などと言ってきたときです。けれども，ほとんどの受理面接というのはそんなに早くは進みませんし，多くは次回に話し合うという約束以上には進みません。願わくは，最初の面談で次回にもっと話し合うことを約束することで終わりたいところです。

SP：ええ，試合で緊張してしまう選手を助けることを一つの専門にしています。その緊張感を少し減らすことができると思いますよ。もう少しそれをつっこんでみましょう。もしそれが，いつ，どこで，どのように起こるのかがはっきりとわかれば，解決するのにどうすればいいのかわかると思います。緊張がとてもひどくて，あなたのダイブに大きな影響があったときのことを思い出してほしいのですが。

S：あっ，それは簡単です。ちょうど3週間前に州立大と試合をしたときです。もう，最悪でした。

SP：すばらしい！（彼女は私を変な目で見ました）…いや，そういう意味ではなくて，最近の実例があったからです。

S　：(ほほえみ，私の言っていることを理解して) 本当にめちゃくちゃな試合でした。兄もそこにいたので，よけいに恥ずかしかったです。
　SP：その1日全体を振り返ってもらってもいいですか。その1日がどう始まり，試合直前に何をしたか，どういう気分だったか，そして試合のダイブを，一つ一つ説明してください。
　S　：いいですよ。その日はいい感じに始まりました。前の夜はよく眠れて，軽い朝食を取りました。

　ここで私たちがやっていたのは，受理面接の次の段階で，それは判断の段階です。ここでスポーツ心理学者が刺激したり探るような質問をしたことで，選手は自分が困っている競技不安の問題について話し出しました。受理面接には，他にもいろいろな進め方がありますし (Taylor & Schnieder, 1992)，この表面上の問題が彼女にとって最大の難点ではないかもしれませんが (Henschen, 1998)，私はこの時点では不安感の問題を取り上げたいと思います。この不安感の点をひとまず置いておいて，新しいコーチとの関係や (彼女は1年生です)，新しい学校にどうなじんでいるか，勉強のプレッシャー，以前にスポーツ心理学のテクニックを使ったことがあるかなど，私は質問を進めることもできました。この種類の話題も大切でありいずれは取り扱うべきですが，先程も言ったように，私は選手の話についていきたかったのです。彼女は試合での緊張感に関して助けを求めていたので，私は彼女の緊張するきっかけや条件反応，そして試合に対しての考え (緊張感も含めて) を知るため，彼女の試合での緊張感についての詳細を聞き出す方向に私は話を進めました。この認知行動についての情報によって，私は彼女の一番助けになるような介入についての判断ができるようになります。また私は彼女の兄が話の中に出てきたことにも気付きました。それによって，私が最初に考えた彼女の兄への尊敬や対抗心は，的確だと思いました。しかしここではいったん，彼女の兄のことについては触れないでおこうと決めました。そして，あとになっても彼女がまた彼について話さなかったら，質問することにしました。彼女の話によれば，試合での緊張感は家族の方がいてもいなくても起こるようですが，もしかすると兄がそこにいたということでストレス反応が強くなっていたのかもしれません。

　私は彼女がどのように試合に備えているのか，試合当日や試合前のルーティン，それから彼女の気持ちや考えが変わった時点について知るため，悪いパフォーマンスをした1日のすべてのことを聞きました。彼女はたとえ試合の日のルーティンがなくても何も問題ないように見えました。けれどもそれは彼女が

プールサイドに行くまでで，そこからは不安感（緊張感）が現れだしました。

S：何が起こるのかよくわかりませんけど，ロッカールームに入るときは大丈夫で，プールデッキに足をつける瞬間に緊張するんですよ。どの試合でも緊張するんですけど，州立大との試合は最悪でした。プールのところへ出るときに一番初めに誰に会ったかと言えば，あのパトリシア・ゴッドなんです。彼女はそれはもうすごそうで，水着もきれいでした。彼女は水着を着ただけで余分に点をもらえる，とダイビングの世界で言うぐらい最高に見えたんですよ。そのうえ彼女は実際すごい飛び込み選手ですし，私はそのことを考えていると，今日はとてもこの人と戦えないと落ち込んでしまいました。そこで私が本当にどん底な気分になり始めていたんですよ。

SP：それでどうなったの？　どこまで落ちていったの？（原則として私はこういう悪い言い回しはクライアントが使うまで，私も使いません）

S：緊張感がもっとひどくなって気分も悪くなり，彼女の体を見て，何で私の体もあんなになれないかなあ，私の胸は体に比べて大きすぎるし，などと思いました。まあ，とにかく準備運動のときはまあまあだったのに，試合でのダイブは本当にだめでした。ダイブの一つ一つについて聞きたいんですか？

　これは困った瞬間でした。私は彼女の体についてなんとコメントをすればよいのでしょうか。「あなたの胸はすばらしいですよ」などと言えません。でも，彼女がそんなに率直な発言をするということは私たちの関係をどう現していることになるでしょうか。ときとして選手はついてきているのかとか，自分を受け入れていてくれるのかを知るために，スポーツ心理学者を試すようなギョッとした発言をします。だけどスーさんは「びっくりしましたか？」というような表情もなかったし，何も特別なことを言ってないかのように話を続けました。私はこれをいい兆候だと思い，（その前に極端な表現を使ったときと同じように）彼女は何でも話せるような気持ちになってきている証拠と受け取りました。体についてのコメントはしませんでしたが，あとで参考にするため頭に入れておきました（体に対してのコンプレックスがあるかもしれないため）。次に私たちは彼女のダイブ一つ一つを通して，彼女がどんな気分でどういうことを考えていたのか，そしてダイブの間の長い待ち時間で何をしていたのか話しました。最後に私は，試合が終わって寮に戻ってからのことについて話すように頼みました。彼女の話で，かなりの認知的もしくは肉体上の不安感が競技の最中あり，そして彼女が最後の二つのダイブを完璧に決めたときには逆に諦めの気持ちがあったことがわかりました。残念ながらその完璧なダイブは手遅れで，彼女は8位の成績でした。受理面接の最終段階では，私が選手の話を正しく理

解したことを確認し，そして私がしっかり選手の話を聞いていることをわからせるために，面接を振り返って話をします。私はその繰り返しをこれから二人で協力するときに考えている予備計画のアウトラインとして使い，さらにこれは選手に自分の話に何かつけ加える機会を提供することになります。

> SP：まあ，スーさん，今日はこのへんで終わりにして，どこまで進んだか振り返ってみましょう。あなたはダイビングについてたくさん話してくれたし，あなたが自分でできると思っているダイビングのレベルにいくときに邪魔をする緊張感や不安感があることも今日はわかりました。それはあなたを硬くさせ，ダイブを本当に決めるのに必要なあの力強いけれどエレガントなコンビネーションをできにくくさせます。あなたの話を聞くと，その緊張感はあなたが試合前や試合の間に自分に言い聞かせていることと何かとつながっているように思えます。たとえば，州立大との試合のときにパトリシアを見て，「彼女はもう，最高に見える。きっとその水着を着ているだけで，点数がもらえる。彼女に絶対勝てないよ」と言いました。そこであなたはさらに強い緊張や不安に巻き込まれて，あなたのダイビングはどんどん下り坂になりました。それとあなたの緊張感というのは，プールの近くに行くまで本当に始まらないようですね。そしてとても興味を持ったのは，あなたのパフォーマンスが最悪なときのことです。絶対にいい順位にはならないとわかったときにあなたは完璧なダイブを決めました。だいたいこれで全部つかんでいるかな？

> S：はい。まとめて言えばそんな感じです。考えてみれば，コーチが私をここに来させたのは正解ですね。私って実は大変な状態なんですね。

このような強い批判的な自己評価があると，私はふつう，彼女の「大変な状態」をもっと深く探りたいのですが，前も言ったように，これは心理療法ではありません。なんとなく彼女の言っていることはわかりますし，彼女の批判的な自己評価は彼女自身ではなく，彼女のダイビングにつながっているように見えました。ここで私は，飛び込み選手としての彼女をもっと見ていくことにしました。

> SP：でも，もしそうだったら，ダイビングをやっている人のほとんどが大変な状態に入っていますよ。誰でも緊張はするし，不安になって自分に悪いことを言うときだってあります。試合っていうのは，精神的にきついものです。私は試合で同じような反応をする多くの選手と一緒に仕事をしたことがあります。陸上選手で試合の前はいつも神経質になり，緊張感やネガティブな考えが起こり，レースの前は興奮しすぎて吐いてしまうような人を助けたこともあります。彼と2ヶ月間ぐらい一緒に働いたあと，彼はレースの前に気分を悪くするのを止めることができました。彼はまだ少し緊張していたけど，彼の言葉で言うと，

いい緊張感に抑えることができたのです。これまで解決してきたように，あなたの緊張感も一緒に解決していくことができると思いますよ。そして，その悪い試合で起こったネガティブな考えからは，いいことが学べると思いますよ。試合が終わりに近づいていてあなたがいい順位にはなれないと知ったとき，プレッシャーは全部消え，あなたはそこに出て何もなくすものがないからネガティブな考えや緊張感もなくただダイブしました。それを目標にこれからやっていけばいいかもしれませんね。妨げになる悪い考えや緊張感をなくし，ただダイブすることです。

ここで私がやりたかったのは，スーさんに，緊張するということは一般的な症状で，自分は大変な状態に陥っているということではない，ということを伝えることです。他の選手の例を彼女の緊張感を正常化するために取り上げ，彼女よりもっとひどい問題を持っている人がいることを教えて（自分以外にもっと不幸な人がいるということを知ると，安心する場合があります），一緒に働いたら彼女の緊張感も解決できることを伝えました。その上に，最後のダイブを決めたけどそれはもう手遅れでした，という話は，彼女の視点から見れば無駄なものだけど，私はそれを解釈し直していい方面にもっていきました。私の話と解釈のやり直しはうまくいったようで，彼女はすでに一緒に働きたがっているように見えました。

S ：で，その陸上選手と何をやったんですか？ 同じようなことを私たちもできませんか？

SP：私が考えているあなたとしたい最初のことは，陸上選手のときと一緒なんだけど，二つの面から問題を攻めるんですよ。一つは，その緊張感を治すために，家で練習できるような一般的なリラクセーション・テクニックを習うこと。試合の日に自分を落ち着かせるためにプールででもできる簡単なリラクセーション・スキルも習うといいです。それと，あなたのネガティブな考えが緊張感をひどくさせているみたいなので，あなたの考え方も直すためにそのネガティブな考え方を取り除いて，代わりにポジティブな考え方をするようにしたいと思っています。

S ：いいですね。じゃあ，いつから始めるんですか？

SP：それじゃ，次にあなたが来れそうなときの予約を取って，そのときにリラクセーションから始めたらどうですか？ この間はちょっと宿題をやってほしいんですよ。練習が全部記入されているトレーニング日誌とかありますか？（大学の選手がどれだけその類のものを持っていないかには驚かされます）

S ：ありますよ。毎日やっている全部のダイブは他の練習の記録と一緒にノートに書いています。

SP：ああ，すばらしい。今度会うときまでにしてほしいことは，そのトレーニングの記録に練習の間に考えていることも付け加えて書くことです。練習しているとき，15分おきぐらいに1分ほど立ち止まって，自分に"私，何を考えていたのかしら"と尋ねてほしいのです。そのときはただいい考えも悪い考えもそれを記憶に留めて，練習が終わってから時間があるときに思い出せる考えを書きとめてください。これをしてほしい理由は，こうすることによってあなたが自分に対して言っていることをもっと把握できるようになるからです。それをすればどのような考え方を攻めればいいかがわかってきて，それを変えることができます。これをするのは恥ずかしいかもしれないけど，気にしないでやってください。

S：それは大丈夫です。私がダイブを失敗したときに自分に何と言うか聞いたら，引きますよ。

SP：それですよ。そのときに言うことを記録に残したいんですよ。それから，二人でこれから取り組むダイビングに使うメンタルトレーニングについて少し話しておきます。これはフィジカルトレーニングと一緒で，責任を持って時間をかけてやらないとうまくいきません。ダイビングも練習しないと上達しないのと一緒です。そういうことで，1日に20分はリラクセーションの時間を決め，だいたい週に5日間くらい練習してください。そして1日に5分から10分は自分の考えの記録を取ってください。どう，こんな感じで？（私は面接を終わらせるにあたって彼女のコミットメントを要求しました。彼女の場合はそれほど必要ではありませんでしたが，私は自分の要望を言い，それに同意してほしかったのです）

S：大丈夫です。できます。木曜日のまたこの時間に来てもいいですか？

SP：ええ，僕のスケジュールはあいていますよ。予約を入れておくよ。じゃあ，帰る前に今日話したことについて質問などはありますか？

S：ええっと，なんでスポーツ心理学者になったんですか？

さあ，ここでスポーツ心理学者が自分のことを打ち明けるように直接的に要望されました。私がこういう類の質問に対して，答えることを拒まない理由はいろいろあります。こういう質問をするということは，協調関係の進展にかなりの進歩があったことを示しています。スーさんは1時間ほどかけて自分のことを話しました。私も少しだけ自分のことを話し自分の仕事の話もしましたが，この質問によって，スーさんはもっと個人的な情報を尋ねてきました。彼女の要望は二人の関係をもっとバランスよくしたいという気持ちから出てきているのでしょう。私は彼女のことをたくさん知るようになったから，彼女も私のことをもっと知りたいのです。選手が私に直接個人的な質問をしてくるとき，私はこれから二人で行うことに光を当て，協調関係を強めて選手の自然な好奇心

を満たせるような（その好奇心は選手が関係により深く関わっていることを示します）答え方をします。

SP：まあ，何年もの間，僕が本当に好きだったものが二つあって，それが心理学とスポーツだったんです。大きくなったら何になろうかと考えていたときに，仕事に行くというのは楽しいことをしに行くと思えるような仕事じゃなければだめだと思いました。僕はスポーツに魅力を感じるし，人間の行動にも興味がありました。そして，僕にとって最高の組み合わせであるスポーツ心理学者になることができました。あなたのような選手と話すのが私の仕事なんですけど，結局好きでやっていることなんです。

S：へえ，素敵ですね。

私はここでいくつか関連したことをしています。一つは，私は本当のことを言い（選手にはこれが一番です），質問を避けようとはしていませんが，私のナルシスト的な欲求を満たすような深い説明はしていません。そして，スーさんの興味に答えるようにしています。私の返答は前に言った二人で一緒に働こうという気持ちをもっと強調してスーさんに示し，協調関係のためにプラスになっています。彼女に対しての私の返答は，スーさんとの関係のバランスをよくしました。なぜならそのメッセージは，私も選手と話すことが好きだし，あなたと話していることは本当に楽しい，と伝えているからです。スポーツ心理学のサービスでのやりとりでは，選手にスポーツ心理学者もトクをしているのだと示すことが大切なときがあります。スポーツ心理学をするのは楽しいことです。

スーさんの「素敵ですね」という返答は，彼女の好奇心も満たされて，私の仕事に対する思い入れの話が彼女にとってすばらしかったことを表しているのでしょう。スーさんの視点からは，おそらく，私は素敵に見えたのでしょう。そこで，私たちは面談を終了しました。

SP：ということで，その考えの記録を頑張ってつけてください。木曜日からリラクセーションの練習を始めよう。あと覚えておいてほしいのは，ここでは，あなたは何でも話していいんですよ。これはあなたの時間で，僕たち二人だけの時間なのですから。一緒に働けることを楽しみにしています。じゃあまた，木曜日にお会いしましょう。

S：先生，ありがとう。じゃあまた。

スーさんと私は計画を立てることができ，今まで見てきた通り彼女は熱心なクライアントになりそうでした。選手との最初の会話でメンタルトレーニング

をすぐに始めることは難しいし必要がないかもしれません。初対面というのはお互いのことを知るときで，選手の話を理解し，ラポールを築き，協調関係が作られつつあることの証拠を見つけるときでもあります。スーさんの場合は，関係が形成されつつあることと，安心している水準にいることの証拠がいくつかの時点で現れました。早い時点では，彼女が緊張感のことで助けてくれないかと聞いてきたとき，その次は自分の体のことについて率直に話してきたとき，ずいぶん話が進み彼女が私の個人的なことを聞いてきたとき，そして最後に私を"先生"と呼んだとき。

最後に私はスーさんにこれは特別な関係であって，何でも話していいのだということを彼女に思い出させました。彼女と働くことを楽しみにしているという私の最後のコメントは，あなたと一緒に仕事をするということは楽しいことであり，この仕事に私は熱心であるとスーさんに示すためでした。

スーさんと私はすでに彼女のダイビングの認知行動的局面に取り組み始めており，彼女はこれを始めることに対して積極的でした。力学的にもこの関係はうまい具合に進んでいるようでした。ポジティブな感情転移や逆転移が起こっているように見えました。彼女の感情転移の根拠が何かはわかりませんでしたが，ある程度の"兄的存在"の現象が起こっているのだと推測しました。私の場合は，彼女のことを気に入っていました。彼女のオープンなところが好きだったし，やり取りの中で彼女の新鮮なほど率直で自己中心的でないところを好ましく思いました。私は完全に協調関係に夢中になっていて，彼女もそうであることを願っていました。

どの受理面接もそれぞれ違いがあり，この本の大部分が受理面接について書かれてもいいくらいです。スーさんの例によってプロセスが明白になることを願っています。受理面接というのは，ラポールを築き，身の上話をして，協調関係を作り上げるプロセスです。私たちが選手と仕事をするときは，このプロセスがしっかりと起こっているという証拠に注意しなければなりません。それには私たちがしゃべっていることや，選手に対しての反応が協調関係のためになっていることを確認することです。私たちの繰り返しの話や行動計画の何を選手は聞き入れ，そして何を選手は使えるのだろうかと。受理面接はあとの仕事の基礎となります。スーさんは木曜日に戻ってきて，それから私たちは2年間一緒に働きました。ときには受理面接が終わって戻ってこない選手もいます。なぜこれが起こるのかは不思議ですが，受理面接のプロセスで何が起きたのか

深く考察をすれば，関係がなぜ作られなかったかを理解できると思います。受理面接はとても魅力的なものです。このケースが皆さんに情報を提供でき，教育的で，かつ興味深いものであったことを願っています。

## 新しい始まり

新しい選手とのどんなセッションでも，受理面接のプロセスが最初から繰り返されます。スーさんとの受理面接は，彼女だけが不思議に思うところから，二人が不思議に思うところに進み（コーチの動機について），身の上話をするところまで進みました。この関係は，助けの求めから心理学者の打ち明け話まで進化していきました。協調関係が進展していくにつれて，スーさんと私はお互いに安心感を持つようになっていき，長期間の関係の基礎を作ることができました。全ての受理面接がこんなに簡単にいくわけではありません。スーさんと私が到達したところまでいくには，ときには何週間もかかる場合もありますし，数分で達成できるときもあります。私が新しい選手と始める場合，特に新しいチームと始めるときには，シェークスピアのテンペストの中でミランダがナポリ王一行を見て言ったセリフを思い出します。「ああ，すばらしい新世界だわ。こういう人たちがいるとは！」

## *APPENDIX* 付録

### 記録をつける

実践現場におけるスポーツ心理学の記録づけは，いくつかの目的を果たす。ケースノートを書き起こすという行為は，スポーツ心理学の実践者たちに自分のセッションを振り返るため，そしてどの問題が大切なのかを考えるための貴重な時間（そして，心理的距離）を与えるのである。ケース記録は，選手やチームとの次回のミーティングの前までに記憶を呼び起こすノートともなり得る。記録をつけることは，倫理的（そして法的）な行動規範を順守することの一部でもある。たとえば，アメリカ心理学団体の心理学者たちの倫理規範と，行動規範1.24，5.04，5.09，そして5.10の全ては，記録づけにおける態度に関わるものである。

医療的，精神的な記録を残すのにもっとも一般的なものは，SOAPと呼ばれている。このSOAPの各アルファベットは，記録の取り方のうちの一部を表したものである。S (subjective) はクライアントが示した見解，感じ方，ニーズ，不快に感じること，または不具合（要するにクライアントがその状況に対し，どう判断するか）を表している。O (objective) は，ミーティング中のクライアントに関するスポーツ心理学者の観察を表している（"Objective"という言葉は私にはいつも，人間の観察の全ての主観的な心性を表すのには不適切な名称のように見える）。A (assessment) は，スポーツ心理学者がクライアントに何が起こっているかのイメージを指す言葉であり（SとOを統合したようなもの），Pはアスリートとスポーツ心理学者が着手することに互いに同意した行動のプランを表すのである。
　この章で表したようなことを取り入れた受理面接のセッションにおける経過記録帳は，ふつうの記録帳の10回分よりも大幅に長くなると思われる。下記の私のスポーツ心理学の研修生（名前，場所，日付などは全て変えてある）の例では，SOAPの各頭文字が書いていなくとも，そのフォーマット全てが含まれている。

・まとめ
名前：ジュリエット．O
年齢：18
競技：クロスカントリー
日付：1992年9月3日
インターン：Ignatius J. Reilly, MA
紹介理由：ジュリエットは自信のなさと標準以下の競技パフォーマンスの懸念から，自らカウンセリングを依頼した。
経歴：ジュリエットはオハイオのリマ出身，18歳の大学1年生。彼女は現在，大学キャンパス内の寮に住んでいる。彼女のルームメイトも，同じクロスカントリーチームに所属する競技者である。
　ジュリエットは，自分に求められるだけの学校や周囲からの学問的要求には充分に対応していっている，と報告した。彼女は高校時代の自分のことを"B"レベルの生徒であったと言った。ジュリエットは社交的な触れ合いの場では，"ほとんどアスリートばかりと出かける"と述べた。

ジュリエットは，自分自身では参加するであろうと思っていた山中で行うクロスカントリーのプレシーズンキャンプに招待されなかった。彼女は，キャンプの参加リストから外された怒りと落胆を表明した。彼女はキャンプに行けなかったがゆえに，チームから仲間外れにされたような気持ちを持ちながらシーズンを始めたと言った。このような気持ちはチームのメンバーを知るにつれ，いくらか和らいでいったことを彼女は指摘した。とはいえチームの"親密さ"のレベルは，彼女の期待より低くとどまっている。初めての大会でのジュリエットのパフォーマンスは，彼女の期待と彼女の高校時代のパフォーマンスの両方よりも顕著に下がっていた。彼女は，自分にとって大会は失望であったと言う（なぜなら，小さな大学のクロスカントリー大会のファンファーレが相対的に欠如していたからである）。そして，レースの間あまり力が出なかったと付け加えた。ジュリエットはレースの前にウォーミングアップをやりすぎたのではないかと疑い，そしてチームは"厳しい訓練"を大会に向けさせたのだと付け加えた。

 主要な問題は，自分に自信がないということだとジュリエットは述べている。彼女は練習や大会中に，ひんぱんに自信を失い，自分に諦めをつけることがあると言った。彼女はクロスカントリーの全てのキャリアにおいて，たった2度のレースにしか満足したことがないと言う。ジュリエットはレースの前に，うまく走れるはずだと自分自身を説得するのだそうだ。音楽を聴き，戦略について考え，ポジティブなイメージを描こうとする。しかしレースでペースが落ち始めると，彼女はネガティブな発言を始めてしまう。これまでにジュリエットは，重要な大会よりも，あまり重要でない大会でよい結果を残してきた。彼女は，自身のパフォーマンスがレース前のもっとも自信のあるときに，"大失敗に終わる"と言う。今まで自信がレースの間中続いたことを思い出せないと彼女は報告した。彼女は自信の欠如の原因を，外的要因（たとえば両親やコーチ）のせいにはしなかった。ジュリエットは自分をよい子でいること，何事にも挑戦する元気のある子でいる強さを評価していた。一方，彼女はスポーツに特化した自分の長所を何一つ挙げることができなかった。ジュリエットは自分の主たる短所はネガティブな態度，自信の欠如，そしてクロスカントリーのレースで周りより遅れていることだと言った。

 感心させられたこと：彼女の主張との一貫性。特にスポーツに関係するこ

とについて，ジュリエットには自信が欠如しているように思われる。彼女の自己効力感は，ネガティブなひとりごとによって弱くなったり強くなったりしているように見受けられる。彼女は今日の自分のクロスカントリーにおけるパフォーマンスと，何をすれば向上できるのかわからないことに落ち込んでいるのだ。私たちの心理学的スキルを使った話し合いにおいて，ジュリエットは，その技術を向上させる意欲を行動で示してくれた。

彼女に勧めること：取り入れたカウンセリング・セッションの終わりで，ジュリエットは自分のクロスカントリーに関する認識を文書にすることを薦められ，そのことに同意した。彼女はネガティブなひとりごとの先立つ事情，中身，結論を特定することを指示された（特に，自分自身へのネガティブな評価において）。そして，それを日誌に残すことも勧められた。この手続きはこれからのジュリエットのスポーツに関連する認識の評価に役立つし，それが彼女の競技パフォーマンスにどう関連するのかを明らかにするのにも役立つであろう。

2回目のカウンセリング・セッションは，次の週に行われた。これからのアドバイスは，彼女の競技に関連するネガティブなひとりごとの最終評価とその認識の再編成を含むであろう。

サイン：_____　　サイン：_____
　　　　　　インターン　　　　　　　　　　　　　　スーパーバイザー

## 注意書き

　前述の例は，徹底的で念入りなタイプのスポーツ心理学を学んでいる生徒のファイルから持ち出したものである。そして，私は生徒たちにこのような記録を早いうちからアスリートとのセッションの際に，可能な限りつけることを推奨している。このように長い記録をつけるには時間がかかるが，それは価値あることであり，生徒たちにとって，サービス提供の世界における正しい道を探す訓練たり得るものになるのだ。ケースを詳細に書くという行為は，生徒が，自分たちが遭遇していることと，クライアントの状況の制定について考えることを助ける。アスリートとのセッションが続くごとに，経過記録はだいたいの場合は短くなっていく（何か危機が起

こらない限りは）。3ヶ月セッションを行ったあとのジュリエットについての記録は，上記の記録の4分の1程度になっていた。

　説明責任や訴訟，責任，そして専門技術が叫ばれる時代において，正しく経過記録をつけること（大げさな誇張は求められていない）は義務である。よい記録はよいサービスを提供することを助け，私たちにアスリートがどんな状況にいたか，そしてどこに彼らが向かうのかを思い出させてくれる。ケース記録は"スポーツ心理学"のような本の一節を書くときに，価値あるリソースともなるのである。

◉第Ⅰ部
スポーツカウンセリングを行うにあたって

# 第2章 心理的障壁を取り除く：遮るものをなくす

(REMOVING PSYCHOLOGICAL BARRIERS : CLEARING THE WAY)

■ Burt Giges
(Springfield College and Westchester Track Club)

　スポーツ心理学でパフォーマンス・エンハンスメントは，一般的に"心理的スキルのトレーニング"もしくは"メンタルトレーニング"などと呼ばれているさまざまな方法を使って運動選手のパフォーマンス向上の手助けをすることを示しています。これらの方法には目標設定，リラクセーション，イメージ，セルフトーク，集中などが含まれています（Cox, 1994；Nideffer, 1985；Orlick, 1986；Van Raalte & Brewer, 1996；Weinberg & Gould, 1995；Williams, 1998）。この章では，既存のものに代わる取り組み方（アプローチ）として最高のパフォーマンスを妨げる心理的障壁を特定し，それを取り除くことを目的とするパフォーマンス・エンハンスメントについて説明をします（Giges, 1997）。この方法は私の仕事を通して蓄積してきたさまざまな分野の知識を統合し，生まれました。この全体像をわかりやすくするために，私は自分の哲学的側面を簡単に述べ，私の研究の主だった目的や軸となる部分について明らかにしていきたいと思います。そして，選手や卒業生との対話を実践の例として挙げて説明してみましょう。

## 哲学的側面

　私たち専門家の仕事の時間の大部分はトレーニングに費やされています。医学者としての経験から私は慎重な診察と診断の大切さを知りました。これは今どのように何が作用したか，そしてなぜ違いが生まれたかを調べるときに反映されています。精神分析の理論からは全ての行動には意味があるということ，過去に起こったことや意識することのなかった時間も現在の自分に非常に影響していること，そして専門家とクライアントの共同作業が中心的役割を担っているという原則を学びました（Greenson, 1967；Monroe, 1955）。ゲシュタルト療法では私は認知と責任，そして現在の経験（ここで今アスリートがどのように行動をとっているか）の重要性を学びました（Perls, 1969）。交流分析（TA：Transactional analysis）から私は内的対話とコミュニケーションに影響を与える心の中の「親」と「子」の存在を発見しました（Berne, 1961）。認知療法は思考が感情や行動の決定に大きく影響していることを教えてくれました（Becks, 1967）。そして私は感情（情動）が思考と行動の重要な媒介役だと考えるようになったのです（Giges, 1995）。

　もともと私は臨床医として訓練を受けましたが，しだいに生育モデルや成長モデルを実践する教育者のようになっていきました（Erikson, 1950；Danish, Petitpas, & Hale, 1992）。この現場では問題を心理療法の医学的視点からではなく，学んだことの結果として見ています。人間性心理学の先駆者であったA. マズロー（1954）や初期の研究に貢献した人々（C. Rodgers, G. Allport, J. Bugentalなど）により，1960年代に人間の可能性を探る運動の一部として生育モデルが顕著になりました。生育モデルは個人の潜在能力を引き出すのに注目すること，「ここで今」経験したこと（here-now experiences）に留意すること，リスクを伴う行動を奨励することや個人の選択や責任に光を当てることを含んでいます。スポーツ心理学でも適用されたようにこの方法では，アスリートは最善を尽くす能力を内に秘め，何も邪魔するものがなければその能力を発揮できるということを前提にしているのです。心理的障壁を取り除くことは可能性を引き出すのを助ける方法であり"遮るものをなくす"ということでもあります。それと対照的に医学的方法では問題は不健康や病気により引き起こされたものであり，患者に何か問題があるのだと判断します。よって患者を助けるには弱点や疾病を治したり軽減したりする専門家の介入が必要だという

考えです。スポーツ心理学の現場で私にとって最も大きな挑戦であったのは，今までの臨床的なものの見方を教育的視点に変えることでした。この転換をするのに最も役立った観念は，欠損や疾病に重きを置くことよりも，心理的障壁こそが最善の働きの妨害をしているのだという考えだったのです (Giges, 1996 a)。この変化によって過去より現在に注目する方が重要になり，効果的な介入をするための可能性を広げてくれました。私は自分のトレーニングから重要な変化が起こるためには長期的触れ合いが必要であるということも学びました。パフォーマンスについてアスリートと話し合いをするのは精神力学的心理療法とはわけが違うのです (Giges, 1996 b)。心理的障壁を取り除く過程において，感情転移，抵抗，幼児体験（古典的精神分析の関心事）はふつう，仕事の中心ではないのです (Giges, 1998)。現在の機能と経験こそが介入の第一歩なのです。

## 指導の基本原則

　私の現在の仕事に与えられたいくつかの影響を体系化する過程で，アスリートとのコンサルタントに役立つ三つの法則があります。(a)現在の心理的な体験を観察する，(b)アスリートの言葉をよく聴く，(c)心理的障壁を取り除くのを助ける"入口"を見極める，です。

† 心理的な体験
　過去のネガティブな経験（精神力学的要因）は，それを前面に出す現在考察形式（認知療法）がなければ私たちの内面世界の裏面に引っ込んでいるかもしれない，という考えがゲシュタルト療法です。
　たとえば若いアスリートのパフォーマンスが親にばかにされたとします。もし，現在までアスリートが内的対話の中で自己批判を続けたならば，親の行動は有害な影響を子供に与えたことになるでしょう。この過去に始まった対話は，現在の心の中に存在する批判的な親と子供に受け継がれ（交流分析），心理的障壁となって円滑に機能するのを明らかに妨害しているでしょう。私はこのような現在の障壁（この場合は自己批判）を取り除くことに集中することが，アスリートのパフォーマンスを向上の手助けをするのに有効であることを発見しました。
　現在の精神的な経験は思考，感情，要求，欲求，行動を総合したものです。

それぞれが多くの特性から成り立っているでしょう。思考は知識，意見，判断，決断や考察，そして過去の経験の記憶などを含んでいます。感情は，恐怖，怒り，悲しみ，喜び，恥，罪責感や当惑のような経験の感情的部分を占めています。要求（ニーズ）は精神的成長の基本的要素であり包含する幅が広いでしょう (Maslow, 1954)。例としては安全や安心，自尊や自己受容，そして自律や優越が挙げられます。他には（集団に）属すること (Frankl, 1992) や親交関係などがあります。欲求は心の葛藤や欲望の類に属し，根元的な要求はこれによって満たされています。たとえば試合でよい成績を修めたいという欲求は，優越または自己受容という要求を満たすきっかけを作るでしょう。行動は内的体験と外の世界や，自分と他人を結びつける掛け橋です。そのためアスリートの経験を完全に理解するのには，心理的体験を構成する要素それぞれについて何かを知っているということも含まれます。つまり，思考が説明されているときに感情について探り，感情が表出された後に思考について質問し，そしてどちらの場合でもアスリートの欲求を探ることにより完成されることを知っていることです。

† 聴くこと

言葉は隠れた考え，感情，欲求を明らかにするため内的経験について知る手がかりとなりえます。そのためアスリートを理解するのに言葉を，声色，話し言葉の速さや音量，表情や体の位置や動きなどの言葉以外の部分と同じように利用することができるでしょう。しかし言葉は，経験を表すだけではなく輪のような働きをすることによって経験に貢献もしているのです。自分を"敗者"だと言う人たちがその例です。彼らは不満や不運を口にするだけではなく，無気力になり自信をなくしていきます。発せられない言葉は，発せられたものと同じくらい重要です。答えられなかった質問は，避けられているものを見つける手掛かりとなるでしょう。質問に答えないことによって潜在する恐怖，罪責感，当惑，恥やその他の不愉快な感情や考えが明示されるかもしれないからです。

† 入口となるきっかけ

経験を説明する中で，アスリートはよく，こちら側がもっと深く入り込むきっかけとなるようなことを言います。このような入口は，アスリートがより自分の経験を理解できるように手助けをするきっかけでもあります。たとえば表現されていない感情や無意識な欲求，または潜在する判断などです。このよう

なきっかけは始めにスポーツ心理学者たちがアスリートを理解し，次に彼（彼女）らを導き，知らない部分を紐解くことを可能にしてくれるのです。たとえばもしアスリートがそのパフォーマンスについて説明をしていて彼（彼女）が試合のときより練習での方がうまくいくと言ったならば，これはその経験の意味することについてもっと深く探るきっかけとなるでしょう。

## 心理的障壁を取り除く

ダニッシュ，ペティパス，ヘイル (1992) は，アスリートが目標を達成するまでに遭遇するであろうさまざまな障害について述べています。「アスリートはゴールに向かう前に障害物を乗り越えなければいけなかった。多くの者にとっては障害をどけること自体がゴールとなっていた」(p.409) と彼らは言っています。心理的障壁を取り除く過程は，障害を乗り越えることと類似しています。それは妨害するものを特定し，その影響を知り，アスリートに与える影響を軽減するという作業につながるでしょう。

† 障壁を特定する

心理的障壁は，アスリートが持っている才能やスキルを使う能力を邪魔する，彼らの経験も含んでいます。この障壁はよく知られた三つのグループ——すなわち認知的なもの，感情的なもの，行動的なもの，それにあまり知られていないグループ——動能的なもの（葛藤や欲望の類に属する，すなわち要求）に分類されます。認知的障壁には自己批判，自己否定，低い自信，低い自尊心，非現実的な期待やネガティブな思考様式が含まれます。これらの障壁はアスリートの言葉，表情，ジェスチャーから見つけることができます。たとえば自分のことを「ばか」だと言うアスリートは，自信を失っている可能性があるでしょう。感情的障壁は当惑，罪責感，恥，不安，怒り，悲しみ，失望，あるいは傷ついた気持ちなどです。アスリートがこれらの感情を直接口にしない場合，多くは声のトーン，会話の速度，もしくはジェスチャーや体の位置によって表されます。行動的障壁はオーバートレーニング，強制のしすぎ，感情をあらわにする，あきらめ，コミュニケーションの欠如，その他の自滅的な行動のことを指します。動能的障壁の例としては低いモチベーション，興味の喪失，スポーツと他の興味への欲求との葛藤，またはアスリートの望みと他人の望みの食い違いなどが挙げられるでしょう。どの障壁がパフォーマンスを妨害しているの

かを特定する作業には，緻密さが大切です。たとえば，もしアスリートが自分のいらいらを曖昧にしか説明できないのならば，そのいらいらを取り除くためにはそれが悲しみ，怒り，恐怖，恥，もしくはいくつかの感情の合体であるのかどうかを前もって知らなければいけないからです。そして特定することは，次の段階への準備でもあります。それは，特定された障壁の意味を探求することになるからです。

† 意味を探求する

心理的障壁を取り除く際に，それに与えられた意味を細かく調べることが必要です。そのための調査は次のような質問から始めてもよいでしょう。「へたなパフォーマンスをするということは，あなたにとってどういうことですか」。意味を調べるということは(a)障壁の内容を説明する（例：「絶対できない」「うまさが足りない」）；(b)その力，強さ，影響を特定する（例：どれくらいアスリートはそれにとらわれているか，どれだけ強く信じているか）；(c)内容について考察する（例：権利，断定の仕方，自己像などの大きな問題が絡んでいないか）；そしてもし必要ならば(d)いつ，どうやって，どこで始まり，誰によって過去に信じられていた可能性があるか，ということを調べることです。この最後のステップは，もしこれ以前で橋渡しとなるような情報を得られなかった場合にのみ，かなり有効なものとなるでしょう。

† 変化を起こす

障壁に与えられている意味を多少知るだけでも，人は変化しやすくなるものです。つまりはアスリートに与える影響を軽減させることになります。この変化の目的は，つらい思いややっかいな行動をひきおこす習慣を改める方向にアスリートを先導することに他なりません。前述した「きっかけとなる入口」はアスリートの経験に変化を起こすのに利用することができます。変化を起こすには(a)行動様式を調査する；(b)全部の力を出さなければ意味が無いという考え方に気づかせる；(c)「もしも…」のようなアスリートの悲観的予想を指摘する；そして(d)現実と空想を比較する（現実の経験に空想を交える）などの方法があります。このような例は，もちろんこのアプローチとして新しいものというわけではありません。どんな変化が起こされるにしろ，その維持や強化には練習や継続を要します。しかしこれから例に挙げられるもののように，いくつかの変化は比較的早くに起こり，その後も有用に働くことになります。

# クライアントの実例

以下は心理的障壁を取り除くために行われた，オフィスのセッティング，またはスポーツ心理学のワークショップでのセッションの一例です。序章で述べられたように，スポーツ心理学のサービスは多様な環境で提供されます。オフィスでセッションを持ったりワークショップを指揮するのに加え，私は練習や競技中などのスポーツの行われている現場に赴いて仕事をしています。オフィスはプライバシーを守るのには最良の場所であり，ときにはそれがアスリートの最も必要としていることでもあるでしょう。一方，フィールドでは現実への介入が可能になり，それはオフィスで話し合ったことをまさしく（文字通り）実戦に移せる機会なのです。

† オフィスにて

　最初のセッションの時間は通常，約1時間半程度で，続くセッションはしばしば少なくとも1時間以上かかります。この節で取り上げた四つの例は，アスリートのコンサルティングをするときに共通して見られる，いくつかの心理的障壁を示してくれます。

・**不安な若いアスリート**　Sさんは中学生で水泳部に所属しています。彼が不調なため会ってみてはくれないか，と彼の母親から電話がきました。彼とは60分から90分くらいの長さで3回セッションをしました。以下はそれぞれのセッションのときの会話から抜粋したものです。

セッション I

B＝Burt

B：あなたのお母さんから，あなたが自分の泳ぎに満足をしていないって聞いたのですが。
S：はい。
B：そのことについてもっと話してくれませんか。
S：あまり調子がよくないのです。
B：どのように？
S：遅いのです。
B：詳細を話してくれませんか。
S：どんなレースでも。
B：どういうことですか？
S：100，200，400の全てのレースで，いいタイムが出ないのです。

B：大会でだけそうなるのですか。
S：わかりません。けれどもたぶん，練習の方が調子がいいと思います。

　彼の返答は，入口となるポイント，すなわち障壁の特定もしくは除去のための手掛かりを得るために内面に近づくためのきっかけです。彼の返事は短く，次の質問を待っているという点に注目してほしいと思います。彼は私を警戒しているのかもしれないでしょう。もしくは，ただ完全に受身の状態になっているのかもしれません。この時点で，私は彼の状態を変える手助けをして，もっと自発的に話してもらえるようにできるかどうかはわかりません。

B：練習とは何が違うのですか。
S：わかりません。

「わからない」という，もっともありがちな返答です。これは情報がないのではなく，反抗や答えを考えるのがめんどうなために使われることが多いのです。そのため，私はこのように続けてみました。

B：最近の練習を思い出せますか？
S：…はい。
B：私に説明してください。
S：僕に何を言ってほしいのですか？

　彼の返事から，私は明確でない要求をしてはいけないと考えさせられました。しかしながら，特定の提案をしてしまったら，彼は短く返事をして次の質問を待つという行動形態を変えず，積極的に話すということをしないでしょう。「何でも好きなことを言いなさい」というような返事に対しては，「言いたくない」と返されるのが関の山です。どうすればいいのでしょうか。そこで，私は質問する代わりにイメージさせるという，もっと構造化された介入の手段を取ることにしました。問題の解決に回想や予想を使う場合，特に便利な方法です。これは競技に関わるときの考え，気持ち，望みを呼び覚まし，それによって過去や未来の状況を現在にもってくるものです。

B：今度はちょっと想像力を使ってもらえますか。いいかな。
S：はい。
B：ではしばらく目を閉じてもらえますか。…それでは練習中の自分をイメージしてみてください。できますか？
S：はい…僕は今，学校のプールのところにいます。
B：何が起こっていますか。
S：とってもうるさい。
B：それから。

：S：塩素の臭いがします。

　彼はまだ本格的に水泳の話をしていないませんが，彼は自分の記憶の中にある嗅覚や聴覚を言葉にしています。これはつまり彼がこの方法に入り込もうとしていることを表しています。

　　B：どんなことを思い浮かべていますか。

　ふつうなら私はここで「何を考えていますか」と聞くでしょう。しかし彼の前の返答を考慮に入れて，もっと具体的な質問をすることにしました。

　　S：準備をしています。
　　B：どのように？
　　S：飛び込む場所を見ています。
　　B：体にはどんなことを感じますか？

　ふだんなら私は「何を感じていますか」と聞きますが，具体的な質問の方がこの場合は有効であるようでした。

　　S：落ち着いています。準備もできていて。
　　B：はい，では今度はこの部屋に戻ってきて目を開けてみてください…何に気付きましたか。
　　S：意味がよくわかりません。
　　B：どのようなことを感じましたか？
　　S：プレッシャーは全く感じませんでした。
　　B：なぜですか？
　　S：誰も何も期待していませんでした。期待されるのは嫌いです。
　　B：プレッシャーの何が嫌なのですか？
　　S：すごく緊張して不安になります。それが起こると集中できなくなります。無理をして最終的には何も残らないっていう状況が恐いのです。

　彼の短い返答は明らかに変わり始めていました。私が彼の返答形式を変える直接的なことを何もしなかったため，彼は前より進んで自分のことを話してくれたのです。この変化は始めの信用の象徴かもしれません。他人からの期待という考えは，プレッシャーという障壁を取り除く手掛かりになるかもしれません。彼は強く自己批判をする傾向があるのかもしれません。私は他人からの期待が彼に与える影響を掘り下げてみることにしました。

　　B：今度は違うのをやってみましょう。
　　S：違うのというと？
　　B：また目を閉じてイメージしてください。
　　S：はい。

二人の間に共同作業の形が形成されています。アスリートはこのやり方に入り込んでいて，「私たち」という関係が築かれているのです。「私たち」という形ができてくると会話が一方的でなくなり，アスリートも専門家も彼のパフォーマンスの観察にもっと没頭するようになってくるのです。

B：また目を閉じてください。今度は大会の会場にいることをイメージしてみましょう。
S：はい。
B：何が見えるか教えてください。
S：えっと，私は今 100 メートルのスタート台に立っています。最初の種目です…。ぶるぶる震えています…頭にあるのはコーチや両親をがっかりさせないことだけ…。あんまり早くに疲れないことを願っています…誰も私のことを知らなければいいのに。誰かに期待されることほどつらいことはありません。
B：誰もあなたのことを知らないとイメージしてみましょう。
S：はい。
B：何を感じますか。
S：わからない…前ほどプレッシャーを感じていないかもしれません（目を開ける）。ああ，そんなことが大会で起こってくれればいいのに。
B：次の試合はいつですか。
S：実は，今週末に一つあります。
B：そこにいる間は誰も知っている人がいない，ということをイメージできますか？
S：試してみようと思います。効くでしょうか。
B：試す価値はあると思いますよ。いつもほどプレッシャーを感じないかもしれない。

この時点での心理的障壁は，彼の不安と他の人の期待に答えられないかもしれないという心配でした。不安を軽減させるよりも，この後者の障壁の取り除くことに先に取り組んだ方がいいかもしれないと私は感じていました。

**セッションII**

B：こんにちは，どうでしたか？
S：えっと，最初のレースはかなりよかったです。でも，次は失敗しました。
B：まず，はじめのレースについて話してもらいましょうか。
S：スタートではそんなに心配ではありませんでした。私は早い段階でペースを速めすぎないことを心がけていて，レースの間ずっと自分の速さを調節することができたため最後まで体力が持ちました。
B：誰も知らないふりをしましたか。
S：スタートではしていません。レースの前にやりました。

B：最初のレースのあとに何が起こったのですか。（その試合で彼は四つのレースに出場していました）
　　S：やりすぎたのではと心配になりました。他のレースまで体力がもたないのでは，と。そうしたら次のレースで私は失敗をし，自信がなくなってきました。だから最後のレースまで自分を抑えておくべきだと思いました。
　　B：自信をなくすと，どうなりますか？
　　S：もっと不安になります。それからできない自分に腹を立てます。
　　B：怒ると，あなたは自分自身に何て言うのですか？
　　S：どうしようもねえな，くそ！ お前はだめなやつだ！

　彼のよいパフォーマンスを阻（はば）む壁はいくつかありました。それは，いい成績を残さなければいけないという彼の思い，他人の期待に添えないのではないかという心配，不安，低い自信，そして怒り。これを全て合わせると，彼の中に強い自己批判が存在している可能性が高くなってきます。どれを探求するかを決めるときのポイントとなったのは，彼がためらいがちで，これらの事柄について話す際に，まるで謝るかのようであったことに対する気付きでした。それと対照的に，彼は怒りを表現するときにはいきいきとしており，もっと力強く見えたのです。それゆえに私は彼の速く泳げないという経験を変えるのにその力を使うことにしました。この変化は怒りをあまり問題にせず，彼が怒りをぶつけるターゲットを転換する手助けをすることによって完成されました。怒りを障壁ではなく味方にすることが最終ゴールだったのです。

　　B：では，あなたが私に話してくれたことを整理してみましょう。あなたは不安になるとうまく泳げません。それで自信をなくします。そうするとあなたはもっと不安になり，失敗をして自分に腹を立てます。
　　S：はい。あなたから私の姿を繰り返し聞いていると，ちょっとばかみたいですね。

　もし彼が自己分析にもっと興味を示したならば私は彼の自己批判的発言にコメントをし，それが彼の自信にどう影響しているのかを話したかもしれません。しかし，この状況下では私は彼のパフォーマンスに直接注目することにしました。

　　B：怒りをもっと有効に利用できると思うんですが。
　　S：どういう意味ですか？
　　B：怒りを，レースの前に使用できるでき立てのエネルギーだとイメージしてみてください。
　　S：それから？
　　B：あなたの助けとなってくれるかもしれない。

S：どのように？
B：一部のアスリートがレースのスタートで自分に気合を入れるように。
S：ちくしょう，いけ！ おまえならできる！（強調して言う）
B：どうですか？
S：最高です。
B：次のレースでやってみようと思いますか。
S：もちろん。

セッションとセッションの間にクライアントの母親から私に，彼が大会でとてもよくやったという電話がかかってきました。彼はセッションのおかげだと思い込んでいるようでした。私は彼の母親がなぜ電話をしてきたのかははっきりとわかりませんでしたが，彼女とそれについて話すより，次のセッションまで待って彼に直接話すことにしました。ともあれ彼がよくやったということで，私は少しほっとしていました。

### セッションIII

S：（笑顔で）大成功でした。
B：もっとそれについて聞きたいですね。
S：まず私は「お前はできる！」という言葉を使って，最初のレースでいい成績を出せました。
B：どのようにそれを持続させることができたのですか。
S：自信や強さを感じました。「お前はできる！」を使い続けて四つのレース全てで2から8秒タイムを縮めました。1回の大会でこんなことが起こるのは初めてです。最高の気分です。

3回目のセッションの終盤では彼の人生のほかの局面についても話し合いました——学業のこと，社会生活，親との関係や将来の予定。彼はセッションにとても満足しているようで，それを終わらせることにも不安はないようでした。彼は私に礼を言い，もし必要であればまた戻ってくるとも言っていました。1年後，彼が何回かのセッションの間に学んだことを使って，進歩し続けていることを私は知りました。もし彼がセラピーのために来たのなら我々は，彼の低い自尊心，自己批判，期待に応えなければいけないという考え，人々をがっかりさせる恐怖，そして失敗する恐怖に対する対処をしていたかもしれません。これであれば奥底の本当の問題に集中するのは簡単だったかもしれないのです。しかしそのために彼は来たわけではありませんでした。パフォーマンスの問題に注目することによって心の中の問題にも対処できるということは，私にとって少し驚きでした。

・怒ったアマチュアアスリート　Gさんはビジネスマンであり，とても負けず嫌いなアスリートです。スポーツは彼の人生にとって欠かせないものでした。彼は自分のゴルフに大変失望していたために私のところへやってきました。彼はそれ以前に水泳，テニス，競走，そしてスキーも経験していました。以下は最初のセッションからの抜粋です。

　　G：ここにいることはとても恥ずかしいことです。いい大人がまるで子供のような…。

　このコメントはすでに激しい自己批判と自分の感情を露にすることに対する強い不満を表しています。

　　B：どういう意味ですか？
　　G：よいプレーをしたときは，この世でそれ以上にすばらしいことはありません——女性でさえも（かないません）。しかしそうでないときは，おかしくなってしまうのです。
　　B：どのように？
　　G：失望せずにゲームをやることが全くできません。あまりの失望に私はくそボールを林に投げてしまい，それはさらに悪化しています。最悪なショットのあとはゴルフクラブを折ったりもします。

　問題を追究する前に，私は彼が問題に立ち向かう助けとなるような何かしらの強さを見つけるために彼のゴルファー人生についてもっと詳しく知りたいと思いました。

　　B：ゴルファーとしてのあなたについて，もっと教えてください。
　　G：そうですねえ，6年前，私はいろいろなスポーツをやったあとにゴルフに戻ってきました。くだらないゲームですが，大好きです——そして憎んでもいます。私はプレーするだけではなく，ゲームの勉強をしたり，ゴルフのテクニック本を読んだり，プロや彼らのやったゲームについて読んだりしてハンディを12にまで下げることができました。たくさんのレッスンに通い，いいクラブを買いました。

　彼はゲームを研究していることを誇りに思っているようで，私はこれが障壁を取り除くひとつのきっかけになりえると考えました。

　　B：最近はどんなことが起こっていますか？
　　G：とてもみっともないゴルフをしています。数回のよくないショットのあと，機嫌が悪くなったのがことの発端で，それからハンディが上がり始めました。最初はただ怒っていただけだったのですが，次第にコントロールがきかなくなりました。なんでこのように行動してしまうのだろう。ばかばかしい！　ゴルフコースで父親のようにだけはなりたくありません。あの人は鼻持ちならないプレイヤーで，プレーするときよく頭に来ていたものです。

この最初のインタビューでもうすでにいくつかの障壁が特定できます。へたなショットを打ったことに対する怒り，"ばかなゲーム"をやっている自分への批判，コントロールがきかなくなっていることに対する恥じらい，父のようになってしまうのではないかという恐れ，制御できない行動，そして悪いプレーをしたときの自分に対する批判…。それゆえに彼を助けるのにはさまざまな方法が可能でした。彼にはリラクセーションテクニック，プレショットルーティン，もしくはボールの軌道をイメージすることが教えられます。怒りに対処できるようにするサポートも彼には同じくらい大切でしょう。彼はなぜ彼のプレーが変わったのか，人生で他にどのようなことが起こっているか，もしくは父親との関係がどのように彼のゴルフに影響を与えているかを探ることもできます。彼の自尊感情が彼のゴルフのスコアと結びついていることについて話し合えば，彼はそこまで追い詰められるようにならないかもしれません。これらはそれぞれもっといいゴルフのゲームができるよう彼を導いてくれることでしょう。彼はゲームの研究者であることを誇りに思っていたため，この誇りを利用できるかもしれません。よくないパフォーマンスをして自分を批判する代わりに，学ぶことができる能力を高く評価するようになるかもしれないのです。自己をもっと高く評価することによって，彼は心理的障壁の影響を軽減できるのではないかと私は思いました。

B：あなたが先ほど言ったことに戻りましょう。ゲームの勉強や，戦略やテクニックについて学ぶことについて話しているときに，あなたは自分の学ぶ能力を誇りに思っているようでした。どうですか？
G：ええ！ 何か難しいことをやるときにはそれについて徹底的に調査したり，勉強したり学んだりすることが大好きです。それに没頭しているときは最高に楽しいです。
B：ゴルフのゲームでもそれを使えるかもしれませんね。
G：それはやりました。
B：ゲームの中で，ということです。
G：意味がわかりません。
B：じゃあ，ボールを正しく打たなかったというのはどういうときですか。
G：(混乱した顔つきで) 当然フック (左にいく) かスライス (右へいく) したときです。
B：どうやってそれがわかるのですか？
G：ボールを見ているだけです！
B：ということは，ボールがあなたのうまく打っていないときを教えてくれるとい

うことですね。
G：もちろん。
B：ある意味，ボールはあなたの先生なのです。あなたの打ち方には何らかの修正が必要だということを教えてくれています。
G：そのように考えたことはありませんでした。
B：ではボールが教えてくれたことを実行するためには，明らかにクラブが必要です。
G：当然ですね。
B：あなたの味方になってくれるわけです。
G：うわぁ，この長い間私は先生を捨てて仲間を破壊していたのですよ（笑いながら）！

　この時点で彼の物の見方に変化が現れ，彼は自分を笑い飛ばすことができるようになった。次の質問は自分の反応をもっと細かく説明するのを助けることによって彼の新しい体験を強化するということを意図しています。

B：今どんな気分ですか？
G：いいです。少し興奮しているくらいです。
B：今どうしたいですか？
G：コースを回って何が起こるか，試してみたいですね。
B：何が起こると思いますか。
G：今この瞬間は，先生を投げたり友達を壊したりしようとは思っていません。でも確かではありません。私はかなり長期間このようなことをやってきたのです。そんなすぐに変われるのでしょうか？
B：もしかしたら。様子を見てみましょう。

　次のセッションで彼はまただめなプレーをしましたが，「おかしくなる」ことはなかったと言っていました。彼はゴルフボールを投げたりクラブを破壊しようという衝動に駆られましたが，どちらも行いませんでした。彼はあまりいいプレーをしませんでしたが，ゲームの生徒となることを楽しんでいたことに驚いてもいました。次の週末に彼はふつうのできのゲームをし，また自分を失うことはありませんでした。その後彼はいくつかのゲームでまずまずのプレーをし，そうでないときは自分を抑えられるようになりました。数ヵ月後に彼は電話をよこし，問題であった彼の行動は再び現れることはなく，ボールを投げたりクラブを折ったりということはすっかり息を潜めたとのことでした。他の心理的問題（Giges, 1998）がたくさん含まれていたにしろ，彼のパフォーマンスの問題について，今回の作業はとてもためになりました。私は何回もこの

比較的簡単な再構築の介入の仕事に関わってきましたが、それが起こると今でもいくぶん驚きますし、良好な結果が長く持続することに驚いてしまいます。
- エリートアスリート　Lさんは中距離の選手です。私は毎週トラック練習を見に行っていたため、彼女が私のところに来る1年ほど以前から彼女のことは知っていました。地元や地域のレースではだいたい上位3人の中に入っているくらいの選手です。彼女が最近よくレースを途中棄権するため、コーチが私と話してみてはどうかと提案したのです。

　　B：コーチがこの話し合いを提案したそうですね。
　　L：はい。私もそれに賛成しました。正直言って、彼がこのような提案をしてくれてよかったです。
　　B：もっと詳しく聞かせてもらえませんか。
　　L：いくつかのレースを途中棄権してしまいました。
　　B：それは初めての経験ですか。
　　L：はい。最近までそんなことは一度もありませんでした。
　　B：なぜそのようなことが起こっているのだと思いますか。
　　L：わかりません。理由を見つけ出そうとしたのですが、ぴったりと当てはまるものはありませんでした。体調は万全ですし、トレーニングも順調です。走ることを楽しんでます。全く見当がつきません。
　　B：競技を離れて、何かあなたを悩ませていることははありますか。
　　L：特にありません。彼氏とは最近よく喧嘩しますが、それは私がレースを棄権し始めてからのことです。たぶん、私は彼に八つ当たりをしているのです。私はなんだか落ち込んでいて、それがさらに私をいらいらさせるのです。

　ここは彼女の「落ち込んだ」気分をもっと深く知る、よい機会でした。しかしこのセッションは心理療法を行うためのものではないため、彼女のパフォーマンスにおいてそれが重要になってこない限り、この心理的障壁について掘り下げないことにしました。

　　B：最後に棄権したときのことについて教えて下さい。
　　L：ええっと、つい先週、1マイルのレースで。私はかなりいい状態で走れていて、強気でした。レースをずっとひっぱっていました。そうしたらレースの最後の方で誰かに抜かされてしまい、私はそこでやめてしまいました。
　　B：何が起きたのですか？
　　L：わかりません。

　この時点で私は、質問と回答の形式が、彼女の障壁となっているものを特定するのにはあまり適切ではないと思いました。誰かが彼女を追い抜いたというコメントが入口のようであり、私はそれに注目することにしたのです。

B：そのレースに戻って，まるで今そのレースが行われているかのように，そこで起こっていることを詳しく教えてくれないでしょうか。
L：わかりました。
B：目を閉じてもらえますか。…では先週のレースに戻って，レースの前のあなたを思い浮かべてください。
L：はい。
B：どんな気持ちか教えてください。
L：少し緊張しています。何人か知っているランナーがいて，その中の一人はかなり強いです。私は過去に彼女に勝ったことがあり，それが今の自分の自信となっています。
B：ではレースについて教えてください。

このコメントは，あなたの体験を理解する手助けをしてほしい，とアスリートに頼んでいるもので，協調関係を築くことの一環です。

L：まず私は早目に出て先頭に立とうと思っています。その方が他の人たちのプレッシャーになるからです。そんなに前にはいませんが，1周したあともまだ先頭にいます。強気なため少しペースをあげて，半分でリードを広げています。3周目では少しきつくなってきて，さっき言った選手が徐々に近づいてきています。四分の三の地点で彼女は私に追いつきそうになります。直線で彼女は私に並び，すぐ隣にいます。そしてターンで私を抜きます。私はスピードを落とします。走れる気がしないのです（彼女は困惑した表情を浮かべる）。
B：はい，そこで止まって下さい。今，何が起こったのですか。
L：（長い沈黙…目はまだ閉じている）とても恥ずかしいです。

恥は充分障壁になり得ます。それは深く心に根を張った，とても強い感情です。これは心理療法ではないため，私はそれについて深く掘り下げることに気が進みません。もしそうしてしまうと，彼女の来た目的とは異なる方向に進んでしまい，おそらくはパフォーマンスの問題に取り組むよりはるかに長い時間を要することになるでしょう。しかし，もしかしたら必要となる時がくるかもしれません。私はあまり深く追求はせず，恥について彼女に尋いてみることにしました。

B：これは前にも感じたことがありますか。
L：（目を開けた状態）小さかったころ以来です。

ここでは私は薄い氷の上を歩いているような気分です。幼いころのある重要な感情的経験の記憶について話し合うときは，私は自分が精神分析療法医だったころに引き戻されてしまうからです。何かが私の中で，深く掘り下げろと言うのです。感覚が似ているということだけでは，それが同じものだということ

にはなりません。私は彼女のパフォーマンス面に集中していればいいのだと，自分に言い聞かせています。

> B：それはスポーツをしている途中に経験したのですか。
> L：それがそうなんです。子供のころ，みんなとサッカーをしていました。私はチームでかなり足の速い方だったので，私が前を走ると誰も私に追いつけませんでした。私はボールを持ってゴールに向かっていたのですが，突然つまずいて転んでしまったのです。いつも試合を見に来ていた父は，私がいかにドジかをみんなの前で大声で叫んだのです。とても恥ずかしかったです。父はいつもそんなことをしていました。自分の存在が否定された気分でした。

私の中で，精神分析療法医だったころの自分が，彼女の過去と現在の父親とのつながり，それらが彼女が自己価値を決める際にどのようにつながっているか，そして今のスポーツパフォーマンスにどのように影響しているかを深く見たいという衝動に駆られていました。しかしそれは彼女自身が望まない限り，スポーツ心理学者として私の方から行うということは決してありません (Giges，1995)。

> L：今後，これにどう対処していけばいいのですか？
> B：どのようにしたいかという希望はありますか。
> L：いいえ。これは過去のことで，もう私にとってはすんだことなのです。もしくは少なくともすんだことだと思っているのです。レースを途中棄権するのと何か関係があると思いますか。
> B：あるいはね——しかしときとして，過去のことに目を向けるだけで，それ（過去）が私たちに与える影響を変えることができます。何が起こるか見てみましょう。また目を閉じて，先週のレースに戻ってもらえますか。もう1回レースの状況を説明してみてください。

私は彼女の過去との感情的連結が彼女のレースの描写にどのように影響するのか，興味がありました。彼女はさっきと同じように説明をしていましたが，最後の1周はさっきと違っていました。

> L：…バックストレッチを走っていると彼女が接近してきました。彼女が私を追い越します（止まる）…。
> B：何が起こっているのですか。
> L：（目を閉じたままで）ええと，本当にこいうふうだったわけではないのですが，私はまだ走っています。カーブで彼女は完全に前になり，私は彼女の真後ろにいます。直線で彼女は差を広げて優勝します。私は二着でした。（目をあける）
> B：二つの描写を比べてみたとき，違いは何だと思いますか。
> L：今回は，あの迫ってくるような恥は感じませんでした。ただ走り続けました。

これが本当だったらよかったのですけど。
B：たとえそれが空想だったとしても，次のレースで現実にできるかもしれません。
L：そうだといいです。

　私が彼女をみていた4年間の間に，彼女は二度とレースの途中で棄権しませんでした。何が変化のきっかけとなったのかははっきりしません。一つの可能性としては，空想体験は催眠のようなもので，棄権をしなくなったという結果は催眠のあとの暗示のかかった状態と似ているため，治ったということが挙げられるでしょう。もしくは，彼女が別の新しい父親役である私といい方向への感情の転移を果たし，棄権しないことによって今までのように父親を喜ばせようとしていたのかもしれません。三つ目の可能性としては，彼女が恐れていた恥の原点がわかり，現在の経験にあまり影響しなくなったということが考えられます。これらの，そしてこれ以外の事柄が重大かつ継続的効果を得るのに貢献したのかもしれません。セッションの間，セラピーのようであった部分は，彼女のスポーツ・パフォーマンスの面のみに焦点を当てるに留まりました。

・**変化する競争者**　Pさんは私に会いに来る2年前に大学を卒業した，若いテニスプレーヤーです。彼は最近自分のプレーに不満を持っていました。彼との2回のセッションの抜粋を以下に示します。

*セッション1*

P：自分のプレーに満足できないのです。この1年，とにかく調子が悪いのです。試合中に集中したり，集中を持続させたりすることが全くできません。
B：あなたには何が起こっているのか話してください。
P：最近よく怪我をします。重傷ということはないのですが，全力を尽くすことが恐いのです。私は自分の能力を活かしきれていないし，もうゲームを楽しんでもいません。
B：全ての試合で同じ状況なのですか？
P：実のところ，競(せ)り合いになる試合ほどそれがひどくなります。勝ったら，私はもっと相手に大差で勝てたのではないかと思うのです。負ければ全力を尽くしていないと思うのです。それで自分に腹が立ってきます。
B：なぜそれが起こっているのか，思い当たるようなことはありますか。
P：本当によくわかりません。一つ気付き始めたのは，格好よく見えないことを心配しだしたということです。最近の私は，うまくプレーすることよりも格好よく見えることに"とらわれて"いるような気がします。

　もうすでにいくつかの障壁が特定できます。集中すること，そしてそれを持続させることが困難であること，自分のプレーしているときの格好が気になり

気が散ること，そして怪我を恐れて自分の力を制御すること。よく見られたいという彼のコメントは注目すべき点です。これは強い内的批判を暗示しており，きっかけとなる入口として使えるかもしれません。また自己洞察への可能性も感じられるので，二人で行うセッションを進めやすくしてくれることでしょう。

> B：プレーしているときに，誰があなたを見ているのですか。
> P：そんなに違いがあるようには見えません。私の両親が来たり，来なかったりします。ときどきスタンドに誰も知り合いがいないことがありますが，そういうときでも自分がどう見えているのかが気になります。
> B：それについてどう思いますか。
> P：どういう意味ですか。
> B：スタンドに誰もいないのに自分の見え方が心配になるということについて，何か心当たりはありますか。
> P：私が見ているのでしょうね。

この最後のコメントが彼が自己投影をする力があることを指しており，どの障壁から取り組めばいいのかを示す手がかりを与えてくれるかもしれません。彼のコメントを少し深く掘り下げてみましょう。

> B：自分がテニスをしているところを見るときに，何か気付くことはありますか。
> P：ゲームに本当にのめり込んでいるようには見えません。以前のようなドライブも全くありません。
> B：それに対する感想は？
> P：怠けているということかもしれません。負け犬になったのかもしれません。

彼の自己批判は明らかです。そのため特に彼の内的批判は他の人（親など）が原因となっていたため，彼が他の人から批判されることを予想しているのは当たり前です。彼の場合は，安心させることとそれを押しつけるような言葉はそれほど効果がないでしょう。彼の望みはパフォーマンスの改善であるため，彼の自己批判の原因を探るのも適切なやり方だとは思えませんでした。私は彼のネガティブな予想をポジティブな経験に転換させるということを試してみました。

> B：誰があなたの人生であなたに最も寛容ですか？　あなたが成し遂げてきたことだけを評価するのではなく，あなたがあなたであるということを受け入れてくれる人という意味において，です。
> P：わかりません。3人のすばらしい親友がいます。私がどんなにひどい試合をしても，彼らは私と付き合ってくれます。
> B：彼らはあなたが怠け者だとか，負け犬だとか言いますか。

：P：決して言いません！
　この友達との関係は，彼の自分に対するネガティブな見解を緩和し，それが彼のパフォーマンスに関わってくるのを減らすことに充分な影響を与えることができるかもしれないと感じました。

　　B：何か違うことをする準備はできていますか。
　　P：どういう意味ですか？
　　B：あなたに質問する代わりに，私はあなたを架空のシナリオに導きたいと思うのですが，いいですか？
　　P：はい，けっこうです。
　　B：では目を閉じてみてください。最近の試合を思い出して…試合が始まる前に，あなたの3人の友達がスタンドにいるのを想像して…できますか。
　　P：スタンドのまん中にいて，私を見てニコニコしている彼らが見えます。
　　B：では，あなたが試合を始めるときに，彼らの気持ちや考えを共有できるようにしてみてください…何が起きているのか説明してください。
　　P：心の中が笑顔で満たされています…気持ちがいいです。プレーを始めると，足が本当の試合のときのような重さがないことに気付きます…足が少し速いです…今までは取れなかったようなポイントを取るようになっています…前よりうまくなったようです。

　彼のイメージはポジティブな枠の中で続いており，最後には彼は心の中が温かさと自信で満ちているように感じると述べていました。次のセッションで私のところを訪問するまでの間に，彼は違うトーナメントへの参加を予定していました。

### セッションⅡ

　　B：どうでしたか？
　　P：ええと，なかなかよかったのですが，負けました。
　　B：他に何が起きましたか。
　　P：驚いたのですが，自分の見え方をそんなに気にしていなかったことに気付きました。けれど，大学のときのような強さではプレーしていませんでした。
　　B：それについて，どう思いますか。
　　P：一つ気付いたことは，テニスをすることが前ほど大切なことではないということです。
　　B：あなたはそれでいいのですか？
　　P：ええ，まあ。今私にとって大切なのは，医学の学校への進学だからです。先日のトーナメントに参加したのは，そのずっと以前に登録してしまったからという理由からだけです。
　　B：それに気付いたのは，いいことです。それであなたに何か不都合なことが起き

ますか。
P：そうですね，親をがっかりさせてしまうのではないかということが心配です。彼らは私にとても協力してくれました。
B：あなたの親御さんは，あなたが医大に進学することについてどう思っていますか。
P：ええっと，とても喜んでくれています。
B：あなたは，ご両親がテニスよりも医大を優先させることにがっかりすると思いますか。
P：そんなわけはありません！　…がっかりさせてなどいないでしょう。…私はむしろ前進しているのかもしれません。
B：あなたはこの変化を以前よりすんなり受け入れているように，私には思えるのですが。
P：ええ，心地よい変化です。

　このケースでは，パフォーマンスの問題は興味の変換（テニスから医大へ）が原因となっていました。これは他の人の期待に答えられないという罪悪感と恐怖という心理的障壁を作り上げていたのです。イメージは，アスリートにとって不愉快な，もしくはいらいらするような過去の出来事を作り変え，体験や結果を変えることができるので，使いやすい方法です。この変化は見解，感情，もしくは態度，それに引き続いて起こるふるまいの変化によって完成されるメソッドと言えるでしょう。

† スポーツ心理学のワークショップから
　この節の最初の例は "Psychological Barriers to Excellence in Sport Performance"（「最高のスポーツ・パフォーマンスを妨害する心理的障壁」）を研究する大学のワークショップから選ばれたものです。私がこのトピックについて講義したあと，スポーツ心理学を専攻している一人の大学院生が自主的に，この重要なパフォーマンスの問題について研究し始めたのです。ワークショップの参加者は現役と元大学院生と学部の教授団でした。インタビューの内容を公にしないということには全員一致していました。

・**生徒，ダンサー，教師**　Dさんはダンスを教えたり，人のダンスを手助けすることに興味を持ち出したベテランのダンサーです。心理的要素がパフォーマンスにおいて重要であることに気付いた彼女は，スポーツ心理学を勉強することにしました。

B：さて，あなたはどこから始めたいですか。
D：私は今パフォーマンスに問題があり，悩んでいます。ダンスは私がずっと続けてこれたことで，技術的にはパフォーマンスの妨害をするものは何もないはずなのです。
B：妨害をするものが何もないというのは，具体的にどういうことですか。
D：3年くらい前に，私は車にはねられました。しかし骨折とか重大なことは何もありませんでした。クラスに戻っていつも通りに仕事をしていいと言われました。でも，そうできなかったのです。ウォーミングアップの途中で何か起きたのです。まだ床運動の時点で，変な感じがしました。
B：どのように？
D：身体的に，首の左側に違和感がありました。何が起きているのか全くわかりませんでした。恐くなって自分を抑えるようになりました。転びそうな気がしました。左側のバランスが取れないような気がしたのです。次の朝，あまりにもひどく痛んだため，救急病院に行きました。医者たちは偏頭痛だと言っていましたが，今までそんなことはありませんでした。
B：そのあとはどうなったのですか。
D：はい，その体験以来私はジャズダンスのクラスには行っていません。バレエのクラスへは行ったのですが，ジャンプはしていませんし，ターンは恐くてとてもできません。私は自分で自分のことを抑えているのかどうかも，はっきりした原因もわかりません。試してみるのが恐くてしょうがないのです。

この強い恐怖は，彼女の身体的外傷だけが原因ではないようです。私はこの不安には重要な心理的原因があると考えました。それはすなわち，ダンサーとしての彼女の身分を脅かすものです。ダンサーは自分を抑制することがないため，自分を抑制するということは彼女がダンサーではないということを意味していたのです。そのため私は，彼女が自分を抑えるということは彼女の今のふるまいの"本当の原因"ではないということから始めたのです。

B：あなたが自分を抑えているとき，それは正当な自分ではないということですか。
D：人生でずっとやってきたことが恐いなんて思うのが嫌なのです。
B：どちらも本当であるとしましょう。あなたには本当の原因というものがあり，あなたは自分を抑制している。あなたは自分で恐いということを前に言いましたが，今はどちらに注目したいですか。
D：たぶん，また救命救急室に舞い戻ることを私は恐れているのです。けれど私は，ターンやジャンプを試すことさえもできないのです。

この時点では，身体的原因はあまり関係ないように思えました。もし恐怖が心理的障壁であるのならば，彼女を縛っているものを緩めるいくつかの方法があります：(a)彼女がなぜ恐がっているのかを探る：(b)イメージを使って恐怖の

与える影響を緩和させる：(c)リラクセーションを行う：(d)脱感作療法の際のように彼女が恐がるようなことを少しずつ増やしていくという実験を行う，です。彼女がターンやジャンプを試すことができないことを強調していたため，私は最後の方法を実践することにしました。

　　　B：今，ターンかジャンプを試してみませんか。
　　　D：わかりません。こんなに間を空けたあとでは，技術までも失ってしまったかもしれません。

気が進まないことにもう一つ恐怖が見えたため，私はジャンプやターンを含んだ直接的な実験は延期することにしました。

　　　B：怪我をするかもしれないという恐怖に加え，どのようにやったらいいかわからないかもしれないという恐怖もあるわけですね。合ってますか？
　　　D：そして，もっと大きなのが，ばかみたいに見られたくないということです。特に私には長年のダンサーとしての経歴があるんです。

この時点で，私は彼女に挑戦することを勧める前に，もっと土台を造ろうと思いました。彼女は過大な自己批判をしていることが明らかであるため，私はこの評価の障壁を彼女自身に向けることにしました。

　　　B：ばかみたいに見えることには，何が含まれるのですか？
　　　D：過去に私が何をしてきたか知っている人は，私がはるかに低いレベルでダンスをしていると思うでしょう。
　　　B：それがばかみたいに見える，と？
　　　D：いいえ。まあ，ばかみたいというのはちょっと不適切だったかもしれません。
　　　B：不適切ではないですよ，あなた自身はそう思っているのかもしれません。ではあなたの観点からすると，低いレベルでパフォーマンスをすることはどのようにばかばかしいのですか。
　　　D：恥ずかしいです。
　　　B：なぜ？
　　　D：昔のレベルからすると。
　　　B：あなたははるかに高いレベルにいた，怪我に加えて強い痛みを感じ，今は低いレベルでパフォーマンスを発揮している。それのどこが恥ずかしいのですか。
　　　D：もしターンをすればふらつくかもしれない，前ほど綺麗ではないかもしれない，あるいはぴたっと決まらないかもしれない。もし私が教えているジャズダンスの教室で模範演技を自分を抑えながらやったら，生徒は私がそれをできないと思うかもしれません。
　　　B：彼らはどのように考えると思いますか。
　　　D：なぜ彼女はやらないのだろう，なぜ見せてくれないのだろう，というようなこ

とです。
B：それらの疑問に，彼らはどのような説明をつけると思いますか。
D：事故のことについて知っている人もいれば，知らない人もいます。
B：事故について知らない人はどのように思っているでしょうか。
D：それについて考えたことはありません。
B：では，今考えてもらえますか。
D：私のことをうまくないと思うかもしれません。
B：彼らがそのように思うことについて，心当たりでもあるのですか？

　もしこれが心理療法ならば，自負の低さという結果は深く追求しなければいけないでしょう。しかしながら，パフォーマンスにおける障壁を追究するうえでも避けることはできないと判断しました。

D：いいえ，全く。
B：しかしあなたは，彼らがそう思うと。
D：はい，今は。
B：だから彼らが本当にそうするかしないかに関係なく，あなたは彼らがそうすると思っているのですね。
D：ええ，そうですね。

　低い自尊心，低い自信，低い自負といった障壁を相手にする場合，なるべくこれらの考えの根源を明確にすることが重要です。

B：あなたはどんなときに，自分がうまくないと感じるのですか？
D：山ほどそんなときがあります。
B：詳しく教えてください。
D：ダブルターン，チェーンターンで教室を横切るとき，足を思いっきり縦に開いて上に跳ぶグランドジュテ，速いジャンプ，背中を反らせ足を高いまま維持しリードも要するレイアウトなどです。

　彼女はどのようなテクニックが恐いのか，かなりはっきりしています。それらの動きをやりたいあまりに，まるで彼女がそれらを"味わえる"ような言い方で説明してくれました。私はもう少し押してみることにした。

B：何が邪魔をしているのですか？
D：転ばないか心配なのです。
B：もし転んだら？
D：それは受け入れることのできないことです。
B：誰にとってですか。
D：私にとって。
B：何が転ぶことを受け入れられなくさせるのですか。

D：今まで転んだことがないのです。ターンでもジャンプでも，レイアウトでも失敗したことはありません。

　これは「聴くこと」の節で前述したような，答えられていない質問の例です。ここで避けられているものがはっきりしていないため，もう一度質問をしました。

　　B：そして何が受け入れられなくさせるのですか。
　　D：私はそれらがとても得意だったのです。得意でなくなるということが気に入らないのです。
　　B：一度も転んだことがないというのも，得意でなくなるのが気にくわないというのもわかりましたが，何が転ぶことを受け入れ難くさせるのですか。
　　D：転ぶことによって得る感じです。どのようなものなのか見当もつきませんが，考えただけでもぞっとします。私が過去に観客の前でやっていたことを基準にすると，それは私の能力よりもはるかに低いレベルなのです。
　　B：だから…。
　　D：で…，それはただ…，私は…，私は昔ほどうまくないということを受け入れられないだけなのかもしれません。
　　B：そして，もしそれが本当ならば，それを難しくさせているのは何ですか。
　　D：昔の私…，それは私にとって全てでした。
　　B：それであなたがもしそのレベルでなかったら，そうしたら…。
　　D：私の中の一部分は私がもうダンサーではないと考えているのかもしれません。
　　B：そしてもしそれが本当であるのならば…？
　　D：何かが私の中で死んだような感じです。感情的になってしまいます。
　　B：どのような感情ですか。
　　D：喪失…，大きな喪失…，できるとわかっているのに…，何の心配もなくやっていました。それによって給料をもらっていました。私は自分が他の人よりうまいことを知っていました。元に戻ってほしいものです…。一緒に働いていた人々や経験。すごく楽しかったのです。全部元に戻ったらどんなにいいか。
　　B：ただ楽しいだけではなかったようですね。あなたにとってとても大切なようですね。
　　D：私の人生の全てと言っても過言ではありません。

　確実にDさんのアイデンティティは，ダンサーであるということと深く関わっています。彼女にとって，ダンサーでなくなると考えるだけでも恐ろしいことなのです。これはワークショップでのインタビューであったため，彼女の見解を変化させ，障壁を取り除くための，意味のあるスタートができるかどうかは定かではありませんでした。私はこの可能性を彼女と共に追求することにしました。

*B*：自分で自分のその言葉を聞いた感想は？
　　　*D*：あまりそれについて話したことはありませんが，私はいつも自分のことをダンサーとして見ていました。それについて話すことの必要性を感じませんでした。ただやっていたのです。人に「職業は何ですか」と尋ねられたとときに，私はいつも「ショーに出ています」とか「教室に通っています」と答えていました。私はいつも，どんなときでも，自分がうまいと知っていたため，もっとうまくなるチャンスがあると思っていました。私は自分がダンサーだと自覚していました。むしろそれ以上でした…パフォーマーでした…着替えて誰か違う人になることができたのです…何にでもなれたのです。

　彼女は，さらにいきいきしてきました。私は，彼女にとってダンスがどれだけ大事なものなのかを感じることができ，そのことで今の状況の彼女にできることをしてあげようという私の決意が固まりました。

　　　*B*：今はどうなのですか？
　　　*D*：スタジオには戻っていません。私はスタジオで育ってきました。歩けるようになったころから，私はいつも踊っていました。5歳までには少なくとも一つクラスがあったため，スタジオに行かない週はありませんでした。そして高校生のころまでには週に5日から7日はスタジオにいました。クラスがない日や教えていない日は受付にいました。ロジンの匂いがたまりませんでした。ロジンと汗と湿気を組み合わせたもの，それが私の人生の証です。
　　　*B*：それがあなたにとってどのような意味があったのか，そしてどのような意味があるのかはわかります。過去のレベルでパフォーマンスができないことによって，あなたは何を感じますか。
　　　*D*：怒りですね。
　　　*B*：何に対して？
　　　*D*：できないということに対して。
　　　*B*：そして誰に対して腹が立つのですか。
　　　*D*：私をこのようにした事故を起こした人に対してです。
　　　*B*：自分に対する怒りはありますか。
　　　*D*：ええ。「もしも」のような。もしもベーグルと紅茶を買いに行かなかったら，もしも角に立っていなかったら，もしも道を渡っていなかったら…，私は何よりも好きなことができたのです。
　　　*B*：それは本当かもしれません。もしそれが本当ならば，それらはなぜ自分に対して腹を立てる要因になり得るのですか。
　　　*D*：私は中でストレッチをして，クラスの準備をしているべきでした。何か違うことをしているべきでした。音楽の準備をしているべきでした。コンビネーションの最後の16カウントの確認をしているべきでした。そうしていれば，今でも私が最も愛していることができたはずです。

自己非難や不満は，自分を許すことを難しくさせています。

> B：もしあなたが，それらをやっているべきだったのにやっていなかったとしたら，それはどのようなことを意味しますか。
> D：クラスに対する責任が足りなかったということです。そして私の決断によって，私は変わってしまいました。
> B：もしあなたが以前のようなダンサーでないのなら，それはどういうことですか。
> D：もしかしたら才能は私の頭の中で作り上げていたことなのかもしれない，と思えてならないのです。
> B：あなたは自分が思っているような人ではなかったということですか。
> D：はい，取り戻せないので。
> B：では取り戻せないということは，持っていなかったということになるのですか。
> D：なんというか，体験したことはあるのです。そしてそれに対する反応もあったのです。けれど，私が今までやったもっともすばらしいパフォーマンスが映像として残っていないため，本当かどうか確かではないのです。

「もしも」で始まる会話はネガティブな考えの根強さをはっきりと浮き上がらせ，彼女に自分の経験を否定させるまでに及んでしまっています。私はもっと軽い情報を提示することによって，自己否定がどれだけ彼女に影響を及ぼしているのかを調べることにしました。

> B：でも，少なくともあなたは転んだことがないのですね。
> D：はい，転んだことはありません。…待って，今のは撤回します。一度転んだことはありますが，それは私のせいではありません。誰かがスタジオの床を水拭きしたのです。木のダンスフロアを水で濡らすと，アイススケートのリンクのように滑りやすくなるため，決してこれはやらないことなのです。動き出したら床のせいで転んでしまいました。それが唯一の1回です。

彼女のそれが唯一のときであったというコメントは，強い支配や，彼女が自分に対するイメージを脅やかすかもしれないことを思い出すのに警戒や困難があることを暗示しています。

> B：転んだことによって，自分に怒りを感じましたか。
> D：笑っていました。みんな床が濡れていることを知っていて，転ばないように細心の注意を払っていたのです。とてもコミカルな状況だったのです。

彼女の現在の経験について話し合う中で，彼女が元に戻ることをあきらめていることが明らかになりました。これの一部は彼女が説明した恐怖によるもの，もう一部は結果に対する悲観的な見方，そして主に彼女のダンサーとしてのアイデンティティが脅やかされるとことへの恐怖が原因となっている，と私は思います。彼女は一人のときでさえも，簡単な練習をしなかったでしょう。これ

を聞いた私はかなり動かされ，機会と適切な身体的サポートを与えることによって彼女が前に進みやすいよう，手助けをしようと思ったのです。

　　B：練習で，この場で少しジャンプをしてみませんか。
　　D：(笑う)いいですよ。
　　B：来なさい，これを一緒に克服しましょう。あなたが跳んでいる間に，私はあなたの手を持っています。

　私の手を持ったままで彼女は1回跳び，それから何回か一人でバランスの取れていないジャンプをしてみました。私は彼女が準備のできていないまま跳んでいることに気付き，跳ぶ前に準備をすることを提案してみました。ジャンプの間彼女は息づかいが荒く，不安を感じていました。深くゆっくり呼吸することを勧めた後，身体的に準備をするのに加えて心理的にも準備をしてみてはどうかと言ってみたのです。彼女は反対側の壁のところまで行き，一点に集中しました。これは彼女が跳ぶ際によくやっていたことで，精神的にも跳ぶ準備を行っていることを表していました。それから彼女は何回か跳びました。彼女が始めたばかりの練習を続けることを希望したため，私たちはインタビューを終了しました。私は彼女がいつ，どこでその練習をやるのかを聞き，それに対する彼女の決意のようなものを感じました。数ヵ月後，彼女は自分の「人生がまた軌道に乗り始め」ていて，インタビューでやったことに非常に満足していると言ってくれました。このケースは，たとえ重要な心的問題が存在してパフォーマンスの邪魔をしていても，パフォーマンスの向上のためには必ずしもこれらの問題を深く探らなくてもいい，ということを示しています。

　いい結果に行き着くまでには，いくつかの要因があったかもしれません。ワークショップで自主的に動くという行為は，正しい環境さえあれば彼女は変化する用意はできていた，ということを暗示しています。インタビューの間，難しい課題を一緒に完成させようとしている私たちの間に，強いつながりができたことに私は気付きました。これは彼女が障壁を乗り越えるために大切な要素でした。このつながりには，私たちがスポーツ心理学のミーティングを通して数年前から知り合いであったということと，彼女が娘のように思えたために私が彼女をどうしても助けたかったということが含まれています。彼女は私に対して信頼や尊敬を感じていて，それが私たちをつないだのです。快く彼女の問題を身体的にも心理的にも支えようと（手を持ち彼女の最初のジャンプの手助けをした）したのは，彼女のようにずっと踊り続けてきた人にとっては大事な

ことだったのかもしれません。自信のある人にとって人の助けを受け入れることは難しいことであり，それを乗り越えたことは賞すべきことでしょう。また，"観客"の存在も効果的に働いたように思います。彼女がパフォーマーであったという理由だけではなく，ワークショップに参加していた人たちが彼女をサポートしようとしているネットワーク（同僚）であったからです。

• **競争好きな生徒**　Tさんはスポーツ心理学を専門とする大学院生で，彼がテニスゲームで抱えている問題をスポーツ心理学のセミナーで話題にすることを申し出ました。セミナーは1時間で12人の院生と一人の教職員で行われました。私は，どのようにパフォーマンスに心理的問題のあるアスリートと関わっているかを話すために招待されました。

> B：どのように始めたいですか。
> T：はい，私はテニスをやっていてこの数年，何度もルームメイトと試合をしています。おそらく100セット以上になると思うのですが，1度も勝ったことがありません。
> B：それに対する，あなたの説明を聞かせてください。

ふつう，私はインタビューをこのような質問で始めないのですが，Tさんがこのことについて長い間考えてきていて，もう返答が準備されていることを，この段階で私は察していました。

> T：総合して考えると彼の方が私よりうまく，彼は私よりもはるかに幼いときにテニスを始めたのです。彼を破るためには，私は最高のプレーをして彼はふつうでなければいけないのですが，うまく組み合わせることができません。6―4や7―5のように惜しかったこともありますが，全ての要素に打ち勝つことはできないのです。ある一つのできごとがあり，それが私が今日セミナーでこの問題を持ち上げようと思った第一の理由です。
> B：それについてもっと聞かせてください。
> T：数ヶ月前，私たちは1セットだけゲームをしました。私の調子は最高で，彼は最悪でした。次の瞬間，私は5―0でサーブ権を持っていました（彼らはワンセットマッチを行っていた）。そこから突然，全てがうまくいかなくなりました。
> B：何が起きたのか，説明してください。
> T：その時点で私のプレーはためらいがちになり，私の頭の中はゲームからかけ離れていました。
> B：何を考えていたのですか。
> T：勝ったら誰に電話をするかとか，彼をついに破ったらどんなにすばらしいか，とかです。その後は全く試合に集中をするのが困難でした。

試合のあとに自慢しようと考えていたために起こった集中力の喪失が，一つ

の障壁です。彼のパフォーマンスにどのような影響が与えられたか，より具体的な情報を得ることが重要でした。

B：あなたのパフォーマンスはどのように変化したのですか。
T：まず私は"負けないため"にプレーをし始めたのですが，彼はそれを感じ取ったようです。私の集中力が散漫になればなるほど，彼のプレーは勢いづいていきました。私はボールを短く打つようになり，彼は一貫してボールを離れたところに打ってきました。彼はすぐに5—5の同点に追いつき，私はショックを受けていました。
B：どういうことですか。
T：私は自分の態度の変化に驚いたのです。ゲームのために打っていたサーブが，次の瞬間はゲームにいるためだけに打っていたのです。5点リードしていても，ゲームに負けたらどうしようということで私の頭の中はいっぱいでした。
B：それからどうしましたか。
T：何回か軌道修正のために，さあ行こう，と自分に言ってみましたが，彼の追い上げにとらわれすぎていました。そうなってから私は彼に試合の主導権を譲ってしまい，私は落ち着きを失ったのです。
B：何が落ち着きを失う原因だったのですか。
T：私は自信を失い，落胆していました。ポジティブでいることができず，励みとなるものを失っていました。そうしたら私のエネルギーもやる気も下降していったのです。

この時点で，負けを心配すること，自信の喪失，落ち着きの喪失，落胆や励みとなるものの喪失，などの付加的な障壁がいくつか見られます。これらはどれも追求することができましたが，たいした感情移入もされずに語られていました。きっかけとして使えるような，もっと個人的交わりがあることを私は待っていました。

B：その状況で，何があなたを助けることができたでしょう。
T：本当にわかりません。孤独感のようなものを感じました。

彼がかすかに眉をひそめたため，孤独ということが彼にとっては重要かもしれないということを悟りました。彼が一人でコートにいるところを思い浮かべてみると，彼は自分を支えること，自分の側に立ち，自分を応援することに非常に苦労していることが想像できます。現在の経験に注目することは，アスリートと関わっていく上で重要な構成要素であるため，私は彼の孤独感を入り口として選んでみました。

*B*：あなたは今，どんな気分ですか。
*T*：わかりません…。それを言ったときは，少し寂しかったのかもしれません。
*B*：この時点で，少し違うことをやってみる気はありますか。
*T*：ええ。どういうことですか。
*B*：あなたに質問するのではなく，今は目を閉じてもらえますか。では，あなたがたった今説明していた状況に戻っているところを想像してほしいのです。できますか。
*T*：はい。彼が私の次のサーブを待っているところが見えます。
*B*：スコアが5—5になっているようにしてください。あなたは自信を失い…，力を失い…，やる気をなくし…，気分も沈み…，かなり孤独を感じています。その場にいますか。
*T*：はい。
*B*：ではその映像を頭に思い描いたまま，自分は試合のチアリーダーであなたのために応援を指示しているところを想像してください。
*T*：ううん…，どうしよう…，私はチアをやるようなタイプではないのですが。
*B*：どうなるか見てみましょう。コートの中の自分を励ますような応援を作ってみてください…。どんなのがいいですか。
*T*："Go!"とかはどうですか？
*B*：ではチアリーダーとしてそれを言ってみてください。
*T*：Go T！(少し大きいが，感情はこもっていない)
*B*：あんまり気合がはいっていませんね。これを試してみてください…，後ろを向いて，彼らがスタンドだと思って応援の指揮をとってください…，立った状態で。
*T*：(グループに向かって)みんな，いい？
グループ：はい！
*T*：(ためらいながら立つ)"Go T!"と，応援します。Tのときにこのように手を挙げてください。いいですか…，Go T！
グループ：Go T！(感情をこめて)
*T*：よくできました。
*B*：(Tに向かって)いいですね。では今度は，ためらわずにやってみてください。
*T*：(立って) Go T!!!
グループ：Go T!!!（とても熱狂的に）
*B*：(Tに向かって)あなたはどうでした。
*T*：彼らはとてもよかったです。
*B*："あなた"はどうでしたか？
*T*：ええ，まあまあだと思います。
*B*：まあまあだけですか？
*T*：よくわかりません。自分のためのチアになるのは慣れていないので。

B：自分のための応援をするのは難しい。そうですよね。
T：私は自分によくできたと言い聞かせるよりも，他の人にそういうことを言う方が落ち着くみたいです。
B：それはあなたが変えたいところですか？
T：たぶん。
B：はっきりしませんね。
T：それは自慢していることになりませんか。
B：ある人たちはそう思うかもしれませんね。また，あなたが自分に味方していると思う人もいるかもしれません。誰かの迷惑にならなければいいではないですか。
T：ええ，それならいいですね。というより，実際に試してみようと思います。

　このセッションが二人だけなら，彼の自分をサポートするのに抵抗を感じるという部分を，私はもっと追求したかもしれません。時間制限のあるデモンストレーションであったために，私は彼にここで中断していいか尋ね，了承を得ました。数ヵ月後，自分のためのチアリーダーになるという考えを彼はまだ持っていました。パフォーマンス・エンハンスメントは通常もっと速く走る，遠くにボールをとばす，高く跳ぶ，遠くへ投げる，またはもっと正確にシュートをするなどの物質的，量的結果の向上を目的としていました。同時にそれはもっと楽しむ，モチベーションの増加，態度の改善もしくは満足の度合いの増加などの内観的なものの向上をも目的とします。このインタビューでは後者のような効果，つまり自己サポートの改善が得られたことでしょう。

## まとめ

　スポーツパフォーマンスにおける心理的障壁を取り除く方法の研究において，精神分析，ゲシュタルト療法，交流分析，そして認知療法の理論と技術は欠かせません。それぞれの方法から少しずつ理論や技術を取り出し，それがアスリートとの活動の中で重要な働きをするのです。
　精神分析からは全ての行動には意味があるということ，ゲシュタルト療法からは現在に注目すること (here and now)，交流分析からは内的な子供と親の関係，そして認知療法からは考えることが気分を大きく左右するという原則を抜き出すのです。これらの理論は，人間性心理学（人間の発達の原型について）を根本にしている私の研究に大きな影響を与えているのです。

他にスポーツパフォーマンスの際に見られる最も一般的な心理的障壁は，不安，低い自信，怒り，自己批判，低い自尊心，恥，動機を失うこと，そして集中力の欠如です。この章に挙げられた例はそれぞれ，このような障壁への対処の方法と原理を提示しています。具体的に言うと，イメージによって導く方法は心理的障壁を取り除く際に中心的役割を担う主要なテクニックの一つです。これは障壁を取り除く，もしくはその影響を軽減するのを助け，試合が近づくにつれ，よい精神状態にもっていきやすいように，アスリートの経験から得たものを再構成する方法と言えるでしょう。

⦿第Ⅰ部
スポーツカウンセリングを行うにあたって

# 第3章 フィールド内外での ストレスをコントロール： 学問的資料への リトルフットアプローチ

(MANAGING STRESS ON AND OFF THE FIELD : THE LITTLEFOOT APPROACH TO LEARNED RESOURCEFULNESS)

■ Albert J. Petitpas (Springfield College)

私のスポーツ心理学の実践方法は，生涯発達介入（LDI）の枠組み（Danish, Petitpas, & Hale, 1993）に基づいています。LDIによると，人間の発達の本質とは継続的な成長や変化であると定義づけています。人は誰でも，自分自身や世界について抱く信念を無理やり再評価させられるような数多くの経験をします。このような体験は，中学校から高校へ進学するように，通常予測のできるものであったり，シーズンを棒に振るような大怪我をするように，科学的に説明がつかず，予測のできないものであったりもします。LDIでは，自分自身や自分を取り巻く環境についての根底を変えさせるような経験を重大なライフイベントと呼んでいます。残念ながら，多くの人々や家族やチーム，仕事仲間といった組織は，それまでの習慣や関係を壊してしまうという理由でこの変化を一般的に毛嫌いしているのです。

LDIアプローチの目標は，自己効力感を高め，アイデンティティを確立させることによって，人が人生における重大なライフイベントに直面した際の対処能力を高めることや対処資源を増やすことにあります。スポーツ心理学者は，目標を立てたり，すでにあるレパートリーの一部に対処する能力を確立させたり，新たな能力を獲得する手助けをすることによって，その重大なライフイベントをどのように予測し，準備し，その過程で成長するかを学ばせてくれるのです。LDIは，病理学というよりもむしろ教育学指向と言えるでしょう。したがって，アイデンティティの強化や，対処資源の形成に重点を置いています。

　実践的な視点から見ると，LDIアプローチはマイケンバウム（1985）のストレス免疫訓練と多くの共通点を持っています。いずれの技法も，マイケンバウムが"学習された機知"と名付けた成果を支持する考え方です。すなわち，ストレスの多い状況や重大なライフイベントを避けるための方法を提供するのではなく，いずれの方法も，ストレスの多い出来事にうまく対処するために技能の習得や態度の変容に重点を置いています。

　私のスポーツ心理学の実践方法は，LDI哲学に完全に基づいているものの，アスリートと仕事をする際に役立つ独自の信念を私は築き上げてきました。これらの信念は，スポーツ心理学におけるカウンセリングの経験や，カウンセリング研究室で働く大学院生の観察に基づいて構築しました。これらの私が確立した信念を集めて，カウンセリングへのリトルフットアプローチと呼びます。本章では，そのリトルフットアプローチを詳しく説明すると同時に，選手の競技上の，そして個人的な成長を高めるためにどのようにそれを用いているのかを説明します。まず，リトルフットアプローチの概略を述べ，次にアスリートとのやりとりの例を出すことによって，これらの信念や方法が選手とスポーツ心理学の実践家との関係にどのように有効かを見ていきます。そのあとで試合中に生じるストレスへの対処がうまくできなかった選手の解決策を詳しく説明します。

## スポーツ心理学介入へのリトルフットアプローチ

　リトルフットアプローチとは，スポーツ心理学的コンサルティングにおけるクライアントとの相互作用の内容というより，むしろスポーツ心理学のコンサルテーションのプロセスに関する信念や指針の総括を指しています。このよう

表3.1　アスリートにおけるリトルフットアプローチ

・問題を決めつける前に，まず問題そのものを理解せよ。
・好奇心を強く持ち，読心は避けよ。
・リードする前に，まずペースをつかめ。
・元気づけ，しかし効果をそこねないこと。
・「でも」に注意を払え。
・疑いを疑え。
・アスリート（クライアント）は，自分がどうあるべきかと考えるところへあなた（話）を連れていってくれる。
・変えることの難しさを認めよ。
・プラトーや後退を考慮に入れよ。
・一般化せよ。

な信念や指針は，アスリートとスポーツ心理学の実践家との関係が持つ力を理解する手助けとなり，協力してやっていくことの価値を評価するための枠組みを提供してくれます。ボーディン（1979）独自のモデルと同じく，協調関係の質というのは，目標や果たすべきことへの同意をとりつけ，敬意や信頼に基づいた共同の関係を発達させられるかという，心理学者の力量に密に関係していると私は信じています。研究によると，協調関係とは，複雑で，時とともに変化し，クライアントやカウンセラーによって見方が異なっています（Sexton & Whiston, 1994）。しかしながら，クライアントとカウンセラーの関係の質は，うまくカウンセリングの成果を出すための指標を断続的に示す，唯一の変数とみなされることでしょう。リトルフットモデルの原理を概観することによって，私は関係性の力学をたどることがより可能となり，協調関係をより強化することができるのです。

　一般的に，私の選手へのカウンセリングの方法は，次のような以下の伝統的な枠組みに基づいています。(1)ラポールを築く(2)問題を明確にする(3)目標設定をする(4)新しいスキルを身につける(5)生体（条件）内でそのスキルを試す(6)目標達成レベルを評価し，そして(7)関わりを終える，です。これらの構成要素には，論理的な配列がありますが，これらは決して慎重な段階ではなく，ときに同時に起こることもあります。このカウンセリングの枠組みが，私が理想とするクライアントとの関係の概略を示すものであることを願っています。しかしながら，これは目標をよりよく達成するための方法を理解することを助けるものではありません。そこで，リトルフットアプローチの有効性を私はここに見

出し強調したいと思っています。表3.1にリトルフットアプローチの構成要素のアウトラインを載せました。

† 問題を決めつける前に，まず問題そのものを理解せよ

　大学院生にスーパーバイズする際によくある問題の一つに，アスリートの置かれている状況や望みを理解する前に，短時間でアスリートの状況に対して解決策を提供しようとしてしまうことが挙げられます。カウンセラーと重要なトーナメントで集中力の続かない問題を抱える男性ゴルファーとのやりとりを見てみましょう。

　　C＝カウンセラー　A＝ゴルファー
　　A：いったい何が起きているかわからないんです。試合に出ると，考えられなくなってしまうのです。集中できないし，続けて2，3ショットを失敗してしまいます。ただ覚えてるのは，試合にならないってことだけなんです。
　　C：プレショット・ルーティンを試してみたことはありますか？
　　A：ええ，毎回同じことをしようとは試みていますが，頭が空っぽになってしまいます。
　　C：どうやら集中力をなくしてしまうのは，ショット前にいつもと同じしぐさを同じようにやらないことにあるようですね。
　　A：そうかもしれないですが，なんだか違う気もします。
　　C：そうかどうかわからないので，まずはルーティンをきちんとすることから始めて様子を見てみましょう。

　このやりとりでは，カウンセラーはアスリートの視点から問題を理解するための時間を取ろうとはしませんでした。その代わりに，彼はプレショット・ルーティン（ショット前にするいつものしぐさ）を挙げることによって，短時間で問題を固定化させてしまいました。仮に，プレショット・ルーティンが役に立つ方法だったとしても，アスリートは自分をカウンセラーが理解してくれているとは思わないでしょう。そして，結果的に新しい方法を見つけ出すための充分な時間や労力をかけるかどうか，アスリートにとって疑わしいものになってしまうのです。

　アスリート自身が自分自身の問題に対するエキスパートであると，私は考えています。人は，困難に遭遇したとき，まず自分自身で問題を明確にしようとします。もしそれができなかったら，次にたいていの場合，友達やコーチ，家族に援助を求めるでしょう。それでも状況を改善できないときには，最終手段としてスポーツ心理学者やカウンセラーを探してやってくるのです。皮肉にも，

私が取り扱う多くの問題の状況は，自己解決では効果のないケースばかりです。たとえば，シュートのスランプに陥っている女性バスケットボールの選手は，肩を上げて身構えて，フォロースルーでは腕を伸ばすようにしようと試みます。残念ながら，この方法ではメカニックに注意がゆきすぎて焦点がずれ，集中力をより一層欠いてしまっているのです。

　私の最初の目標は，アスリートにとって，その問題がどのような意味を持ち，解決のために彼（彼女）がどのように努力してきたかを理解することです。それと同時に，アスリートが私自身に何を求めているのかを，私は理解しようと努めます。次にある男子の高校バスケットボール選手の例を見てみましょう。

C=カウンセラー　B=バスケットボール選手

B：負け犬みたいです。ドリブルでいってしまえばよかったのに，バカな俺はクロスコートパスをしてしまったんです。そして，インターセプトされて1点差で負けてしまいました。
C：それからどうなったのですか？
B：ええっと，コーチは大声で叫びだしました。知らんぷりをしたかったくらいです。
C：実際には何をしましたか？
B：他の奴らと一緒にコートを逃げ出しました。そしてコーチはロッカールームで声を張り上げてこう言ってました。20年間コーチをやってきて，こんなにバカなプレーは見たことがないって。

　ここまでのやりとりの中での発言では，カウンセラーはアスリートがどのように感じ，何を考え，またこの出来事にどのように対処しようとしているのかはわかりません。また，カウンセラーはアスリートがどのような助けを求めているのかも把握できません。アスリートは，自分は大丈夫だという安心感を求めているのでしょうか？　感情をうまくコントロールするための助けが欲しいのでしょうか？　彼はコーチに対して怒りを感じ，チームでの自分の居場所を危険にさらさずにいられることへの不満を発散させたいのでしょうか？　このような三つの可能性が考えられます。アスリートの視点に立って状況を理解する鍵は，辛抱強く，よく聴くことです。次の二つのリトルフットアプローチでは，アスリートの視点を獲得するための方法について述べています。

† 好奇心を強く持ち，読心は避けよ

　カウンセラーとして，アスリートが何を考え感じているかを理解することを，当たり前のように簡単なことだと思ってはいけません。代わりに，適切な質問

をしたり，感情をよく考えて，アスリートの言葉をわかりやすく言い代えることによって，最初の感覚を実証していくのです。マイケンバウム（1985）によって確立された刑事コロンボアプローチに概略してある通り，私がアスリートの置かれている状況に好奇心を持てば持つほど，アスリートはより明確に貴重な体験を説明しようとすると信じています。このことは，アスリートの問題に対する感じ方をより理解する鍵になるばかりでなく，アスリートの自己理解をも促進することになります。この解決策については，好奇心を持つようにと提示しましたが，アスリートの体験の価値を減じることや，アスリートとの信頼性を危うくするような態度で接することは避けるように注意しなければなりません。前述した聴く技術のうちのいくつかは，下記における女子テニス選手との始めてのやりとりの中で描かれているので参考にしてみてください。

### C＝カウンセラー　D＝テニス選手

D：ええっと，どうしてあなたと話したくなったのかはよくわからないんです。
C：問題ないですよ。
D：ええ，たぶんジェーン・ドーン以外の選手なら誰でも負かすことができることが原因だとは思うんですが。彼女より私の方がうまいってことはわかってるんです。ただ，彼女に対してだけは，めちゃくちゃにしか試合ができないんです。
C：どうしてそうなるのだとだと思いますか？
D：わかりません。たぶん，ただ自分のゲームをするよりも，いっぱいいっぱいになっちゃって，押し進んでしまうの。
C：どうしてそういう結論にたどり着くのかな？
D：わからないですが，思いつくのはそれしかないんです。
C：なんだか，確信はないみたいだね。（沈黙）
D：あのですね，彼女に負けるって考えただけで，引き裂かれた感じなんです。
C：どういう意味ですか？
D：だから，彼女は，自分は神様から世界への贈り物だって考えていて，コートの中をまるで女王様のように歩き回るんです。
C：あなたが彼女をどんな気持ちで見ているかわかりますよ。
D：私がどれだけ怒っているかわからないでしょうね。彼女の喉(のど)にテニスボールを突き刺したいくらいなんです。
C：彼女と試合をしているときに，あなたはその怒りをどうしてるの？
D：そんなこと考えたことありません。
C：では，その怒りをあなたがどのようにして，どうやったらその怒りを試合でうまく利用できるかを考えていく価値がありそうですね。他に何を考えていますか？

この例の中で，私は自由度の高い問いを心がけ，その答えを反映しているような言い方をすることで，彼女に状況を引き続き詳しく述べさせるようにしています。怒りの抑制が有益な解決策とみえますが，しかし未だに私は何が問題なのかを確信できずにいるし，それゆえお互いに受け入れることのできる問題の定義づけにたどり着くよう，アスリートとこのままやりとりを続けようと思っています。

　仕事のほとんどを一体誰がやっているのか？　と自問することで，私は自分の仕事の評価をしています。次の言葉がより明確に示すように，あくまでこの問題はアスリートのものであって，私自身のものではないということを折に触れては思い出さなければならないのです。つまり，近い将来に状況の解決策を見つけることができるように，アスリート自身も私と同様に一生懸命取組まなければならないのです。私にもわかるような方法で状況を説明するのは，私の助言とともにアスリートの責任でもあります。問題を説明する過程の中で，アスリートはしばしば自分自身や反応に対して新たな洞察が追加されることになります。このテニス選手は，ジェーン・ドーンと対戦する自分の反応を説明する過程で，自分の怒りがどのようにプレーに悪影響を及ぼしているかを見出すことができたのです。

† リードする前に，まずペースをつかめ

　"リードする前に，まずペースをつかめ"というフレーズは，神経言語プログラミング（Lankton, 1980）からくるものですが，私はアスリートがどのようにしてそのときの心配や優先事項を伝えるかに注目する際に，自分の手助けとしています。リードする前にペースをつかめ，とはアスリートを新しい方向へと導くよう努める以前に，彼がそのときに注目をしていることに見合うようにすることなのです。たとえば，あるソフトボール選手が足首を傷める怪我をして，スタメンから外れて動揺していたら，私なら現実を違う見方で見るように勧めるより，むしろ彼女のそのときの気持ちに注目をします。そうすることによって，私は彼女の最も差し迫った心配に対して何らかの理解を示したことになるため，協調関係を構築するよい状態を保つことができるのです。もし，このソフトボール選手が自分の経験していることについて私が理解をしていないと考えたとしたら，彼女が私を受け入れてくれるような状態を再構築することができるかどうかは，疑わしくなります。

　"リードする前に，まずペースをつかめ"という概念は，アスリートと接す

る上で重要な考えです。すなわち，介入や方法のタイミングのことです。上記に概説したように，アスリートのそのときの悩みに注目して問題や失敗を決めつけようとするような性急すぎる試みは，心理学者とアスリートの関係に否定的な影響を及ぼしやすいといえるでしょう。タイミングの重要性もまた，リトルフットアプローチの次の主義においても明白となっています。

† 元気づけ，しかし効果をそこねないこと

　心理学者とアスリートの関係において，特に，落ち込んでいたり，不運を感じていたり，目的達成のための努力を妨げることを克服するための能力に自信がないアスリートを相手にする場合は，励ますことが最も大切です。励ましとは，周りの人によって差し出されるものですが，このようなアスリートは大概，私のところに来るまでにすでに多くの方法を試したり，多くの人々と話をしてきています。アスリートの中には，私に何を期待しているのかもわからずに来るものや，一方具体的な介入（たとえばイメージ，リラクセーション）を求める人もいます。いずれの場合でも，スポーツ心理学の担い手は自分自身を積極的で楽観的であるように協力しますが，それと同時に問題の重要性を欠いたり，「心配」と「それに対処するためにすべきこと」の量を誤らないように注意しなければなりません。

　"元気づけ，しかし効果をそこねないこと"というフレーズは，励ましの言葉やジェスチャーをする以前のラポール構築の重要性を自分に思い出させるために，私は用いています。私の経験からすると，自分が何を経験しているかを相手が理解してくれているとアスリートが心理学者を信用する以前に励ましを投げかけることは，しばしば彼らの感情を下げてしまい，協調関係の進展をも妨げてしまいます。大学院でのトレーニングの授業において，実に嫌な1日を過ごしているときに，自分のことをよく知らない誰かが近づいてきて，「心配するな。すべてうまくいくよ！」と言ってきたらどのように感じるかを複数の人に尋ねてみました。授業出席者から出た代表的な回答は，怒りや不満といった類のものでした。なぜなら，励ましの言葉をかけられた本人は，自分たちがどのような経験をしているのか何も知らないと思っているからです。信頼や尊敬が構築される以前に励ましをすれば，同じようなことが心理学者とアスリートとの関係にも起こってしまうのです。

　ここまでに概説してきたリトルフットアプローチは，ラポール構築や問題の定義化，心理学者とアスリートとの関係の目標設定段階の際に，特に直接的に

関連してくる考えとなります。これらの初期段階は，主としてチャレンジ精神や来るべき行動変化の段階と関連しています。しかしながら，彼（彼女）らの行動を変えさせるよりも，周囲の態度を刺激する方がずっと容易であると私は考えています。多くのクライアントたちが新しい習慣に疑問を持ったり，試したがらないことは当然のことです。次に挙げる二つのリトルフットアプローチは，援助関係の行動変化への移行期を考える上で役立つでしょう。これらの主義には高い相関があり，こうして議論することの価値がおわかりになると思います。

† 「でも」に注意を払え，疑いを疑え

　多くのクライアントは，スポーツ心理学の介入の有効性を信じていないでしょう。たとえば，イメージをすることで，本当に身体的な回復を促進したり，試合中のパフォーマンスを改善することができるのかという質問をしてきます。残念ながら，このような疑い気を散らせる主要な原因となり，アスリートが新しいスキルの習得のために費やす努力や，新しいスポーツ心理学の方法を学ぶ際の忍耐までもを抑制してしまうのです。選ばれた方法への自信や，自己効力感なくして新しい技術は獲得することはできないでしょう。

　私が述べてきた疑いは，宿題をやり忘れたり，セッションの中で様々な方法をやりたがらないような姿など，クライアントの言葉や非言語的なコミュニケーションによって垣間見ることができます。次の大学院生のカウンセラーと，ガイド付きのイメージテープで練習をするという宿題を与えられたフィールドホッケー選手とのやりとりは，疑いのサインを見つけてほしい例です。

👥 C＝カウンセラー　E＝フィールドホッケー選手

　　C：メンタルリハーサルの練習はどんな感じでしたか？
　　E：問題ないです，たぶん。
　　C：何がうまくいって，何がうまくいかなかったですか。
　　E：正直言って，実は練習するための静かな場所が見つけられなかったんです。今週，寮中が騒がしくて。
　　C：朝早くはどうですか？　あなたが使えるイアホンがいくつかありますよ。
　　E：どうも。でも，早起きは苦手なんです。
　　C：じゃ，インタビューラボを使うこともできますよ。毎晩空いてるし，それぞれのドアには，使用可能な時間が書いてあります。
　　E：知っています。でも，私の時間割の中で空き時間を見つけるのはとても難しく，それに夜にキャンパスに出てくるのは嫌なんです。

ここでのやりとりの中で,フィールドホッケー選手は宿題をやり終えていない言い訳をすばやく探そうとしているようです。厳守できないような理由があるのかもしれませんが,ここは「3」の原則に従うとしましょう。すなわち,ふつうでないことが三度起きたら,それは偶然とせずに,クライアントと話し合うべきです。上記の例において,フィールドホッケー選手は,カウンセラーの提案を拒み続けています。「うん。でも」というというコントロールのバトルに巻き込まれてしまうのは容易でしょうが,カウンセラーは,何が起こっているのかを理解してからアスリートと向かい合うことを決めます。

 C:宿題をするのにどうやら気が進まないみたいですね?
 E:どういう意味ですか?
 C:いくつか出してみましたが,あなたはやろうとする気がないみたいですから。
 E:そんなことありません。そうじゃない(沈黙)。そういうものはまだ早いんじゃないかなって。
 C:準備ができていないのですか,それとも役立つことが信じられないのですか?
 E:実は,その両方のような気がします。
 C:どういう意味ですか?
 E:こういうようなイメージをさせるようなものって,ちょっと変じゃないですか?
 C:混乱してきたなあ。以前に君は,一番よかった動きを思い描いてどれだけ楽しんだかを説明してくれて,同じようなことをすることで,オフェンスからディフェンスへの移り変わりを改善するための同じスキルをできるようになるってことを話してくれましたね?
 E:そうです,その通りです。こういうふうに使うと変に思えてしまうのです。
 C:新しいスキルを習得するのと同じように,始めは変な感じだろうけど,多くの練習をすることによって,自分の自然な動きになってゆくと思います。
 E:ゴルフか何かでグリップを握るようなものですね。
 C:そう,そんな感じ。最高のショットをするという信念と,充分な好奇心を持つことが大切です。あなたは,自信の持てる法則を見つける必要がありますよ。どう思う?
 E:テープが本当にためになると思いますか?
 C:それが君が一番知りたい点だね。

カウンセラーは,提示された方法から何かを得ることができるかというアスリートの問いに関して,疑問を持ち始めました。私の担当している多くのクライアントもまた,これと同じような,たぶん私はできるだろうという考えからくる認知に基づいた移行期を経験します。そして,自分にもできるんだという

ことを充分にわかって，新しい方法のよさを理解するまでやり続けるのです。クライアントが疑問を持ち続けていたり，他の心配のほうがより差し迫っていると思い込んでしまっている場合には，彼らは次のリトルフットアプローチにおいてあなたにその思いを伝えてくれることでしょう。

† アスリートは，自分がどうあるべきかと考えるところへあなたを連れていってくれる

　上述したように，「だけど」や「でも」といった言葉は，アスリートの手助けをする上でとても大切な言葉です。「はい。でも，」というやりとりは，しばしばコントロールバトルにまで及ぶことを説明してきました。アスリートが用いる「でも」という言葉に着目することは，クライアントの行動の指針についてのやりとりに集中し続けるための手助けになります。スポーツ心理学者とアスリートの関係にしばしば内在するパワーバランスによって，たとえアスリートにとってもっと差し迫った心配があったとしても，彼は心理学者のすることに従ってゆくのです。しかしながら，アスリートの言葉によく耳を傾けてみると，何をしようとしているのかという疑問を持っていることを伝えてくれるし，アスリート自身が大切と考えている問題点に自然と導いてくれるのです。たとえば，私は以下のような会話をあるスキージャンプ選手と交わしました。彼は長年ナショナルチームのトップパフォーマーを努めているのですが，オリンピックの資格を逃しました。次回のオリンピックチームの一員となる望みを持ってナショナルチームを維持すべきかどうかを私に相談したいと彼は言ってきました。

　　C＝カウンセラー　F＝スキージャンプ選手
　　F：4年間ってずいぶん長く感じます。そんなに長い間やり続けるエネルギーがあるかどうか…。
　　C：いつまでに決断しなくてはならないのですか？
　　F：しばらくは決めないつもりです。オリンピックのあとも，日本やヨーロッパで競技をし続けるつもりでいます。
　　C：では，決断するまで少なくとも少しは時間があるわけですね。
　　F：ええ，でも，だからって問題はちっとも楽にはなりません。
　　C：決断するためにどんなプランを立てているのか，教えてくれますか？
　　F：わからないんです。コーチと話してどうなるか見てみます。
　　C：コーチの意見以外にも，多くのことがこの決断に絡んでるようですね。
　　F：もちろんです。家族，将来のキャリア，人間関係といったあらゆることが，次の4年間の間ストップしてしまうわけですから。でも，あとほんのちょっと，これくらいだったんです（指で示す）。

彼は，その競技をやり続けるかどうかの決断を迷っていることを述べましたが，どうやら他の行動の指針があるようです。私は彼のリードに従い，内容に重点を置きつつ彼の決断の締め切りについての情報をもっと集めようとしました。彼は，私の要求に対してまとめて返事をしてくれました。しかしながら，彼が「でも」という言葉を用いるということで，彼にはまだ今年も資格を逃したという失敗に感情的に執着している思いがあるように私には感じられたのです。

　　C：私はあともう少しで君の夢が叶えられることができるときの気持ちくらいしか，想像できないな。
　　F：誰もが答えを知っているわけではないんです。みんな応援してくれてましたし（沈黙）。

彼は，人々は協力的だったと述べましたが，彼のしぐさや，「応援（サポート）」という言葉の皮肉的なニュアンス，そして無言から私は，言葉にならない「でも」があるはずだと感じました。私は，その「でも」のあとにくる言葉は，アスリートが自分自身に必要だと考えていることだと思っています。それゆえ，たとえ「でも」という言葉が用いられていないとしても，「でも」という方向に話をもっていこうと思うのです。

　　C：「でも」って言いたいように，感じられたんですが。
　　F：どういうことですか？
　　C：みんな応援（サポート）してくれてた。だけど…って。
　　F：うーん。みんなは，いい線までいけたことにもっと自信を持てと言います。私が実はどれほど傷ついているかなんて知らないんです。

この例におけるスキージャンプ選手の表面的な説明は，決断することに集中していました。彼は，オリンピック選手であることに絡んでさまざまなアイデンティティを持っていました。しかしながら，今年チームに参加できないという失敗は，彼の自尊心を傷つけるそうとうの一撃だったのです。彼の心の痛みに他人を入りこませないように，何ともないような顔をすることによって体裁を保とうとしていました。残念ながら，情動的なサポートが必要だというサインを出さずにいたため，結果的に彼がこの状況で本当に求めているようなサポートシステムと実際のものとは異なっていたのです。私は彼のリードに従い，決断方法に着目してみました。しかし，彼はすぐにオリンピックチームに参加することができない事実への情動的反応という，彼自身が最も重要であると考えるところへ再び話を戻してしまったのです。

次のリトルフットアプローチのいくつかの原理は，技術習得の難しさについてクライアントを教育することや，目標達成におけるあらゆる壁への準備の妨げに関係するものです。これらの原理は，教育に重点が置かれ，技術習得時に発生します。

† 変えることの難しさを認めよ

　定着した習慣を変えることや，新しい行動様式を習得することは難しいことであり，相当な時間と労力を要します。何をすればよいかを理解できずに，何人かのアスリートは予測することのできない問題に直面し，落ち込んだり諦めたりします。変化や技術習得の過程を手助けするために，彼らがどのように学び，そして最終的に自分のスポーツにおいて重要な身体能力を獲得したのかを説明するように私は頼みます。そして次に，変化や技能習得の過程というものは，AからBへというように直線では描くことのできないことが多いということを例を用いて説明するようにしています。むしろ，進展のない時期や後退する時期があるのです。私のねらいは，アスリートの技術習得をしばしば妨げるような驚きや落胆からアスリートを助けるために，充分な情報を提供することにもあります。変化する過程での難しさを認めよ，ということによって，クライアントに失敗したときの言い訳をしているとの批判をする人もいますが，私は予期しないプラトーや後退によって無防備になってしまうよりも，その責任をより背負いたいと思っています。

† プラトーや後退を考慮に入れよ

　プラトーや後退が起こるのは，目標達成へ向かっている証拠です。このような障害は，だいたい四つに分類されます。すなわち，知識の不足，技能の不足，リスクを負うことへのためらい，そしてソーシャルサポートの欠如です (Danish, Petitpas, & Hale, 1993)。たとえば，怪我を負うアスリートをみる際には，私は必ず彼らに，特定の治療をする理由や，起こりうる副作用，経験するであろう感覚，そして進歩の証拠となる現実的な兆候を理解してもらうよう努めています (Petitpas & Danish, 1995)。このような知識なしでは，痛みのサインと誤解したり，非現実的な目標達成を設定することによって，自分で自分を落ち込ませてしまうことになりかねません。また，私は大きな怪我のあとには，肉体的，精神的な回復の両方が必要であるということを，怪我をしているアスリートが理解することを願っています。

　アスリートが自分は充分な知識を持っていないと思い込んでいれば，私は彼

らがどのような技術を持ち，どのような技術を必要としているのか，そして目標達成のためにどのようにその技術を使うことができるかどうかを査定します。もしそのアスリートが特定の心理的スキル（たとえば，目標設定やイメージ）をすでに用いたことがある場合には，その技術を目標達成過程で使うことができるかどうかを見ます。そして，新しい技術が習得できたならば，ダニッシュとヘイル（1983）によって概説されているモデルを用いて教えていきます。すなわち，

1) 用語を用いて技術を説明する。
2) 技術の理論的根拠を説明する。
3) 目標とする技術のレベルを具体化する。
4) 技術の効力と非効力を説明する。
5) スーパービジョンやフィードバックとともにその技術を試す場を提供する。
6) 技術の一般化を促進するために課題を与える。
7) 技術のレベルを評価する。

　リスクを負うことへのためらいは，恐れや不安，あるいはイライラすることによって表れます。あるアスリートは，「出し抜けに誰かに電話をする」ことはばかげていると感じているために，私のところに連絡をしてきませんでした。私の経験からして，アスリートにとってもっとも難しい障害は，個人間の責任を取ることでしょう。助けを求めたり自分たちの恐怖を話すことは，自分を無防備にすることである，という考えは，アスリートが負いたがらないリスクの一つです。

　四つめの障害は，ソーシャルサポートの欠如です。ソーシャルサポートにはいくつか種類があります。たとえば，情報的，情動的，挑戦的，そして物質的なサポートです。アスリートは問題を扱うために，あるいは変化の努力を持続させるために必要な特定のサポートを充分に得ることができないかもしれません。これら四つの障害についてそれぞれ説明をしてきましたが，これらは同時に起こることもあれば，カウンセリングの際に構築すべき協力関係における重要な情報にもなります。

† 一般化せよ
　LDIと学習された機知のアプローチの両方において考慮すべき大切な点は，ある状況での技術を別の状況にも転用できることにあります。一般化のトレーニングにおいて，私はクライアントが求められる行動を私と一緒のときにのみ

実施するのではなく，違う場面でも実施することができるように望みます。選手がさまざまな場面で技術や行動をうまく用いられるほど，彼らの技術レベルや自己効力感の達成度は高まります。ある男性アスリートは私との対話において，自己主張の強い人でいることができるかもしれませんが，もし彼が友達やコーチ，先生との関係においてこのような態度を取っていない場合は，彼がよりよい人間関係を感じることができるようになるかは少し疑わしいでしょう。

　一般化のトレーニングにおいて，私はアスリートに様々な場面で技術を練習させるように心がけています。たとえば，何人かのアスリートが特定のスポーツのために集中力のスキルに取り組んでいるとしたら，私は授業中や友達との会話の中でもそのスキルを練習させます。

　この特別な練習によって，技術習得が促進されるばかりでなく，一つの状況で用いられるスキルを他の場面にも転用させることができると私は考えているからです。

　これまで，学習された機知へのリトルフットアプローチにおける重要な法則を簡単に述べてきました。実際に私がどのようにアスリートクライアントとのやりとりの中でそれらを用いているかを，説明していきたいと思います。次の会話の抜粋は，大きな大会で自分の素質でプレーすることができない，あるアスリートとの間で行われたものです。秘密を厳守するため，アスリートの名前と競技名は変えてあります。

## 試合中にストレスをコントロールすること

　アンは24才のプロゴルファーで，彼女のアスレチックトレーナーを通して私に紹介されたクライアントです。彼女は現在，ツアー1年目のときほど，地元近辺での主要な大会やイベントにおいてよい成績を上げていません。アンのアスレチックトレーナーは，これらの大会の直前になると，アンがちょっとした怪我についてたくさんぼやくことに気付いていました。アンとともに数年間仕事をしてきたトレーナーは，アンが過剰なプレッシャーを自分にかけて，大会で思うような成績を出せなかったときの言い訳として怪我を用いたのではないかと考えていました。前日の試合でうまくいかなかったある土曜日に，私はアンとの初めての面接を行いました。

👥　C＝カウンセラー（Albert）　A＝アン
　　A：テリー（アスレチックトレーナー）は，あなたなら私がもっと集中できるように手助けをしてくれるって言っていました。今年は全く安定しなかったんです。昨日は78も打っちゃって，カットを通れなかったんです。
　　C：集中力を高めたいですか？
　　A：ええ，そうです。昨年は，四つの連続したラウンドを一気に何なくこなすことができていたんです。でも，今年は1ラウンドでも苦しいんです。
　　C：それは集中力のせいだと思っているのですね？
　　A：ええ。他に何が考えられますか？　技術があるのは確かなんです。それは去年で証明したつもりです。

　私はアンの本心と違うと感じました。彼女は身構えているように見えたのです。話のペースを少し落として彼女の視点からこの問題を理解しようと，ラポールの構築に専念することに決めました。

👥　C：すごくいらいらしているみたいに見えますが…。
　　A：いらいらはしていません。ただ，ひどく緊張してしまう自分にうんざりしてます。
　　C：どうして？
　　A：本当はもっとうまくできるはずなんです。でも，知っている人の前でいざ試合になると，バカ丸だしになってしまうのです。
　　C：それでどんどん悪くなるんですね？
　　A：その通りです。練習ラウンドではすごくうまく打てるのに，本番になるとひどいんです。
　　C：特に知り合いの前では？
　　A：そう。うまくいかないんです。ヨーロッパとかどこか他の場所でプレーできたらずっとうまくできるのにって，ときどき思います。
　　C：そのことにどうやって対処しているかを，私に教えて下さい
　　A：わかりません。始めはただ無視して，ショットのたびに集中しようとしました。昔はうまくいったんですが，今は賞金がかかっていると集中し続けることができないんです。
　　C：他には何か試してみましたか？
　　A：やれることは全てやったつもりです。
　　C：全てやったという気になっているだけではないですか？
　　A：そうかもしれないですね。
　　C：他には？
　　A：まず，練習ラウンドのあとにベッドに寝転んで，一つ一つのショットをリプレイして去年のトーナメントでそれぞれのホールをどうやっていたかを考えました。（沈黙）あと，プレショット・ルーティンをしながらぶらぶらしていました。

C：それはどうして？
　A：うーん，そのことを考えないようにするために急いでやったんです。
　C：そのことって？
　A：どうしたのよアンとか，今日は調子がよくないわ，とか。
　C：ルーティンを早めてやってみたらどうでしたか。
　A：始めのうちはうまくいってたんですが，今はリズムがぐちゃぐちゃになっています。

　私はひき続き，アンがこの状況にどのように対処しているかという情報を集めました。主要な問題を要約して，彼女に問題解決のために私に協力するというアンの承諾を求めました。

　C：どうやら，あなたは答えを見つけようとして自分自身を苦しめているみたいですね。聞いていると，ツアーでよい成績を出すだけの力があることは明らかです。ただ軌道に戻って，すべてがうまくいくようにする鍵を何とか見つけることが必要のようです。それに，かなり自分に厳しいようだし，プレッシャーになりやすいようですね。
　A：たぶんそうですね。今年は私，違う人なんです。
　C：違うとは私は思わないですよ。あなたは，うまくやるだけのものを持っていることを証明したし，練習ラウンドはしっかりしている。ただ肝心なときにやることができるかが問題なんです。
　A：では私に力を貸してくれますか？
　C：同じような問題を抱える何人かのアスリートを担当したことがあります。だけど，人はそれぞれ違います。ある一人に効果のあることが，必ずしも全員に通用するとは限らないんです。身体能力は充分ですから，必要なメンタルスキルを加えればよいだけのことです。そのためには，あなたが私と気楽にいられること，今まで身体能力を高めてきたのと同じように，メンタルスキルにも進んで一生懸命取組むことが大切になります。
　A：頑張ります。
　C：わかりました。私と気持ちよくやっていけそうなら，これからの3週間で4，5回会うのはどうですか？　ツアーでのプレッシャーを何とかできるだけの技術を身に付けられるかどうかを見たいです。遠征へ行かなくてはならないから，急いでことを進めなくてはならないでしょう。だから，ツアーでヨーロッパに行ってしまう前に始めましょう。その後は電話で続けましょう。
　A：わかりました。でも，本当にあなたは私を助けることができますか？

　アンは私とやっていくことに同意をしたものの，彼女の最後の言葉は彼女が多くの疑いを持っていることを私に確信させました。彼女が友達の前や重要なトーナメントでうまくいかないことは，彼女の自信を失わせて自分の力に不信

を抱かさせてしまっているのです。試合中のパフォーマンスが低下していくにつれ，彼女はスイングやプレショット・ルーティン，トーナメント前の準備を変えていくことになっていったのです。残念ながら，自己解決を目指したこれらの試みは，アンの問題をかえって悪化させるだけでした。最初のセッションでの私の目標は，彼女の感情を確認し，問題に対処する方法を正しく評価し，ラポールを築き，私とやっていくことに同意してもらうことでした。

 C：いくつかのスキルを伸ばす手伝いをすることはできます。問題に対処する力をつければつけるほど，ストレスをうまく何とかしたり，気が散ることもなくなるでしょう。
 A：そうですよね。さっそく始めましょう。

彼女の遠征の都合に合わせて数回分の予約を取ったあと，彼女が今までのトーナメントの中で連続してひどいショットをし続けたあとでもうまく自分の試合を取り戻したときのことについて，私に話すようにと宿題を出しました。2回目のセッションは，その次の日に行われました。

 C：調子はどう？
 A：うまくいってます，たぶん。うまく立て直せたときを考えていたんですけど，どうやってやったかは思い出せません。たぶん，集中力を高めただけなんでしょう。（沈黙）わからないんです。
 C：かなりイライラしているみたいですが。
 A：その通りです。ここにいることがバカバカしくなってきます。
 C：どういう意味ですか？
 A：何もかもバカみたいです。どうしてこんなことも私は手に負えないでいるのでしょうか？
 C：たぶん頑張りすぎているんですよ（沈黙）。うまくやっていけるかどうか，一緒に考えてみよう。とてもプレッシャーを感じた具体的な大会について話してくれませんか？
 A：簡単よ。金曜のことでいいかしら？
 C：はい。金曜のトーナメントに向けて何をしましたか？
 A：どこから話せばいいですか？
 C：その日のラウンドについて考え始めた金曜の朝からでどうでしょう？
 A：ええっと，5時半に起きて，いつも通りに朝ご飯を食べました。木曜からの成績をチェックして自分の順位を見て，勝つためにどう打つべきかを確かめました。昨年なら，どうやったら勝てるかを考えていました。でも，今年は成功することに悩んでいました。
 C：では，うまくいっているときと今現在とで大きく違うのは，失敗しないように

プレーするのではなく，勝つためにプレーしていたということですね。これはとても大事なことです。これについてはまたあとで触れますが，では次に何をしましたか？
A：ええと，しばらくの間ホストファミリーとおしゃべりをしたあと，コースに行くためにバンに乗りました。そこへ着いたら，あとはいつも通りのことをしました。チェックインをして，練習用のバンへ行ってストレッチをして，そしてスパイクを取りにロッカーへ行きました。キャディと一緒に練習場へ行って，いくつかボールを打ってパッティングをして，練習を終えました。
C：ウォームアップの間どんなことを考えていたのですか？
A：決勝ラウンドに残るためにはいいスコアで上がってこなくてはならないことを知りました。
C：やる気が出た？
A：いいえ。プレッシャーに変わったと思います。ウォームアップの最後に打ったいくつかのパットでさえ，カットを通過するために5フィートをイメージしていました。
C：ちょっと私に協力してほしいのですが，1から100の段階があるとして，今までで一番プレッシャーを感じていたときを100としたら，どのくらいのプレッシャーを感じていましたか？
A：85くらいだと思う。
C：君をもっとよくわかるためにもう少し聞きますが，最高のプレーをするためには精神的にどの数字だとうまくいくと思う？
A：たぶん55だと思う。
C：なるほど。30ポイント分のプレッシャーを下げることができれば，不安レベルが最適のプレーができるところまで下がるんですね。
A：どうしたらそうできるんでしょうか？
C：不安感を減らす方法はいくつかあります。ゴルファーの中には呼吸法を用いている人達もいます。セルフトークやイメージ，あるいは作戦に再び焦点を集めることなども用いることができます。だけど，それをする前に，あなたが自分の不安がすごく大きいと気付いたときのことを私に教えてくれませんか？
A：自分自身の呼吸を感じました。
C：いつもそうやってプレッシャーがあるかどうかを見ていたんですか？
A：そうです。ほとんどそうだった，って言ってもいいと思います。心臓がどきどきしていて，それに追いつこうと呼吸しているんです。
C：自分の呼吸に初めて気付いて，その後どうしましたか？
A：ほら，また始まったわ，って考え始めました。そうして数ホールの間，頭が真っ白になった感じでした。気付いたときには前半で42打も打ってました。
C：大変だったみたいですね。でもとてもよいことに，あなたは過剰なプレッシャーの初期警告のサインに気付くことができています。コツとしては，この初期警

告をうまくいくらかの修正的動作へともっていくことです。あなた自身にどのようなことが起こっているかはわからないけれど，私が担当した他のアスリートの中には，このプレッシャーの初期警告でパニックに陥ってしまう人もよくいました。そうなってしまうと，あとは下り坂になってしまいます。人生最良と思えるよいショットやパットができないのです。修正的動作について考えるのではなく，むしろ否定的要素だけに固執してしまうことがあるんです。

A：それって私みたい。いつものだって気付いてしまうと，その日は調子が悪いってわかってしまうんです。

　このセッションの残りでは，このトーナメントでアンがどのようにストレスを扱ってきたかを調べ続けました。アンがこの出来事の前や最中，そしてその後にどうしていたかを理解しようとしたのです。最初の数ホールでパーで上がるために慌ててプレイしたと，彼女は説明しました。4番目のホールでは，いつも通りにグリーンを何とか打ったけれども，3パットのボギーでした。次のティーへ行く途中に，彼女は自分が苦境に陥っていることに気付きました。次に気付いたときには，ボギー，ダブルボギー，ボギーでした。1オーバー・パーで残りを終えたのですが，彼女は通過カットに3打足りませんでした。その日の夕方，彼女はその日の悪いホールをもう一度頭に思い出して，彼女が言うには「しばらくの間自分を打ちのめした」そうです。

　セッションの間，私はこの出来事について彼女の視点から理解しようとしたばかりでなく，彼女のストレス・マネジメント能力について「疑いの中に疑いを」持つよう心がけました。これを実行するために，私は他のアスリートの話を用いることによって彼女の反応を標準化し，またスケーリングをすることで「集中するために必要な不安」と「パフォーマンスを妨げている不安」との区別をしました。たとえば，アンは自分の不安に対処する能力について質問をしてきましたが，スケーリングを用いることで不安を30ポイント下げることが妥当な目標であることを認識させたのです。セッションの終わりに，私は議論のポイントを要約して，出来事の起こる前と最中，後における対策を発展させることへのアンの同意を得ました。現在のどうしようもない状態から学習した機知の一つへと私はアンを導きたいと思いました。この目標を達成するために，私たちは過去に彼女の気を散らす要因となった状況，たとえば困難な事業や気候，コースへ向かう途中に渋滞に巻き込まれることや悪いショットをしたときなどについて話し合いました。それから私たちはこれらの状況一つ一つについて対策を考えて，これらの気を散らす原因が集中力を欠かせてしまうのではな

く，むしろ修正行動へとアンが自分で導けるようにしました。

アンの考えた大会前に用いる戦略には，時間管理や私が彼女のために作った専用テープを用いることもあります。大会中，戦略に再び集中するためのサインとして，彼女は自分の呼吸への注目のしかたを学びました。以下の3回目のミーティングでのやりとりには，この再集中法の発達のしかたが描かれています。アンは，最近の大会の中で集中力をなくした状況についてちょうど説明し終えたところです。

C：アン，あなたは以前に呼吸のしかたが変わったことで自分が過度に緊張してしまっていることがわかるって言ってましたよね？
A：ええっと，本当に変わったのかよくわからないし，気付いただけかもしれないし，でも何かが違うことはわかったんですが。
C：この変化への気付きを，うまくあなたに利用できないかと考えてみたいんです。この呼吸によって気が散ってしまうのではなく，修正のためのサインとして使ってみてはどうですか。
A：それって，どういうことですか？
C：実は以前に，あなたは自分の呼吸の変化に気付くとますます緊張するか，一層呼吸に注意が向いてしまって，結果的に集中力を失っていましたね？　私は，世の中のすばらしい選手というのは，集中力を瞬時に回復できる人だと思っています。幸運なことに，あなたは自分の呼吸がいつもと違うことに気付いています。これは体が調整の必要性をサインとして出しているんです。体は何をあなたに伝えようとしていると思いますか？
A：不安になりすぎてる，と言っているのだと思います。
C：55のレベルにいるより，むしろあなたの不安度は85へ向かってしまっているんですね。
A：そうです（沈黙）。もっとリラックスする必要があるってことですよね？
C：もしくは，最高のプレイができるように，ちょうどいいレベルまで不安を下げることが必要です。呼吸への気付きを統制するためのサインとすれば，いつでも最高のゴルフをプレーできる精神的準備ができるようになりますよ。

セッションでは，ブレインストーミングによっていくつかのアンが用いることのできる方法を，考え続けました。その結果，必要なときにはプレショット・ルーティンに深呼吸を加えることを決めました。四つ数える間に息を吸い，五つ数えながら息を吐くのです。数を数えることで彼女は呼吸に集中しやすくなり，また否定的な思考をもそらしやすくなったのです。アンはちょっとした呼吸の変化に気付くとすぐに，「55レベルになるまで数を数えながら呼吸をする」方法を用いました。

練習ラウンドの最中や，緊張しすぎやイライラを感じたときは，いつでもアンはこの呼吸法を実践するようになりました。たとえば，あるとき彼女は契約やクリニックで一日中話をしてへとへとに疲れた帰宅途中に，ひどい交通渋滞に巻き込まれてしまいました。自分がとてもイライラしていることにアンは気付くことができたので，自分を落ち着かせるために呼吸法を実践して数を数えたのです。また，55の数字をグローブの裏やゴルフクラブの裏側に書いたりもしました。新しい方策を自分の頭に新鮮なまま維持しようとしたのです。再集中することに成功すればするほど，彼女はますます自信を着けていきました。

次のセッションにおいて，アンと私は大会前と大会中での再集中法を実践しました。ラウンドやトーナメントのあとに，アンがどのように自分のパフォーマンスを評価しているのかについても確認することができました。彼女は自分のミスばかりに注目してしまう傾向があったのですが，練習を重ねることによって，次第に彼女は冷静に自分のパフォーマンスを評価できるようになりました。また，ラウンド後の考え方を支配してしまっていたネガティブなセルフトークのほとんどを排除することができるようにもなりました。

最初の6回のミーティングのあと，アンと私は電話やときおりメールで連絡を取り続けました。彼女は，その後の大会でもまだ気分の浮き沈みを繰り返してはいたものの，自分をコントロールできている感覚が以前よりも増して，「手遅れになる前に自分を取り戻す」ことができるようになったと私に伝えてきました。その年を彼女はほとんどツーカットで終え，いくつかのすばらしいフィニッシュをすることもありました。

シーズンオフの間，ブースターセッションのためアンと私は4回ほど会いました。話し合いのうちの多くは学んだことの一般化を促進するためであり，スポーツ以外の場面でもストレス・マネジメントを実践する必要性に集中して話し合いました。アンは，さまざまな場面で新しいスキルを使うことができるということにとても喜びを感じていました。そして，彼女は努力をし続けました。賞金ランクでは，自分の新人の年と同じほどにはいきませんでしたが，彼女は自分の精神面での戦いに満足していたようで，ツアーシーズンが始まるのを心待ちにしていました。アンと最後に話をしたとき，彼女は私にこう言ってくれました。「私は何だか車みたいだって気付いたの。ゴルフをしているときでも，ただ生活しているときでも，ほとんど効率よく55で動いているのよ」

| 要約 |

　この章ではストレス・マネジメントに苦しんでいるアスリートへのアプローチについて説明しました。私のアプローチとは，生涯発達的介入の枠組み (Danish, Petitpas, & Hale, 1993) に基づいており，クライアントとの相互関係を説明する多くの私の指針を明確にして，応用してきました。これらの信念は，ポジティブな結果を得るのに必要不可欠だと思っているアスリートとスポーツ心理学者間の関係の力学を理解する上で，私の役に立っています。

　私のアプローチはもともと教育的であり，クライアントの力を明確にして新しいスキルの教え方に励んでいると言えます。アスリート・クライアントは新しいスキルを習得するのに必要な努力を発揮したいのならば，スポーツ心理学者を信頼して，尊敬しなければならないと私は信じています。それゆえ，ラポールの構築に一生懸命取り組み，アスリートの視点から問題を理解する必要があるのです。と同時に，スキルの習得や一般化の過程にできる限り注目することも大切です。私の目的は，どうしようもなく疑いを持つ状態にあるアスリート・クライアントを学習された機知へと導くことでもあります。自分の能力に自信を持ち，新しいスキルを数多く練習する機会を持つ必要があるのです。さまざまな場面でそれらのスキルをうまく用いることができるほど，ストレスマネジメント能力や自己効力感が増すからです。

　この章で説明してきた具体的な例によって，アスリートとスポーツ心理学者の相互関係の過程について読者の皆様が理解しやすかったであろうことを願っています。スポーツ心理学者は，単に彼（彼女）が習得する具体的なテクニックのためではなく，援助関係における最も重要な役割を担っていると私は信じています。それゆえ，スポーツ心理学者は，彼（彼女）の人間関係のスタイルの長所や短所を理解する必要があるでしょう。私の意見としては，自己理解やラポールを構築する能力，そして人それぞれの違いを受け入れることは，アスリートカウンセリングやスポーツ心理学トレーニングにおけるもっとも重要な側面であると，あらためて強調したいと思います。

●第Ⅱ部
応用スポーツ心理学の原則

# 第4章　リラックス！
# …って言われても難しい!?

*(RELAX! ...IT AIN'T EASY (OR IS IT ?))*

■ Clay P. Sherman
(California State University, Fullerton)
■ Artur Poczwardowski
(St. Lawrence University)

　この本の第Ⅰ部では，スポーツ心理学者が彼らのクライアントであるアスリートたちと協調関係を作り上げることの大切さを強調してきました。この協調は，主にスポーツ心理学者が選手の話を聴き，彼らが話すのを手助けすることによって作られる，初期のラポールの成果です。このプロセスが展開されると，相互関係がしばしば作られます。アスリートの問題を真剣に聴き，完全に理解することによって，スポーツ心理学者はよりよい協力者になるのです。そうして選手は自分の問題についてスポーツ心理学者の助けにより深い理解を得ることができ，自分が理解されていると思うようになります。このように，アスリートとスポーツ心理学者はお互いの目標を達成するため，共に働くのです。

　本章では初めのコンタクトや受理面接といったフォーマルな要素は取り扱いません（第1章参照）。そのかわり，スポーツ心理学者が活用できる競技力向

上テクニックの一つであるリラクセーションを教えるにあたっての実践的な要素に焦点を絞ります。最初にリラクセーションを使う際の理論的根拠を取り扱い，それから大学のノルディック（クロスカントリー）スキー選手とスポーツ心理学者の間で行われた会話を紹介しています。会話と会話の間には，サポートのプロセスと，競技力向上のためにアスリートとスポーツ心理学者が決めたことについて，解説があります。最後に，アスリートに教育的な理論的解釈を与えることがなぜリラクセーションの助けになるのかという点，そしてリラクセーションテクニックを教えるプロセスにも触れていきたいと思います（例：イントロダクション，理論的根拠，指導，先行指導，注意，受動的および受容的態度，セッション後の説明，導入の変更）。

## リラクセーションの理論的根拠

リラクセーションはさまざまな理由のために使うことができますが，最も一般的なものはストレス軽減のための使用です。ストレスはいろんな形で表れ，日常生活において今日では避けられないものの一つです（Benson, 1975；Jacobson, 1962；Lazarus, 1966；Selye, 1974）。人間は日々生理的ストレスに身をさらされています（病気，慢性疾患，怪我，身体トレーニングなど）。たとえば，社会的ストレス（他人に拒絶された，他人とうまくいかない，仕事で期待される，金銭的な悩み…など），環境からくるストレス（環境汚染，人口密集，厳しい気候…など），そして精神的，感情的ストレス（考え方やもののとらえ方）などです。私たちに生理学的，社会的，環境的に何かが起こることによってストレスは発生しますが，それぞれの状態に対する私たちの思考や物の見方（意識）によってストレスが大きく強烈になり，長引いたりすることがよくあります（Lazarus, 1966）。

パフォーマンスが周囲の人から評価されるような状況では，アスリートが感じるストレスの量や種類は，劇的に増加します。リラクセーションというのは，そのような社会的に評価される状況や他の生活分野でのストレスを調節したり減らすためにアスリートが利用できる，重要な手段です。スポーツ心理学者は，アスリートとのコンサルティングの効果を高めたり，選手が競争の場で自己制御できるように助けるため，ストレス反応とリラクセーション反応の両方のプロセスを理解しなければなりません。ただし，この節の目的は，リラクセーシ

ョンを行うクライアントにストレスやリラクセーションを理解するために必要な深い知識を提供することではありません。それよりも，ストレスとリラクセーションの背後にある理論的背景を見て，ストレス・マネージメントと自己制御に必要とされる重要な問題のみに焦点を当てようと思います。

ストレスというものは，主に体内にある二つの調節コントロールシステムによって調節されています。それが神経システムと内分泌システムです。セリエ (1974) は，ストレスはポジティブないいストレス (eustress) であるときもあれば，ネガティブなもの (distress) であるときもあると説明しています。また，どちらの場合も身体的反応は似ていると言っています。バウム，ガッチェル，クランツ (1996) は，この反応には二つの別システムがお互いに影響しあっていると説明しています。一つは，交感神経システム (SNS) の活性化の結果によるものです。SNSの刺激によって副腎がカテコールアミン（エピネフリンとノルエピネフリン）を分泌し，それが刺激となって一連の体の変化を引き起こします。血圧，呼吸，心拍に変化が起き，骨の周囲の筋肉に届く血の流れ，筋肉の緊張感，その他の体の機能（消化の減少など）にも変化が見られます。二番めのシステムは視床下部と下垂体の影響下でホルモン（副腎皮質刺激ホルモン：ACTH）を分泌するもので，これが副腎皮質を刺激すると，さまざまなコルチコステロイド，とくにコルチゾールが作られます。ストレス反応でのコルチゾールのはっきりとした役割は解明されていませんが，体内に貯蔵している脂肪と炭水化物エネルギーの迅速な利用を容易にさせる，とされています。このような変化は，人間が何らかの危険な事態（または性的興奮などの喜ばしい事態）にさらされたときにすぐに体が動けるよう，準備をさせるものです。理想的な状況では，体は危険な事態に反応し，その後比較的早期にホメオスタシスのあるストレス度の低い状態へと戻ります。問題が発生するのは，長引く慢性的なストレス (distress) を現実もしくは空想の状況から経験する時です。具体的に言うと，長期にわたりたびたび発生するコルチコステロイド分泌が，体の免疫システムや細胞の成長と修復に不具合を生じさせ，生殖・消化システムに害を与えたり，能率を減らすことがあるということです (Davis, Eshelman, & McKay, 1995)。

ストレス反応は原始的人類にとっては意味がありました——日々の生存のために戦ったり逃げるなど，すばやくエネルギーを発揮する必要があったのです。現代社会とその社交的習慣の中では，戦ったり逃げたりするのは望ましくない

反応とされています。ストレスに対して準備し対応するという生来の能力が，私たちの命を助けてくれるようなこともあるかもしれませんが（1500ポンドのグリズリー熊や250ポンドのアメフトのラインバッカーと直面したときのように，真の危険にさらされた場合など），通常は私たちが冷静に考えて反応する能力の方が，常によい判断とポジティブな結果を生んでくれる可能性が高いでしょう。1500ポンドのグリズリー熊と出会ってしまった登山者は，冷静にゆっくりと退却しておとなしく行動することを思い出せば，生き延びられるかもしれませんし，アメフトでラインバッカーのブリッツ攻撃に反応するクォーターバックは，冷静さを保持して落ち着いていれば，上手に外側のレシーバーを見つけることができるかもしれません。しかし一方で，高いレベルのストレスと興奮がパフォーマンスを容易にさせてくれることもあります（パワーリフターなど）。つまりは，おのおのの行動の要求度合によるのです。問題は，なすべき行動に対して覚醒水準が高すぎないか，ということです。もしそうであれば，その直後に起こるストレス反応には，その反応を容易に減少させてくれる対応手段があります。それがリラクセーションなのです。

　1975年にベンソンは，人間の体内には生来，闘争逃亡反応と全く反対の反応があると著書の中で述べています。彼によると，私たち一人一人にはリラクセーション反応という，闘争からの逃亡状況で起こる生体反応の有害な影響から身を守るため，生まれつき保護機能があるというのです。この反応は，酸素消費や二酸化炭素排出の減少，心拍と呼吸数の減少，血中の乳酸濃度の減少など，生理的変化と関係しています（Benson, 1983）。ベンソンはそれに加えて，覚醒している変容状態を象徴するゆっくりしたアルファー波の増大も報告しています（P.282）。リラクセーション反応は生来あるものですが，ストレスが発生したときにそれを引き出すには，多くの場合において学習と練習が必要です。

　何千年も昔から人間は人生の苦しさを和らげる方法を探してきました。たとえば，東洋の信仰（ヒンドゥー教，仏教など）における瞑想の教えは，現代の理論家や実践家によるリラクセーション方法と見なすことができます（かなり素朴な方法ですが…）（Lichstein, 1988）。北アメリカでは，リラクセーションは瞑想センターから始まりました（1909年サンフランシスコに設立された禅センター）。そして，1912年にジェイコブソンによって入念に研究され，彼の漸進的筋弛緩法（PMR）を通じて広められました（Lichstein, 1988）。その後

シュルツと彼の弟子であったLutheによる努力は，アメリカ内でリラクセーションの臨床的，理論的な興味を刺激することとなりました。
　さて，システマチックで科学的なストレスに対応するアプローチは行動療法によって始められました。行動療法という単語は1954年にスキナーとリンズリィによって初めて使われましたが（Wolpe, 1973），学問としてより完全に発達させたのはウォルピでした（Poppen, 1998）。この行動変容へのアプローチは学習理論（古典的条件付けとオペラント条件付け）を使い，不適応行動（不安感など）を弱めたり除去したりして，適応行動（コーピングスキルやリラクセーションなど）を強めたり起こしたりしました。たくさんのストレス・マネージメントのアプローチやテクニックが行動療法家によって発達しました。リラクセーションはその中でも患者やクライアントがストレス，不安感，恐怖症に対抗するのを助ける強力な行動療法テクニックとして生まれたのです。
　ウォルピの系統的脱感作法はリラクセーションを使う行動療法の中でも卓越したものの一つです（Lehrer & Woolfolk, 1993）。この中で，ウォルピ（1973）は動物を使っての神経症の実験で開発した逆制止の原理を応用しました。逆制止のプロセスは，あまり不安を起こさせない刺激に徐々に身をさらすことにより，不安によって起こる適応反応の条件性制止（摂食行動など）を低減し，消失させます。ウォルピはネコの適応行動（摂食行動）を妨げる特定の刺激物に対しての交感神経系の反応は，ネコをその刺激の少ない環境において食べ物を与えることによって低減することを発見したのです。別の言葉で言うと，逆制止は早い段階で学習された（条件付けされた）不適応行動を脱条件付けするための方法の一つである，ということです。
　この原理を改善したものが系統的脱感作法の土台となり，人間への介入に用いられました（Wolpe, 1973）。ウォルピはジェイコブソンの漸進的筋弛緩法を改善したものを取り入れた系統的脱感作法を使い，クライアントにリラックスの仕方を教えました。PMRは筋肉の緊張に敏感になることによって，クライアントにリラックスした状態を引き出す練習をしてもらうために使います。クライアントは筋肉を収縮してはリラックスさせることを交互に繰り返します（Jacobson, 1962）。クライアントがいったんPMRを使ってリラックス反応を引き出せるようになると，その人は（セラピストに協力してもらい）不安感を引き起こす状況のリストを作ります（不安階層表）。その後でこれらの状況や物体は，一番弱いものから最も不安感を引き起こすものまでランク付けされま

す。最後にクライアントは深いリラクセーションの状態の中で，その階層にある状況や物体をイメージして，（リラクセーションが逆制止の役割を果たします）不安感やストレスが消えるまでイメージします。クライアントは計画的にこのように階層リストの一つ一つの項目に取り組み，階層の中で一番不安感を起こす項目をストレス反応なしでイメージできるまで続けます。

　クライアントの自己制御問題を取り扱うにあたって，系統的脱感作法以外の行動療法や非行動療法も効果的な手段として証明されています。リアとウールフォルクのストレスマネージメント教本（1993）の中では，いくつかのリラクセーション法を紹介すると共に，クライアントが持つ不安感やストレスの性質を注意深く観察する必要を指摘しました。たとえば，彼らは，ディビッドソンとシェルツ（1976）が提案した特定効果仮説を再調査しました。この仮説は治療手段が症状の性質と一致しなければならないと指摘しているのですが，文献の再調査の結果，行動療法（例：系統的脱感作法）が行動症状（例：恐怖症）を最も効果的に減少させてくれ，認知療法（例：エリスの合理情動行動療法）（Ellis, 1995）が認知的な徴候（例：ネガティブなセルフトーク）の最もよい治療であり，そして身体療法（例：漸進的筋弛緩法）が身体症状（例：緊張による頭痛）を取り扱うのにもっとも適切であろうという考えを確認しました。しかし，特定の症状に対してのさまざまなリラクセーション法の特別な効果は，ほぼベンソン（1975）が説明した一般的なリラクセーション反応に基づいています。言い換えると，どのリラクセーション法を行っても，一般的なリラクセーション反応とその方法独自の結果が出てくるのです。さらに，リラクセーションの効果は，スミス（1986，1988）のリラクセーション治療の階層モデルで提案されたように（Lehrer & Woolfolk, 1993），クライアント自身の持つ信念，価値観，そして姿勢における適切な変化によって高められます。どのリラクセーション法にも長所と短所があるので，コンサルタントは問題の行動を注意深く測定し，直面している問題を概念化し，時間と資源を効果的に使うため，介入（その人に合ったリラクセーション法のコンビネーション）と測定法を計画する必要があります。リアとウールフォルクがさまざまなリラクセーション法を比較した文献の再調査は（漸進的筋弛緩法，自律訓練法，催眠法，バイオフィードバック，瞑想法，呼吸法，音楽，体操，認知療法），特定の選手のために介入計画を作るにあたって，コンサルタントの決定のベースとなる知識を得る基本的な参考文献として使えます。

数々のスポーツ選手にリラクセーションを利用した実験の文献は（Greenspan & Feltz, 1989；Meyers, Whelan, & Murphy, 1996；Vealy, 1994），運動パフォーマンスを高めるためにリラクセーションの効果があることを証明しています。しかし残念ながら，実験方法に問題があるため，数多くの調査は因果関係を推測するのが難しくなっています。その上に，調査された多くの介入はいくつもの要素が含まれていて，あるリラクセーショントレーニングと一緒に別の心理的スキルトレーニングが組み合わされていました。実験にそのような問題も散見されますが，リラクセーションを学ぶことは，パフォーマンスを高めたり，効果的なパフォーマンスを発揮するルーティンの一部になっているというのは，疑いのないところです（Bakker & Kayser, 1994；Crocker, Alderman, & Smith, 1988；Hamilton & Fremouw, 1985；Meyers, Schleser, & Okwumabua, 1982；Wrisberg & Anshel, 1989；Zhang, Ma, Orlick, & Zitzelsberger, 1992）。

　アスリートがストレスと不安感をうまく処理するのを助けるためと，同時にコンサルタントと選手の同盟を作り上げるために，スポーツ心理学者はリラクセーションを教えることができます。ある研究者は，リラクセーショントレーニングがラポールを作り上げるための手段であるという考えを持っています（Henschen, 1995）。たとえば，リラクセーショントレーニングには個人的な経験の会話のやり取りがつきものです。スポーツ心理学者は選手のガイドとなり，気持ちのよいリラックス状態へと導くので，アスリートは気持ちよくさせてくれるその人に自然と心を開くようになります。そのうえ，あるスポーツ選手にとってリラックスした状態は，力が増してきたり自信がついてきたりセルフコントロールができるという感覚を引き起こすことになります。もし，リラクセーションを上手に教えられると，アスリートはコンサルティングのかなり早期に，うまくいっていることを経験するかもしれません。その結果，彼らが自分の心理状態をコントロールしている感覚を持つことができ，そしてコンサルティングの中で続けてその気持ちを育てていくことができます。またリラクセーションは，選手がすぐには気付かない，人間の中にある心と身体のつながりという事実を明瞭にしてくれます（例：心理的な要素がどのように運動や身体パフォーマンスに影響があるのか）。最終的には，アスリートは覚醒水準の最適なレベルを見つけ，それにより，運動パフォーマンスを高めるために賦活レベルを調整する手段としてリラクセーションを身につけることを教えられま

す。(Hanin, 1980)。最後に、リラクセーション状態は、アスリートが競技力向上のために他の教育的、心理的テクニック（例：イメージ、観念運動トレーニング）を学ぶ練習のベースとして使える、意識の変容状態であるということを指摘しておきます (Unestahl, 1983, 1986)。

　ウィリアムズとハリス（1998）は、リラクセーションを教えるときの効果を高めるためにいくつかの実用的な提案をしてくれています。たとえば、「スポーツ心理学者やコーチは、選手にさまざまなリラクセーション法を紹介し、そしてそのテクニックを練習することによって得る利益を理解させるべきだ」（P.221）と言っています。それに加えて、スポーツ心理学のコンサルタント（実践家の人たち）はさまざまなアスリートの必要に応じてリラクセーションのレパートリーを多く持たねばならないと主張しています。ウィリアムズとハリスはまた、リラクセーションの二つの主なカテゴリーである"筋肉から脳へ"と"脳から筋肉へ"の全体像を示してくれています。しかし、この二つのカテゴリーの表現は、残念ながらリラクセーションに関する二元的な思考を表しています。可能であれば、私たちはそのような心と体の二元的な考えを排除し、リラクセーションにいくつかの方法があると考えたいと思います。続くセクションでは、クライアントに対して身体を主に使ったテクニックと認知的な方法を主に使ったものが教えられています。そして残りの部分では、スポーツ心理学サポートの場で行われるリラクセーションのプロセスを考察していきます。

## 会話

† 初面談の記録ノート

　アンバーは21才の大学のクロスカントリースキー選手です。彼女は大学で2シーズン目を迎えようとしています。彼女は大学の体育局で私たちのサービスを教えてもらい、スポーツ心理学者に会うためやってきました。初面談の中で、彼女は自分のことを元アルペンスキー選手で、前十字靱帯（ACL）の2回目の手術の後からノルディックスキーを始めたと説明してくれました。彼女はスケートにとても熱心に取り組んでいますが、クラシックノルディックスキーでも才能を持っています。（ノルディックスケート、別名フリースタイル、というのはアイススケートではなく、クロスカントリースキーの一種で1970

年代後半から1980年代前半にかけて有名になったものです。最近の世界選手権では、競技がクラシックとスケートに半々にわかれています）スケートのどこが好きなのか彼女に聞くと、「他では体験できない興奮。平らなところと下りの部分がたまらない」と答えが返ってきました。彼女は「強い心肺機能と、まあまあだけどすごいというわけではないテクニック」を持っています。こう言ったあとに、「他のチームメイトは私より何十年も長くスケートをしているのだから（笑）」と言い直しました。1年目に彼女はたくさんのことを習い、技術的には去年よりもだいぶよくなりました。過去のスキー経験の話をしてくれたあと、アンバーは毎試合出てくる問題に少し触れました。それはレース直前に「心の乱れ」を感じてしまうことで、練習中に行うレースのシミュレーションでも出てくるそうです。その「心の乱れ」がどんなものか聞いてみたところ、頭の中で「試合に誰が来ているのかを心配したり、ワックスが上手に塗れているのか、トップ集団についていけるのか…などなど、いろいろなことが駆け巡るのです」と答えました。いったんレースが始まれば、だいたい落ち着いてくるのだけど、試合前に心配して不安になっているため、審判やコーチに教えてもらう試合直前の説明を聞きのがしたり、理解できないことが頻繁に起こります。その上に、彼女は自分のペースを保つのが困難で（コーチが指示しているにもかかわらず）、最初につっこみすぎて「自爆してしまう」こともあります。私は彼女に、他のときはうまくいっているのか、つまり、自宅や職場、学校で心が乱れてパニックになることがないかと尋ねました。彼女は学校でテストを受けると、あまりにも緊張しすぎて、知っている答えも忘れてしまいます。そして、ボーイフレンドに「時間がないからやっておいて」と勉強のことなどで頼まれたときについ怒ってしまうことを説明しました。セッションが終わりに近づいたころ、スポーツ心理学者はアンバーが持ち出した問題を以下のように簡単にまとめました。

　彼女は試合前に心の乱れを感じ、その結果、試合前のコーチの指示に集中できず、レースの前半では自分のペースをつかむのが困難です。その他、集中するのが難しく、学校でテストを受けるときも知っている答えも忘れてしまいます。彼女はまた、ボーイフレンドに何か頼まれると、やることが多すぎると感じ、彼に怒ってしまいます。彼女が適切に行動できない理由の原因に、緊張と不安があると思われます。

　スポーツ心理学者はこれらの問題がそれぞれの状況に対してアンバーのスト

レスのコントロールと不安を抑える能力の欠如からきているのではないかと言いました。アンバーとスポーツ心理学者は，彼女が説明した状態を効果的に処理するための技術と方法，特にその心の乱れの感覚を減らすスキルを，共に練習していくことにしました。彼らはそれから6週間，週に一度会って，その時までに何を達成できたかを評価することに決めました。

### セッションII

SP＝スポーツ心理学者　A＝アンバー

SP：アンバー，こんにちは。さあ，入っておかけください。
A：ありがとう。
SP：今週はどうだった？
A：うーん，別に悪くはないです。いつもの調子で。
SP：いつもの調子？　どういう意味で？
A：まあ，はっきり言って，何も変わっていないですね。私は長い間もがいているのに（沈黙しながらうつむきました）。

　ここでスポーツ心理学者はアンバーが言った「いつもの調子」が彼女にとってどんなものか理解していませんでした。その言葉を繰り返し，意味を追究することで，「いつもの調子」というのはアンバーがまったく進歩していないと感じ，苦労していることなのだと発見しました。

SP：何を苦しんでいるの？　何があったの？
A：今日，運動生理学のテストが全然できなかった…（とぎれ）内容も理解し，答えもわかっていたのに。そう思っていたんだけど。体が固まって，頭が真っ白になりました。
SP：それで，スキーの方はどうなの？

　この質問によってスポーツ心理学者は，スポーツ選手をスポーツの話題に向けていきました。これによって彼は，彼女が勉強の時に身も心も機能が停止してしまうようになる問題を追究できる絶好のチャンスを見逃してしまいました。その上，彼はクライアントが持ちだしてきている課題を聞こうとせず，セッションの方向をコントロールしました。選手はスポーツ心理学者に「体が固まってしまい，頭が真っ白になる」状態を調べるチャンスを与えました。この情報は，選手がスポーツやいろいろな生活分野においてプレッシャーのもとでリラックスできるような方法を発達させるのを，スポーツ心理学者が助けるのに有用ですし，追求するべきです。スポーツ心理学者がスポーツの話題に変えたのは，楽だからかもしれません（勉強の分野ではなくて，スポーツの分野のほう

が)。つまり，彼の行為は選手のためではなく，彼自身のためだったということにもなります。スポーツ心理学者はチャンスを見逃してしまい，彼は勉強の問題には全く興味がない，と選手には伝わったでしょう。それでは少し逆戻りして，もう一度，話してみましょう。

　　SP：テストの内容と答えがわかっているときにそうなると，嫌ですね。(少し止まり) その固まるときに，どうなるのですか？

　スポーツ心理学者は振り返るように共感を示し，クライアントが続けて話すのかを見るために間を置きました。数秒後，スポーツ心理学者はクライアントに「固まる」こととそれがどんなものかを，彼女が説明できるように手伝いました。

　　A：全然覚えてないです。緊張してしまう。問題や文章を読んでも，読んだものが頭に入ってこないんです。それでもう1回読むんだけど，信じられないくらい頭に残っていないんです。ときどきそういうところを抜かして，別の質問に行ったら調子が出てくるのだけど，それでもまた同じことの繰り返しのときもあるんです…，頭に入らないし，覚えられない。そのときにストレスを感じて，簡単な質問でさえ難しくなってしまいます。頭の中の考えもまとまらないし，試験にパスできなかったらどうなるのか，いろんなシナリオを頭の中で描いているうちに，時間がどんどん過ぎていくのです。

　　SP：その同じことの繰り返しから脱出できることもあるけど，できないときもあるみたいだね。

　　A：そうなんですよ！　ただはっきりしていることは，いつも問題が発生するんです。実際に，いつも問題が出てくることを心配しています。スキーのときも同じ。最初のACLの怪我のあとにアルペンスキーの試合に出ると，いつもまた怪我をしてしまうんではないかと心配していました。そして心配していた通り，見事にACLを怪我してしまった。

　　SP：2回もACLを!?　それはどのような感じなのですか？

　アスリートはその手術の手順，麻酔，リハビリについて進んで話してくれるかもしれませんが，それは大事な問題から脱線することになり，時間を無駄にしてしまいます。スポーツ心理学者は共感を示したために，はっきりと選手を間違った方向に連れていってしまうかもしれません。この会話はセッションにプラスにならず，選手の現在の問題から焦点を外してしまいます。もしスポーツ心理学者がこの方向に質問を続ければ，結果として，カウンセリングの焦点が実りのない方面に進んでしまいます。別のアプローチが必要です。

SP：ACLのリハビリは大変だと聞いたことがあるよ。2度も怪我から復帰して，大学レベルで試合に出ているということは，あなたの鍛錬とコミットメントを証明していると思うし，あなたは人生の中でほかの問題も処理していけると思うよ（沈黙：アンバーは少しきまりがわるいようだ）。今週のスキーについて教えてくれませんか。

A：うーん…，別にありませんが。明日，遠征です。私，もうすでにストレスを感じています。

SP：もう，ストレスを…？

A：そうなんです。お腹がむずむずして，レースのことばかり考えて集中できません。授業中，悪いことばかり考えているんです。今週はずっと，自分のペースを保つ練習をしました。今回こそうまくやらないと（沈黙）。

SP：どうして，うまくやらないといけないの？

ここでスポーツ心理学者は，質問を通してこのアスリートがどういう考え方をしているか試しました。合理情動行動療法（REBT）に詳しいセラピストならこの方面に進んで，いい結果が生まれるかもしれません。しかし，セッションが残り25分しかなく，スポーツ心理学者は今回，思考回路や非合理的な考え方を話し合うことに時間をかけないことに決めました。理想的な場合には，スポーツ選手とスポーツ心理学者はシーズンが始まるかなり前に会い，その大きな問題を取り上げるために充分な時間を取ることができました。しかし，今回の状況としては，アンバーとスポーツ心理学者がもう一度会う前に，アンバーは試合のために遠くまで遠征してしまいます。アンバーの緊張（お腹の調子が悪い），集中力の欠如，非合理的な考えなどが全部つながってアンバーが「心の乱れ」と呼んでいるものになってしまう，とスポーツ心理学者は思いました。

SP：アンバー。私たちが会って話し合うことによって，これからどうなってほしいのかな？ 特に何に集中したいですか？

A：（沈黙して考えました）そうね…あまりストレスがたまらないようにしたいですね。ボーイフレンドは私のことを，ストレスのかたまりと呼ぶんですよ。だから私はいつも頭痛や肩こりが起きてしまうって言うんです。

SP：頭痛や肩こり…どの程度，頭痛があるの？

A：週に2，3回くらい。母は偏頭痛を持っているの。

今，2回の言葉とやり取りの中で，少なくとも三つの重要な問題が出てきました。一つは，スポーツ選手の頭痛はかなりひどいものであること。これは続けて調査が必要です。それについて診察をしてもらっているのか簡単に尋ねて

みる必要があるでしょう。二つ目は，選手は最低2回，ボーイフレンドのことを持ち出したことです（1回は初面談のとき）。この二人の力関係をさらに探究する必要があります。最後に，選手の家族の歴史とそれにまつわる力関係の話を聞くことが役に立つでしょう。時間制限のため（セッションは半分以上過ぎていました）と選手が今週使えるような実践的な技術を提供するために，スポーツ心理学者はあとの二つの問題は3度目になる次回のセッションで調査することに決めました。

SP：その頭痛を診察してもらったことはあるのですか？
A：いえ，ないです。少しは本を読んで調べたことはありますけれど。
SP：診てもらった方がいいと思います。チームについているドクターの一人とアポイントメントを取ってみますか？　セッションが終わってから取れますよ。
A：先生がその方がいいと言うなら，そうします。
SP：そのようにふだんから頭痛があるなら，医師の意見を聞いた方がいいと思います。それにあなたはストレスと頭痛，肩こりも減らしたいのですね。これらはもしかしたら，部分的につながっている可能性があるでしょう。ほかに思い当たることはないですか？
A：（沈黙し考えました）まあ，先ほども言ったように，コーチや教授が話しかけてくるときに　もっと集中できたらな，と思います。
SP：レースの前とか，授業やテストのとき？
A：そうですね。
SP：ちょっと緊張してきて，"心が乱れ"はじめたときに，ストレスを減らすために何かやってみたりしたことはありますか？
A：（沈黙し考えました）うーん，あまりないですね。ふだんはそれについて考えてみたりするだけです。

ここでスポーツ心理学者はアスリートが過去に使った方策に興味を持ち，それについて尋きました。ときとして選手はすでに対処方法を身につけていることがあり，それをカウンセリングセッションの中で改善し，より発達させることもできます。今回のケースでは選手が何も対処方法を取っていないことがはっきりしました。

SP：わかりました。これらのことに対して助けてくれるスキルを一緒に上達させていけると思いますよ。ちょっと一休みして，私があなたの今まで言ったことをまとめてみたいと思います。それから，今週，遠征に出て試合するときに使えるような方法を話し合いましょう。聞いた限りでは，学校とスキーの間に同じようなテーマがあるようです。スキーと学校で役に立つ三つの分野があると思います。一つ目は，ストレスをコントロールしリラックスする方法を学ぶこ

とです。もう少ししてから，すぐに役立つ本当に簡単なテクニックをあなたに見せてあげましょう。来週帰ってきて，今度会うときはそれに時間をかけてやりましょう。二つ目は，あなたが自分への話しかけ方を調整するための方法を一緒にやっていきたいと思います。本当ですよ，あなたが自分に話しかける言葉です。少しずつ自分自身からプレッシャーを取り除くために，ポジティブ思考とセルフトークができるような方法を一緒に上達していきたいと思います。あなたは「心配事やネガティブ思考のかたまり」みたいだからね。あなたの考え方を再トレーニングすることから始めなければならないかもしれません。最後に，二人でできるとは思うけど，まあ，アカデミックアドバイザーのセーラさんも交えて，時間管理をする方法とテストの受け方もアドバイスしてもらったほうがいいかもしれない。まあ，とりあえず，私たちは一緒にあなたが気が散らないでもっと準備したり，パフォーマンスできるようにすることができると思います。どうでしょうか？

A　：いい感じだと思います。でも，あまりうまくいく自信がないです。

SP：そうですか。まあ，ざっくばらんに言ってしまうと，よくならないかもしれません…，少なくとも初めのうちは，です。よくなると保証はできません。私があなたにあげられるものは，あなたが自分のことを信じていて…，信じていると思うけど…，私たちが一緒に練習するテクニックを本気でやってみようとしたら，あなたはリラックスして集中する能力を手に入れられるということです。その結果，スキーと勉強，それにテストを受けることも上手になります。ここで理解してほしい一番重要なことは，これから一緒に練習するのはスキルであって，スケートをするときにⅤ1やⅤ2を習うのと全く同じだということです。練習をすればするほど，上達するのです。

　アスリートが触れたい問題をはっきりと表現できるようにスポーツ心理学者が助けたあと，彼は初面談から現時点までに集めた情報に基づいてアクションプランを与えることにしました。二日後（次のカウンセリングのセッションの前）に試合に出かけるので，スポーツ心理学者は彼女がすぐに使えるような簡単な呼吸法を教えることにしました。このテクニックは丹田呼吸法といいます。

## リラクセーションの理論と実践

SP：アンバー，リラクセーションがどれほど役に立つかを説明させてください。リラクセーションを学ぶことにはいくつかの利点があります。一つには，リラクセーションはストレスや緊張感を減らすために使えるということ。実は筋肉の緊張は精神的ストレスからきていることがよくあります。たとえばテスト中やレースの直前などのストレスがたまりやすい状況の中では，使わない筋肉が

不必要に緊張しているでしょう。これが疲労の蓄積になってしまうのです。これを恒常性筋緊張と呼ぶこともあり，多数の（ふつうはほとんどの）筋肉が緊張して不必要に収縮しているのです。主動筋の筋肉（そのときの行動に必要な筋肉）はもちろん，その反対側の拮抗筋もそうなるのです。これらの用語は解剖学や運動生理学の授業で聞いたことはありますか？

A ：はい。知っています。

SP：結果的には，筋肉の緊張はエネルギーを消費して早く疲れることにつながります。でもすごいことに，そのストレスを減らし，緊張もほとんどなくせるような行動や言葉を身につけることができるのです。僕の推測ですが，あなたはレース前の不安感により，スタートする前から体が少し疲れているのではないでしょうか。そしてレースが始まると，あなたは計画していた以上に力強く飛び出している。これらの影響が重なった結果として，前にあなたが言った「自爆してしまう」事態を引き起こします。そのうえ，ストレスや緊張と集中する能力は，とても関連しているのです。あなたがストレスを感じ緊張していると，そのときに一番大事なことではなく，違うことに集中している可能性があります。たとえば，レースの前に本当はコーチや審判の言うことに気を向けないといけないのに，競争相手やスキーのワックスに気を取られて心配している。また，テストの問題に完全に集中しないといけないのに，このテストで失敗したらどうしよう，といった心配が頭をよぎる。あなたが2回目に膝を怪我したときも，怪我をするんではないかとばかり心配していたと言いましたね。スポーツ選手に限らず一般の人でも，気が散ったり，体が緊張して，怪我をしてしまうことは珍しくありません。私たちの体は筋肉がほぐれていて，リラックスし，気が散っていないときに一番働いてくれる自然な保護機能があるようです。次回のセッションでは，あなたが物事に対してどういう集中パターンを持っているのかを見るために，簡単なテストをあなたに受けてもらいます。これをすることは，あなたの集中をいい方面に向けるために，どのようにすべきか助けになると思います。どうでしょうか。（沈黙）何かもっと説明してほしいところは？

A ：そうですね，かなり筋が通っている話ですね。意味がわかりました。私が膝を2回目にやっちゃった理由は，合っていると思います。またやってしまうのではないかと考えていて神経質になっていたときに，また転んで怪我をしたんです。でもそれが集中していなかったことにつながっているとは，思いつかなかったですね。完全に理解できました。

SP：わかってもらって嬉しいよ。ここで数分間，あなたが今週から，いや，今日からでも使える呼吸法をやってみたいと思います。さっきも話したように，もしストレスのレベルを減らせば，筋肉の緊張が少なくなり練習も試合もよくなると思う。呼吸法を練習して，呼吸をもっと意識することが，ストレスと緊張を減らすのにとても効果的です。今すぐ，呼吸意識の練習を試してみてもいい

ですか？
A：いいですよ。
SP：最初にするのは，あなたの呼吸パターンを意識することです。これをもっとも簡単にするには，仰向けになってもらいます。このためのマットがあそこの壁際にあります。横になってこれを試してみても大丈夫ですか？
A：（彼女は立ち上がり，マットの方に歩き出しました）ええ…。
SP：私はただここに座って，呼吸の簡単な練習中，あなたに話しかけます。目は明けても閉じてもいいですけど，閉じたほうが簡単かもしれません。膝は曲げても伸ばしても，楽な形にしてください。右手をちょうどウエストのあたりの腹部に当て，左手をちょうど胸骨がある胸のまんなかに当ててください。ふつうに呼吸して，自分の呼吸にただ集中してください。息を吸い込むときにどの手が一番動きますか…，胸にある手ですか…，お腹にある手ですか…？ しばらく呼吸を続けてください。お腹の手が動いているようですね。全部息を吐いてください…肺の中にある空気を全部吐いてください。すばらしい。そして空気を吸って，お腹の奥にたくさん入れてください。いいですね…，そのまま呼吸してください。胸に当てている手が動かないように，お腹の手が動くようにしてください。いい感じです。気分はどうですか？
A：変です。ここに寝転んでいるのが変な感じです。大きく呼吸するのは気持ちいいですけれど。

あまり知らない人の前で横になり，目を閉じることは日常起こることではありません。アンバーが変な気持ちになることはもっともです。彼女は自分が隙だらけの場所にいます。スポーツ心理学者は，その変な気持ちは徐々に消えていくと安心させます。

SP：練習を重ねていくうちに，だんだんと変な気持ちがなくなりますよ。本当はどこでも安心できる場所で一人で練習できます。深呼吸をするのが気持ちがいいというのはどんな意味？ どんなふうに気持ちがいいのかな？
A：よくわからないですけど，ただ落ち着いて，なんだか浮いているような感じです。
SP：そうですね，落ち着きますよね。実は腹式呼吸や丹田呼吸法は，リラックスした気分になるのにいちばん簡単で早い方法です。完全に空気を吐いて横隔膜が緊縮し，そして膨張する（間をおく），真空状態が作られます（間をおく）。その真空状態が肺の奥までたっぷりと空気を吸い込ませることになります（間をおく）。続けて空気を全部吐いて，そして深く吸い込むときにお腹が膨らむようにしてください。そう，そんな感じ（間をおく）。胸に当てている手が動かないように気をつけてください（間をおく）。いいですね。調子はどうですか？
A：気分がいいですね。
SP：よくできました。今のように呼吸し続けてください。本当に全部吐いて，い

っぱい吸い込むことに集中して，お腹が膨らむようにしてください。そしてね，アンバー，全部吐いて，いっぱい吸い込んでいる間，私の声をただ聞いてください。いいですね。あなたの今の気分に気付いてください。落ち着いて，とてもリラックスしていますか？

A：はい。

　選手は本当にリラックスしているようです。スポーツ心理学者は選手を見て，呼吸を数え，彼女の声の口調を聞くことによって，どれほどリラックスしているのかがわかります。選手が落ち着いてリラックスしていると報告し，実際そう見えるので，この最初のリラクセーションセッションではもっと深いリラクセーションはしないでおこうとスポーツ心理学者は決めました。リラクセーション介入を上手に教えるにあたっての大きな要素は，声の練習をすることです。あるスポーツ心理学者は，いわゆる「FMラジオの声」に恵まれていて，響き渡るようになめらかなバリトンの低い声を持っています。しかし，そういうゆっくりとした波打つようなリズムを持ち，眠りに誘い込むようなトーンの声になるには，多くの人の場合練習が必要です。低くモノトーンな声で催眠誘導をしているのを，耳にしたことがあると思います。しかし，催眠的であるということはモノトーンではありません。声を言葉のゆりかごのように，ゆっくりと上がったり下がったりするさざなみのように使うことによって，選手をリラックスした状態へと導くことができるのです。アンバーと一緒にいたスポーツ心理学者が「私の声をただ聞いてください」と言ったのも，彼の声は人をリラックスさせるため何年も訓練してきた道具で，とてもいいものを持っているからです。リラックスする方法を習うのは，比較的簡単なことかもしれません。しかし人へのリラクセーションの教え方を習うことは，簡単なことではありません。

SP：（ゆっくりしたリズムで）どんなに落ち着いて，リラックスしているかに気付いてください。ストレスを感じ，緊張し，気が散っているときにはいつでも，今のように何回か深くお腹の中で呼吸をしてください。どこででもいいです…，椅子に座ってでも，スキーを着けて立っているときでも。このように呼吸をすれば，今のようにリラックスした気分になれます。何回か腹式呼吸をするだけで，リラックスして自分をコントロールすることができるのです。リラックスしているのだけれど，もっと機敏で集中力が出ます。続けて空気を全部吐いて，いっぱい吸い込んでください。いいですよ。あなたは気持ちいいペースで呼吸しています。体があまりにもリラックスしていて，空気が全部吐かれていっぱい吸い込んでいるから，体に必要な呼吸の数が減ってきています。いいですね，

あなたの体は今とても効率よく働いています。アンバー，あなたはいつでもどこでも，このように呼吸をしてリラックスできますよ。私はしばらく静かにしていますから，あなたは呼吸を続けてリラックスしてください（1分ほど黙っていました）。それじゃ，目を開ける準備ができたら，ゆっくりと目を開けてください。調子はどうですか？

A：うわあ，先生の声がいいですね。とても気持ちがいいです。かなりリラックスしました。少し眠いくらい。

SP：これをすると眠りに落ちるくらいリラックスできますよ。ときどき，夜眠れないときに使うこともできますしね。でも，こうしてリラックスし，ストレスや緊張をなくせば，もっと集中していいパフォーマンスができるようになります。アンバー，準備ができたら立ち上がってもいいですよ…でもゆっくりね。ここで，同じ呼吸パターンをいくつかの違う状況で練習してほしいのです。一つは，そこで立ったまま。そして，それにある程度慣れてきたら，何かストレスがたまるような状況をイメージしてみて，腹式呼吸をしながら落ち着いていられるかを試してもらいたいのです。どう，できそう？

A：いい感じですね。

SP：よし，じゃあ，今立っている状態で自分の呼吸を意識してください。さっき横になっていたときみたいに，手を体に当ててください（10秒くらい沈黙）。どの手が動いていますか？

A：右手です（お腹にある）。

SP：いいですよ。もっと深く息をして，手をもっと動かせますか？（彼女はその通りにし，もっと深い呼吸ができました）気分はどう？

A：いいです。少し頭がぼうっとします。

SP：本当に？ それじゃ，少しの間，椅子に座ってもらえますか？（アンバーは座りました）バランスを崩さないように気をつけてください。さっき，立ち上がるのが少し早すぎたかもしれない。続けてお腹で呼吸して，空気を全部吐いてください。めまいがしたり，気絶したことはありますか？

A：いいえ，私は大丈夫ですよ。ちょっと頭がぼーっとしただけです。

SP：そうですか。まあ，座ったままゆっくりと呼吸してリズムを取ってください（沈黙）。覚えてください。体が酸素をより効果的に吸収して利用しているから，そんなにひんぱんに呼吸しなくてもいいんです。気分はどう？

A：さっきよりは大丈夫です。

SP：（沈黙）本当に気分がよくなり，めまいも頭がぼうっとするのもなくなったら，また立ち上がってみてください。（彼女は20秒ほどして立ち上がりました）セッション中やいつでもめまいを感じてきたら，絶対に座るか横になってくださいね。

A：はい。

SP：よし，続けてお腹から呼吸しているときに，横になっていたときのリラック

ス感を思い出してください。今もそのときみたいにリラックスしているかな。（沈黙）
A ：そうですね。かなりリラックスしていますよ。
SP：いいね，お腹で深く呼吸をしていることが，リラックスさせてくれるのです。体の位置はほとんど関係ないのです。ただ，お腹から呼吸してリズムを保つだけです。（沈黙）いいですね，じゃあ，ここで何かストレスがたまる状況をイメージして，それでも落ち着いていられるか試してみてください。あなたは今，レースの準備をしています。レース会場に車で到着したばかりで，ブーツを履いています。（沈黙）それからウォーミングアップをするために道具を準備しています。（沈黙）気分はどうですか？
A ：大丈夫です。
SP：続けてお腹からリズムよく呼吸してください。そう，そんな感じ。じゃあ，ウォーミングアップもやり終えて，コーチたちがコース内容を話し合っているのを聞いています。（沈黙）あなたはリズムよく呼吸し，とても落ち着いてリラックスしているように見えます。気分は？。
A ：大丈夫ですけど，少しあがっています。変ですね。
SP：どのへんが変に感じるの？。
A ：あの，前にも話したようにお腹の中が気持ち悪いです。
SP：そうか，そうか。すこしくらいあがっていても大丈夫だよ。もし，全然そうでなかったら，心配していたよ。あがっているということは，スキーをする準備をしているということだよ。あなたの気が散って心が乱れ始めて，説明や指示が聞こえなくなるのを避けたいんだ。続けてお腹から深くリズムよく呼吸してください。（沈黙）ここでの気分はどうですか？
A ：いいと思います。まだかなりリラックスしています。
SP：すばらしい。わかりますか？ 呼吸によってあなたは自分のストレスを少しコントロールできているのです。練習を重ねるともっとよくなりますよ。そして呼吸に集中すると，現実にもっと集中できるんですよ。お腹で呼吸するたびに，あなたは現在の問題に集中できます。今この瞬間にいることを意識できるんです。コーチの話を聞いている間もリズムよく呼吸をし続けます。レースのスタート3分前です。呼吸に集中してください。あなたはどこから呼吸していますか？ そしてどのように呼吸していますか？（沈黙）
A ：ええっと…。お腹からです。そして，ええと，深くリズムよくしています。
SP：いいですね。レース開始1分前。レースの戦略を私に説明してください。
A ：ええっと…。私はお腹からリズムよく呼吸しています（沈黙。アンバーは混乱しているようです）。
SP：よし，リラックスして現実に集中するために呼吸してください。いいですね。レースの出だしはどうしますか？
A ：あっ，ええっと，私は自分のペースを保ちます。コーチはいつも，先頭集団

を忘れて早く自分のリズムを見つけるように私に言います。私は最初の30秒ぐらいは力強く出ますけど，それからは安定したリズムを保ちます。
SP：すばらしい。呼吸を続けてください。リラックスして落ち着いて。心が乱れ始めたときに，この呼吸法を自分で使えると思いますか？
A ：できると思います。
SP：今の気分はどうですか？
A ：いいですよ。
SP：よし，今日はもう時間がありません。来週また続けて一緒にリラクセーショントレーニングをしたいと思います。そのときまた，テストを受けるときなどの違う状況をイメージしてやってみたいと思います。それまでの間，あなたに渡しておきたい短いカセットテープがあります。5分ぐらいです。ウォークマンを持っている？　都合のいいときにこのテープを聞いてください。このテープは今日やった呼吸法が練習できるように作られています。テープでやるのが好きな人もいれば，自分で練習する方が好きな人もいます。両方少しずつやっている人もいます。それは自分で決めてください。来週会うときまで，1日に最低3回は腹式呼吸を練習してください。できますか？
A ：大丈夫と思いますよ。1日に15分間だけですから。
SP：その通り。何か質問がありますか？
A ：いえ，特にないです。
SP：そうですか。私は毎朝8時から9時まで，アポイントメントなしのオフィスアワーがあります。もし何か質問があったら，電話でも来てもらってもいいです。レース，頑張ってね。

　最初のセッションには初対面と面談，履歴収集，協調関係の始まり，問題の概念化，そしてラポールを築くことが含まれていました。2回目のセッションでは，スポーツ心理学者は続けてラポールを作り，協調関係を育てていき，そのうえにリラクセーションの紹介と，うまく理論的な説明を加え，事前説明とガイダンスを提供し，試合前の状況で使える簡単なリラクセーション法を紹介しました。3回目でのセッションでは最初に試合の報告と，呼吸法がどうだったかについての話し合いが主な焦点となります。その後，これから始まる会話の中でも出ますが，アスリートがもっと深いリラクセーション状態にいけるように焦点が向けられます。

### セッションIII

SP：こんにちは，アンバー。
A ：こんにちは。
SP：今週はどうでした？

A：よかったですよ。遠征に行って，両親に会うこともできました。実は，二人ともレースを観に来てくれたんです。
SP：それはどうだった？
A：会えてよかったですね。あまりいいレースじゃなかったけど（沈黙）。
SP：それについて教えてくれないかな。
A：それがですね，転んだんです…。スタートの近くでポジションの奪い合いをしているときに。あとからビデオを見るまでは，何が起こったのかわかりませんでした。ある競争相手が私のスキーの後ろを踏んで，私はバランスを失いました。私は大丈夫で，すぐに立ち上がりました。転ぶのには慣れているもので（笑）。そのあと，ちょっと集中力をなくして，前のグループに追いつくことしか考えませんでした。そして追いついたんだけど，体力を使い果たしてしまいました。それはコーチが言っていたことなんですけどね。ラスト5キロで，完全にみんなを見失いました。でも，実をいうとタイムは今まで以上によかったんです。コースは平らで流れるような感じで，私にとってはよかったです。
SP：ちょっとここで，私がちゃんと理解したかどうか確かめさせてください。あなたはスタート近くで転んで，すぐに立ち上がりグループに追いついたけれども，かなり力を使ってしまったので，最後の5キロで先頭集団を見失ってしまったんですよね？ でも，それにもかかわらず，今まで以上にトップに近かった。だいたいそんな感じですか？
A：はい，そうです。
SP：あなたのパフォーマンスをコーチはどう言ってましたか？
A：転んだのは運が悪かったけど，よく持ち直したと言っていました。
SP：私はレースを観ることができなかったけど，全体的にはいい感触のレースだったみたいですね（沈黙）。

なかなかいいレースという材料がいくつかあるにもかかわらず，あまりよくないレースだったというアンバーの判断は，彼女の非合理的な考えの表れかもしれないし，アンバーが経験しているプレッシャーやストレス，そして心の乱れに深く関係しているかもしれません。スポーツ心理学者はアンバーの思考プロセスについて，まず彼女が呼吸法を使ったことの情報をもっと聴いてから，セッションの後半か，または次回のセッションで取り上げようと決めました。

SP：レースの前に腹式呼吸を使えましたか？
A：はい，使ったけどあまりうまくいかなかったみたいです。
SP：腹式呼吸を習っただけでは，あまり効果は出ないかもしれないなと思っていました。もうちょっと力強い別のテクニックをやってみましょうか。

スポーツ心理学者は呼吸法が使えなかったことを懸念して，言い訳をしているように見えます。彼はここで，アンバーがパフォーマンスの場でリラクセー

ションを使おうとした経験を詳しく知るチャンスを逃してしまい，選手が習ったテクニックを軽視することで，無意識に自分がやったことをぶち壊しにしてしまうのでしょうか。彼女にさまざまなリラクセーションテクニックを教えてあげる意欲的な計画は，表面的には理屈に合っています。こういうアプローチをすれば，クライアントも特定の症状や状況に合わせてテクニックを用いることができるという柔軟性はあります。しかしここでは，アンバーの一番最近の自己制御の経験を調べることが，何が彼女に効果があり，どのように効き，そしてどのようなテクニックが長期的には有効かを彼にわからせてくれるでしょう。

SP：腹式呼吸を使うことはできましたか？
A ：何回かやってみたけど，なぜかあまりできませんでした（間があく）。
SP：話してみてください。
A ：ここのオフィスにいたときほど，リラックスしていませんでした。車の中でヘッドフォンを着け，テープを少し聞きました。レースのことを考えて緊張してきたときも，何回か呼吸して気分がよくなったけど，レースの前はまだかなり緊張していました。
SP：車の中でそのテクニックを使ったあと，どんな気分でしたか？
A ：まあ，そうですね。よりリラックスできましたよ。あがっている気持ちはなくなりました。
SP：他には？
A ：うーん，あまり（間をおいて考えながら）。そうですね，本を読むことにもっと集中できました。でも，レースのことが心配になってきたことに気付いたんです。そうしたら，本を読んでも内容が頭に入ってこなくなりました。そこで，何回か腹式呼吸をやってみると，また本を読めるようになりました。まあ，少しの間だけですけどね。
SP：すばらしい！　腹式呼吸をする主な効果の一つには，リラックスするのはもちろんだけど，そのときにしないといけないことに集中させてくれるんですよ。私はそれを「その瞬間にいる」と呼んでいるんですよ。もしあなたが本を読もうとしているのに，レースの不安で頭がいっぱいになってしまったら，時間とエネルギーをむだにしています。それはあなたがスキーに塗るワックスとか誰がレースに出るのかを心配して，コーチが話している大事な情報を聞き逃してしまい，時間とエネルギーをむだにしてしまっているのと同じことなんです。車の中でリラクセーションが成功したことはすばらしいスタートです。レース前に緊張したときに，呼吸法を使ってみましたか？
A ：2回ほどやってみたと思いますが。
SP：あまりはっきりしてないのですね。

A：ええ，かなり忙しかったですしね。ウォーミングアップのあとで1回したのは覚えています（いらいらした口調で）。

SP：いらいらしているようだね。そのときのことについてもう少し話してくれませんか？

A：そうですね。ウォーミングアップのあとでかなりストレスがたまっていました。そしてすぐに呼吸法のことを考えました。私はここで練習したようにお腹から呼吸したのですが，全く違う感覚でした。頭の中はくるくる回り，コーチが私に言ったことが一つも頭の中に入ってきませんでした。

SP：レース会場までの移動中に本を読んでいるときは，呼吸法を利用できたようにですね。でもレース中は，あなたは自分の興奮をコントロールできませんでした。というのは，あなたはリラックスできず，やらないといけないことに集中できなかった。そうですね？

A：はい。

SP：でも，そのテクニックを使おうと思い出したことは最初の一歩としてはいいと思います。そのうえ少なくとも一つの状況下では成功しました。

スポーツ心理学者はアンバーが経験した成功をほめてあげ，その成功に集中させようと思いました。アンバーは自分に厳しくしがちで，他の選手のように自分のできたことを認めるのが遅いのです。このパターンは非合理的な思考プロセスのもう一つの例であり，あとで取り上げるためにスポーツ心理学者は記憶しておきました。

SP：あなたがアルペンからノルディックスキーに移ったときを覚えていますか？あなたはスケートの要素を学び，徐々にうまくなったでしょう？ 雪が整地された平らな所では前のテクニックが使えたけど，凍っていてでこぼこの地形では新しいテクニックを習う必要があったでしょう？

A：はい。おっしゃることがわかってきました。

SP：そうです。技術というのは時間をかけて簡単なことからもっと複雑なものへと上達していくことがわかるでしょう？

A：はい。

SP：練習と頑張りであなたが競技技術を上達させたように，メンタルスキルも上達できるんですよ。

A：そうか。

SP：私の考えでは，ここであなたにもっと深いリラクセーションを経験させてあげて，家でもその状態を達成する練習をしたら，レースの状況でも自分のリラックスレベルをコントロールできると思います。今日はあなたが自分でリラックス状態をより深くさせることができる，別のリラクセーション法を紹介しようと思います。どうですか？

A：いいですね。

ジェイコブソンの漸進的筋弛緩法のときのように，初めて自律訓練法の分野に足を踏み込むときは，クライアントができるだけいい体験ができるように心がけます。アンバーに自律訓練法を紹介した第一歩は，こんな感じでした。

SP：アンバー，これから家でも練習できて，かなりリラックスができるような別のリラクセーション法を一緒にやってみよう。これは催眠の分野からきているのですが，私はその言葉を使うのが，ステージの上で演出された催眠術師が人々を鶏のように鳴かせている場面を思い出させるようで，嫌いなんです。

A：そうですね。ああいうショーはかなりばかげていると思います。

SP：全くその通りです。だけど，催眠はそのためのものではありません。私にとっての催眠は，気持ちいいリラックス状態で，かかっている人間は暗示に対して受容的になります。私たちは，スポーツ選手にその一つのバージョンをよく使います。催眠には催眠をかける人とかかる人の問題がありますが，何十年か前に研究者たちは，人間が自分自身でリラックスした催眠状態に入れるのではないかと研究しました。そこで自律訓練法が生まれてきました。自律という言葉は，ただ自分で引き起こすという意味です。別名で自己催眠ということもあります。自律訓練法を習う第一歩として，自分に重さの感覚があると暗示します。私はこれから，あなたの手足が重くなるというフレーズを繰り返します。そして私が言うと，あなたも頭の中で同じフレーズを繰り返します。

スポーツ心理学者は，これから行う自律訓練法を選手が安心してできるように，彼女が持っている催眠や自律訓練法に対しての悪いイメージや偏見を払いのけようとしました。この時点で，スポーツ心理学者はこの最初のセッションで経験するかもしれないことや，彼女が予想している出来事を話し合います（先行指導）。その上で，彼女がいい経験ができる可能性を高くするために，よいトレーニング態度（受身で受容性がある態度）とトレーニングに関する注意事項，そしてセッションを中止する方法を教えます。

SP：あなたの腕は全てが一度に重くはならないかもしれませんが，多くの人の場合，意識が腕を離れ足に集中しているときに，腕がどんどん重くなったりすることもあります。ある人は，本当に体の一部を"なくして"しまうような感じになることもあります。私もこれをやると，腕をなくしてどこにいったのかわからないようになります。もしそうなったら，すごいことですよ。それは相当リラックスしている証拠なんです。そして，リラクセーションをしている間は受身でいて，受容性を高くしてもらいたいのです。これは，リラックスしているときに気を散らす考えに逆らわず無視するのと一緒です。以前に，何も考えない努力はしない，と話し合ったことを覚えていますか？

A：なんだか，ややこしいですね。それは，考えていても気にしない，ということですか？
　　SP：そう，そういうことです。何も考えないというのは，とても難しいことです。もっといい方法は，頭の中に入ってくる考えを勝手にさせておいて，何気なく無視することです。あなたは呼吸法で呼吸の場所とリズムに気を向けることができて，気が散るような考えを無視することができました。今からやる練習も同じように行ってほしいのです。それには，受身で受容性がある態度を保つことです。そこでもし重さを感じられたら，すばらしいことです。でも，重くならなくても気にしなくていいです。無理をすることはありません。ただ自然になるようにしてください。そして，もし変な感覚があって気分が悪くなったり，この練習が嫌になったら，目を開けてしまえば大丈夫です。そこで中止して，話し合うことにしましょう。だけど，私の経験からすると，ほとんどのスポーツ選手はこの自律訓練法を気に入り，とてもリラックスできるようになります。このトレーニングを通して，あなたが到達できる深いレベルのリラクセーションによって，あなたはレース前の心の乱れや気が散ることをもっとコントロールできるようになると思います。自律訓練法を習うことによって，あなたがすでに習った呼吸法もさらに効果的になるかもしれません。どうでしょうか？
　　A：いいですね。準備できましたよ。

　これからクライアントが自律訓練法の中で経験するかもしれないことを話し合うことで（先行指導），受身でいて受容性がある態度を暗示し，また注意事項を与えることによっても，スポーツ心理学者は催眠前の暗示をしているのです。ここでは選手ができるだけいい経験ができるよう準備させることが目標です。

　　SP：マットの上で横になるのは快適ですか？
　　A：もちろんです！（アンバーは立ち上がり，前に習ったような楽な体勢で仰向けになり，目を閉じました）
　　SP：いいですよ。肩を上げて，首の筋肉をリラックスさせるために首を回してもいいですよ。じゃあ，何回か深い腹式呼吸を始めましょう…はい，吸って 1, 2, …吐いて 1, 2, 3, 4, （何回も繰り返し）。いっぱい吸って，全部吐いて。呼吸をしながら，自分がどんどん落ち着いてきて，どんどんリラックスしていくことに気付きます。続けて呼吸して，いっぱい吸って，そして全部吐いて。だんだんリラックスしていくにつれて，私の声が聞こえてくると思います。（間）あなたの頭と体は密接につながっています。ですから，私があなたに何か暗示したときにその暗示を自分で繰り返し言ってもいいし，ただ考えるだけでもいいです。そうすると体が勝手に反応します。さっき話し合ったように，なすがままにしてください。練習をするとだんだん上手になりますよ。あなたの右手に

注意してください．右手が重たくなります．右手が楽に，重くなってきます．自分に言ってみてください．右手が重い…（7-10回繰り返します）．アンバー，右手がどんどん重くなって，マットの中に沈んでいくみたいです…どんどん重たくなります…とても重たくて，気持ちよくマットの中に沈んでいきます．（沈黙）それじゃぁ，次は右手から左手に注意を動かしてください．左手が少し重くなってきました…．

　この指示は体全体に続けられ，左手，足，腰，胴体，頭へと続きます．スポーツ心理学者は落ち着いた，気持ちを鎮めるような声を保ち，アンバーにリズムよく腹部から呼吸することを定期的に思い出させます．

SP：それではここで，あなたがいつでも，したいときには腹式呼吸をするだけで今のようなリラックスした状態に戻れることを暗示します．これをすることによって，あなたはそのときにするべきことに注意を集中することができます．それはレースの準備のときでも，コーチの説明を聞くときでも，テストを受けるとき，寝るときでも使えます．それによって，いまやるべきことに対して，あなたは常に自分の潜在能力を発揮できます．（間）私はしばらく静かにして，あなたがこのリラックス状態を体験できるようにします．数分してから，また話しかけます．

A：（静かに横になり，ゆっくりと深く呼吸をしています）

SP：（約3分後）はい，あなたはいつでも望むときに，深く腹式呼吸をするだけで，今のような深いリラックス状態に戻れることをもう1回暗示します．ではこれから，一緒にゆっくりとプロセスを逆に行い，だんだん目がさめて，今日の1日を，きびきびとリフレッシュして，平静な気持ちで過ごせるようにしましょう．もうすぐ，私が1から5まで数え始めます．数えているうちに，あなたは体にどんどんとエネルギーがわいてくるのを感じ，きびきびとしてきます．1…，1回空気を吸い込むごとにどんどん目がさめてきます…どんどん生き生きと，きびきびと…いいですね．2…，続けて呼吸を少しずつ早めて，エネルギーがどんどんわいてくるのを感じてください．3…，吸って，吐いて，もう半分ですよ，もっときびきびとします．4…，あなたは目を開けようとしています，リフレッシュした感じで，どんなことでもやれそうです．5…，あなたは完全にリフレッシュした気持ちです…力がみなぎって，でもリラックスして，いい気持ちです．目を開けてみてください．（間）いいですね．（間）どうでしたか？

A：とてもリラックスしています．本当に重たく，暖かく感じました．（間）もっと長く，あの状態でいられたらいいのにな．

SP：どんな体験だったか，もっと教えてください．

A：（沈黙）すごかったというか，リラックスしていました．

SP：体のどこかで変な気持ちはありませんでしたか？

A ：いえ，それはありませんでしたが，何回か先生がいるのがわからなくなってしまいました。声は聞こえて，そこにいるのはわかっているんだけど，なんだか遠くにいるようで，言っていることに気がつかなかったです…。先生がただそこにいる感じでした。
SP：声が聞こえているのだけど，私がしゃべっている内容が聞こえなかった感じですか？
A ：そう，何回かそんな感じでしたね。変でしょう？
SP：実は，それはあなたが深いリラクセーション状態に入れたいいサインですよ。きっと，いい催眠状態に突入できたのでしょう。これからこのテクニックを使うためにはすごくいいサインです。それで，体のどの部分が重たくなりましたか？
A ：そうですね，足がとても重たくなったことに気がつきました，腕よりもずっと。今考えたらおかしいんですけど，腕のときはむりやり重たくさせようとしていました。それで，先生が言っていた受身の態度を思い出して，呼吸することと，先生が言っている言葉に集中しました。
SP：それじゃあ，足の場合は自然にすることができたんですね。そうすると重たくなったんですね。
A ：そうです。そんな感じかな。
SP：それはすごい！ 体の他の部分は？
A ：頭が重たくなることを話しているときに，首と肩がとてもリラックスしました。
SP：そうですか，いいですね。（間）私たちのペースはよかったと思いますか？ もっと早く，それとももっとゆっくりした方がよかったかな？
A ：うーん…ペースはいいと思ったけど，もう少し長くリラックスしたかったです。先生が１回黙って，また戻ってきたときに，私はもう少し続けてリラックスして横になっていたかったけど，わりとすぐに起こされた感じです。
SP：そうですか，今度のために覚えておきます。それと，今日持ち帰ってもらうテープも，もう少し長くリラックスしたかったら途中で止めてください。眠るためにテープを使う場合ももちろん，途中で止めたほうがいいな。アンバー，このセッションは非常に成功したと思います。あなたのリラクセーションレベルは深くなり，それによって，少し腹式呼吸をするだけで，すぐにリラックスできるようになった。また，リラクセーションをするときに，受身で受容性のある態度を保つ大切さを経験しました。そして私はあなたのことをもっと知ることができ，これからのセッションをあなたのニーズにあわせて組み立てることができます。今日は本当によく頑張ったと思います。今日から２週間ほどは，あなたの目標は自律訓練法を自分の生活の一部にしてしまうことです。練習をすればするほど，リラックスする能力は進歩しますよ。何か考えや質問はありますか？（間）

A ：いえ，思い当たりません。
SP ：そうですか，よし，じゃあ，まとめてみましょう。今回のセッションの目的は，あなたが深いリラクセーションを体験することでした。腹式呼吸のときのように，テープを持ち帰ってもらいます。この前のテープと比べて少し長くて，20分ぐらいあります。この深いリラクセーションを1日に1回，週に5回練習してほしいんです。テープの最後の2，3分はあなたをリフレッシュさせ，エネルギーがわいてくるように作られています。さっきも言いましたが，もし寝る前にこのテープを聞いているのなら，そのエネルギーがわいてくる部分の直前にテープを止めてください。それ以外のときはテープ全体を聞いてください。寝る前に聞いてもいいですが，昼間も聞いて，エネルギーがわいてくる練習もしてほしいところです。このテープは20分間のパワー睡眠みたいなもので，深いリラクセーションの状態を体験して残りの1日をリフレッシュし，充電した感じで迎えることができます。呼吸法のテープみたいに，これはあなたが自分自身でリラックスできることが目的です。言い換えれば，自律訓練法を自分で練習するのです。そして，これから1ヶ月間ほどで，テープなしでも自分でリラックスできるようにしていきたいと思います。質問はありますか？
A ：ないですけど，ああ，呼吸法のテープも続けて聞いた方がいいんですか？
SP ：あなたはどう思いますか？
A ：そうですね，それも役に立つと思いますけれど。
SP ：じゃあ，やってごらん。これからはテープなしでも呼吸法が練習できるようにしてほしいけど，今週は1日に1回，両方のテープを聞いてみてはどうですか？
A ：はい，わかりました！
SP ：それでは，また来週ね。

　アンバーは自律訓練法をよく学び，すぐに他の自律訓練の段階をクリアしました（温感，脈拍調整，呼吸，腹部温感，額部涼感など）。アンバーが深いリラクセーションに熟達していくにつれ，呼吸法を使って試合やテストのストレスを効果的に対処するようになりました。アンバーがリラクセーションを習うにつれ，スポーツ心理学者に対してもリラックスできるようになり，月日がたつにつれてセッションの内容は家族やボーイフレンド，そしてアンバー自身が自分をどう認識しているかについての領域に進みました。

　リラクセーションそのものはさまざまなスポーツ心理学サービスの一種類ですが，緊張した筋肉をリラックスさせ，リラックスして（自分が持っている）非合理な思考を表に出させ，自分を守ろうとする心の壁をリラックスさせ，コンサルタントと安心して話すようにさせます。比較的簡単にできるリラクセー

ションもあれば（筋肉のリラックス），しばしば非常に難しいものとなるリラクセーションもあります（心の壁のリラックス）。

## 結論

　パフォーマンスを高めるための自己制御能力の改善法として，スポーツ心理学の実践者とクライアントが選べるテクニックはたくさんあります。この章は潜在的なパフォーマンスを最大限に発揮するために不安感，ストレス，緊張を減らす手段として，リラクセーションに焦点を当てました。リラクセーショントレーニングをデザインし導入するプロセスの中で，アスリートとスポーツ心理学の実践者との協調関係の発達が，個人の成長と発達に効果を上げるための土台となります。それに加えて，次のことに注意した方がいいでしょう。

- 誰かにリラックスをしなさいというのは簡単だけれど，誰かにリラクセーション方法を教えるのは簡単ではありません。リラクセーションを効果的に教えるには，しっかりとしたカウンセリングと教育の能力が必要なうえに，ある程度の発声練習も必要です。
- 選択されたリラクセーション法は，明らかになっている現在のアスリートの主要な状態にマッチしなければなりません。
- アスリートの自己制御能力は（もしすでに発達しているのなら），リラクセーショントレーニング介入のスタートポイントとして使えます。
- リラクセーショントレーニングは，自己成長と競技力向上のためにいろいろな場面でのスポーツ心理学の介入の一部として使うことができます。（クライアントの行動を変える手段だけに使わなくてもよいのです）

　アンバーのケースは，どちらかと言えば一般的なものでした。競技力向上は今回のサービス提供においての最初の目標でしたが，アンバーがいろいろな意味においてリラックスする方法を習うにつれ，スポーツ心理学者に対して安心感が生まれ，セッションは彼女の内面の問題や，他人との関わりの問題をも取り扱うようになりました。

　リラクセーションはいろいろな形で行え，その熟練者を見ると簡単そうに見えます。しかしリラクセーションを教えるための能力はいくつもあり，複雑です。この章を通じてリラクセーションの領域をかいま見ることにより，多少なりとも学生やトレーナーに，これにまつわる複雑さをわかってもらえることを

願っています。これらのリラクセーションを自分で使ったことがある実践家なら誰でも知っているように、これらのテクニックは強力なものです。「リラクセーションはスキルだから、練習が必要だ」と私たちはアスリートに言いますし、リラクセーションを教えている学生たちにも同じことを言います。最後に、リラクセーションをすることはそう簡単ではないということをあらためて強調しておき、本章を終わります。

◉第Ⅱ部
応用スポーツ心理学の原則

# 第5章　セルフトークを聴く　セルフコンセプトに耳をすませる

(*LISTENING TO SELF-TALK, HEARING SELF-CONCEPT*)

■ Clark Perry, Jr.
(Australian Institute of Sport)
■ Herbert W. Marsh
(University of Western Sydney)

　スポーツ心理学や健康，教育，それに臨床心理学，社会心理学などのさまざまな分野において，ポジティブなセルフコンセプトを身に付けることは望ましいことであると考えられています。それは，セルフコンセプトがしばしばより多くの身体運動，運動の習慣化，または健康に関連した体力などで，望ましい結果の達成を容易にする媒介変数として強く位置付けられているからに他なりません。
　ウィリアム・ジェームズ（1963～1890）は，セルフコンセプトの理論を展開した心理学の第一人者として一般的に認識されています。彼は，自己に関して特定の重要性を持つ4つの概念構成を展開しました。それは次のものです。(a) I（知る者としての自己，行動をする代理人）と Me（知られる者としての自己，経験の内容）の区別。(b)広範囲で階層的なセルフコンセプトの性質。「肉

体的自己を底面に，精神的自己を頂上に，そして肉体の範囲外の物質的自己と多様な社会的自己をその中位層にともなう」(p.313) (c)個人が周囲から受ける認識による，社会的自己。もしくは，仮説的により高位の権威，将来の世代，または神からの評価を象徴する，一般化された（あるいは潜在的な）社会的自己。(d)主張の成功率や，主観的な重要性としての自尊感情の定義。したがって人は，「自身の救済を賭けるに足る，もっとも強固で，もっとも正しく，もっとも深奥にある自己」(p.310) を注意深く選択せねばならない。

　ジェームズはセルフコンセプトの理論において，後に続く発展が多く見られるだろうことを予期していました。彼の社会的自己のコンセプトは，特定かつ一般化された他からの評価の重要性を強調しており，それはクーリー（1902）とミード（1925, 1934）といった象徴的な相互作用説提唱者たちの興味の中心をなすものでした。知る者としての自己と知られる者としての自己の区別は，ほぼ全てのセルフコンセプトの報告において見られ，それはセルフコンセプトの研究において今日もっともポピュラーになっている，力動的（過程）で構造的（特性）な適応の例とほぼ相応してくるのです（Bracken, 1992, 1996； Damon & Hart, 1988；Harter, 1985, 1990；Hattie, 1992；Marsh, 1986, 1987 a, 1993；Marsh & Hattie, 1996；Oosterwegel & Oppenheimer, 1993； Shavelson & Marsh, 1986)。

　ジェームズの，達成感と熱意の作用に基づく自尊感情の定義と，実際に目標を達成するために努力することの主観的な重要性は，セルフコンセプトの理論の発展において他の研究をうながす価値を持つことを証明しました。加えて，本章の主な焦点ともなる彼の理論は，広範囲にわたるセルフコンセプトの階層モデルの基礎をも構築しました（Marsh & Shavelson, 1985)。

　一個人の全体的な自己評価で最上のものとは，特定の分野において適切に重視された自己評価である，とジェームズは続けて提言しました。一個人は全体的存在ではありえず，おのおのが賢明に自身を評価するのです。それゆえ，「私は長年，心理学者であることに自分の全てを捧げてきたんだ。もし自分よりずっと心理学に精通した者の存在を知れば，やきもきする。しかしふだんの自分は，無知無学の最低の状態にいても気にならない」(1963/1980, p.310) のです。客観的な成果は，内的なフレーム（枠組）との関係において価値付けられます。それによって「私たちはパラドックスを抱えている。世界で二番手のボクサーやこぎ手にしかなれないことを死ぬほど恥じる一方で，誰もが打ち

負かせるしょうもない奴となり，ずっと以前に"第一線を保つ"ことを放棄したことをそれほど苦にすることはないのである」(p.310)。これらの二つの概念を統合して，ジェームズは，私たちが持つ自己の意識というものは「自分たち自身の存在と行動を何に裏付けるかに，完全によっている」と結論付けたのです (p.310)。明らかにそのボクサーのプロとしての適性は，自身の自尊感情に対してネガティブに作用します。なぜなら，彼は世界一になるという非常に高く未達成の理想を掲げていて，またそのことをとても意味あるものだと見なしているからです。重要でないと見なしている分野においては，未達成の理想は自尊感情に影響を及ぼしません。

カール・ロジャース (1951, 1977) はさらに深く自己のモデルについて探求しました。そしてそのモデルは，彼のクライアント中心療法にも反映されています。ロジャースはパーソナリティに関する理論の中心に，自己を置きました。自己は概念，認知，価値観の総体からなり，それは"I"や"me"が，"私は何者か"や"私は何ができるか"についての気付きを含んでいます。そしてこの知覚された自己は，人間が世界を認識することと，その者自身の行動の両方に影響します。ロジャースによれば，人の自己認識が自分の経験や感情にそぐわない際は，不安や不一致が生じるといいます。これは，もし自分自身をどのようにみなすかが，人生における自分の経験，もしくは自分の感情や感覚と認識的にそぐわないならば，それは悩みの原因になりやすいということです。

ロジャースは最後に理想の自己というものを仮定し，それは人がそうありたいと思うであろう類の人格であるとしました。理想の自己が現実の自己に近いほど，人はより調和と安定のとれた状態にあることが多くなります。反対に，現実の自己が理想の自己の質に達せず，また理想の自己からもっぱら他者との比較や他者から評価される場合は，個人の行動や感情に困難が生じるかもしれません。よって，二つのタイプの不一致が起こり得ると言えます。一つは自己と現実の経験の間に生じるもの，もう一つは，自己と理想の自己の間に生じるものです。ロジャース (1950) は，セルフコンセプトを「意識を認容する自己の物の見方の整理されたもの」だと定義しています (p.78)。セルフコンセプトは，そう考えると，自分について抱くイメージでもあります。また自尊感情というものは，そのイメージに対しての価値や感情であると考えられます。明らかに不可分のこれら二つの概念の性質のため，この概念は，残念なことには文献においてはごちゃまぜに使用されてきました。しかし私たちは，このセル

フコンセプトと自尊感情の違いを認識しておく必要があるでしょう。

## シャイヴェルソンのモデル

　この章は，多くがあまり応用スポーツ心理学の場面でよく語られることのないモデル（測定）に多くのページを割いている点で，本書の他の章とは少し異なっています。私たちは，ここでのこの議論が有益かつ，ケーススタディで表されるように，アスリートとともに働くということを理解するのに，確固とした土台を提供すると思っています。

　ジェームズやロジャースによって華々しく始められたにも関わらず，セルフコンセプトの理論や研究そしてその測定は，あまりスムーズに発展しませんでした。それは，1900年代中ごろは，行動主義が台頭していたためです。しかしながら，過去25年間の間に，セルフコンセプトの研究は確実に復活してきています。この復活は，シャイヴェルソン，ヒュブナー，スタントンら（1976）による文献の厳しい再検討によるでしょう。彼らは不充分なセルフコンセプトの概念構成の定義や測定にふさわしい装置がほとんどないこと，対立した解釈の厳格な検査のなさなどのセルフコンセプト研究における極めて重要な欠陥に気付いたのです。彼らは，実際に役立つ定義を構成するために，セルフコンセプトにおけるさまざまなモデルの特徴を統合することを試みました。そしてそれは，実験で証明されるエビデンスを統合するようになりました。

　彼らの定義によると，セルフコンセプトは人の自己知覚で，それはその人の環境での経験，環境への解釈を通して構成されています。これらの知覚はとりわけ，大事な人からの評価や再強化，それに，人々の自分の行動に対する説明に影響されます（例：人々の行動の帰属，もしくは理由）。シャイヴェルソン他によると，セルフコンセプトは一人の人の中に実存するものではありませんが，人がどのように行動するか，またはしようとするかを説明したり予期することに潜在的に役立つ仮説的な構成概念と言えます。人の自己認知覚その人の行動の仕方に影響し，そしてそれらの行動はその人の自己知覚に影響します。この見方に沿って，シャンヴェルソンらは，セルフコンセプトはその結果，および他の結果を説明する媒介変数のどちらとしても重要であるとします。たとえば，彼らは人の自己知覚に基づくセルフコンセプトと，他者からの影響に基づくセルフコンセプトについても区別し，とりわけ前者に焦点を当てるとしま

した。シャイヴェルソンらは，自分たちのセルフコンセプトの構成概念を定義するのに重要なものとして以下の七つの特徴を打ち出しました。

1. それは人々が自分たちに関して持っている莫大な量の情報を分類し，それらの分類を互いに関係付けるという点において組織あるいは構成されている。

2. それは多面的であり，ある一面は，個人あるいはグループによる，または，個人とグループに共有された，自己に関する分類システムを反映している。

3. それは階層的で，階層の底位ではある状況での個人的なふるまいの知覚を伴い，階層の中位ではより広い領域（例：社会，身体，学問）における自己についての，そして高位では包括的で一般的なセルフコンセプトについての類推を伴う。

4. 一般的なセルフコンセプトは，階層の頂上で安定している。しかし，階層が下るにつれ，セルフコンセプトはより個別の状況が増すようになり，結果として安定性が薄れる。おのおのの位相のセルフコンセプトの間には相互関係があり，その点で階層の底位にある自己知覚が，より高い位相で概念化されることによって弱められるかもしれないし，一般的なセルフコンセプトにおける変化では，多くの特定状況の例の中で変化することを要求するかもしれない。

5. セルフコンセプトは，人が子供から大人へと成長するにつれ，より多方面なものとなる。

6. セルフコンセプトは，人々が自身を描写したり（「私は幸せだ」），評価する（「私は数学が得意である」）ように，記述的側面，評価的側面が共にある。評価は，たとえば次のようなことに対してなされ得る。すなわち，ある絶対的な理想（例：1マイル4分走），個人的で内的な基準（例：自己ベスト），仲間内における比較に基づく相対的な基準，あるいは他の重要な者からの期待…など。この階層的・多面的なセルフコンセプトのさまざまな側面に対して，人々はそれぞれ異なる価値（あるいはより重きを，あるいはより軽い）を見いだすだろう。

7. セルフコンセプトは，他の構成概念から区別されることができる。したがってたとえば，学問的，身体的セルフコンセプトは他の領域の学問的成果や身体運動といったものからそれぞれ切り離すことができる。

シャイヴェルソンらはまた，この階層的モデルの一つの考えうる説明を打ち出しました。それは，わかりやすい一般的な頂点の階層にあり，それは次の階層では学問的なものとそうでないセルフコンセプトへと分けられるというものです。学問的なセルフコンセプトはさらに，特定の科目領域におけるセルフコンセプトに分けられます（例：数学と英語など）。学問的でないセルフコンセプトは三つの領域に分けられます。まず社会的セルフコンセプト。それは仲間との関係と，大事な他者との関係に下位分類されます。次に感情的セルフコンセプト。そして身体的セルフコンセプト。これは身体能力と身体的外見に下位分類されます。

　当時シャイヴェルソンらが最初にこれらのモデルを構築したとき（1976），彼らは仮定された領域において，本当にわずかな協力しか受けることができず，彼らの考えの中にあったどの手段も，学問的，社会的，そして身体的といった広い領域でさえそれらを区別することはできませんでした。シャイヴェルソンのモデルは，新しい理論，観測可能な手段や調査を発展させるための基礎を作ったのです。このモデルを使い，人生を通したセルフコンセプトの発展的変化に立ち向かいながら，SDQ（自己描写質問テスト；Marsh & O'Neil, 1984；Marsh, 1990 a）が思春期直前の小学校生徒のために，SDQ Ⅱが思春期直前の高校生徒に，そして思春期後半のハイティーンにSDQ Ⅲといった手段がデザインされました。これらの一連のSDQ調査（Boyle, 1994；Byrne, 1984, 1986；Hattie, 1992；Marsh, 1990 b, 1993；Marsh & Shavelson, 1985；Wylie, 1989）の検討は，セルフコンセプトの多面的構造を支持し，その多次元性を無視してはセルフコンセプトは充分に理解され得ないことを示しました。つまりこれは，人々が異なる領域において，さまざまなセルフコンセプトを持つことがあるということを意味しているのです。

## 矛盾の理論：現実と理想のボディイメージ

　先に述べたようにジェームズ（1890/1963）は，「私たちはパラドックスを抱えている。世界で二番手のボクサーやこぎ手にしかなれないことを死ぬほど恥じる一方で，」と強調し，客観的な成果は内的フレームの関係において評価されると，彼に結論づけさせるに至ったのです。ジェームズに続いて矛盾理論はセルフコンセプトを自己知覚された実際の成果と理想の基準との違いの働きと

して位置付けています。それによって,
- 似たような成果は,理想の基準次第で異なる自己評価を導き,そして
- 現実的でない理想は,たとえ成果がいいものだったとしても不充分なセルフコンセプトを導く

現実と理想のボディイメージを研究したマーシュとロシェの調査（1996）は,この矛盾理論を支えています。その調査は,低いセルフコンセプトは,人のボディイメージとの関係において,実際の不充分な自己知覚や現実的でない理想基準を反映しているかもしれないことを明らかにしました。これは,人のボディイメージにおいてセルフコンセプトは必ずしも不充分で現実的な自己知覚によらずとも,非現実的な高い理想によってネガティブな影響を受けるということです。たとえば,ボディイメージのゆがみを抱えた選手をサポートするときには,スポーツ心理学者はその選手の理想と現実の評価両方を分析しなければならないということになります。

## 枠組効果の影響

人々はふつう,自分たちの成果を何らかの基準や枠組の関係で評価しています。したがって,たとえば,たとえ何人かのアスリートが同じような業績をあげたとしても,もし彼らが異なる枠組を持っていれば,彼らのスポーツのセルフコンセプトは変わることになります。以下は,仮説モデルと実験による二つの異なる枠組効果への論理モデルと経験的サポートの記述です。

内的・外的な枠組（I/E）モデルにおいて,マーシュ（1986）らは,心理的,社会的文脈の研究にさまざまな領域における人々の能力レベルの比較を取り込むために展開しました。big-fish-little-pond 効果（BFLPE）においてマーシュ（1987 b）は,セルフコンセプトは自身の能力レベルに加えて,直接的なつながりでの他者の能力レベルに影響を受けると主張しました。

† 内的・外的な枠組（I/E）モデル

この研究の歴史的,理論的な土台（Marsh, 1984 a, 1990 a, 1991, 1993；Marsh & Parker, 1984）は,心理的判断（例：Helson, 1964；Marsh, 1974；Parducci, 1995), 社会的判断（例：Morse & Gergen, 1970；Sherif & Sherif, 1969；Upshaw, 1969), 社会学（Alwin & Otto, 1977；Hyman, 1942；Meyer, 1970), 社会比較理論（例：Festinger, 1954；Suls, 1977), そして相対的剝奪

の理論（Davis, 1966；Stouffer 他, 1949）に由来します。I/Eモデル（Marsh, 1986；1994；Marsh, Byrne, & Shavelson, 1988）は，言語によるセルフコンセプトと数学によるものとが，なぜこれほど別個のものであるかを説明するために構築されました。言語的，そして数学的成果は，高い割合で相関関係を示しています（.50から.80の相関関係）。何か一つの分野に優れた人は，他の分野でもそうであることが多いということです。言語や数学のセルフコンセプトは，しかしながら，ほとんど相関性がありません。人は自分を"理系の"人，あるいは"文系の"人だと思い込みます。I/Eモデルによれば，セルフコンセプトは外的・内的両方のフレームや比較との関係によって形成されるのです。

- 外的な比較：この社会的な比較の過程によれば，生徒は自分たちの数学や読解における能力の自己知覚を自分たちの枠組の中で，他の人の能力と比較しています（例：自分のクラスや学年にいる生徒）。彼らは，これらの外的で相関的な印象をおのおのの領域において自分のセルフコンセプトの土台とします。
- 内的な比較：この個人の内での比較の過程によれば，人々は自分の数学の能力の自己知覚を自分の英語能力の自己知覚と比較し，これらの内的で相関的な印象をそれぞれの領域のセルフコンセプトの二番目の土台としています。

外的な比較の過程は，文系と理系のセルフコンセプトの間に正の相関を導くでしょう（なぜなら，その成果は本質的に相関性を持つものだからです）。内的な比較の過程は，文系と理系のセルフコンセプトの間に負の相関を導くはずです（なぜなら，どちらかの領域におけるより高位のセルフコンセプトをもたらすのは，文系と理系におけるスキルの差であるからです）。この二つの過程をつなぐ作業は，これらの過程の相関の強さ次第ですが，実験調査で観察されたほぼゼロに等しい文系と理系のセルフコンセプトの相関へと至ることでしょう。

このモデルをスポーツの話で説明してみましょう。二人のアスリートを考えてください：まずは週末の運動の愛好家（ハンディキャップ10）で，彼女は一番ゴルフがうまい。次に，よいゴルファーでもあるプロテニスプレーヤー（ハンディキャップ2）。彼らがどれくらいゴルフがうまいか尋ねられたなら，プロテニスプレーヤーが「まずまずうまいです」と答えるのは妥当なことでし

ょう（なぜなら，彼女はテニスの方がゴルフよりもずっと上手だからです）。一方で，週末の運動愛好家は「とてもうまい」と答えるかもしれません（なぜなら，ゴルフは彼女の中で一番上手なスポーツであるからです）。客観的に見て，プロテニスプレーヤーの方がより優れたゴルファーですが，もしゴルフとテニスのスケールでセルフコンセプトを成すように言われたならば，週末の運動愛好家はプロの選手と同じくらいか，あるいはさらに高いゴルフのセルフコンセプトを抱くかもしれないのです。

† Big-Fish-Little-Pond 効果（BFLPE）

　マーシュ（1984 a, 1984 b；Marsh & Parker, 1984）は枠組効果を要約し，big-fish-little-pond 効果（BFLPE）と呼ぶ枠組モデルを提唱しました。このモデルにおいて彼は，人々は自分たちの能力を仲間の能力と比較し，この社会的な比較の印象を自分のセルフコンセプトの形成の土台の一つとして利用していると仮定しました。この効果（BFLPE）は，同程度の能力を持った人たちの中で彼らがより高い能力を持った人々と比較した際には低いセルフコンセプトを抱き，より低い能力を持った人々と比較する際にはより高いセルフコンセプトを持つときに起きるのです。たとえば，平均的な能力を持ったアスリートがとても優れたチームのメンバーだったとき，彼のスポーツ能力はチームの他の選手の平均能力よりも低いでしょう。そして，この相違は彼のスポーツのセルフコンセプトがそのチームの他の選手たちの平均以下になることにつながるでしょう。反対に，この選手がそこまでうまくないチームのメンバーだったときは，彼の能力は他の選手の平均能力を上回り，平均以上のスポーツのセルフコンセプトへとつながるのです。同様に，平均以下や平均以上のアスリートのスポーツのセルフコンセプトは，彼らのスポーツ能力にもよりますが，同時に彼らが戦う相手チームやリーグのタイプによっても変化するのです。BFLPEモデルによれば，スポーツのセルフコンセプトは，個人の成果と正の相関関係にあります（うまい選手は高いスポーツセルフコンセプトを持つ）が，チームの平均成果とは負の相関を持つのです（より高い平均能力を持つチームにいると，同じ選手でも低いセルフコンセプトを示す）。

　BFLPE は，エリートチーム，キャンプ，宿泊トレーニングに選ばれた選手にも影響するかもしれません。自分のスポーツ人生の早くから，地元や出身地でトップ選手だと評価された，能力のある選手を想像してください。この選手は今や才能があると評価され，国の中でもエリートたちへのプログラムに参加

することになりました。彼はその中では平均，もしくはレベルの低い方の選手です。結果として，このことは彼のスポーツのセルフコンセプトに有害な影響をもたらす恐れがあります。なぜならば，彼は小さな池の中の大きな魚（その中ではトップ）ではなく，周りにはより大きな魚さえたくさんいる大きな池へと放たれたからです。この BFLPE は，選手に他の選手と比べることで評価を低くしてしまい，このように，より競争的な状態では，ますますその傾向が高くなる可能性があります。マーシュとパート (1988) の調査では，フィードバックが競争でなく，協調に重点が置かれた場合，BELPE は軽減されるだろうとしています。自己内部により強調が置かれると，個人の向上が成功の尺度となります（選手自身の問題）。相互競争に重点が置かれると，そうではなくなるのです（選手同士の問題）。

† BFLPE の対比と同化（栄光欲）効果

　枠組効果に関する議論をここで終わらせることは，まだできません。なぜならば，人は BFLPE を同化効果によって解決できるように見えるからです。つまり"栄光欲"です。たとえば，進学校の生徒が自分の成果をクラスメートのそれと比較したとすると，彼らの学問のセルフコンセプトは低くなるでしょう。負の BFLPE，または対比効果です（例：他にも私より勉強ができる人がいっぱいいるので，私は自分が思っているよりも勉強ができないのだろう）。あるいは，感動，同一化，自己知覚，そしてセルフコンセプトは，栄光欲や質のよい他のグループメンバーを通して，ポジティブに評価されたグループの一員から高められることができ，結果的に正の BFLPE が生まれるかもしれません。選ばれた人々や高く評価された社会組織と単に交流するだけで，勝利や成果をあげた他者の恩恵にひたることを人々が楽しんでいることは，広く明らかなのです (Cialdini & Richardson, 1980；Snyder, Lassegard, & Ford, 1986；Tesser, 1988)。この仮説上の考えに部分的に基づいて，マーシュ (1984 a, 1993〔Felson, 1984；Felson & Reed, 1986；Firebaugh, 1980〕) は，進学校の生徒はより選ばれた教育プログラムに参加する美徳――同化，栄光欲，自己知覚，ラベリング効果（例：もし私がこのような頭のいい生徒たちがいるレベルの高い学校にいられるのだとしたら，私はとても頭がいいに違いない）――によって，より高い学問的なセルフコンセプトを持つことになるかもしれないと主張したのです。栄光欲効果は，その選抜に高い価値があり，その過程がとてもわかりやすく，重要な影響を持てば持つほど特に生じやすくなります。

人々がストレスに対処する際，彼らは自分の気持ちを相対的によくし，自尊心を守ってくれる，自分より下位の比較対象を選ぶ（Lazarus & Folkman, 1984 ; Wills, 1981）か，もしくは自己確認，野望の達成，所属，そして役に立つ情報やうまく対処する戦略を得ることのできる，上位の比較対象を選ぶ（Buunk & Ybema, 1997 ; Taylor & Lobel, 1989）かのいずれかであるということを示す，注目すべき社会比較調査（Buunk & Ybema, 1997）があります。したがって人々は，評価対象との同一化を促進する上位の比較を好むが，自分たちの劣った特質をより優れている評価対象と比べることを強制される際には，それを好まないのです。下位への比較は，自分の特質を自分より劣っている人たちと比べる手助けをする際に好まれますが，人が自分より能力が低い比較対象を同一視し，自己認識（または人にどう見られているかを認識する）する際には好まれないでしょう。

　ディーナーと藤田（1997）は，人々がさまざまな目標を最大化するために意識的に比較対象を選択し構成するための充分な自由がある，より柔軟性のある状況に相対するものとして，学校の状況における社会的な比較を「負わされた状況」または「強制的な状況」である，と言及しました。彼らは，この強制的な比較状況の社会的比較理論には限られた支持しか得られていないものの，学校は強制的な比較の「完全な環境」（枠組が判断に影響しているということが即時的な状況に限られている状況）にとても近い点を強調しました。学校というものは，とても多くの内在した制限と達成レベルの社会的な比較を自然に強調する点では，完全な環境と言えるでしょう。同様に，教育心理学者たち（Convington, 1992 ; Marsh, 1990 a ; 1993 l Marshall & Weinstein, 1984 ; Goethals & Darley, 1987）は，学校というところは照合するポイントが成果という点で突出していることを強調し，結果の尺度が学問的セルフコンセプトであるときは特にそうだとしています。

　平衡している負の社会の比較効果や，正の栄光欲効果の両方がセルフコンセプトに影響しており，典型的に見られる BFLPE は，実はネットでの効果なのです（Marsh, 1984 a, 1993）。社会比較対比効果が影を投げかけたとしても，同化効果は作用するかもしれません。マクファーランドやビューラー（1995）は，共産主義の国々から来た生徒は，個人主義の国の生徒たちと比べると，BFLPE の経験が驚くほど少ないことを発見しました。また彼らは，グループのメンバーのことを尊重する個人が，うまくやったときの自分の個人的なパフ

ォーマンス，または失敗したときの自分のグループのパフォーマンスに重点を置くことができ，したがって自分のセルフコンセプトを守ることができるという非対称性についても述べました。これらの発見に基づき，彼らは BFLPE の修正版を打ち出したのです。「みな，小さな池の魚になることに対してよく思うものの，全ての人々が大きな池に放たれることを嫌に感じるわけでもない」(p.1068)

## セルフコンセプトの測定

シャイヴェルソンらのモデル（1976）で提唱されたセルフコンセプトの様相は，仮説上の構造であるばかりではなく発見的で妥当なものでしたが，それらは実際の調査によって有効であると証明されたものではありませんでした。当時，シャイヴェルソンらは，彼らのモデルで仮定されたセルフコンセプトの多様な側面を測定する方法を見極めるには至らなかったのです。SDQ を生み出すにあたって，マーシュは，セルフコンセプトについての一番よい仮説上の説明を見つけるために，シャイヴェルソンらのモデルを評価しました。仮説，モデル構築，そして手段構築は複雑にからみあっており，SDQ は，強い実験上の根拠と確固とした仮説上のモデルをもととしています。SDQI（小学生用）において，八つの要素（身体的な能力，身体的な特徴，仲間，両親，読解力，数学，一般学校，一般自己）があるのに対し，SDQ III（10 代後半用）には，仲間の要素が同性のものと異性のものに細分化されており，感情の安定性，問題解決，宗教・精神性，そして正直さ・頼りがいを示すために新たな要素が設けられました。SDQ の確認の要素分析（シャイヴェルソンらのモデルを優先要素としている）は，セルフコンセプトが階層的に組織されているという推測を支えましたが，このより高い順序にある構造の特定の外観は，最初に提唱されたものよりもさらに複雑でした。これらの発見は学問の要素は一つでなく，（数学・学問の，そして言語・学問の）二つの高等順序があるという点において，マーシュとシャイヴェルソン（1985）らによるシャイヴェルソンらのモデルの改訂へと導いたのです。（図 5.1 参照）

† エリートアスリートの自己分析アンケート

歴史の観点から言うと，ほとんどのセルフコンセプトを計測する方法は，身体的なセルフコンセプトを無視してきたか，それを，フィットネス，健康，外

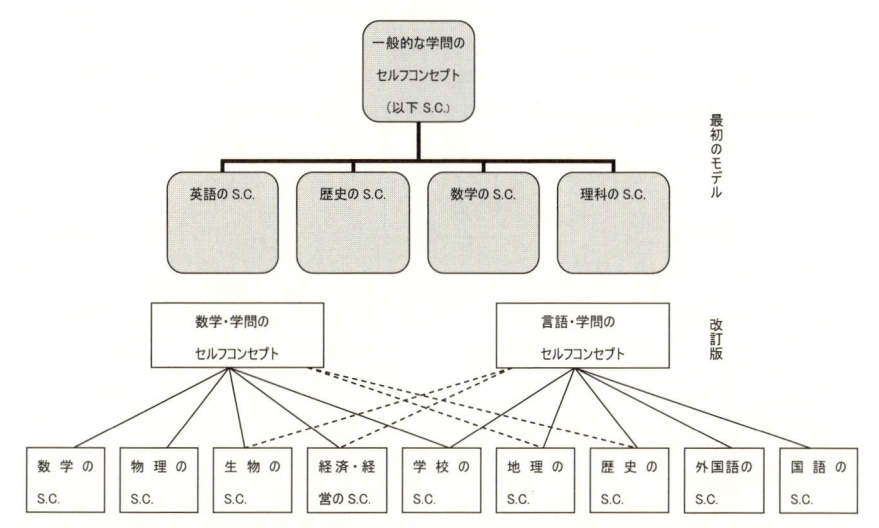

**図 5.1** （上）Shavelson と Hubner, Stanton（1976）の最初のモデルと，（下）手の込んだ Marsh と Shavelson（1985）の改訂版。これは，上のものよりも幅広い学問の側面を含んでいる。（Marsh, Byrne, & Shavelson, 1988, pp.366-380. による）

見，世話，スポーツ上の競争，ボディーイメージ，性別，そして身体的能力のような幅広い特徴に合体させている単一の次元の領域を，相対的に一つの点数として扱ってきたかのどちらかでした（Marsh ら，1995）。この要素の融合のもつれをほどくことは，身体的な自己分析アンケート（PSDQ, Marsh ら，1994 参照）の発展へとつながりました。理論上の論拠と PSDQ のデザインは，身体的な自己が階層制を持ち広範囲にわたることから，SDQ 調査へと続いていきました。現在の調査と検査の開発は，エリートアスリートに，彼らの自己分析アンケート（EASDQ ; Marsh, Hey, Roche & Perry, 1997 ; Marsh, Hey, Johnson & Perry, 1997）を導入することで，そのモデルを拡大展開しています。その成果は多種多様なグループにおけるエリートアスリートに EASDQ が適していることを示しています。しかし，EASDQ の結果を PSDQ 調査で使用されたような外的な重要性の区分や，よりエリートアスリートに特化した区分（例：競争における実際のパフォーマンス）に関係付けるよう，今後もさらに多くの調査はなされるべきです。

† 絶対的な自己評価：自己認識テスト

　セルフコンセプトに対する最近の調査のほとんどは，構造が多面的で階層的な構成概念を強調するしっかりした方法論と測定法に基盤を置いていますが，その顕在的なレベルと潜在的なレベルの理論的な相違については，ほとんど何もなされてきませんでした。一般的にセルフコンセプトの測定法は，自己報告アンケートを使用します。そしてそれは，自己の表現のゆがみに弱く，結果として自己の顕在的な測定法となっています。このようなゆがみの一つの考え得る原因として，社会的に容認された基準と，検査情報の受取人に対してあるイメージを反映させたいという思いに影響された反応である，社会的な好ましさを挙げることができます。反応バイアスに取り組むことで，グリーンウォルドとバナージ（1995）は，内省的に動かされない絶対的な自己態度において，個々の違いを評価するための，敏感で間接的な測定法を作る必要性がある，と断言しました。エイドマン（1999 a，1999 b）は自己認識テスト（SAT-2）を発達させました。それは間接的な測定方法で，リグット（1959）の自己評価の半投影的なテストをもととするセルフコンセプトを研究するために作られました。SAT-2 は，意味に関する区別を示す形式において，感情の表現の幅を示すために 10 のコンピュータによって生み出された顔を使用しています。人々は，これらの顔から一番好きなものから嫌いなものまでを順に並べるように指示されます。この過程は，次に同じ顔で繰り返されますが，彼らは，幸せ・悲しい，有能・無能，価値がある・ない，そして強い・弱いといった両極端な構成物によって，顔を並び替えるように言われます。使用される構成概念は，テストの担当者から与えられた特徴や感情のどれでもかまいません。最後に，顔は人のセルフコンセプトの関係において，一番自分に似ているものから似てないものへとランク付けされます。世界的な自己価値の評価，特定の自己知覚，そして人々を客観的に見た際の重要性の評価は，この顔の順序・ランク付けから導き出される相関性によって決定付けられるというテストです。初めの妥当性検証は，このテストが(a)あいまいに刺激になるものであり，したがって社会的好ましさのゆがみを最小限にし，(b)内的な一貫性と再分析の安定性において満足できるレベルを有し，そして(c)見込みのある妥当な特徴を持つ（Aidman, 1999 a），ということを示しました。SAT-2 における刺激の例が，図 5.2 に示されています。

　SAT-2 は，実用的なスポーツ状況において有益だということがわかってい

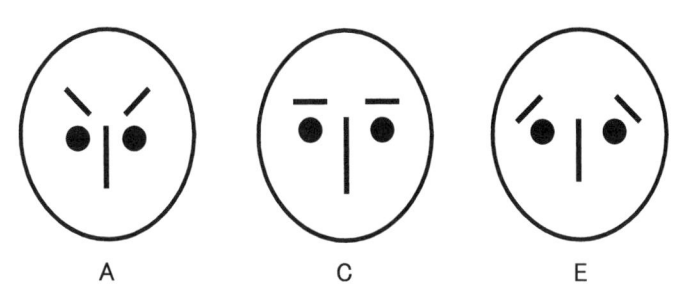

**図 5.2** 自己認識テストの刺激セットにおける図式の顔のスケッチ (Aidman, 1999 a, 1999 b)
テストを受けたほとんどの人は A と B の顔を好んだ。Courtesy InterMind Consulting の刺激セットの中で，この変更は E の顔と 7 つの他の顔に分裂する。

ます。SAT-2 の長所は，10 分という短い試験時間と，この見慣れない測定方法に選手が明らかな興味を示す点です。ペリー（1999）はこの手段を，オーストラリアの水泳チームの 1998 年の世界水泳選手権への準備に使用しました。彼はこの測定法をチームに選手が選ばれたとき，すなわち選手権の 6 ヶ月前に行いました。個々へのフィードバックは，情報の正確性を確かめ，彼ら選手のセルフコンセプトにおける長所と短所を確立するために，彼らに提供されました。この情報は選手やコーチ，心理学者にとって，競技会へ向けての準備において介入の戦略に焦点を絞る機会を与えました。SAT-2 は選手権の 2 週間前に，これらの介入戦略の効果を評価するため再び行われました。心理学者はこのテストを，セルフコンセプトの正の変化を強化し，また，比較的短い期間で訂正，対処できるように負の評価を確認するための手段として使用しました。

## ある水泳選手のセルフコンセプト

オーストラリア国立スポーツ研究所（AIS）は，10 歳から 28 歳までのエリート運動選手のための居住型訓練施設です。そこでは九つもの異なるスポーツをする 200 人の選手を有しており，発展途上にある者からオリンピックレベルの者まで幅広い選手がいます。この AIS に必須な部分として，スポーツ科学センターとスポーツ医学センターがあります。そこには心理，医学，生理学・生化学，理学療法・マッサージ，生物力学，栄養学の各部門が含まれています。センターは，コーチや選手に対応するために，多くのトレーニングに関係して

おり，専門家はスポーツを割り当てられ，サービスを供給するため他の分野の専門家たちと共力して働いているのです。

以下の例に挙げる選手は，過去18年間の間にAISの心理部門において多くの選手に見られた特徴や問題を複合させたものです。このケーススタディにおける会話のほとんどは，さまざまなスポーツにおける多くのエリートアスリートの実際の会話から来たものでもあります。このケースはいわば，あまりうまくいかなかった介入の療法・アプローチを示しています。コリーンは19歳の水泳選手で，主要な国際大会で自国を代表して来ています（世界選手権，オリンピック）。彼女はスポーツ心理学者に会いに来ました。二人は2年間断続的に彼女のパフォーマンスを向上するために関わり合ってきました。おおすじでは，コリーンは成功した水泳選手でしたが，最近彼女は自分の結果に満足していません。医学と心理テストの結果は彼女のパフォーマンスの低下の理由として，過度な練習をしているとは出ませんでした。彼女のコーチは彼女のことを完璧主義者だと言います（彼はそれを，望ましい特徴として言っています）が，それと同時に彼女はときどき，自分のパフォーマンスに対して非現実的でもあります。コリーンは自分や他人に対してどんどん批判的になってきて，彼女の言葉や行動はとても自己非難的です。彼女の自分についての話はほとんどネガティブで，自分のパフォーマンスについて話すとき，他人に対してまるで弁明しているようです（「何でこんなにへたに泳いでいるのかわからない」「自分に何が起こっているのかしら」「あなたは同じ世代の中ではわりとよく泳いでいたわ！」）。彼女はコーチが「もう彼女のネガティブさにはうんざりだ」と言ったことから，ポジティブに自分と対話する方法をいくらか身につけるために，スポーツ心理学者に会いに来たのです。

**SP＝スポーツ心理学者　CM＝コリーン**

SP：君にまた会えるのはうれしいよ，コリーン。最近どうだい？
CM：そんなに悪くないわ。ただもっとうまく泳げればいいと思っているだけなの。
SP：君の泳ぎに何が起こっているの？
CM：私はすごく練習しているし，コーチが言ったことは全てやっているし，あなたと私が取り組んできたこと全てをやっているわ。でも全く速くならないの！

「…あなたと私…」のコメントに注目してください。これは，コリーンがかなり落胆していることがわかります。そして心理学者は，その原因の一つになっているのです。彼女は満足していないし，彼女がコーチやスポーツ心理学者

に対していらだちを感じていることも考え得るでしょう。

SP：君はどうやら，上達することにそうとう落胆しているようだね。君はどうなりたいんだい？

CM：あまりよくわからないの。でもパフォーマンスは今よりも絶対によくなるはずよ！

SP：君は何が上達を阻止しているか考えられるかい？

CM：うーん，コーチは私のネガティブな態度が関係するかもしれないと考えているみたい。

SP：なぜだろう？

CM：まあ，ときおり私がとても批評的になるのは確かよ。私が一番自分に対して批評的なの。もし物事がうまくいかなかったら，私は自分のことを力いっぱいぶちのめすわ。

SP：「自分のことをぶちのめす」っていうのは，たぶんとても自分を責めるということだと思うのだけど，例を挙げてくれるかい？

CM：今日の午後はいい例よ。私たちは最大限の力を必要とするトレーニングをやっていたの。私はできる限り速く泳いだ。だけど結果はとても遅かったの！コーチは私がいらだっているのがわかっていたけど，彼は今の状況ではこのタイムは予想通りだと言っていたわ。もしかしたら彼は，私のことを過小評価しているのかもしれない。

SP：君は，自分がいらだっていることをコーチがわかっていたと思うと言いましたね。君はいらだちをどういったふうに表したの？

CM：それは，彼が結果を教えてくれたときに，私が乱暴な口を聞くからとてもわかりやすいの。私は，そういう言葉を胸にしまっておくことができないタイプの人間なのよ。それに，私がいらいらしたとき，彼はそのことをわかるべきだとも思うし。

コリーンのコメントは興味深いものです。過去の経験に照らし，心理学者はこれら完璧主義者的な傾向を彼女が持っていることに気付きました。「私がいらいらしたとき，彼はそのことをわかるべきだとも思う」というコメントは，コーチに対する完璧主義の現れだとも言えるでしょう（「彼は私のことを，私が何も言わなくてもわかってくれるべきだ」）。このコメントはある意識を反映してもいるかもしれないので，またあとで戻ってくることにします。

SP：なるほど，君が結果についていらいらしたとき感情をコントロールすることがいかに難しいかということはわかるよ。そういったとき，どんなことを思ったり言ったりするか覚えているかい？

CM：始まりはたぶん，自分よりもうまいはずのない他の選手たちが自分よりうまくなるのを見るときだわ。そのとき私の思考はただもうヒートアップしてしま

うの。何が私に起こっているの？　というのも，私はこんなに練習していて，水泳に全てをかけているのだから，正直に言って，私にはもっといい結果が出るべきなのよ！

　ここで，コリーンの当惑はより明確になってきています。彼女は，人はたくさん練習したらそれだけ結果を得るものだと思っているのです。つまり，報酬の権利を持っているということです。心理学者は多くの練習とその成果についての関係を探ることで，この信念に異議を唱えようとします。

　SP：そうだな，君のことは何年か訓練したり競争したりするのを見てきているけど，自分が見てきた選手の中でも一番の練習の虫だと思うよ。
　CM：じゃあなんでもっと勝てないのか，教えてください。
　SP：君はもっと激しくではなく，賢く頑張ることが必要だ，と思ったことはあるかい？
　CM：言っていることがよくわからないわ。
　SP：人は間違ったことを多く練習し，結果として期待通りに事が運ばないこともあるんです。
　CM：あなたは，今の私がそうだというの？
　SP：必ずしもそうではないよ。私は単に，君の例でもそれがあり得ると思うかどうかを尋ねているのだけれど？
　CM：もしかしたらね。でも私は一つの方法しか知らないの。私は，よい結果はいっぱい練習するものに訪れると教えられてきたの。

　単に激しいだけでなく，賢く練習するという概念は，スポーツのトレーニング過程において，必要不可欠なものです。悪い技術を練習することは悪い結果をもたらすからです。これは身体的，技術的な分野にとどまらず，精神的な分野においても同様です。コリーンの態度は明らかに自己破壊的です。彼女のいらいらの経験は，現実的に彼女のトレーニング方法を評価することを妨げており，結果としてパフォーマンスに悪影響を及ぼしているのです。後日，練習メニューがこの態度を助長していないか確かめるために，コーチとともに調べるだけでなく，練習観を探ることはとても重要なことになってくるでしょう。

　この段階では，心理学者はコリーンが言った要素の中で「たくさんのものをあきらめてきた」ということに関して話をすることを決めました。自分の人生の中でスポーツの側面を重視している典型的な選手は，そのスポーツに費やせる時間の量を増やすためにそうしています。しかし，その過程において，しばしば選手の人生の質というものは考慮されなくなってしまいます。全体的なセルフコンセプトの評価は，その領域に投資された莫大な時間のせいでスポーツ

第5章 セルフトークを聴く セルフコンセプトに耳をすませる　137

の成果に有る程度限られてきます（第14章，アイデンティティとスポーツに関する議論を参照）。多くの完璧主義者たちは自分たちの結果を二分法で考えます――成功か失敗――。そしてスポーツ選手であることとスポーツの成果に縛られている全体的なセルフコンセプトを柔軟にするための調整を何もしないと，アスリートが自分たちをどのように思い感じるかという点では，しばしばかなり劇的に振れてしまうことになるのです。心理学者は，コリーンの完璧主義とスポーツという唯一のアイデンティティが，彼女のいらだちの原因になっているのではないかと予感しました。

> SP：議論はまたあとにしない？　私はただ君に，結果を出す他の方法があるかもしれないことを認めてほしいだけだ。さっき，君はいろんなものを諦めてきたといったね。どんなものを失ったと思うの？
>
> CM：選手ではない他の友人を見ていると，私は…。みんな大学にいるか，もしくは仕事につき始めている。彼氏や彼女もいるようよ。もし，午後休みを取ってただぼーっとしたいと思ったら，彼らはすぐそれを実行できるでしょう。彼らの人生はただもっとリラックスしているように見えるのよ。もちろんそんな生活を求めているわけじゃないわ！　私はもっとひたむきだし，何をやりたいか知っているし，そのためには犠牲にしなければならないものもある。最終的に，首にメダルがかかっていれば，それは全部私にとってむだではないの。

コリーンは，全てむだなことはないと自分を納得させているかのように見えます。ここで再び彼女は結果に重点を置いているのに気付きます。彼女の成功の認識は，本当に弱いものと思われます。彼女の「ひたむきさにかける」他人に対する軽蔑感に気付いたでしょうか。彼女の自分が特別だという自己陶酔的な価値観（「私はよりひたむきだ」）やどのように彼女が権利を持っているか（「私はより多くのものを手にするべきだ」）は，引き続き彼女のコメントに現れてくるでしょう。

> SP：水泳のあとにやりたいことについて，考えたことはあるかい？
>
> CM：そんなにないわ。オリンピックのあと，オファーをたくさん受けると思うの。私のマネージャーはメダルを取ればお金がついてくると言っているわ。だから充分なメダルをたくわえたら，将来に対して心配することはないの。

この段階で，いくつか問題が浮上しているでしょう：(a)目標を達成できていないという認識に対するコリーンのいらいら（そのほとんどは内的に向けられている）；(b)ほとんど結果から来る彼女のモチベーション（例：メダル）；(c)人は何かに専心したら，それだけ報酬を得るはずだという彼女の信念構造；(d)彼

女の自己陶酔的な世界観；そして(e)彼女の人生に対する一つの次元だけのアプローチ方法——将来の幸せはスポーツの成功が鍵である——。心理学者はコリーンのセルフコンセプトと，彼女の明白な負のセルフトークの関係を探る援助をすることにしたのです。

SP：ねえ，もし私が君に「コリーン・マクグローとはどんな人ですか？」と尋ねたとしよう。君は何て答える？

CM：それは，たとえば私が何が得意とかそういうことですか？

SP：そうだね，それもある。そうだな，こういうふうに考えてみて。君のことをよく知っている人は，君のことをどのように説明するだろう？

CM：まず，私はとてもいい水泳選手である。まあ，大部分のときはね…。うーん，ちょっと待って。すごく若いころ，私は学校でもとてもいい成績を取っていたけれど，水泳がよりうまくなって時間をもっとかけるようになってから，クラスでいい成績をとるのが大変になっていった。

SP：他の人は君を勉強ができると思っていますか？

CM：もしかしたら昔はね。だけど，私が水泳に集中している間に私の友達はみんな大学に行ってしまったの。そんな私のことを勉強ができるとは言わないわね。

SP：他にその人は，君のことをどう説明するだろう？

CM：いい友達であると言ってほしいわね…，そこは確かだとは言えないけれど。

SP：身体的にはどうだろう。彼らは君のことを何て言うかな？

CM：強くて…，背が高くて…，いい身体だわ。

心理学者が尋ねた質問は，「人は君のことをどう説明するだろう？」というものでした。コリーンの答えの最初の「私は…」という部分は，もしかしたら彼女の潜在的なナルチシズムで，誰かの見解を理解するのが難しいことを示している例かもしれません。コリーンはおそらく自己愛的な人格のゆがみのすべての症状には当てはまらないでしょうが，彼女は確かにいくつかの特徴（例：おおげさな考え，尊敬の必要性，権利感情，名声の夢想，共感の欠如；アメリカ精神医学協会，Diagnosic and Statistical Manual Of Mental Disorders， 4版，1994）を呈していると言えます。

SP：あなたは魅力的かな？

CM：平均的だと思います。私が特別だとは思わないわ。

SP：あなたは身体的に満足している？

CM：はい，水泳選手としては自分の体を気に入っています。私の財産の一つだと思います。

コリーンは水泳選手であるという気持ちから，自分の体についてコメントしました。これは彼女が自分を見る唯一の方法なのでしょうか？

心理学者は彼女の他の領域のセルフコンセプトについても，より深く知りたいと思っています。

*SP*：君は水泳選手としての自分の体は気に入っていると言うけど，女性としてはどうだろう？

この質問は少し先を行った質問です。心理学者は，女性選手の役割葛藤について自分の意見を投影しないように，気をつけなければなりません。選手は競争的な環境において，力を発揮するために体を発達させねばなりません。ほとんどのスポーツにおいて，それはつまり強く，力強く，締まった体格を必要とします。これらの強さ，パワー，そして体力の概念は，一般的な社会の女性に対する偏見となります。多くの文化において，女性は従順で，子育てをし，控えめであると捉えられているからです。女性はこれらがパートナーを魅了し，関係を構築するのに望ましい特徴だと認識してもいるでしょう。もし女性選手がこの女性像を持っていたら，役割葛藤が発生する可能性があるのです。コリーンの態度には多くの説明が可能です；(a)彼女は水泳選手と女性像のくい違いにおいて拒絶を示している；(b)彼女は真にくい違いを認識し，それを受け入れるか否定しているかしているので何の問題もないか，または；(c)彼女の名声（メダル）への欲求と「いろいろなものをあきらめてきた」ことに対する後悔はいらだちと怒りの中心にあり，それを彼女のスポーツの関係の中で経験している。心理学者は，不一致の観点を調査し，その結果どうコリーンが反応するかを見ることにしたのです。

*CM*：私は好きだとは言いません。私はほとんどの友達よりもずっと大きいわ。髪が短いときは，何人かは私のことを男の子だと思ったときもあった。私が髪を伸ばしている理由の一つよ。私は確かにベイウォッチ（訳者註：テレビドラマ）の女の子のようには見えないわ。

*SP*：ときどき自分もそういうふうだったらと思うことはあるかい？

*CM*：そうね，ときどき思うわ。友達が彼氏といるときがほとんどね。もし彼女たちみたいだったら，もっと男の子たちに好かれるかなあと思ったりもする。でも，そういうかっこうをして水泳のメダルを取ることは不可能だから。

コリーンがおそらく嫉妬をこめて，友達が彼氏といることを言うのを聞くのは2回目である。しかし彼女はすぐに，自分の外見を水泳のメダルへの欲求で正当化するのです。そこには，彼女があきらめてきたものと将来の成功に関する内的な葛藤があるのではないかとわかります。

SP：それがどのように君を混乱させているか，わかるかい？
CM：うーん，正直に言うと，あんまりそのことについて考えすぎないようにしているわ。そういうことを心配しすぎると，とても気がそれてしまうの。だから，私はより自分が水泳をうまくなるように頑張ろうと決意するの。

　ここの時点で心理学者は，コリーンのケースにより明確な臨床のイメージを持ちつつあるはずです。水泳選手や女性としての彼女自身のイメージをめぐる認識の不一致があることは，とても明らかです。彼女の身体的な自己認識は水泳と関連付けている点で，自己中心的と言っては言いすぎですが，とても健康的である一方で，これは異性に魅力的な彼女の女性の理想の体型とは合致しないでしょう。最近のオーストラリア・スポーツ協会の調査によって（Leahy, Harrigan, & Freeman, 1999），スポーツで力を発揮するためにある体つきを必要とするエリート女性アスリートは，女性としての期待に沿うためにはとても異なる体型を要求されるという社会的なプレッシャーから，とてもボディイメージに関して悩んでいるということが明らかになりました。この不安が，コリーンの感情の不安定さと，パフォーマンスのさえない結果につながっている可能性はあるでしょう。アリソン（1999）は，しかしながら，スポーツ心理学者に「女性選手に対して，少女や女性であることと選手であることに同時に対処することができないからパフォーマンスの質が低下しているとアドバイスする」ことをしないように注意しています（p.58）。彼女は，パフォーマンスの質の低下は多くの要因に関係しているだろうし，役割葛藤を非難することは疑問の余地があり，単純すぎるでしょう，と示唆しています。心理学者は，クライアントの多次元性に心を配り，選手を彼らの行動システムの範囲内で全てあつかう必要があります。

　コリーンの身体的な自己が，彼女のすべてのセルフコンセプトを支配していることもまた明らかです。そしてそれをもう少し深く掘り下げると，彼女の身体的自己は彼女の水泳選手としての自己認識に支配されているということがわかります（彼女が選手としてではなく，泳者だと認識していたことに注意してほしい）。学問的にはコリーンのセルフコンセプトは友人が大学に行ったことで，苦しみ，彼女は自分のエネルギーをスポーツに注いだのです。セルフコンセプトの発展は先に議論された，マーシュの枠組効果モデルと一貫しています。この段階においては，スポーツ心理学者にとってセルフコンセプト測定を導入することはいい考えだと言えるでしょう。これは彼にとって，コリーンとの向

上の方法を見つけるための考え方のポイントだけでなく，今後の介入の基準線をも構築することになります。彼女の身体的なセルフコンセプトが，彼女の全体的なセルフコンセプトにもたらしているものを測定し理解するためには，多面的で階層的な概念構成体として，心理学者は，SAT-2だけでなくSDQⅢも選んだのです。

SP：コリーン，僕は君のかなりのいらつきと次々と起こる結果に対する不満が，君が自分のことをどのように泳者として，そして人として見るかに関係があると考えているんだ。これらの問題に対してより深い理解を得て，もしかしたら君の成長をチェックする手助けになるかもしれない，いくつかの道具を使いたいと思っています。最初のものは自己分析アンケート（SDQ）というもので，よくある紙と鉛筆を使う評価アンケートです。この中で君は，一連の文に答えてもらいます。次は自己認識テスト。SATと呼ばれるもので，これはちょっと変わっています。このテストでは質問も紙も鉛筆もありません。コンピューター上で，君がどういった印象を受けるかで一連の顔を並び替えることをしてもらいます。どちらの場合でも，正しいとか間違いとかはないことを覚えておいてほしい。そして僕は，君の答えを誰とも比較しないから安心してください。この道具を使って導き出される情報は，全部君のものだし，それは僕が君の手助けをしやすくするためのものなんだ。だから，単純にできるだけ率直に，そして正直に答えてください。わかるね。やってくれるかな？

CM：そうね，もしそれが役に立つと思うならやるわ。どのくらい時間がかかるの？

SP：SDQは15～20分，SATは約5～10分くらいかな。どちらの場合も，どれだけ時間をかけてもいいからね。

CM：ちょっと休んでいいかしら。

SP：もちろん。テストの準備をしてくるよ。

　テストは，実際の感覚からすると，セラピーの過程を助ける目的で使われるべきでしょう。クライアントとセラピスト両方にクライアントの感情，認識態度を教育することにつながります。テストはあらゆる問題を解決するわけではありませんが，セラピーの補助にはなるでしょう。テストは，まるで漁師が取れる魚は何でも取ろうとして網を放るかのように，乱雑に使われすぎていることがしばしばあります。この手段の開発が理論にかなったものでなければならないように，セラピーのテストもそうでなければなりません。クライアントはテストの理論的根拠を理解しなければならないのです。そうすれば，結果として，テストを希望するクライアントから集められた情報は，とても価値のあるものとなるでしょう。心理的なテストは，質問に対する正直で率直な反応にか

かっています。したがって，クライアントたちは，筋の通った内省と自己客観化を通してテストをするメリットを理解する必要性があるのです。

　テストの結果から，コリーンの全体のセルフコンセプトが，彼女が自分のことを身体的に評価していることに支配されていることが明らかになりました。彼女は比較して言えば，異性，両親，読解力，数学，一般学校，感情の安定性，宗教・精神性の領域で低い結果を示したのです。彼女は問題解決，正直さ・頼りがい，同性との関係において強い自己の意識を見せています。外からの見た目と一般的な自己に関する彼女の自己報告は，ふつうのレベルでした。SAT-2の彼女の結果の評価はSDQⅢの結果と一致しており，テスト結果に妥当性を得ることができました。

　彼女と話していてスポーツ心理学者が推測した通り，心理測定の結果は，彼女はアスリートとしての自分をまず大事にしているということが明らかになりました。そういうものとして，彼女は運動を通して今のスポーツ環境と関わる能力があると自分を評価しているのです。この種の自己評価のレベルは，極端な不一致を前提としていることがあります。なぜなら，彼女は彼女の価値レベルを水泳の中の社会的な比較で使用しているからです。

　　*SP*：やあコリーン。君にまた会えて嬉しいよ。
　　*CM*：こんにちは。私もまたお会いできて嬉しい。テストの結果が私のことを馬鹿
　　　　だと判定していないか，心配だわ。（神経質な笑い）

　心理学者は，コリーンへ心理テストの説明を充分にしていなかったようです。もし彼女がテスト結果に関してある種の不安を見せているとしたら，この不安さがテストをする過程において回答するのに，ある種のバイアスを作り出していたかもしれないからです。しばしばアスリートは，試験に対する答えが，ある種の深く，暗くて隠れた秘密を不用意に明らかにしてしまうのではないかと感じています。しかしこのようなことは，ほとんど見られないはずです。なぜならテストのほとんどが，自己評価と次々起こる自己報告を基礎としているためです。正当なテストは，ふだんは選手が持っている意見が統合されて，彼女がより理解しやすい方法で示されているのです。

　　*SP*：（笑）私は君を「馬鹿」だと決めるためにテストをやったとは思っていないよ。
　　　　しかもそれがどういうことなのかさえ，よくわからないし。一緒にやったテス
　　　　トは，君がしてしまう負のセルフトークをより理解し，君が泳ぎについてもっ
　　　　と心地よくなれるようにやったんだよ。
　　*CM*：それには気付いたわ。ちょっと面白かったし。

SP：ここに結果があるよ。結果はわくわくするものだった。きっとこれは，本当に僕たちが目指しているところに行く助けになるはずだ（楽しそうに言っている。口調を統一し，彼女の恐れを和らげている）。一緒に結果を見ようか？
CM：そうね。
SP：まず，SDQ は君が自分のことを何よりもまずスポーツの人だと捉えていることを示しているよ。それは納得のいくものかな？
CM：そうね。前に話した通り，私の外見と力強さは私の一番の特性よ。
SP：そう，テストの情報はその意見を裏付けているよ。だから本質的には君の全体的なセルフコンセプトや全ての価値は，君の身体的なセルフコンセプトにとても影響を受けているんだ。水泳を上手にしていて，身体的によいパフォーマンスを見せているときは，いわば，全てがうまくいっているわけだね。だけど，思った通りの結果が出なかったとき，全体の自分の価値の認識に深刻な影響をもたらすね。それがどんなふうに両極端になってしまうか，わかるかい？
CM：だけどそれが，泳者，という自分だもの。なぜ，身体的なセルフコンセプトが「深刻な影響」を自分の価値の認識にもたらしてはいけないの？ もし水泳がうまくいかなかったら，私は自分についてあまりよく思わないの。
SP：コリーン，不満に思う必要は全くない。前に言ったように，君は僕が見てきた中で一番頑張る泳者だ。だけど自分自身に高い期待をかけたときに，困難が自分に生じていることに気付いているね。君は成功するために頑張りすぎるんだ。なぜなら，成功すること，特にスポーツにおいて成功することは，君にとっても重要な意味を持っているから，失敗は許されないようだね。当たっているかな？
CM：私は，失敗というものは常に敗者のものだとずっと思ってきているの。私は敗者じゃないわ！ そして私は敗者と関わりたくない。それがこの研究所に来た理由なの。コーチやあなたや，他のスタッフのような人たちと関わりたかったから。

　ここには再びコリーンの自己愛的な傾向が現れています。彼女は自分のことを特別だと信じており，似たような種類のプロフェッショナルたちと関わるためにこの研究所に来たといいます。コリーンの研究所とそのスタッフに対する意見もまた，彼女のセルフコンセプトを和らげることになるかもしれません。なぜならば，研究所で奨学生になることで，また栄光欲を手に入れられるようにもなるからです。

SP：君の言っている失敗の意味を，教えてくれるかな？
CM：達成しない人たちのこと。二番目で満足な人たちのこと。そして私は彼らのようには絶対ならないわ！

　コリーンは明らかにスイッチが入ったようです。彼女は怒り，守りに入り始

めたので,心理学者は核心に近付いてきていることがわかります。コリーンは本当に,自分の価値を社会的に比較するやり方で生きています。枠組効果については,そしてとりわけ BFLPE において,研究所にいることは,コリーンの完璧主義的な傾向を悪化させてきたのかもしれません。彼女の枠組は,外的で,わかりやすい優秀さに囲まれているわけです。この見方がとても狭いものだということをコリーンにわからせ,彼女の成功の尺度をコントロール可能な目標への過程へと広げることが何より重要でしょう。

SP:これは馬鹿な質問に聞こえるかもしれないけど,「二番目」っていうのはどういう意味かな?

CM:うーん,一番にならない人みんな,ということかな。だから人は一番になるために,このレベルで泳ぐのよ。

SP:「一番になる」ということは,多くの人たちにとって強い原動力だと思う。だけど,それは唯一の原動力ではないんだ。人々は多くのさまざまなものから,モチベーションを高めることができる。だから私たちは,他の人たちに自分の意見を押しつけないように注意しなければならない。君は自分が水泳を始めたときのことを思い出せるかな?

CM:できるわ。とっても昔のことに思える。両親は私がほとんど歩けない時期から水泳を始めさせたの。そこから私はずっと水泳選手なのよ。

SP:楽しい時代だったかい?

CM:とっても! 友だち全員とプールに行くのが,本当に楽しみだった。とても寒くて,唇が青かったことを覚えているわ。でもとても楽しくて,水から出たいとは全然思わなかった。

SP:楽しいという気持ちは,君を何度もプールに向かわせる原因だったと思うかい?

CM:もちろん!

SP:そうか,じゃあ楽しさというものを原動力にすることは今でも可能だと思うよ。このようなエリートレベルでもね。さまざまなスポーツの金メダル保持者の多くが,そのスポーツが楽しい限り競い続けるだろうと言っているよ。しかし,楽しいという意味は,人によって異なるのかもしれないことを知ってほしいんだ。

CM:確かにそれは,私が抱える大きな問題だと思うわ。最近楽しいとは言えないもの。

コリーンは問題を見つけました。したがって,変化への最初のステップを踏み出したのです。彼女に可能な解決策を提示するか,彼女自身に解決策を発見させる助けをするのは,今がいいチャンスです。この段階で,心理学者は今の

会話を続け，どんな会話が引き出されるかを見ることにしました。

　　SP：君がマイナスのセルフトークで外と中から君の言葉で言う「失敗する」というメッセージを受け取るたびに，楽しさを見出すことが難しくなっているようだね。
　　CM：（少し涙を浮かべて）でもそれについて，何ができるのかしら？

　これは決定的な瞬間です。心理学者はコリーンから強い反応を引き出すスイッチを押したようです。彼女が失望の中にいることを認め，悲しさを表すことは明らかな弱さのサインです。このように認めることは，彼女にとって簡単なことではなかったはずです。コリーンの完璧主義が自己投影を支配していたため，ガードを緩めて脆さを見せることは彼女にとって劇的なステップなのです。セラピー的な関係があり，心理学者のコリーンを助けたいという気持ちから，彼はこの時点で彼女を救済したいと考えるのは当然です。しかしこのような行為は失敗につながります（第8章の議論参照）。心理学者は彼女にこの瞬間を理解させることが大事で，彼女の感情を「決めつける」ことをしてはなりません。

　　SP：それはとてもいい質問だね。君の目で，今の君の状態はとても不安に満ちているということがわかる。でもそれはいいサインでもあるんだ。これは，問題が見えているけれど，どう取り組んでいけばいいかわからないだけってことだからね。さて，もしかしたら一緒に始められる方法を見つけられるかもしれないからね。

　心理学者は，コリーンが感情的になっていることに気が付きました。彼はこの感情を生産的で，何も恥じるべきものではない——いいステップだとしました。彼はまた二人でこの回復の過程を歩いていこうとも言ったのです。

　　CM：私は本当はこんなにネガティブになるのを直したいの。全てを悪い側面からは見たくない。私が全ての人やものを挑戦だと見てしまうことがわかりますか？　リラックスすることがとても難しい。
　　SP：君が結果にとても振り回されてしまうとき，何でこういうふうに物事を見てしまうのかを理解することはたやすいね。どうやればネガティブさを止めることができるだろうか？
　　CM：それはいい質問だわ。私の頭の中の声は，休みが必要なの。ネガティブな言葉を減らす方法はあるかしら？
　　SP：いくつか試してみる価値はあるよ。まず，私たちはどうすれば成功するか，従来にない方法を一緒に考えなければならないね。次に，私たちはこれらのネガティブな考え方を特定し，変えていこうとするいくつかの方法を構築しなけ

> ればならないでしょう。そして最後に，これらのネガティブな考えがネガティブな行動，そしてネガティブな結果へと変化しないようにしなければならないと思います。
>
> CM：まだ私には望みがあるわね。

　心理学者とコリーンは合意の段階に達したようです。コリーンは，彼女が幸せになって水泳でうまくやるには，いくつか立ち向かわなければならない問題があるということに気付いています。彼女の最後のコメントには少なくとも少しは気楽になったように見えます。そして彼女はこの過程において心理学者の助けを求めているのです。

　まとめると，コリーンは，彼女の世界において自己愛的であるように見えます。すぐ怒るし，得られるべきだと信じている結果が得られないと，いらいらします。コリーンは必死に練習することと結果には直接的な関係があると思っていますが，ふだんの，日常の変化がこれらの結果に影響することを許しません。彼女はコントロールしたいという強い意識があり，社会的な比較による成果を必要としています。表面的にはある種のボディーイメージのゆがみもあるようです。彼女の現在の体型は，水泳で力を発揮するために必要とされているものですが，頭の中ではその体型がパートナーを得るには妨げになるのではないかと思っています。コリーンはまた，非常に結果重視で，目標までの過程のバランスの必要性にはほとんど理解を示していません。したがって，成功と楽しさが継続する機会はどんどん限られてくるのです。コリーンの全体的なセルフコンセプトをより限定することは，居心地の悪い失敗につながっていきます。失敗の連続は，たとえそれが小さなものでさえ，重大で幅広いものとなってくるのです。

　ここからは，トレーニングの課程において彼女のコーチを巻き込むことも重要になってきます。コリーンの許可を得て，心理学者とコリーン，そしてコーチの三人でミーティングをすることは大事なことです。ミーティングの前に議論することは事前にコリーンから承認を得ておきますが，コーチが練習において目標への過程が大事だということを理解し，コリーンに達成感を与えるような日々の目標を決めるのを手伝わせることが重要になります。コーチは恐らくすでに，BFLPEのようなものが自分のチームに起きていて，他の選手たちに悪影響を及ぼすかもしれないことは理解しているかもしれません。心理学者はコーチが枠組効果を最小限にするために，個人の成果に重点を置く練習環境を

作る手助けをするのです。

　コーチはまた，コリーンが明らかににマイナスのセルフトークをしていることを気付かせる手助けをする中で重要な役割を担っています。コーチの助けによって，考えをストップさせ，実際に技術を組み立てなおすことで，彼女は自分の頭の中の声に，その被害者になるのではなく，それに対処できるようになるのです。加えて，コーチ，心理学者，スポーツ科学者たちは，コリーンがただ単に激しく練習するのではなく，賢く練習する方法を理解する手助けができるでしょう。

　コリーンにとって，彼女の価値観により安定性を作り出すために，全般的なセルフコンセプトに貢献する様相を拡げる作業は大事です。彼女は何かの講座を受講し，趣味を再び始め，楽器を始めるか，アルバイトを始めたくなるかもしれません。このようなことは一般的な概念に反するでしょうが，もしうまくやれれば，そのような活動はスポーツの集中力を阻害することなく，逆に，より必要とされている人生のバランスを作り出すことで，結果に貢献することにつながります。コーチはこの過程にも参加しなければなりません。なぜなら時間のやりくりがしばしば必要になってくるからです。

　プールから離れて，心理学者とコリーンは彼女の完璧を求める態度と権利の感情について調査します。なぜ彼女は一番になろうと必死になってしまうのか？　これは社会に認められるためなのだろうか？　もしかしたら自己容認の手段なのかもしれない。なぜ彼女は，脆さを見せることがそんなにも大変で辛いことなのだろうか？　この全ては自己愛的な人格障害を発生させる要素なのでしょうか？　スペリー（1995）は，自己愛的な人格は西洋文化に，とりわけ法律，医学，エンターテイメント，スポーツ，そして政治を職業としている人によく見られるとしています。彼はさらに，ナルシズムが徐々に健康なもの（単なる自己愛的な性格スタイル）から病的なもの（自己愛的人格障害）へと変化していくことにも言及しています。コリーンはこの狭間（はざま）にいるのかもしれません。

　前述の質問はセラピーの過程において心理学者が考えることのできたさまざまなアイディアです。他に取り組める領域としては，ボディイメージのゆがみと，社会的な不満があります。心理学者が間違っていることはありえます（そしてもちろん，間違っているかもしれません）。ボディイメージの問題は実は彼の問題かもしれず，彼はそのゆがみをコリーンに投影しているという可能性

もあるのです。アリソン（1991）が注意したように、パフォーマンスの低下が役割葛藤のせいだとするのは、疑問の余地があり、とても単純すぎるのです。心理学者は常に自分のバイアスに気を使い、サービスをする際にこのバイアスによって生じ得る全てのマイナスの影響についてよく考えなければなりません。負の転移的な過程はセラピストの信念や偏見、バイアスがクライアントに投影されたときに生じ、したがって、効果的なサポートの妨げとなるでしょう。このケースでは、心理学者がコリーンの問題を正確に特定する能力は、以前の経験や本物や想像上の女性への偏見を含んだ考え方によってあいまいになっているかもしれないのです。しかしそれは、負の転移が避けられねばならないというわけではありません。それと反対にバウアー（1993）は、このように述べています。

　負の転移の出現は、セラピストが道徳に反する人物であったり臨床家としてふさわしくないということを意味するのではありません。強力な理論が発展したように、専門家は、負の転移を消そうとすることは不可能なだけでなく、彼との個人的な反応によって人を分析するという方法で、患者について多くのことが学べることから、同時に非生産的な可能性もあると気付いたのです。大事なのは、クライアントの助けになるような専門家の態度を向上するために、負の転移について調査し、理解することでなのです。(p.79)

　この場合、心理学者は彼の彼女のボディイメージのゆがみにおける評価の中に負の転移が働いていないかということを調査するべきです。このゆがみは彼女の全体的なセルフコンセプトに影響しているか、もしくは、心理学者側の投影かもしれないからです。どちらにせよ、この関係を調査することによって価値ある情報を収集することができます。そしてユング（1993）が言ったように、「人は影響に敏感でないと、全く影響を及ぼすことはできないのである」。(p.49)

　明白なセルフトークは、しばしばセルフコンセプトが私たちの認識と態度に作用していることをわからせる窓です。セルフトークを単に思考中断法を使い、下に隠れているセルフコンセプトの問題に対処することなく治すことは、本当ならば床に目を向けなければならない家の屋根の穴を修復しているようなものと考えられます。

◉第II部
応用スポーツ心理学の原則

# 第6章　フィールドで
イメージを使う

(DOING IMAGERY IN THE FIELD)

■ Jeff Simons
(Optimal Performance Consulting)

イメージは，私がスポーツ心理学で最初にある程度深く探求したトピックの一つです。学部生時代に大学院で学ぶ分野を探していたころ，メンタル・イメージの心理的な特質に魅力を感じました。つまり，スポーツパフォーマンスに何らかの影響を与える，人間機能の心理的な面に興味を持ったのです。イメージトレーニングだけでアスリートが学習できることと，イメージがパフォーマンスを高めるためにまだ利用されていない可能性を秘めていることが，私の好奇心をそそりました。1970年代の終わりから1980年代初頭にかけて，大勢のスポーツ心理学研究者が，他の心理的，もしくは身体的プロセスとは異なる，学習やパフォーマンスに与えているイメージの効果を確かめようと試みていました。この心理的活動は身体パフォーマンスへの心理的要因の役割を明らかにすることができ，そして，スポーツ心理学やスポーツ心理学者にもっと信用を与えてくれる手段になるかもしれません。

心理的スキルトレーニング (Psychological Skills Training-PST) のコンセプトが紹介されたときに，イメージは私を再び興奮させました。PSTのアプローチによると，イメージというのはすべてのスポーツ選手に教えるべき基礎

スキルの一つです。この基礎スキルは，現代のスポーツ選手が頂点を目指すために欠くことのできない心理的知識の基礎を形成します。イメージは目標設定，リラクセーション，ポジティブセルフトークなど他の心理的スキルとともに，応用スポーツ心理学がどんなものか，そしてスポーツ心理学者は何をするのかを，徐々に明らかにしていきました。心理的スキルは，コーチング，バイオメカニックス，運動生理学，栄養学の専門家たちが従来持っていたものとは別に，一つの専門分野の知識の体系となる可能性が高くなりました。たとえば，イメージの話をしたり，イメージセッションを開いたり，イメージ能力を高めたりするのに，スポーツ心理学者が必要になってくるでしょう。

スポーツ心理学者は文献（Feltz & Landers, 1983 など）による裏付けをベースにたくさんの逸話を使いながら，イメージを実際の現場に持ち込み，そのスキルの重要性を広めてきました。「あの伝説的なジャック・ニクラウスのような名人もイメージを使っているのですよ」，「鮮明かつコントロールできるようなイメージをしてみましょう」，「ネガティブなイメージは，練習を積んでいなかったり，自分で自在にイメージを操れていない結果です」，「内的イメージの方が，外的イメージよりいいです」，「練習，練習，練習」。スポーツ心理学を支持する人によって書かれた資料やグループ発表によって，イメージについての情報はあふれています。

ほとんどの大学におけるスポーツ心理学コースには，イメージのトピックが含まれています（目標設定，リラクセーション，ポジティブセルフトークのどこかのモジュールに含まれている）。ほとんどの基礎プログラムではイメージに関する情報を与えてくれるし，イメージトレーニングのスクリプトも備えているのですが，残念ながらイメージを現場でどうやって導入するか，つまり選手に紹介し，利用するプロセスについての指導はわずかしかありません。アスリートとコーチは，どうやって自分の競技でイメージを使ったらよいのかという本質的な疑問については，一般的なイメージに関する情報から自分たちで考えるしかありません。

アスリートは自分たちのイメージについて，さらに，どうやって応用できるイメージスキルを伸ばしたらよいのかも学ぶ必要があります。そしてイメージをパフォーマンスにどう応用するかの手順についての知識に関するさまざまな情報がスポーツ心理学者には必要です。個人の差や目的の違いがあったり，イメージスキルの上達は直線的に伸びるものではないために，手順の知識は複雑

になります。その上，不完全なイメージや，ネガティブなイメージによる妨害，イメージの流れやタイミングの難しさなど，アスリートに共通に見られる問題を充分に認識する必要があります。イメージをパフォーマンスの道具として用いているときにスポーツ心理学者や選手が直面する現実的な問題を，もっと議論する必要があるでしょう。スポーツ心理学者が選手にイメージの価値を聞かせたり，イメージのスクリプトを手渡したりしただけで，アスリートに特別なスキルを提供したと思い込むのは，全くの考え違いです。

イメージは，スポーツ心理学者が発明したものではありません。どこかの賢い研究者や革新的な実践家が発展させた技法でもありません。イメージは心理学者やどんな科学にも属すことなく，イメージのみでは介入にはなりません。私が選手に基本的な説明として教えているように，私たちが「イメージ」と名付けているのは，通常の心的機能の一部なのです。私は，まるで宇宙人や占星学への信仰が問われるような尋き方で，イメージを「信じますか？」と尋ねられたことが何回もあります。現象的な視点からはイメージは存在し，心的プロセスに利用されていることには疑いの余地はありません。イメージに関する厳格な意味での本質や機能について，研究者たちはまだ意見の一致を見ていませんが，実践家の視点からはそれは記憶，計画，学習，創造，そして行動に役立っている自然な人間のシステムなのです。

イメージは，フィジカル，メンタルヘルス，心理学の分野では長い歴史があります (Graham, 1995)。ヴント (1896) は心の研究にあたって内観のテクニックを使い，心的機能であるイメージを研究手段の一つとしてみなしていました。フロイドの自由連想法や夢分析は患者が持っているイメージに強く頼り (Freud 1965/1900)，イメージは行動療法の系統的脱感作法の核心にもなっています (Wolpe, 1973)。

イメージは知覚や行動に必ずつながって表れるため，イメージは，それらを理解し変化を引き出す強い可能性を持っています。イメージシステムは個人やパフォーマンスの目標に達するために使うことはできますが，ある特定の目的に使うときが一番有効です。スポーツ心理学者や他の専門家は，手当たり次第あるいは，指示されていないイメージが特定のパフォーマンスの結果を生むことを期待してはいけません。イメージ技法は豊かなイメージのプロセスを使い，コーチングやカウンセリング，そしてセラピーに使える簡単な手段なのです。

私がイメージ技法を用いる主な目的は，技術の向上や，望ましい態度や思考

の強化，そして試合に向けての心理的準備です。イメージはその他にクライアントに過去を思い起こさせたり，リラクセーションのテクニックを学ぶため，自信をつけるため，あるいは緊張反応を鈍感にするためにも使えますが，私はこれらの目的にはほとんど使いません。そのため，この章では私が最も使うイメージの応用方法に焦点を当てます。そのプロセスを説明するのに，私はイギリス連邦陸上競技の中のフィールド競技選手からのいくつかのケースを選び，イメージを選手に用いる例をご紹介します。従って，これはイメージの詳細な説明ではありません。イメージにはたくさんのアプローチや応用のしかたがあり，実践家たちはイメージを望ましい心理状態や，学習，パフォーマンスを発揮させるための応用に自由に利用しています。本章の中のケースは実在の選手や実際の議論，そして出来事に基づいています。しかしながら，ある部分は個人情報を守るために変えており，内容の一部も本章のテーマに合わせて修正しています。

## イメージの最初のセッション：イントロダクション

　最初からたくさんの時間をかけてイメージについて教える必要はありません。トレーニングや練習の前に充分な学習が必要というのは，堅苦しいし非現実的な考えです。イメージを使っているうちに知識を教えるのに都合のよい瞬間，状況，必要性のフィードバックが出てきます。何かの目的でイメージを用いているのであれば，そのプロセスについての議論や説明探究の機会がたくさんあります。

　アスリートとの最初のセッションにおいては，ごくわずかのコンセプトを伝えます。充分に情報を伝えるため，ある程度のレクチャー方式を取りますが，面談が進んでいく途中での議論や質問もお勧めします。私の場合はそれぞれのポイントの初めか終わりで，選手の理解やイメージについての用語を増やすためにいくつかの質問をします。初面談の内容は，私が伝えようとする重要点以外は，クライアントが抱えている特定の問題点や質問になるので，セッション一つ一つの内容は違います。当然ながらイメージの説明のレベルは選手の年齢，教育そして経験にあわせなければなりません。次にあげる例は基本的に行われるイメージの紹介セッションであって，クライアントのマイケルは，私とすでにいい関係にある円盤投げの大学生選手です。

👥　　JS＝Jeff Simons　　M＝マイケル
　　　JS：今日はイメージについて説明し，君がそれをもっと理解してパフォーマンスに使えるようにしたいんだ。まず初めに一つ質問をさせてくれないか。

　私はイメージについてたくさんの説明する前に，マイケルが円盤を投げるときの情報処理の方法についてまだなにも知らない状態での答えを聞きたかったのです。それは，もし彼がパフォーマンスに対して自然にイメージを使っているのであれば，言葉や分析的なアプローチは最小限にして，彼の日常の経験を利用してちゃんとした方法でイメージを発展させていきたいと思ったからでした。もし彼が分析や言語による処理をかなり行っているのであれば，それをイメージでの処理と比較する時間を持ちたいと思いました。

👥　　JS：円盤投げは技術的な競技だから，毎回投げるときの準備や本番に大量な情報を取り扱うことになりますよね。投げるときの技術的な面はどんなふうにしているのかな。
　　　M：うーん，考えることがたくさんあります。しないといけないことを自分に言い聞かせているんですけど，全部覚えるのは難しいです。コーチはあれに集中しろこれに注意しろと言うのですが，一つのことは覚えていて実行するんだけど，よく他の重要なことを忘れてしまいますね。投げ終わってから，この部分ができなかった，ああ，あれを忘れていた，と自分に話しかけます。でも全てを考えようとすると，タイミングが狂ってしまうんです。流れがない感じです。ときどき，何も考えてない方がうまく投げられるんです…，わかりますか？…ただ投げるんです。
　　　JS：ということは，いろいろ自分に言い聞かせながら投げるのだけれど，それが難しいということだね。
　　　M：そうです。いろいろありすぎるんです。自分が若い選手に投げ方を教えるときは全部覚えているんですが，いざ自分が投げる瞬間に全部覚えているというのは難しいんですよ。
　　　JS：君は行動をコントロールするときに出る共通の問題を持っているようだね。それはつまり，言葉を使って表現しようとしていることを意味しています。言葉を使ってパフォーマンスを導き出すことはできますが，言葉というのは，実際している知覚や行動からは最低2ステップは離れているのですね。ちょっと説明させてくれますか。
　　　　言葉というのは，何か違うものを表現するためにある抽象的な記号です。「木」という言葉は，「木」ではないのです。それは単に実際にあるものにつけた，みんなが納得したラベルです。そしてその言葉，つまり記号は勝手なものなのです。同じ物に対しても全然違う言葉をつけていますね。たとえば，日本語では「木」でも，英語で「ツリー」，フランス語で「アーブレ」です。そしてそれぞ

れの言語で実際にイメージする"木"はたぶん，違った形でしょう。だから，言葉というのは，私たちが知覚したり理解しているものから離れていると言われるのです。君がある言葉を考えるときに，その文字の組み合わせや音によって，君の知覚や経験によって知っているものに関連できるから，意味を持ってくるだけなのです。逆の見方をすれば，君が知覚しているものを言葉で説明するのは難しいということになります。これはまさに，言葉という書いたり話したりする記号では，複雑なものを表現するのが難しいからなんです。言葉というのは，より複雑なものを表現する，ただの記号なのです。

　ここで私は，マイケルが言葉についての話を理解したかどうか確認します。もし理解していなかったら，もう一度，彼に理解してもらう方法を探して，先ほどの話に戻ります。彼の理解をはっきりさせることは，先程の情報を考え，その情報を彼の考え方に取り入れるチャンスがあるのです。マイケルは私がよく知っている頭のよい子なので，彼の知力にアピールするように話の内容を合わせました。一般的な14歳の子供には，このような話し方はしません。

JS：今の話の意味がわかりましたか？

M：わかりましたよ。言葉っていうのは，お互いにコミュニケーションができるように作られたものなんですね。言語っていうのは情報を覚えたり，伝達する手段なんですね。そんな感じで考えるのはちょっと変ですけど，先生が正しいと思います。何かの説明と，実際それをやるのとは全く違いますよね。

JS：情報処理のもう一つの方法として，言葉ではなくイメージを使えます。イメージというのは，私たちが知覚しているものを心の中で表したものです。私たちが知覚したものや，何かがどのように見えたか，聞こえたかなどを直接思い起こさせることができます。イメージは，私たちが経験したことの最もいきいきとした記憶なのです。

M：何となく言ってることはわかります。イメージというのは，言葉なしで考える特別な方法なんですね。

JS：これは考えることとは別です。しかし，何かを考えたり思ったりする他の方法の補助をするだけであって，別に特別なわけでもない。イメージというのは，人間が誰でも生まれたときから使っている基本的な記憶装置なのです。私たちは見たり，聞いたり，味わったり，触ったり，匂いがしたりするものを覚える能力を生まれ持っています。言葉を使い出すよりかなり以前から，私たちは知覚するものの情報を保持しています。私たちは経験を知覚的イメージで思い出すようになっています。たとえば何かの音を思い出すときはきっと，イメージの形で思い出すのです。君の家にはドアベルはありますか？

M：ああ…，ありますけど…。

JS：そのドアベルの音を考えてください。頭の中でその音が聞こえるかな？

M ：聞こえます…，ちょっと変な感じだけど，確かに聞こえます。

JS：それは聴覚の（耳の）イメージです。その知覚にしても，それに一致するイメージがありますよね。私たちは見えるもの，聞こえるもの，匂い，味，触感とともに，動きの感じや感情もイメージすることができる。ビジュアライゼーションという用語はパフォーマンスをイメージする技法を表すのによく使われますが，それはただ一つの知覚にすぎません。もっと言うと，視覚イメージ（ビジュアライゼーション）というのは他の感覚イメージ，特に運動感覚とか動きのイメージに比べて，そんなに大切じゃないときが多い。運動感覚のイメージは当たり前だけど，身体パフォーマンスにとって一番大切だろうね。

M ：そうですね。僕もその「感じ」をつかんだときはうまく投げられると知っているんですけど，それをごくたまにしかつかめないんです。自分の「感じ」のイメージはあまりよくないと思います。と言うか，あまりはっきりしたイメージがないし，いつもあるわけじゃないんです。どの部分もはっきりとしたイメージがあると言えません。僕はあまりそれに向いてないのではありませんか。

JS：そう思うのは君だけじゃないよ。だけど，誰でも子供のころはイメージをたくさん使っていたと思います。子供はごくふつうにすばらしいイメージの能力を発揮していますね。彼らは自然にイメージで物事を覚えたり，空想の世界を作っている。たとえば，子供が「神経衰弱」のゲームを上手に遊ぶのを見て非常に感心することがあります。それは，イメージをうまく思い出して同じカードを組み合わせられるからです。幼児がイメージを使って情報処理していることについてたくさんの人が同意しているように，私たちもイメージを自然に利用できる可能性があるのです。子供は学校に通い出すにつれて，だんだんイメージを使わなくなります。それは，学校では言語や分析的な思考など他の思考能力に重点を置いているからかもしれません。大半の人は思春期や大人になるにつれて，イメージ能力が退化してしまうようです。しかし，その能力がもう存在しないように見えても，大人がそれを使える可能性が消えたわけではありません。大人は単に練習不足なのです。

M ：使うか，失うか…。

JS：その通り！　さあ，ここでいくつかのポイントをはっきりさせよう。第一にわかって欲しいのは，イメージは何か新しい外国の技法ではなく，誰もが持っている思考処理の種類だということ。第二は，私たちが知覚したり感じたりする全ての物事には，それに一致するイメージがあるということ。マイケル君，今言った点がわかりにくかったり，はっきりしなかったら言ってください。

M ：いえ，わかりましたよ。考えてみれば，僕にもいっぱいイメージがありますね。振り返ってみれば，子供のころはなんについてもイメージしてたと思う。

JS：今年の一番いい円盤投げを覚えてる？　どんな感じだったのかな？

M ：最高だった…（思い起こしながら）。ただ流れるような…，自分自身はなんだか"体から力がみなぎるような"感じで…，これは"いった！"なと感じまし

た。（少し沈黙）イメージについて話してほしいと言われているのはわかっているんですけど…，たくさんあるんだけど，説明するのは難しいです。
JS：思っていた以上にイメージがたくさんあると思う？
M：はい…，山ほどあります。
JS：だけど，君も言ってたようにそれを説明するのは難しい。じゃあ，イメージについてもう少しだけ話をするね。イメージというのは知覚みたいなもので，情報が豊富です。でもそのおかげで，他人にそれをわかってもらうのが難しくなる。「百聞は一見に如かず」のように，知覚したものの中には大量の情報が含まれ，言語を使って他人にその全てを説明するには，かなりの努力がいる。何かを経験することと，それを説明することには，はっきりとした違いがあるわけです。
M：ほんとですね！　僕がコーチにいつも言ってるように，コーチが説明することを実際にサークルの中で見せてくれる人が必要なのと一緒ですね。コーチがいくら言葉で細かく説明してくれても，まだつかめないんです。コーチが説明している通りに動いていると思うんですけど，僕がまだできていないと言うんです。その動きをつかむには，誰かが見本を見せてくれないとだめみたいです。
JS：君はイメージ処理と言語や分析的な処理方法の違いを言っているんだよ。イメージは平行して同時に大量の情報処理を可能にしてくれる。イメージは投げている選手のサークルの中での動きの流れを簡単につかんでくれるのだよ。そして君は，実際のパフォーマンスと同じ短い時間で再生できる。熟練した動きというのも筋肉運動の共同作業という大量の情報を同時に処理することなんだよ。つまりイメージ処理と運動プロセスは非常に似ているんだ。
　一方，意識的に分析的思考をするときは連続的な情報処理を行うので，一つ一つの情報を連続せずに順番に処理することになる。言葉や論理的な分析は決まった順序に置かないと意味がわからない。全ての情報を一つの流れに置いて処理する必要があるから，同じ量の情報でも処理する時間が遅くなる。そして，さっきも言ったように言葉で動きを説明しようとすると，実際の動きに比べて表現が豊かでない。情報処理の二つの種類は両方とも活用できるんだけど，君の円盤投げに一番の助けになるのはどっちだと思う？
M：見たり，観察したり，イメージしたりする方がより役に立つ情報を得られると思います。ただし僕は分析的な人間だから，言葉での説明も助けになると思います。全部を説明してくれて，理解できれば嬉しいです。でも実際投げていることを考えると…うーん，たぶん…，ただイメージすることかな。もっと多くのことをつかめると思う。これからは，しようとする動きを見て，イメージして，一つ一つを言葉で考えながら動くのはやめようと思います。言葉で考えたって，どうせうまくいってないし…。
JS：なぜイメージがスポーツにとってかなり役立つか，わかるだろう。まず一つは，イメージは知覚や経験に一番近い記憶だということ。パフォーマンスに使

う情報が豊富にある。そして，イメージは運動をするときに使うのと同じく，同時並行処理を使って複雑な情報処理をしてくれる。イメージはたくさんの方法で使える。まず経験を思い起こして，それから学べる。いい経験や最高のパフォーマンスを思い起こして，そのときの感じを再現するのを練習できる。経験したことがなくても，してみたい考え方や気分，動きをイメージすることができる。たとえば，サークルに入るときにしたい態度をイメージしたり，手に入れたい技術を実際に使ったらどんな感じかをイメージしたり，そしてそういうイメージが君のパフォーマンスを導いてくれる。たくさんあるけれど，これら全てを実際にやってみよう。

ここからのセッションはいくつかの方向に分かれます。ふだんはアスリートにリードさせて，彼らが何を観察したか，どんな質問があるかによって話を進めていきます。以下のマイケルとの話は，イメージトレーニングの最初のセッションで行われた追加の会話の例です。

M：イメージと潜在意識の違いはなんですか？ それらは違うのですか？ そしてどこが違うのですか？ たとえばイメージはコントロールできるもので，自分がしたいように変えられるんですか？ そして潜在意識は思考に関係なく働いてしまうものですか？ つまり，一つはコントロールされた動きで，もう一つはそれ自体がコントロールする動きなのですか？

JS：イメージは，脳が情報を処理する一つの方法なんだよ。それは顕在意識でも潜在意識のレベルでも行われる。私たちの目的のために活用しようとしている方法は，イメージを意識的に作ることで，時間がたてば，このイメージはより自動的になる。つまり，君の意図がイメージとして表現され，君はすぐにそれを実行するということなんだ。

たとえば円盤投げのサークルの中で回っているときに，立ち位置を調節したりするような反応的な状況では，状況に合わせて調節するときの知覚は，潜在意識的な情報処理になる。それは「知覚実行」的な行動と言います。つまり潜在意識のレベルで，その瞬間に行われる調節は，客観的な感覚として君が行おうとするイメージが（たとえば真ん中を通るときは身を低くする）技術的な動作の基準となって，そうしようとする脳の意図とそれを知覚した情報に基づいて行われます。

M：今僕が持っている問題の一つは，技術は自動化されそうになっているんだけど，自分が望む技術ではないんです。だからそれを正しくしようと試みるのがとても難しいんです。だけど，前に1回うまくいったときはリラックスしていて，本当にリラックスしたフォームでしているのがわかるんです。ちょうど今，ただ実行するのと上手に実行するのは別のものなんですよ。イメージは僕をどう助けてくれるんですか？

JS：僕たちがやりたいのは，君が望んでいる姿やフォームの強いイメージを作り

上げることだよ．それらのイメージは，君の新しい動きのガイドとして役立つ．君の注意を向けさせたりするのも可能なくらい，できるだけ豊富なイメージであってほしい．そして正しいパフォーマンスの感覚的な経験を，できるだけ含めたい．イメージと知覚や動作が直接つながることが，言葉を介して覚えるよりも効果的だからね．もし投げるときの君の注意を正しいイメージが支配したら，君の技術に変化が見られると思いますよ．古いフォームが消えていき，新しいフォームが徐々に自動的になるのです．

M ：ということは，ただ家で座って自分の動きをイメージするだけじゃないんですね．実際，パフォーマンスをしているときにこれを使うんですか？

JS ：イメージは，パフォーマンスを前もってインプットしてくれるんだよ．イメージは動きの型を作ってくれる．君は実際にイメージによってセットされたパターンに沿って，体が動くようにする．そのイメージが動きの指針になる．言いかえれば，自分の体から出てくるものを何も考えずにするのではなくて，いいイメージではっきりとした指針を作るんだよ．

M ：僕は，サークルの中で回っている間，体をまっすぐにはしていられないけれど，その姿がどんなものなのかイメージはできます．

JS ：それを指針にしてみたらいいよ．やりたい動きのイメージをセットすることによって，自分の動きの目標を作るんだ．頭の中では，かつて学校で形を描いたときの型と似ているんだよ．やろうとすることの強いイメージが，その動きができるように引っ張っているように思えるよ．

M ：じゃあ，最初に何をしたらいいんですか？ 自分のパフォーマンスをイメージするか，それとも…．

JS ：自分の知覚と，その知覚を反映しているイメージをもっと意識してもらうことから始めよう．まず，君のイメージ能力を回復させたいんだ．目標は，君が子供のころ持っていたようにすることだよ．始めに，君が知覚するもの，経験するものの記憶の訓練だ．

　私は，マイケルが何に注目するべきかをただ教えるのではなく，彼自身にイメージの利用法について考えてほしかったのです．

JS ：君の競技の中で，どういうイメージが大切なのかな？
M ：何をイメージしたらいいか，ということですか？
JS ：そう．君の競技に必要な注意点や動きには，何のイメージが大切かな？
M ：体重移動に注意が必要です．特に出だしに集中してそれがうまくできたら，あとの動きはかなりうまくできます．その次は真ん中に移動して，右ひざを折って，回って右ひざの上を通り越して投げます．

　マイケルは，質問を私の意図と別の方向に持っていって答えています．私は技術的な言い回しを使って，さまざまな感覚的イメージを聞きだします．

JS：それじゃ，そのパフォーマンスに関して大事な感覚は何かな？
M：正確に動くこと。正しい技術の感覚を覚えること。
JS：そのパフォーマンスに味覚はどれほど大事かな？　嗅覚は？　聴覚は？
M：全然関係ないですね。聴覚はコーチが僕に何か話しかけていれば…（間を空けて），あ，でも投げているときは，それはあまりない方がいいですね。ただサークルの中を動いているときの音（間を空けて，思案して）…。やっぱり，あまりないですね。
JS：それじゃあ，どの感覚が一番大事？　視覚は？
M：視覚は大事です。もし僕が地面の方ばっかり見ていたら，うまく投げられません。顔は常に上げないといけない。見ているところは頭をコントロールするし，頭は体の動きをほとんどコントロールします。
JS：では視覚の情報には注意しないといけないね。
M：そうですね。だけどそれがメインではないです。大事な部分だけど，一番大事なことではないです。バランスや動き，投げたときの感覚なんですよ。最初から最後まで動きなんですよ。
JS：大当たり。それが筋肉の感覚とか動きの感覚なんです。動きの内面的な感覚，足や腕と胴体の相関的な動き。
M：バランス，体重の移動，そして動き。それとすばやさと力の移動。
JS：それじゃあ，どのイメージに取り組んだらいいのかな？
M：感覚。動きの感じとやっているときの感じ。
JS：そうだね。どんな感じかわかること。相関的な動きやスピード，バランスに力の感覚はとても大事になってくるね。
M：筋肉の感覚。
JS：筋肉の感覚のイメージを使う能力を練習するのに，最初は動きの感覚がもっと敏感にわかるように訓練する。その内面的な感覚のインプットにもっと注意するよう練習すれば，もっとわかるようになって，それを覚えて使えるようになれるよ。視覚的なものも使うから，それを調和された動きの感覚と関連づけることもできる。一番大事なのは，投げるときに大事な要素にはっきりと注意を向けることでしょう。
M：そうすればだんだん簡単になるんですか？　というのは，それがちゃんとできるかわからないんです。簡単にはできません。
JS：できるはずさ。小さいときはいつも使っていたはずだ。他の練習不足の技術と一緒で，ただ注意と練習が必要なだけだよ。
M：今はかなりもやもやしています。それと他に集中することが多いから，どうやって感覚にもっと集中すればいいのか，わかりません。
JS：感覚を意識することに，それほど時間を費やすことはないよ。ただ，ときどき，自分にもっと感じることと思い出すことを言い聞かせればいいよ。あと，投げるときに感覚を意識することが目的の時間を決めればいい。円盤を拾い上

げるとき，手の中でそれを感じて。円盤や体の動き，体の位置，全体の流れを意識して。リラックスしたときの感じは？　正しい技術をしたときの気持ちは？　感覚を通して自分をよく知り，分析しないで，経験したり覚えたりするのを練習してごらん。

　ここで私は，マイケルになぜ意識を練習することがよいのか，自分の言葉で納得してほしかったのです。多くのスポーツ選手はもうすでに意識しているだとか，意識することは簡単だからそんなに大事なことではない，と言います。特に非常に複雑なイメージや同時平行情報処理，望まれるパフォーマンスの指標の設定の話のあとで，意識をするという話は平凡に聞こえるかもしれません。私はこの最初の一歩の必要性を，選手がその現実的な大切さに気付くことを通して強調したかったのです。

　JS：それじゃ，なぜ僕が意識するのに時間をかけてくれと頼んだのかな？
　M：それは，自分の感覚をもっと知るようになったら，どれがいい感覚かわかってくるからだと思います。そしていい動きを感じて，それがいい動きだということを感じだけでわかる。正しい技術のイメージを作って，その技術がどんな感じかわかって，そして投げるときにそのイメージとその感じを利用する。覚えて，わかって，ただやるだけ。
　JS：それをすることで，君は言葉という抽象的なシンボルで話しているのではなく，本質的に体が理解できるような言葉で話せるようになる。体には英語は通じないけれど，知覚や動きは理解してくれる。
　M：僕も早く，その能力をよみがえらせて使わないと！
　JS：ここで一つ注意をしておかないといけない。なぜなら，これをやっている途中で動きがすごくぎこちなくなるときがあるからです。常に君は，自分のしていることを分析するようになって，そのことが行動や単純な意識の妨げとなる。たとえば，君は急に「腕がそこにある…そこでいいのかな」などと考えて，投げている流れを乱してしまう。動いている映画から一つのフレームをつかもうとしているみたいだよ。さもなければ逆に，投げている感覚をつかもうとしすぎて，技術的な体の動きが忘れられてへたな技術をしてしまう。きっとしばらくはずいぶんバラバラな動きをしてしまうでしょう。これはふつうのことだからね。プロセスを妨げないで，活発に動きながら，落ち着いてそれを観察するにはかなりの練習時間が必要だ。この能力もちょっとずつ練習してみようよ。それまでは能力の発達段階だということを忘れずに。それから，笑ってすませることも大事だな。
　M：わかりました。時間がかかるのはわかりますけど，どうやって進歩していることがわかるのですか？
　JS：投げたあとに一瞬だけ止まって，どんな感じかを覚えていて，本当に何が起

こったのかを知るようになるのはけっこうすぐわかるようになるよ。少なくとも部分的にははっきりとしてくる。言葉で表現できなくても,「これだ！」とか「これじゃない」というのははっきりと感じられる。その知識を説明するにはたくさんの言葉が必要だし,別のものにたとえて言う必要があるかもしれない。それはさっきも言ったように,イメージに豊富で複雑な情報が含まれているからなんだ。

M：じゃあ,自分のイメージを描写した方がいいのかなあ？ ノートに書いた方がいいのですか？

JS：最初はただ観察するだけでいいよ。これから2週間くらいは知覚しているものを分析しないで,自分の動きを経験するだけでいい。自分がどのように動くかと,投げるときに入ってくる感覚を知り,慣れること。もう一つは,正しいテクニックに近いことをしたときは,一瞬立ち止って感覚的経験を思い起こしてほしい。これをするのに,1回投げたあとはしばらく沈黙を持てるように,すぐに技術的なフィードバックはしないことをコーチにお願いしとくよ。

M：悪い投げ方をした場合はどうなるんですか？

JS：間違った動きの意識も,感覚意識の一部だよ。ただ観察して,これが間違ったモデルだと理解して忘れる。その記憶を強めてはいけないので,それを重要なことだと思ってはだめです。それを頭から消して,一瞬止まってやりたいこととの一番いいイメージをする。少しずつ練習すればいいよ。

M：これはだいぶ練習が必要みたいですね。でもトレーニングで実際やってみたくなりました。

JS：君がどうなったか,次のミーティングを楽しみにしています。

今までに述べたマイケルとの初めてのセッションは,アスリートのイメージ能力発達についての基礎の部分です。たとえ,しばらくイメージの練習がなくても,選手のスポーツ中の知覚的情報処理には向上が見られてきます。それに加えて,選手の動作を認知する方法を話し合う間に,選手とコーチのコミュニケーションがよくなることがしばしばあります。イメージ情報処理にもっと慣れていくにつれて,イメージを学習や準備の特定の目的に応用するのが簡単になります。それを次のアンとジョーのケースで見てみます。

## 技能の発達

イメージは運動能力を発達させるのにすばらしい手段です。動作の知覚的経験はイメージによって複雑なまま記憶することができるので,イメージは運動パターンの理解,学習,作成を容易にすることができます。重要なのは,パフ

ォーマンスのイメージと知覚的な運動の要素に類似したつながりを作ることです。アスリートはイメージを使って過去の経験を正確に思い起こして，最高のパフォーマンスを頭の中で練習することができます。もしくは，イメージを分析して過去のパフォーマンスをフィードバックしたり，未来のパフォーマンスの指標として望ましい動作のイメージを作ることができます。パフォーマンスに対してのイメージの計画的かつ意識的な応用は，学習やパフォーマンスのプロセスを豊富にしてくれるのです。

　技能の発達にイメージを応用する例として，アンのケースを紹介します。彼女は国内最高記録を持つ高飛びの選手ですが，ここ2年くらいは同じパフォーマンスレベルに留まっていました。アンは進歩しないのでイライラしていて私に会いにきました。彼女は何が必要なのかははっきりしていなかったのですが，彼女が追求しているパフォーマンスの心理的側面の何かを見つけることができるのではないかと思い，やって来ました。彼女の経験や成績から判断して，セッションの大半は彼女の目標，トレーング内容，そして試合でのパフォーマンスを話してもらうことにしました。また，セッションのある時点で彼女にイメージを使って過去のジャンプを思い起こしてもらいました。彼女はいくつかのイメージをできましたが，くり返しイメージの質の悪さについて触れていました。彼女は特に，ジャンプ寸前の最後の踏み込みから着地するまでの間は，全くイメージが湧いてこないと言いました。豊富な経験があるにも関わらず，彼女のイメージは不完全で弱いものだったため，私は彼女のイメージ能力を発達させることに重きを置いてやってみることにしました。

　アンと私は別のセッションで，先ほどのマイケルと行った例のように，イメージの基本を話し合いました。彼女と話した中でわかったのは，コーチの指示通りに調節をするのが難しいということでした。それは彼女がパフォーマンスをうまく思い出せないためと，コーチが説明するようなパフォーマンスはどうやったらできるかイメージできないからです。アンがジャンプを上達できない大きな原因は，技術的な調節をするのが難しいことから来ているように見えました。私のわずかなガイダンスよって，イメージを発達させることがとてもためになるのだと彼女は考え，やるべき具体的なものを見つけられて元気になってきました。アンのコーチ，キャシーもそのプロセスに参加することを強く望んだので，練習場で意識のセッションを予定しました。ふつうの練習時間にトラックに集まり，キャシーは練習の最初の30分を私が"意識"を指導できる

ようにしてくれました。アンが準備運動を終えたところで私たちはセッションを開始しました。

JS＝Jeff Simons　C＝キャシー　A＝アン

JS：この"意識"セッションの目的は，単に自分の動きに注意を向けることです。特定なところに注意するのではなくて，ただ意識することで何に気が付くかを見てください。なにも正確にやろうというわけではないから，フォームなどは気にしないでください。じゃあ最初に，君がふだんよくやるような簡単な練習をやってみてくれないかな。

「意識」の練習を始めるときは，よく身に着いていて，あまり意識しなくてもできるような動きから始めるのがいいでしょう。その動作が比較的自動的にできているなら，知覚的情報を意識的に処理するために注意をする余裕が残ってくるからです（Moran, 1996）。

C：低い棒をはさみ飛びで越えてみたら？　いつもやってるじゃない。ここにバーをセットするわよ。（バーをアンのお腹くらいの高さにセットする）

JS：よし。じゃあアン，自分のペースではさみ飛びを2回ほどやってみてくれないか？　走りこんで棒の上を飛んでピットの中に入るときに，見えたり感じたりすることに注意してください。自分のやっていることを観察するんだ。（アンは2回はさみ飛びをする）

A：（2回飛んでからピットから出てくる）何に注意したらいいか，よくわかりません。何に気がつけばいいんですか？

JS：やったことに何でも気付けばいいよ。なにか気がつくことを取り上げて。何でもいいんだよ…今はただ，意識することに慣れていくところだよ。今度は，飛び上がってバーを越えるときの感じに注意してみたら？（アンはうなずいて歩き出し，自分のペースでもう1回ジャンプしました）

A：うわあ！　なんだか浮いている感じでした。踏み切って，バーの上を浮いていました。もっと長い間浮くように，足を長くもっと上げるようにした感覚がありましたよ。

JS：それがこの練習の目的なんだよ。体がしたことに気付くこと。今度は走りこむときにバーを見ることに注意したら？　どのように見えるかな。（アンはゆっくりと戻って，一瞬止まってから走りこんでジャンプした）

A：なんだかバーが自分の方に向かってくる感じだった。なんだろう，この感覚。私がやっているんだけど，自分が動かないで，ピットがこっちに向かってくるみたいだった。かなり変な感じだったわ。

JS：いいね。もう少しやってみてください。何回かジャンプしてみて，何でも好きなものを観察して。動きを感じて，見て，聞いてください。（アンは戻って，始める前に軽くダンスした。明らかに動きの感覚を研究しながら2回ほどジャ

ンプした。それから彼女は走り出し,へたなジャンプをして,バーにぶつかっていった)
C ：何,今の!?
A ：(笑いながら)はさみ飛びをどうやるのか忘れてしまったの。足がこんがらがってしまったわ。
JS ：大丈夫。それがふつうです。きっと観察することを意識しすぎて,やっていることがゴチャゴチャになったんだ。ときどき,そういうバラバラな動きをしてしまうことがあるかもしれない。やる前に何の動きをするのかを自分に言い聞かせて,あとは観察することに集中したらいい。

その後,彼女が経験している感覚についてもう少し話し合いました。それからアンはまた何回かはさみ飛びをして,観察したことを教えてくれました。私は,練習前の準備運動のときにこういう意識の練習をしてはと,アンに提案しました。その後,簡単なバーの高さで正式なジャンプをしました。アンに引き続き意識しながら,技術的にいいジャンプでバーを超えるように頼みました。1回目に,かかとで棒を落としてしまいました。

C ：最後の小さい蹴りを忘れたらだめよ！ 怠けて最後まできちんとやらないんだったら,いいジャンプがもったいないわよ。(アンは「もう何回も聞いてます」というような表情でマットに座りました)
JS ：(コーチと内緒で話す)キャシー,今はそれが目的じゃないんだよ。技術的なことを言うのはやめよう。このセッションは,アンが意識をするためのものだということを思い出してください。いいですか？
C ：ええ,そうでした。ごめんなさい…。

意識の練習中は,私は評価することを最低限に抑えます。つまり,妨げになる分析や評価,それに付随する考えや感情をなくして,知覚的情報処理を最大限に働かせるのです。この練習の目的は,運動技能を上達させることではなく,パフォーマンスを経験することなのです。

JS ：(アンがマットからゆっくり歩いてくる)アン,技術的なことは忘れて。今は関係ないから。今のジャンプでの意識はどうでしたか？
A ：うーん,実はけっこう意識できたと思うんです。いいジャンプではなかったけれど,走りこみの感覚はかなりありました。それと飛び上がる足から,ポンっていう感じがあった。バーの上で浮いて流れていくのを感じてたから,フォームを忘れたのだと思います。
JS ：いいよ。フォームの細かいことは気にしないで。君がより意識できたことが大切です！ 感覚をもっと発達させて,感覚を自動化された動作の一部になるようにしましょう。

A ：やっているうちに，先生の言っていたことの意味がわかってきたような気がします。もっと練習は必要ですけどね。
JS：よし。今日はもう一つだけ付け加えたいことがあります。あと2回くらい簡単なジャンプをして，よいフォームも保ちながら意識を持ち続けてください。それぞれのジャンプをしたあとに，マットの中で少し時間を取って，そのジャンプを思い起こしてほしいんだ。
A ：そのジャンプをもう一度頭の中でしたらいいんですか？
JS：そう。やったばかりのジャンプを思い出せるかを見てほしい。
A ：わかったわ。（スタート位置に彼女は戻りました）
JS：キャシー，これからアンが練習でジャンプをする際に，ジャンプ後に毎回，そのジャンプをイメージする時間を取ったかを確認してもらえるといいんですが。そうすれば，彼女は実際に情報の処理に慣れてきます。それによって，彼女は自分のジャンプへの理解が改善し，イメージ能力も上達します。
C ：もちろん！ 彼女が自分のやっていることをもっと意識できるようになるなら，私は大賛成です！ よく，彼女が自分のやっていることをわかっていないのを見て，私はイライラするのよ。彼女が自分のジャンプをもっと理解してくれたらコーチしやすいんですけれど。
JS：ということで，彼女が自分でジャンプを処理できるまでは，コーチからのフィードバックは待ってくださいね。
C ：いいわ。おやすい御用ですよ。彼女がイメージしている間は，ノートを書いたり，ビデオを見たりして暇をつぶさないといけないけれど，できるわよ。（アンはジャンプのあと，30秒くらいしてからマットから出てきました）
A ：目を閉じて，ジャンプを思い浮かべたらいいのでしょうか？
JS：何でも好きな方法でいいですよ。自分がやりやすいのはどっちですか？
A ：目をあけたり閉じたり，両方やってみたけど，どっちがいいかわからないです。
JS：いろいろと実験してみたらどう？ 両方やってみて，そのうちに好きな方がわかってくるでしょう。今やったことをイメージできましたか？
A ：ちょっとできたけど，あまりうまくいきませんでした。というか，バラバラだったんです。部分部分だったわ。いくつかのことを感じられたし，少しだけ見えたけれど，ジャンプの全体が流れるように，という感じではなかったわ。
JS：大丈夫ですよ。よく言われるのは，イメージは映画みたいにフルカラーで音もあって細かいところまではっきりしていなければならないということですけど，本当は僕たちのイメージは通常，そういうのとは違う。ただ持っているイメージを使えればいいのです。よく練習すれば，かなり上達します。
A ：いいわ。今持っている，少しだけのイメージも気に入っているの。これからも練習します。

私は，アンが準備運動のときと技術練習で数回ジャンプするときに，意識の練習をすることをキャシーとアンに提案して帰りました。私は，アンが何でも自由に発見できるような実験や体験をできるように，目標を単に意識を発達させることだけに絞り込みました。私はもう一度アンに，全ての感覚を意識して，できるだけ豊富なイメージを体験するよう言いました。

　2週間後，アンとイメージの練習をするためにフィールドで会いました。自分の動きをだんだん意識できるように感じてきた，とアンは報告してきて，ジャンプをしたあとのイメージが前より完全ではっきり見えるようになった，と言いました。キャシーは，アンの練習が今まで以上に前向きになり，アンのジャンプに進歩が見えてきたと言いました。アンが自分のやっていることの感覚をもっと感じられるようになってきているのを，彼女は感じていました。ここからは，アンがイメージするジャンプと実際のパフォーマンスとの正確なつながりを作るときだと，私は提案しました。

JS：自分の行動のいいイメージができてきているみたいだから，次はそのイメージを，外から評価できるパフォーマンスで測定したいと思います。つまり，イメージしていることが実際やっていることをできるだけ正確に表しているということを確かめたいんだよ。

C：じゃあ，ただの空想のことだけじゃなくて，現実のことになるの？

JS：そうだよ。アン，イメージが少しも現実と似ていなかったら，何の役にも立たないよ。幻想のイメージはあることにとってはいい場面もあるかもしれないけれど，技術的なパフォーマンスにはあまり役に立ちません。あなたは自分の体の位置がわかることが必要なのです。たとえばキャシーコーチのフィードバックやビデオを使って，自分の知覚やイメージでできるだけ正確な自分の体の位置を知るのです。

A：私のイメージはかなりよくなっているんですけど，まだ本物とまでにはいかないですね。

JS：完全にはっきりすることは重要ではありません。ある人が，非常に鮮やかで生々しいイメージを持っていても，それがあまりにも現実からかけ離れていることもあります。大切なのは，持っているイメージを実際の動きとつなげることです。たとえば，この感覚はあの体勢のときだ，とか，この角度からバーが見えるイメージは走り込みがこの曲線のときだった，ということがわかるようになることなのです。君のイメージに全部の細かいことが必要なのではなくて，今言ったような正確さがほしいのです。

A：それも大変そうですね。

JS：ああ，時間はかかるよ。でも君の技術練習のときに，フォームを上達させて

作っていく以外で何かすることがあるかい？ イメージを調整するのはそのプロセスの一部だよ。余分に時間がかかるわけじゃなくて，今までジャンプに使っている時間をもっと有効的に使うだけだ。

C：よし，じゃあ何をすればいいの？

JS：意外と簡単なことだよ。一つ一つのジャンプのときにアンが知覚する出来事と，ビデオやコーチのフィードバックなどの外部の情報を比較する必要があるよ。全部を分析しようとして負担にならないように，ジャンプの一つの要素を選んでみてもらえますか。

A：踏み切りが最近うまくいかないから，それに集中してみますか？

C：そうね。体を曲げてバーにあたらないように，どうしたら体をまっすぐに保てるか困っているのよ。

JS：いいですよ。ただし，いま二人が持っているそのイライラはとりあえず置いて，アンのイメージを調整することだけに集中してください。（アンが30分間ほど準備体操をしている間，キャシーと私はイメージの調整について話しました）

A：で，何をするんでしたっけ？

JS：いつもの技術練習みたいにやってください。今日の焦点は踏み切りの姿勢です。

C：いつものアプローチでしっかりした足の姿勢を取って，踏み切りのときに正しいポジションになってみて，その後にふつうにジャンプをしてちょうだい。（キャシーは棒を中位の高さにセットしました）

JS：ジャンプが終わるごとに踏み切りをイメージしてみてください。そして，気がついたことをキャシーに伝え，彼女の意見やビデオと比べてみましょう。最初は簡単な説明でいいですよ。踏み切り足をどれほどしっかりと踏みこんだか，体の角度，肩や腕がどうなっていたかなどを言ってみてくれませんか。

アンは何回かジャンプをして，気付いたことを報告しました。今はできるだけコーチと選手の会話を簡単にするよう，私は注意しました。アンは，ジャンプの一部の要素はかなり上手に報告できましたが，他の部分のことをキャシーに質問されると，頭が真っ白になりました。ビデオを見るたびにアンは毎回，腕の動きや頭の位置などがどうなっているのか気付いていきました。彼女は，ビデオから得たいろいろな要素を自分のイメージに付け加えていきました。二人はすぐにこの作業に没頭し，私は励ましたりコツを教えたりしました。

C：バーを上げてもいい？ アンが飛び上がりを失敗し始める高さまでいきたいの。

A：そうですね。高く飛ぼうとするときに自分が何をやっているか理解しないといけないわ。でもコーチ，たまには上手にできますよ。

C ：はいはい。いつも言っているじゃない。いつも上手にやればいいのよ。
JS：そこのお二人さん，やめなさい（笑いながら）。バーを上げて。アン，いつもやるような感じでバーを越えてみてください。ジャンプをしたあとにイメージを思い起こして，自分が何をやったかをわかるか見てください。（アンはアプローチの感じがよくないので，何回か飛ばずに通りすぎました。やがて，踏み切りの位置がうまくいっていい高さまで飛んだのですが，上がっている途中でバーに当たりました）
JS：失敗を気にしないで。飛び上がりの姿勢に集中して。
A ：踏み切りの姿勢はよかったと思います。踏み切りはちゃんとマークに当たったし，力強くできました。たぶん角度もよかったですし。よくわかりませんが，バーに早く近付きすぎたのかなあ。踏み切りのマークが，もっと遠い方がいいかもしれない。
C ：マークはそれでいいのよ。あなたはただ，バーに向かってジャンプしているだけなのよ。その感覚がわからない？　まっすぐ上に飛ばないで，あなたは角度を作っているのよ。
A ：（数秒沈黙をあけて）私が思うには，頭の中でイメージすると，飛び上がるときにバーの反対側に行こうとしているので，そのための角度を作っているんです。つまり，バーを超えようとアーチを描くイメージなので。
C ：でも，助走からくる推進力で勝手にバーは越えてしまうんだから，そんなアーチは作らなくてもいいのよ。
A ：わかってる，わかってる。垂直のジャンプをしたらいいんでしょう。でもね，いい高さをクリアするにはバーの上にアーチを描かないとだめなんです。バーの上にアーチを作ることでその高さが超えられるんです。すばらしい高飛び選手はみんなそうしてます。
JS：でも，外から見たいいジャンプの感じと，実際に君が再現しようとしているジャンプのときの感じが違うんじゃないかな。
A ：でも先生は，私のイメージをビデオで見るものと一致させないとだめと言ったじゃないですか。
JS：スポーツパフォーマンスの難しいところは，やりたいことと実際に起きたことを知ることなんです。（沈黙）ビデオで見たジャンプを思い出してごらん。マットに落ちる自分の姿を見たときに，そこまで飛ぶのにどれほどの力が必要だったかイメージしてごらん。
A ：何の力もいりませんよ。動力が勝手に引っ張ってくれるから…そういう意味で聞いたんですか？
JS：同じ速さで落ちることと飛び上がることの違いは，イメージできるでしょう。やったことがどうなるのかを考えるのも，測定プロセスの一部だよ。

アンとキャシーと私は，アスリートと外から観察する人のパフォーマンスに

ついての知覚の違いについて，もう少し話し合いました。イメージは内面的なフィードバックの豊かな情報源であって，外部の情報源は行った動作やその動作の結果に対して客観的な指針を与えてくれるということを，私は強調しました。

　A ：だから，私はビデオで見るジャンプを作るために，自分が実際何をしているのか理解しないといけないのですか？

　JS：基本的にはそうですね。君の意識や内面的な知覚，イメージを発達させるためにたくさんの時間をかけているんだ。ビデオからのフィードバックは，それが君に自分の動作を調整できるようなジャンプの客観的な情報を与えてくれるなら活用できるよ。

　A ：わかったわ。自分をもっと理解するためと，自分がいいジャンプをするときは何をしているのかわかるためですね。

　JS：そう，そのためです。自分のパフォーマンスをもっとコントロールして，調整する能力を与えるためですよ。

　C ：アン，次のジャンプで踏み切りのときに，できるだけ高く真上に飛んでみて。まっすぐに力強い垂直飛びで。頂点に着いたときに背中をアーチにしてジャンプを終わらせて。

　A ：垂直に？　バーに当たっちゃいますよ。

　C ：まっすぐ垂直に，それだけ気をつけて。（アンはうなずいて，スタート位置まで走って行きました。彼女は集中して気持ちを落ち着かせて走りだし，踏み切りのマークに当たって思いっきり飛び，最後の一瞬で背中をアーチさせてバーの10センチ上を跳びました）

　C ：よし!!　それよ，それ！　今の感覚がわかった？　もうつかめた？

　A ：うーん，まあ。でも変な感覚でした。

　C ：それはどういう意味…？　変な感覚って。完璧だったのよ。

　A ：でも，本当にぎこちない感じでした。自然な感じではなかったです。

　アスリートはよく，直された動作の感覚がおかしいという発言をします。正しいフォームは自然な感じで心地よいと一般的には信じられています。しかし，多くのスポーツ技能での初めの感じは，簡単だとか心地よいということからはほど遠いものです。

　JS：ただ慣れている動作と感覚が違っただけですよ，アン。違う動きのパターンだから自然に感じられなかっただけで，まだ自動化できていないのでしょう。君が心地よいのはふだんからやっている動作のパターンであって，それが正しいものとは限りません。

　C ：でも，その変化を私たちは探しているのよ。2年前にあなたが一番いい成績を出していたときにそういうふうに飛んでいたんだから，あなたには全く新し

　　　　いことじゃないのよ。
　　A：でも、やっぱり変な感じです。（沈黙してから微笑んで）でも私、かなり高く飛びましたよね。
　　JS：その通り。これからは、その新しい感覚に慣れるようにして、それが心地よくなり、そのフォームをいつでもできるようにしよう。

　練習が終わるころには、アンとキャシーは技術セッションに意識とイメージを使うのに慣れてきました。この方法をいつものトレーニングの一部として使うことを彼らが考えてくれるよう、私は提案しました。ためらいもなく二人ともが、意識とイメージがこれからのプログラムにとって不可欠なものだと納得してくれました。このプロセスは、続けることにより利点をもたらしてくれることを二人は感じたのです。イメージの上達には時間と努力がかかることを認めたうえで、喜んで取り組むことにしました。

　2週間ほど後に、アンが私のオフィスに来てくれました。今回の目的は、正しいジャンプフォームのイメージの進歩を話し合うためでした。アンは体への意識とジャンプの動作が、順調に改善していると報告しました。そして、ジャンプ意識の好ましい副作用として日ごろ歩いたり座ったりしているときの姿勢も意識するようになったと伝えてきました。彼女の理学療法士も、アンが悪い姿勢のせいで背中や首にあった痛みが減ったと言いました。アンは、ジャンプを記憶するのが簡単になったことと、イメージで明白に過去の最高のパフォーマンスを思い起こすことができるようになったことを報告しました。

　私は、彼女のイメージ能力を確かめるために、彼女が踏み切りをしてからマットにつくまでのジャンプのイメージについて聞きました。2ヶ月前に同じ質問をしたときは、彼女の頭の中は真っ白でした。今回アンは、まだ全体の完全に流れるイメージではないけど、ジャンプの全ての部分部分ではっきりしたイメージを語りました。私たちは、短いイメージ指導セッションをして、過去の試合のパフォーマンスを含めてアンの最高のパフォーマンスをいくつかイメージしてもらいました。そのあとで彼女のイメージを話し合っている最中に、彼女はあることに気付いて興奮しました。

　　A：すごい。私が最高記録を出したときのジャンプをイメージしたときに、自分の踏み切りに何か特別なものがあるんですよ！　それは力の強さだけじゃなくて、自分の体力も重要だけど、その踏み切りの方法なんですよ。体を本当にまっすぐに保ち、バーの上にいくまで腕が動かないんですよ。

　私は、アンの観察をそれがガイドとして使えるように明確につかもうとしま

した。うまくいけば，彼女のイメージは有効に活用できるさらなる鍵を生んでくれるでしょう。

JS：感覚に集中してごらんなさい。そのジャンプのときに君は何をしているのですか？

A：(ジェスチャーをして体を動かして) 私は力強く地面から離れ，完全に頂点に着くまでずーっと体勢を保ちます。そうです，垂直飛びの頂点まで保ちます。そこまで待って，やっと腕を先頭にしてバーの上で体をアーチさせるんです。

JS：どうやって体をそんなに保たせるの？

A：たぶん，垂直に浮かび上がることに専念しているんです。バーのことは気にしていません。ジャンプの後半ですることも考えなくていいんです。それは勝手にいくから。自分の体が腕と頭についていってバーの上を飛んでくれることを信じたときに，できるんです。本当にそれができるんです。なぜなら，正しく飛んだときはかかとを軽くはねさせることも自然にやっちゃうんです。

JS：それじゃあ，自分の体勢を保たせるにはどうセットしたらいいんですか？どうやって意図的にそれを作りますか？

A：きっと，まっすぐ体を保つように自分に言い聞かせたらいいんです…。(数秒の沈黙) あっ，わかってきた。漏斗の中に吸い上げられるような感じなんです。そう，ひっくり返った漏斗の中に (体を動かして説明する)。マークを踏み切って，漏斗の中に吸い上げられるんです。その漏斗が私をまっすぐ垂直にしてくれるんです。そう，その漏斗が私を上から出てくるまで体を動けなくするんです。

JS：ああ！ それはすばらしいイメージですね。実際に漏斗に吸い上げられる経験はあるとは言えないけど，君が言ったことをイメージするのは簡単だよ。感じがわかるよ。

A：私は本当にジャンプがうまくいっているときは，そんな感じがするんです。何かあまり重力がなくて地面から離れているみたいで，地面から引き上げられる感じなんですよ。

JS：その漏斗の中を進んでいる体勢だけじゃなくて，すごく持ち上げられる感じもあるの？

A：そう，それです。今，話しているだけで，イメージできます。ひっくり返った漏斗に吸い上げられています。

JS：ジャンプをしているときに，自分を思い出すためにそのイメージを使うことができると思う？

A：このイメージは以前から知っていたように感じます。私はこれを使えます。

それから私はその漏斗の比喩を使って，アンのイメージを指導しました。彼女はすぐにそれが役に立つことがわかり，練習で使うことにしました。シーズンを通して，アンとコーチは，アンの高飛び選手としての上達にイメージがす

ごく助けになったと感じました。過去の最高成績に到達することができたし，将来も記録が伸びていくように思えました。

メンタルイメージと身体技術の一体化は，アスリート，コーチ，そしてスポーツ心理学者の共同作業から生まれます。とても熟練した選手にも，技能発達のプロセスにイメージは新しい助けとなります。多くの選手は，イメージを活用してみると彼らは自分の種目のはっきりとしたイメージを持っていることを発見します。アンのケースで見たように，イメージの応用は，練習や試合の準備，そして試合での新しい領域を広げ，スポーツキャリアにいきいきとした新風を吹きこんでくれます。

## 望ましい態度と考え方の強化

私はアスリートのポジティブな態度や考え方をパフォーマンスにつなげるために，しばしばイメージを使っています。イメージは選手がスポーツに参加するにあたって，個人的な思考を作り上げる助けになります。イメージを使っての考え方や哲学のアプローチは，先ほど述べたばかりの技能の発達とはだいぶ異なります。イメージを発達させることによって，スポーツ心理学者と選手は理想的なアスリートの視点から見たパフォーマンスを探究することができ，その人にとってスポーツが何であるか広く哲学的な理解ができます。確立されたイメージは，態度や個人的な意味を鮮明に思い起こすために用いられます。

たとえば，私が何年も一緒に働いたある選手は，山の中のある景色のきれいな場所が好きでした。このアスリートが何かの決断で悩まされたり，練習やパフォーマンスのことでストレスを感じたりするときに，自分の考えを取り戻すためによくこのお気に入りの場所に行きました。360度の視野と，山の上での200キロも見える視界や，草や岩や木が豊かにある谷間を眺めていると，彼は自然や生命と一体になる感じがしました。今まであった苦労や決断の重大さが，この体験に比べて小さく感じられます。この壮大なパノラマは頭を空にしてくれます。彼は落ち着き，力が湧いてきて，コントロールできることを感じました。これに気付いて，彼は問題に取りかかるのが簡単になり，自分にとって最善の決断ができるようになりました。

このような景色のきれいな場所はアスリートに理想的なイメージを与えるので，他のときでも思い起こすことができます。たとえば，私たちは，彼のパフ

ォーマンス前のルーティンにこのイメージを取り入れました。彼は静かな場所を見つけ，身体をリラックスさせ，自分が山頂にいることをイメージしました。彼は景色を思い起こし，その力強さと平静さをその場で体験しました。この感情・精神的な眺望から，彼は目の前にある試合に集中を向けました：やるべきことは何か？　パフォーマンスにどう取り組むか？　逆境にはどう立ち向かうか？　このイメージがパフォーマンスにプラスに働いたわけです。

　アスリートが好きな場所で，それを考えるのが楽しいため，このイメージを作るのは簡単でした。数回のセッションで私たちは集中してそのイメージを作り，広げ，豊富にしました。その後は，違うセッションに結合させて，技術的なイメージの連想のあとと，ふつうの意識に戻る前に使いました。これは永久的に創り出されるイメージで，彼は苦もなくそこの場所を思い出します。このイメージは簡単に強いポジティブな感情や明瞭な思考を取り出すのに，すごく有効でした。

　アスリートはひんぱんに練習や試合の細かいことや現実的なことばかりに追いたてられます。コンディショニング，技術練習，技術や戦術上の問題，そして試合自体で数多くのことが要求されます。目標の達成や予選通過，ランキング，メダル，賞や賞金，そして社会的地位などたくさんの問題があります。選手はこういう問題にはまりすぎて，自分の競技力を向上しようという考え方をなくしてしまいます。自分にとってなぜスポーツが大切で，意味があるのかを見失ってしまうのかもしれません。広い視野でポジティブな考え方を強力に思い出させてくれるものがあると，スポーツにまつわる雑事から選手をしっかりと守ることができます。

　アスリートとの会話の中で，私はいつも考え方や意味についての広範囲な問題を取り上げるチャンスを待っています。いつも個々の選手がよく出くわすある哲学的な事柄があります。選手自身の口から言い出す場合と，その事柄について私がちょっとした例を出してみる場合もあります。スポーツに参加することによって個人的に何かを得るという考え方でパフォーマンスをみることは，やる気を与えストレスも解消してくれます。やる気というのは，挑戦や冒険，成果，楽しさから生まれてきます。一方ストレス解消は，関係のない期待を捨てて，目の前の成功や失敗を気にしないで，長期での上達や今の経験に感謝することからきています。この考え方は脅威を感じるよりも挑戦すること，期待に応えることができなくて自分が無価値と感じるよりも，本質的な価値は何か

を考えることが重要だということを教えてくれます。

　イメージには，考え方や哲学的なコンセプトを反映する強い方法があります。イメージは経験の豊富さや，信念や感情の複雑さと結びついています。私たちが作るイメージは，文字通りすばらしいパフォーマンスのイメージのようなものかもしれませんし，すばらしい自然の景色を見て引き起こされる一体感の感じのような，比喩的なものかもしれません。私たちはとても感情のこもった，示唆に富み，挑戦，自由，喜びを含んだイメージ，自分がユニークであることのイメージ，冷静さ，受け入れられた感情，落ち着き，満足感などを含んだイメージを作ることができるでしょう。それらは感情と信念がうまく組み合わされていることが多いのです。これらのイメージを発達させるにあたって最も重要な点は，そのイメージの選手にとっての意味と，その人に与える影響です。

　私は他にも似たような目的にイメージを使い，それを「パワーイメージ」と呼んでいます。パワーイメージというのはパフォーマンスの事態に応じて，望ましい特定の態度や動作の感じを引き出させるものです。アスリートが冷静で目指している状態を説明するのが簡単なときにイメージを作ります。まず初めに，過去の最高パフォーマンス状態の経験を振り返ります。選手が一番気分よく，コントロールしている感じがして，頭が明瞭で自信があり，エネルギーも充分で体の調子もよく，バランスがあった過去の出来事を選びます。その感覚や感情には，言葉や物，動作などで簡単に思い出すきっかけになるような名前がつけられます。そのキューは，昔からあるコンディショニングと同じようなプロセスを通じて，パフォーマンス状態を豊富に表現してくれるイメージと関連づけられます。イメージトレーニングのセッションで，ある状態が繰り返し経験され，それがキューと関連づきます。よいキューの例は，簡単でありながら個人的な言葉（力強く，コントロールしている，いきいきしている）や，動作（こぶしを握り離す，肩を上げ下げする，深く息を吸ってゆっくり吐く）を含んでいます。

　しばしばメタファーは，望まれる状態を表す豊富なキューをもたらしてくれます。以前に関わったある幅飛びの選手は，チーターが助走路の端で潜んで，狩のために体を緩ませてエネルギーを保っている感覚をイメージしました。彼は，ピットに向かうときにそのチーターが獲物を追ってとてつもない速さで走り出すのをイメージしました。そして，ボードを踏みこんだときには，そのすばやい獲物の肩に手をかけるように遠く，高く自分を発進させるような感じを

描きました。このメタファー的なイメージの素晴らしいところは，チーターをイメージして，脱力感，力強さ，速さ，しなやかさ，集中力の感じを選手がしたかったパフォーマンスにうまく関連付けている点です。メタファーが選手にとって大切な意味があるならば，パフォーマンスにとって強いキューとなることができます。

　どんなキューでも，選手が試合に必要な態度や感情，身体準備の合成のイメージを思い起こす刺激になります。充分に練習すれば，選手が持つメンタルスキルの武器の一部になります。アスリートはパワーイメージを利用して，パフォーマンスのための心的な準備を行ったり，試合の途中で望ましい考え方を思い出すことができます。それをすれば，外部の状態に頼らなくても望ましい態度が作れるし，その瞬間に新しいものを作る必要がありません。キューを含んだイメージで，望ましい心理状態はすでに手に入る状態になっています。

　パワーイメージは，アスリートにとって魅力的で興味深いものです。やってみれば，選手はもっと使うようになるでしょう。目の前にある恐れや気を散らすものから注意をそらすには，イメージが選手が心から信じている考え方や，生き方，そしてパフォーマンス状態とつながっていることが必要です。イメージの素晴らしいところは，望ましい心の状態を簡単に思い起こせるということです。いったん選手がこの状態を思い出したら，あまり役に立たない考えや感情，動きよりもそちらを選びたくなるのです。

## 試合のためにメンタルモデルを作り上げる

　アスリートがイメージを使うもっとも強力な方法の一つとして私が見つけたのは，パフォーマンスのメンタルモデルを組み立てることです。理想的なテクニック，態度，感情状態のイメージを発達させ，練習すると，試合パフォーマンスの型を作ることができます。これらのモデルは達成目標や断言的な表現を使うのとは違って，パフォーマンス自体のプロセスを認めてくれます。

　次に例として用いられるのは，世界ランクの槍投げ選手，ジョーのケースです。彼はある世界選手権ですばらしい成績を上げましたが，別の大会では著しく悪いパフォーマンスを見せました。他人からの期待がこのような矛盾した成績の大きな原因となっていました。彼は他人からの大きい期待のプレッシャーを感じると，さまざまな不安反応が起こり，それがパフォーマンスの妨げにな

ります。期待が少ないときは，大きな大会の雰囲気の中でも彼は最高のパフォーマンスを引き出しました。期待の取り扱い方や，試合の不安感への取り組み方についてのセッションを何度かしている内に，彼にはいつも行う心理的準備のためのルーティンがなく，試合で一度気が散ってしまったり，不安感が出てくるとどうしようもなくなって集中できなくなることがわかりました。私の見たところ，一貫したパフォーマンスへの集中がないことが，周りからのプレッシャーや不安反応と同じくらい，悪いパフォーマンスを引き起こしていると思いました。

　私たちは，身体と心理の両面でパフォーマンスの型を作ることを話し合いました。彼は不安感への立ち向かい方のようなネガティブなことではなく何かポジティブなことをやるのだとわかると，のってきました。私たちは彼の技術モデルの重要な点を確認し，最高の槍投げをするキューを探すのに時間を取りました。そして，彼がパフォーマンスするときに，態度や考え方について話しました。これらの最初の話し合いで，次回彼がわかったものをすぐに利用して始められるように，家に帰ったら少し時間をかけて自分の最高のパフォーマンスを思い起こし上手に投げているところをイメージするよう私は頼みました。私たちは彼のパフォーマンスのメンタルモデルを一緒に作ることになったのです。

**JS＝Jeff Simons　J＝ジョー**

J：いろいろと考えて，投げているところ，感情，感じたいことをイメージしてきました。でも，不思議なことに槍自体のイメージが湧いてこないんですよ。というか，他人が投げているところははっきりとイメージできるし，自分がビデオの中で投げているイメージはできるけれども，自分が実際に投げている姿をイメージすると槍が見えないんです。私はかなりイメージが上手だと思っていたのですが，これは問題ですね。

　イメージは私たちが思うように完璧ではありません。こういうイメージの問題はよく聞きます。ここでは「君はふつうだよ」と安心させる必要があります。このケースでは，ジョーが自分で投げているのをイメージすると槍をイメージできないというのは重要です。なぜなら，それは彼の情報処理に関係しているので，これから作ろうとしているメンタルモデルにも関係してくるからです。彼が述べたように，彼はもっと上手なイメージをすることができるはずです。すなわち，彼のコメントは追求する価値がありそうです。

JS：ビデオテープのように外から自分を観察するイメージでは，自分が槍を持っているのが見えないということですね？

J：いえ，そのときは完璧に見えます。自分が実際に投げるプロセスをイメージすると見えないのです。助走路に自分がいて投げているんですけど，槍が見えないのです。

JS：じゃあ，実際に投げているときは槍のどこが見えるのかな？

J：試合のときみたいに本当に投げているときですか？

JS：そう。助走路を進み，投げる準備を行い，投げ終わる間に槍のどこが見える？

J：投げているときは…あ，先の方だけですね。助走のときは先の方が見えます。そして槍を投げ放つ。わかった。先生が言いたいのは，僕が投げるのをイメージしたときに槍が見えないのは，実際に投げるときも見えないからなんですね。

JS：そうだよ。槍は投げ放すまではほとんど見えない。頭を固定させていると，助走路のどこに自分がいるかを見ていて，槍が落ちる場所以外に視覚はあまり関係がないのだよ。投げている最中に絶対に槍は見ないしね。

J：なるほど。それでわかりました…（しゃべりだす前に沈黙）。たくさん考えていたにもかかわらず，まだ，自分が上手に投げたときは何をしているのかがわからなかったんです。でもこれで少しわかりました。試合で最高のパフォーマンスをするときは何か違いがあるんですよ。そのときはいつでもいいスローイングができます。上手に投げるときに感じることを説明してくれる言葉は「意識」だと思います。僕は自分の体をすごく意識できていると思っています。外から自分が投げている姿を見ているようだけど，もう一方では違うんです。自分が投げているのを視覚的に見られないのです。うーん，意味がわかりませんね。深く考えてくれたらわかるかもしれないけど（笑い）。

ジョーは，自分がすばらしい視覚感覚とイメージを持っていても，それが投げるモデルに関しては重要なものではないということを，ヒントとして再び私たちに与えてくれました。私は彼が筋肉動作感覚の結論を出せるように助けたい誘惑に駆られました。ともかく，この発見のプロセスは徐々によい方向に進んでいきます。

J：何が起こっているかというと，自分の感覚をすごく意識しているんです。最高な投げを振り返ってみると，それがどんなにすばらしく感じたかを思い出します。すばらしく感じたということじゃなく，まあ，感じたんですけど，その感覚の記憶が鮮明に残っているということを言いたいのです。目を閉じると，その投げたときを実際に感じることができます。そう，それです！　僕が持っている意識は完璧に感覚に関係しています。実際にやっているときに感覚を意識しているから鮮明に覚えられるのです。あるいは，感覚に集中して，その感覚を意識したときに上手に投げられるんです。どっちが先に来るのかはわからないですけど，絶対にこれはありますよ。

ジョーの経験の因果関係を探るのは面白いかもしれませんが，ここで追跡する必要はあまりありません。この現象に正確な順序をつけるのは困難ですし，問題をややこしくするかもしれません。経験の哲学的探究をする理由はないのです。重要なことは，ジョーが最高の投げをしたときは，自分の行動のはっきりとした筋感覚を意識し，あとからスローイングを容易に思い出せる鮮明なイメージを持っていることがわかったことです。これで大切なのは，彼の筋感覚が上手に投げたときだけにあるものなのかを確かめることです。

JS：逆にがっかりするような試合はどうなの？

J：何も感じなくて，意識もなく，集中力もありません。ただ不安で気が散っているだけです。何とか集中しようとするけど，何の感覚も得られません。僕は本当に一生懸命に腕の運びとか腰とか足の踏みこみ場所などを考えながら頑張るけれど，それでも集中を保てないです。その上，感覚もないのですね。

JS：君が説明しているこの"感覚"は，私たちがこれから作るメンタルモデルの中心にならないといけないね。

J：その通りです。問題はどうしたらこの感じを持てるのか，ということです（彼は沈黙して，自分の質問への答えを考えました）。正直に言うと，それを持つために大切なことは，集中力を増すことです。最低でも，投げる瞬間のクロスステップから集中できたらいいと思います。その段階は，僕が回転して腰をしめて腕を長く保ち全てを振り切るところです。そこで集中できその感覚を意識できたら，今言ったことの全てができるんです。そうしたら，最高の投げになります。でも多くの場合，最初に集中していてもいざ投げるときになると忘れてしまうんです。本当に自分は集中力が足りません。

JS：集中は単に，他のものに気を散らされないで何かに注目するプロセスだよ。君に必要なのは，自分の注目をひいて投げるのを助けてくれるものなんだよ。そのためにメンタルモデルがあります。さっき君が言ったような投げる動作の順序の感じなど，君を上手に投げさせてくれる要素を含ませて，試合で使いやすくなるまでそのモデルを練習します。その感覚意識が出てくるのを待っているのではなくて，試合でどのような状況に君が直面してもその感覚が出せるように練習するのが目標ですね。

J：いいですね！　そのモデルをやってみましょう！

　それから私たちは，投げる技術の重要なキュー要素を決めるために，そのスキルを技術的，バイオメカニックの立場から分解するのに時間をかけました。この部分は分析的ですが，それは投げるときに分析を最小限におさえて，このメンタルモデルはパフォーマンスを描写し，パフォーマンスに指示を与える技術的なガイドになるとはっきり言いました。投げるプロセス全体の流れの詳細

リストを作成してから，ジョーは動作を思い出させてくれると感じたいくつかの鍵となる言葉（キューワード）を作りました。そのキューワードが望む動きのイメージを起こさせることを私は強調しました。当然ながら，そのキューが筋感覚イメージ（のばす，回転するなど）を呼び起こした場合はうまくいきました。最終的な技術モデルは，イメージを刺激し，技術的集中を導き，筋感覚の意識を保つ正しい投げる動作のイメージでした。

ジョーはベテランで知識のある選手でしたが，目標とするフォームとモデルが合っているか確かめるために，コーチに技術的な面を評価してもらいました。まだ経験の浅い選手の場合は，最初からコーチを参加させるのがよいかもしれません。小さい調整以外は，ジョーの技術モデルは彼が既に持っている能力を正しく反映しているようでした。あたりまえですが，そのモデルは選手が使っているうちに改良されていきます。たとえば，ジョーはある年の大きな大会のために備えて，イメージを調整しながら，キューワードもいくつか変えました。

私はその技術モデルを使って，何回かイメージを指導するセッションを行いました。ジョーは，筋感覚を意識するように言われたときや，キューワードにより導かれたときは，容易に理想の投げをイメージすることができました。私たちがイメージを導くプロセスに慣れてきたころ，私は技術イメージセッションのカセットテープを作りました。ジョーは，特に技術トレーニングセッションが始まる前に週に何回もテープを聞くようになりました。

次の段階は，技術モデルを感情が動きやすい状況で取り入れることでした。その目的は，試合でのパフォーマンスを指示してくれるような行動と態度のメンタルモデルを作るためでした。私はいつもスポーツ選手がパフォーマンスを上手にできると信じている心理状態を説明してもらうことからはじめます。その後に私たちは，過去に経験した最高のパフォーマンスを考えてもらい全体のパフォーマンスモデルに取り入れるような心理的要素を見つけます。そして，ジョーと私はこの目的のために会いました。その話し合いの抜粋は次の通りです。

 JS：ジョー，試合のときに自分はどんな状態でいたいか言ってくれないか？　どういう態度で，どういう感情を持ちたいかな？
  J：投げるときの技術的集中以外の心理状態ですか？
 JS：そうです。自分の理想的な心理状態を説明してほしいんだ。
  J：うーん。けっこうテンションが高くないと，だめだと思います。爆発的に踏

み切りまで加速して，全てをぶち壊すかのように振り切るには，かなり燃えてないとだめですね。僕は助走をする前に，自分のテンションを高めようとします。

JS：なるほど。それじゃあ，取りたい態度といえば何かな？

J："アグレッシブ"かなあ。マークの方はずっと見ないといけないし（マークはジョーが投げたい距離を印した点），そこまで飛ばすのに槍に与える力も考えないといけません。自分を集中させ力の全てを振り絞って，爆発させて投げます。

ジョーが話し続けるうちに，彼が試合のときは力強く元気がみなぎっている状態でありたいと説明していることは，彼の緊張したパフォーマンスに関係があるのだと気付きました。彼はそれが本当に投げるのを容易にさせてくれるのかを深く考えずに，プレッシャーや緊張に対して必要だと盲目的に信じているのだと私は感じました。私は彼が最高の成績を収めた国際大会で実際経験した心理状態と比較することで，彼の信念に挑戦することを決めました。

JS：それは興味深いね。ワールドチャンピオンシップ（彼が最高成績を収めた世界大会）では，本当に燃えてテンションが高かったのだろうね。その大会でどういう気分だったか，もう少し話してくれないか？

J：その大会では違いました。もっとリラックスしていました。というか，誰も僕がすごいことをすると期待してなかったのがラッキーでした。ほとんどの選手が僕なんかを知らなかったので，プレッシャーはなかったです。

JS：態度を説明するとしたら，どんなのかな？

J：ただ落ち着いていて，上手に投げることに集中していました。その大会に参加していること自体が嬉しくて，ただ国際大会の経験をしたかったんです。体がほぐれていて，自分がけっこう上手に投げられるような気がしました。投げることだけに集中して，本当にいい結果が出ました。

JS：でも，もし君のテンションが高くてプレッシャーの中で燃えていればもっとよく投げられたのでしょう？

J：いや，うーん…。違いますね。なぜなら，オリンピックではそんな感じで緊張してしまったんですよ。もう考えるのも嫌ですね。

JS：それじゃあ，もっといいことを考えましょう。大きな大会の君の最高の投げを全部考えてみてください。成功したときの心理状態を説明するとしたらどんな感じですか？

J：本当のことを言うと，僕の最高の試合は落ち着いてリラックスしてコントロールしている感じがあるときですね。上手に投げようとする気はあるけど，そんなにプレッシャーはないです。

私たちは続けてジョーが過去に成功したパフォーマンスの経験での態度や感情を探り，そして彼の望むパフォーマンス状態のモデルになり得るものを合成

して作り始めました。このプロセスの中で，ジョーは彼が望む状態を全部まとめたイメージに出会いました。

J ：僕が一番好きなことは何だと思いますか？ 夏の夕暮れに外に出て練習をするのが好きなんですよ。一番星が出て少し涼しくなってきています。そして，太陽が木をオレンジや黄色にさせて，草が本当に緑に見えるんです。槍が手から飛び放ち，いつまでも浮いている感じなんです。何か重力がそれほど強くないかのように。穏やかで投げるのがとても嬉しいんですよ。

JS ：よくわかるよ。君が説明するように僕もイメージできるよ。心理状態にしたらそれをどう描くのかな？

J ：いきいきとして体がほぐれいて。嬉しくて，投げたくてしょうがない感じ。僕はフィールドに溶け込んでいて全く申し分ないんです。何も決まった距離まで飛ばさなくてもいいし，ただ自分のために投げている。僕は槍投げ選手で真剣にやっている。そして，それをやれることだけがすばらしく思えるんです。

JS ：もし，その考え方で主要な大会で投げられるとすれば，どうなると思う？

J ：もしそれができてパニックもなかったら，僕は飛びぬけたことができますよ。そういうふうに投げられればいいですね。

JS ：これで，君の技術モデルに組み合わせるものができましたね。

　それから私たちは，ジョーがパフォーマンスモデルに入れたい，感情や態度の要素を確認するのに時間を費やしました。最高の試合や練習状況をイメージして，望ましい心理状態に磨きをかけることができました。私たちは感情イメージにつなげられる簡単なキューワードとフレーズを作りました。次に，望ましい態度と心理状態を技術モデルと統合させ，完全なパフォーマンスモデルを作りました。私がジョーにパフォーマンスイメージを通して指導したときに，望ましい態度や感情状態が，技術モデルの中に心理的要素として入りました。彼はキューワードやイメージで心理状態を思い起こし，その感覚で技術モデルを実行するのをイメージしました。私たちが内容に満足した後に，私はイメージのカセットテープを作りました。ジョーはそのテープをその年の主要な国際大会でメンタルモデルを使う準備の練習で使いました。

　そのメンタルモデルは，ジョーの準備の貴重な部分を担いました。彼は大会前の海外滞在ときの6週間の間に定期的にテープを聞きました。彼は一体感，落ち着き，コントロール感，喜びの感情と正確なテクニックの実行の組み合わせに慣れてきました。ジョーは大会のときも，頭の中でメンタルモデルに従ってパフォーマンスのリハーサルをしました。決勝の前夜もテープを聞き，準備万端だと自信をもってぐっすり寝ました。槍投げ選手を練習場から本会場まで

乗せてくれるバスの中でも、ジョーはイライラしたグループの中にいることで気が散るのを防ぐためと集中を思い起こすために再びテープを聞きました（選手は試合中にテープやCDプレーヤーをフィールドに持ち込めないので、これは彼がテープを聞ける最後のチャンスでした）。

　ジョーのパフォーマンスは飛び抜けていました。彼は自己新記録で優勝メダルを勝ち取りました。彼は一貫してすばらしく、大会でベストの6投をしました。ジョーは、メンタルモデルのパフォーマンス状態をほぼ完璧に作れたことが特に嬉しかったと報告しました。彼はその瞬間に自分の存在と周りとの一体感を感じました。彼は落ち着いていて、コントロールしていて、ポジティブに気合いが入っていました。彼は投げることの感覚に集中しやすくなり、彼の動作の力を槍の飛行に移すことができました。ジョーは自分の達成したことを非常に喜び、過去の不安や矛盾に打ち勝つことができたと感じました。一番大切なのは彼が自分で変われたことであり、何より未来にもそうなれる方法とスキルを持つことができたという自信を感じたことでした。

## まとめ

　アスリートがイメージを使うプロセスは挑戦的だし価値のあるものだと、私は思っています。ある人が他の人と全く同じ知覚とイメージを共有することはできません。選手がイメージして探究する手助けをするには、たいへん忍耐と厳密な調査が必要とされます。彼らが知覚したりイメージした経験を伝達する方法を発展させるには、かなりの努力が必要です。しかし、そのプロセスはとても魅力的です。アスリートそれぞれの独特な経験や知覚から学ぶことはたくさんあります。選手が持っているイメージとフィールドでの行動を合成させるときに見られる選手の成長を観察することは大変おもしろいものです。知覚、行動、感情の複雑さを探究する際に、スポーツ心理学者とアスリートの間に生まれるコミュニケーションは、そのプロフェッショナルな相互関係にさまざまな点で貢献してくれます。たとえば、もしアスリートと私がイメージを時間をかけて一緒に練習すると、互いの個人的な問題も理解することが容易になるように見えます。心理状態を深く探求するのに必要なものは備わり、ポジティブな見方も作られていきます。

　イメージは知覚や行動に深い関係を持っているので興味深いものです。イメ

ージは実に豊富な記憶装置であり，環境や運動スキルの実行に含まれる情報の複雑さにはピッタリ合います。イメージは個人的な考えや感情を経験と結びつけます。それは簡単な刺激反応の問題をはるかに超えた可能性を持っています。メタファーの効果は，イメージが伝えられる意味を証明しています。イメージは，創造的でアスリートがまだ実際のパフォーマンスでしたこともないような態度や動きを頭の中で経験させてくれます。選手がイメージした特徴を実行できるようになると，その特徴はパフォーマンスでの新しい表現を導いてくれるモデルとして役立ちます。これら全ての理由から，イメージはスポーツ心理学の実践において価値あるエキサイティングな手段なのです。

●第Ⅱ部
応用スポーツ心理学の原則

# 第7章　未来を定める：プロの選手たちの目標設定

(TARGETING FUTURES : GOAL SETTING FOR PROFESSIONAL SPORTS)

■ Daryl B. Marchant (Victoria University)

　目標設定はスポーツ心理学が介入していく上での主流であり，多くの本や雑誌記事がそのことの重要性と価値について報告しています。研究者はよく，目標設定の結果（その目標設定プログラムは顕著なパフォーマンス向上をもたらしたか？）を報告しますが，そのプロセスについての討論には短時間しか費やされていないのが現状です。記事のスペースは限られているために，目標達成に向かっている間に，スポーツ心理学者とクライアントで何が起こったのかという説明は割愛されてしまいます。プロセスは，選手の「目標達成とは？」という教育，目標設定プログラムのシステム化，一対一で行われる目標設定の話し合い，そして目標が達成されなかったときの対処法などと幅広く取り扱われているはずです。この章の最初の目的は，プロ選手の場合の目標設定の仕方を考える際における難しさを示すことです。

　数多くのすばらしい応用スポーツ心理学の本の中で，目標設定理論，目標設定のガイドライン，そして目標設定の潜在的な欠点といった問題点が指摘されています（Bruton, 1993 ; Danish et al., 1992 ; Gould, 1998 ; Harris and

Harris, 1984；Weinberg, 1996)。多くの実践家がそれらの本に触れ、目標設定の方法を理解してくれればと願っています。この章の第二の目的は、目標設定の法則をコンサルテーションに取り入れることは大切ですが、法則それ自体はプロの選手と仕事をする上では、どちらかと言うとささいな点であるということを示すことにあります。目標設定の実質的な文献を知ることと、その目標設定メカニズムを知ることは不可欠であり、それはプロの選手が目標設定をする上で価値のあることです。目標設定はまた、人間相互間の技術、タイミング、創造力、そして論理的な限界を乗り越えることにも有益と考えられます。

　この章の三つ目の狙いは、プロのスポーツ組織で仕事をする際に、内側から見る視点を提供することにあります。この目的を達成するために、私は日記を使った1年サイクルのオーストラリアンフットボールでの目標設定を実例として提供します。この日記は計画化、組織化することの重要性を強調するために日付順にのせてあり、その中では一人一人のコンサルタントの体験談、コメント、解釈、個人的な投影がちりばめられています。実践的なオーストラリアンフットボールの知識は必要ではありませんが、ここで論議されている問題点に一般的な応用例があるべきでしょう。この章は二つのセクションから成っています。第一は個人の目標設定に関係するもの、もう一つはチームの目標設定です。この章で論議されている他の問題点には計画、教育、フィードバック、コミュニケーション、変化する目標利用、目標の三者間の合意、柔軟性を含んでいます。

　最後に述べておきますが、私の経験は、多くの応用スポーツ心理学者と同様に、多くの成功と失敗に満ちています。本章では私とプロのフットボール選手たちで実際に行った、目標設定プログラムの仕事ぶりをオープンに提供することを試みました。読者には、提示した事例や問題点を検討することをお薦めします。そして、それらから参考になるものを見つけ、私の間違いからぜひ学んでほしいと願っています。

## 個人の目標設定

日記　12月12日
テーマ：チャンスの最大利用，紙で出される宿題の毛嫌い，抵抗

アルパインのトレーニング施設とオーストラリア国立スポーツ研究所（the Australian Institute of Spor：AIS）との間のバス移動中に，目標設定用紙を配ることにより，個人の目標設定プログラムを始める突然のチャンスを得ることができました。それはプレシーズン期間がまだ始まったばかりの時期であり，正式なオーストラリアンフットボールのシーズン（3月〜9月）が始まる約4ヶ月前のことです。選手たちは4シーズン前から目標設定用紙になじんでいました。私のそのクラブでの契約期間は前の2シーズンを含んでおり，私の目標設定の方法は，すでにあったものをよりよくすることが主でした。大半の選手はすでにこのやり方になじみがあり，そして何人かの選手には簡潔な説明が必要なことを知ったうえで，私は目標設定用紙を何かのチャンスのときに配付できるようキャンプに準備してきました。時間的にしばられていない42選手全員に一度にアプローチできることは，まれなことです。私は準備してきたこと，そしてチャンスを得られたことを喜びました。私のブリーフィングは以下の通りです。

　　DM＝Daryl Marchant
　　DM：このバスでの時間は，君たちが今シーズンの個人の目標を考え始める絶好の機会です。前年度のように，目標設定用紙を配ります。それにはインフォメーション部分，シーズン前の目標部分とシーズン中の目標の3部に分けられています。これらの用紙に目標を実現させるための自分の考えをできる限り詳しく記入してください。例を少し載せておきました。目標は体力，技術，戦術，心理的要素，なんでもいいです。現状の自分にとって何が一番大切かを考えて書いてください。完成させた用紙はアルパインについたら一度集め，コンピュータに入力し，できるだけ早く君たちに戻すつもりです。何か質問はありますか？

私は全ての選手たちが第一ステージである目標設定を早く，効率よく完成させられるだろうと予想していました。バスでの移動が終わるころには，私は42枚中24枚しか完成した目標設定用紙を受け取れませんでした。選手たちは，用紙を完成させなかった理由としてさまざまな説明をしました。たとえば「もっと考える時間がほしい」，「個人的に話がしたい」，「バスの中ではリラックスしたかった」など。あまり反応がないのに私はフラストレーションがたまりましたが，それは私が事前にバス内で目標設定を考えてもらうと発表しなかったことの結果だと判断しました。私は意識して選手が目標設定用紙を完成させるのに苦しむ要因をチェックしています。チームや私自身の期待はさておき，私

は目標設定は強制であるとはっきりとは言いません。私は，それをやらないことは不承諾の反抗の表れだととらえています。その他の反抗の形として，目標設定を真剣に考えず，時間をかけずにさっとやってしまう選手もいます。目標設定トレーニングの不承諾は赤旗を揚げていることであり，スポーツ心理学者はそれを無視してはいけません。不承諾の潜在的な理由には，目標設定の基本的な知識の欠落（たとえばSMARTゴール——よい目標とは具体的，測定可能，達成可能，現実的，そして期限を区切ったものであるということ），目標設定に関する過去のマイナス経験；不十分な読み書きの記述；スポーツ心理学者との乏しい関係性；目標を共有することを嫌う，などが含まれています。特に大勢の選手の相手をするスポーツ心理学者は，まず，どうして不従順が起こるのか，そして，次にそれを軽減するためにどうすればいいかを，意識して念頭に置いておく必要があります。不従順の理由を見つけるためには，ときどき個人のフォローアップが必要かもしれません。しかし選手へのアプローチは慎重にするべきです。なぜなら選手は目標設定に対して防御的な考え方を持っている可能性があり，目標設定用紙でチェックされていると思うかもしれないからです。完成させることをめんどうくさいと何人かの選手が思う気持ちは，紙に書いたものを課されたときに多くのプロ選手たちが示す反応です。紙に書かれた課題は宿題と考え，それは昔の学校時代のマイナスイメージを引き起こしたり，この忙しい選手生活をじゃまするものとして捉えてしまうのです。この理由により，私がオーストラリアンフットボールの選手に宿題を課したり，スポーツ心理学の資料を使うことは極めてまれです。

> 日記 12月21日
> テーマ：承諾と抵抗，チームスポーツの心理学者として目標設定を行う利点，優先事項とバランス，プロとしての罪悪感

目標設定用紙のほとんどを入手したことをチームに発表したあと，ブライアンは私のところに自分の目標を一緒に完成させてほしいと頼みに来ました。個人の目標設定をする場合，私は前のシーズンに選手が立てた目標や，それらの目標に関係する重要な結果の資料を準備しておきます。私は面接を始めるにあたって，それらの目標を充分に再検討してのぞみます。これらの資料は話し合いに明らかな関連していて，達成しなかった目標は今でも選手には重要かもし

れないからです。そして達成した目標も，今だに優先事項に入っているかもしれません。ブライアンとの面接は，私のオフィスであるこの部屋で行われました。ここは，選手たちの施設に近く，静かな環境が不可欠な事柄（たとえばイメージトレーニングまたは不安コントロール技法を行う場合），邪魔されない環境が必要な面談を行うのに充分適していました。

*DM＝Daryl Marchant　B＝ブライアン*

B：バスの中で目標設定用紙を完成させなくてすみません。どうしても他の選手たちがたくさんいる場所では集中できなくって。

DM：それは心配しなくていいよ。皆が必ずしも，目標をいつでも考えられる準備ができているわけではないから。去年の君が立てた目標をここに持ってきたよ。これらを簡単に検討して，そのうちのどれが君にとって今でも必要か話し合うことから始めようか？

B：そうですね。えっと，昨年はうまくいっていました。目標も達成しましたが，でも怪我をしてからというもの，何かを失ってしまったんです。

DM：何かを失ってしまった？　それはどういうふうに？

B：いいプレシーズンを送ったのに，せっかくの努力を失ってしまったことに苛立ちを感じたんです。僕が怪我をする前に好調だったのは，一緒に住み始めたガールフレンドのおかげだって皆は言うんです。確かに彼女も理由の一つですが，僕はいいプレシーズンにしようと，ずっと前から心に決めていました。僕は休んでいる間に体力がかなり落ちたので，戻ってきたときはそれで悩みました。（ブライアンは言葉を止めた。私は静かに彼が続けるのを待ちました）負傷したとき，悲観的になってしまって，自分の計画や目標を見失ってしまったんです。

DM：では，シーズンを4週間ブロックに分けて毎月の目標を設定してみますか？

B：それはいいですね。目標を冷静に一つずつ一緒に検討してみたいです。

DM：初めの4週間では君は何が大切だと思う？

B：キックをよくすることに引き続き取り組みたいと思っています。でも，これをやるのは（クリスマス休暇後の）公式トレーニングが再び始まるまで待ちたいです。いったんシーズンが始まると，集中的にキックを練習する時間を見つけるのは難しいですから。

DM：キックについて君が昨年意識していたことは，私も知ってるよ。では，キックをよくするために他にどんな特別の技術が必要だと思いますか？

B：走っている間に蹴ることができるようになることと，トップスピードのときにターゲットを当てられることですね。

DM：この技術を高めるためにどんな方法があると思う？　それから改善をどのように測定する？

B：僕はより多くのキックに関する特別技能セッションをする必要があると思っ

ています。アシスタントコーチのトニーはとてもよかった。彼は，私の動作のビデオ分析をセットし，私の技術でどの部分を鍛える必要があるのか，フィードバックをしてくれました。走りながらターゲットを狙うスキルをテストするために，トニーが使っている丸いターゲットを当てる技術測定テストを知ってますか？

DM：ええ，そのテストは見たことあるよ。トニーのやり方は，実際の試合に沿った優れたやり方だね。ということは，トニーがその部分を向上させるための重要人物なのですね？（ブライアンはうなずく。私は話し続ける）それはよかった。では，この技術を高めるために次の4週間は何をするつもりですか？

　この面接の終盤は，ブライアンに次の4週間を使って，キックに対して具体的で，プロセスベースで，測定可能な目標を立ててほしいという私の気持ちが表れています。目標を具体的に立てること，フィジカルな練習を補足するためにイメージを使うこと，似たような目標を持ったトレーニングパートナー探し，コーチと適切なキックドリルを開発するために話し合うこと，トニーが作ったキックテストの再テストを計画することなどについて話をしました。他に二つの短期的な目標を立てたあと，私たちは面接を終了させ，次週に会う約束をしました。

　面接の最初の段階で，ブライアンは，前のシーズンに立てた目標の話から，怪我や人間関係，集中の仕方など，より大きな問題の話に話題を移してきました。目標は，スポーツ選手にとって比較的話しやすいことであり，そのスポーツの領域を越えた話題もたびたび持ち上がるチャンスです。私は，周りからブライアンの好調の原因だと言われている，彼のガールフレンドについてのコメントに対してもっと突っこんで話すこともできました。私が応用スポーツ心理学者としてまだかけだしのころだったら，私は恐らくそのコメントに直接反応し，彼の好調の理由について，ガールフレンドではなく自分の意志により調子をあげたという彼の意見が正しいと，言葉に出して支持したでしょう。しかし，彼のガールフレンドとの関係は今回の面談には関係なく，また話をより複雑にするものと今は判断しました。

　同様に，私は，ブライアンのコメント，つまり，悲観的になってしまい自分の計画や目標などを見失ってしまったことに対して追求するのはやめることにしました。ブライアンが怪我で休んでいた間に「何かを失ってしまった」と打ち明けたとき，私はとっさに，もっと早い段階で，彼の状況をすばやく理解し，目標の方向付けについて考え直すべきだったと思いました。6ヶ月がたった今，

彼はより前向きな考え方になっていたので，私はこの話し合いを次の段階に進めたかったのです。私は，ブライアンに前のシーズンで何が起こったのか充分理解していましたので，そのことを再び掘り起こしたくはありませんでした。しかし，あとから思うとこれは間違った選択だったかもしれません。それは，どうしてうまくいかなかったのか詳細に分析してほしいと思うブライアンの気持ちの現れだったのかもしれないからです。選手との面接は，物事を深く掘り起こすチャンスに満ちています。スポーツ選手のコメントに潜在していることの意味や，彼らが前年の経験に対してどう感じたかを見落としたりなど，私は何かを逃してしまったのかもしれません。幸いなことに，問題が生じたときすぐに対応できるように，目標を4週間に区分するという私のアドバイスにブライアンは好ましい反応を示してくれました。私の経験から学んだことですが，もし，選手が話したことで何か大切な部分を見落とすと，その問題は必ずと言っていいほどまた現れるのです。

　数年間にわたり，チームのスポーツ心理学者であることの明確なメリットの一つは，選手たちの（少なくとも専門的には）かなり詳細な知識を蓄積する時間があることだと思います。チーム心理学者として，私には，対話する機会や，さまざまな状況下でクライアントを観察することができます。組織で仕事として長期間チームを見ることは，個人のコンサルタントにしばしば欠けている目標設定プロセスの連続性が持てるという点で，すばらしいことです。

　たとえば，ブライアンには親しい友人は少なく，個人的な注意に敏感に反応するとクラブの厚生施設管理者が以前私に教えてくれました。彼が「私は，一緒に目標を立てる方がいい」と言ったとき，ブライアン自身，彼が求めるものやニーズのヒントを与えてくれました。ここでブライアンは，協力することに抵抗していないこと，それどころか，個人的な接触，一対一の協力を彼は欲していることを示しています。私が思うに，自分ひとりで目標設定する個人の作業から，一緒に目標設定をする共同の作業に，目標設定の取り組み方を変えたとき，バスでは消極的抵抗だったと思われた彼の態度が明らかに承諾的なものになったのではないかと思います。

　私は毎月目標設定ミーティングを行うことによって，ブライアンのサポートにあたりました。私は，ブライアンと接触時間を増やしたのはよい決断だったと信じています。また，彼はその後の数ヶ月，トレーニング形式，練習に対する姿勢（コーチから言われたコメントによると），プレー形式や目標設定など

に前向きな反応を表したのです。アスリートと会う時間を増やすことは，必ずしもいい結果を生み出すわけではありません。50人を超える選手やコーチを持つチームでは，過度の関わり合いは問題を引き起こすでしょう。目標設定はチームスポーツ心理学者が持つ多くの責任のうちの一つです。私は，自分の問題に過剰に時間を費やしてしまったり，他の選手のことを考えず，特定の選手に集中してしまったことも過去にはあります。同様に，たとえば，大学での常勤，家族や他のクライアントたちなどの他の責務が重なった場合，チームスポーツ心理学者としてバランスの取れた仕事を維持するのは難しいでしょう。莫大な数の問題は，コンサルタントをすることを非常に難しいものにするからです。私は，目標設定に時間を充てすぎていないか？　コンサルティングの時間を効率よくするためにはどうやって時間管理するか？　私のコミットメントは，約束したサービスを成功させるための私の力量に相当しているか？　時間が短い場合，私はコンサルテーションを優先するべきか？　私の要求はクライアントの相談に合っているか？　…無数の問題が浮上する中，私はほとんどの場合三つの方法で対処しています；(a)コンサルタントの周期的な評価をするか，あるいは独立した評価を実行する組織を持つ(b)特定の問題が生じたとき，メンターやスーパーバイザーに相談する，そして，(c)他の現役の応用スポーツ心理学の実践家と一般的なコンサルタントの問題を議論するためのネットワークを作り上げる，です。

日記　4月29日
テーマ；目標失敗，難しいクライエント，性格タイプ，最適状態といえない面談

　アンドリューとの面談は，あるコーチに彼の望ましくないフォームについて話し合ってほしいと頼まれて始まりました。そこで，私はアンドリューと会って彼の目標とフォームについて話し合うことになったのです。コーチの許可を得て，私は選手たちと定期的に，自分が会いたいときに会うことが認められていました。しかし，このような形での面談は選手が自ら望むタイプのものより難しいものです。選手たちは「スポーツ心理学者に会わなくちゃいけないなんて，自分は何か悪いことをしてしまったのだろうか？」とか，コーチが設定したものだから自分は絶対に行かなくちゃいけない，などと考えてるかもしれないからです。

アンドリューはほとんど何も言わず，防御的なボディランゲージを示しながら入室してきました。

DM＝Daryl Marchant　A＝アンドリュー

DM：座って下さい。最近調子はどうですか？
A：まあまあです。(私はアンドリューに詳しいことを言う時間を与えますが，彼は沈黙を続けていました)
DM：すでに5試合を経験した今，君の目標やどういう状態に現時点で君がいるのか，見直すのにいい時期だと思うのですが。

私は，アンドリューとのミーティングはコーチが薦めたことだと言わないことにしました。選手が私とコーチとのつながりを感づくと，彼らは気乗りせず，挑戦的な態度を示すのをよく見てきました。口数少なく話し合いを始めることによって，私との面談に乗り気でない態度を示し，アンドリューは意識的に反抗を表していました。私にとってコーチの意志により話し合いに持ちこまれた選手がこのような態度を示すことはよくあり，スポーツ心理学者としては望ましいことです。そこにはうぬぼれも遊び心もなく，話し合いは彼の抵抗心とともに進行されますが，それはコントロールされたり強制されたものではないからです。

A：俺はただ，ハムストリングの痛みから回復しているにすぎません。
DM：では，今君は何に集中して練習しているのですか？
A：ただ感覚を戻しながら練習に参加しているだけです。
DM：それはいい，君はどの目標に向かって頑張っているのですか？
A：自分の目標であるエアロビック・フィットネスを上達させようとしています。
DM：具体的に言うと？
A：正確には覚えてません。
DM：じゃあ，君の体脂肪は？　君は皮脂厚合計50 mmを目指してたね。
A：ああ，それは今の時点ではちょっと高い，だいたい65ですね。たぶん。ハムストリングの問題があって達成するのが難しくなりましたが，でも頑張っています。
DM：それはいい。どのような方法でそれを達成させようとしているのか教えてください。

会話の雰囲気は，私に言わせれば，直接的で挑戦的，そして少し対立的です。アンドリューは不調で，目標を達成していないのは確かでした。彼は悪いフォームを認めることに素直になれず，具体的な目標を話させようとしたとき，その話題から逃げようとしたのです。具体的な有酸素性の能力 (aerobic fitness）に関する目標に対しての質問は，どのように自分の目標に対して考えているかをチェックするためにすぎません。体脂肪の話題を持ち出すことによって，アンドリューが自分の目標を真剣に考えているのか，私に対して正直に答えてくれるか試そうとしました。まだカウンセラーとしてままならない時期に，私はときに，相手を傷つけてしまうことを懸念して挑戦的になれませんでした。今までの経験と自信とともに，私はクライアントから得た情報と他から得た情報との食い違いを見つけ出し，クライアントに直接その食い違いについて聞いてみることもできるようになっていきました。アンドリューは体脂肪は現在 65 mm であり，自分の目標の 50 mm より 15 mm オーバーであると言っていましたが，実際には 75 mm であることを私は知っていました。今回，私は，彼の発言の食い違いを問い詰めるべきだとは思わず，その食い違いを心に留めておくことにしたのです。しかし，スポーツ選手たちにスポーツ心理学者が自分に必要だと認識させることは大切ですが，経験不足や実力がないと思われないよう油断してはいけません。

　1対1の面談以外でも，アスリートのことを理解しなくてはいけないことはたくさんあります。日常生活や心理検査により収集された情報は，話し合いの中で出てきた内容に対して同調または挑戦するときに便利でしょう。アンドリューと話しているとき，コーチたちの間でも，また選手たちの間で，アンドリューの怠けぶりが話題になっていることを知っていました。私はよく 16 PF (16 Personality Factor Questionnaire) (Catell, Cattell, and Cattell, 1994) を実施しています。アンドリューが二次要因のセルフコントロールで低い成績 (10 段階の 2.5) を出していたことに気付いていました。アンドリューはまた，セルフコントロールに関係する第一因子の意識のコントロール，完璧主義で非常に低い得点だったのです。

　アンドリューのような，セルフコントロールで低い点を出し，他の部分でいい特性を持たないアスリート（たとえば，言い訳や自我に高い点，快活性に低い点など）は，私の経験上，やりにくいクライアントです。このようなコンビネーションの点数は，個人の基準に無関心で，低い向上心を持つ人を示しています (Cattell, 1989)。16 PF は私がスポーツ選手に定期的にやらせるただ一つの心理的検査です。強い心理的な特性を持ち，たとえば，インタビューや観察，重要な他者，そして対面での話し合い以外に，私に選手の重要な性質に関する新たなヒントを与えてくれるので，私は 16 PF を使っています。16 PF で

アンドリューと反対のプロフィールを示すスポーツ選手は，自然に通常の目標設定に従うことができる，すばらしい目標設定者である場合が多いと言えるでしょう。キャッテルが示唆するように，（次に示すブレンダンのように）これらの人々は根気強く，誠実です。また，多少強制的で厳密なことにも，強い意志力を持って挑めるでしょう。これらの特性は，具体的，現実的に，測定可能なものとして目標を設定するのに役立つものとなります。

　アンドリューとのやりとりでは，目標設定はオープンで，正直で，相互に尊敬し合う同士でなくてはうまくいかないことを明白に表しています。そしてアンドリューと私には，それがありませんでした。質のよい関係をクライアントと築くために時間を費やすのは大切であり，面談で用いるどんな専門的技術よりもひょっとしたら重要かもしれません。アンドリューと正反対の 16 PF のプロフィールを示すブレンダンとを比較してほしいと思います。ブレンダンは自分の目標達成を，他の人の助けや目標設定のトレーニングを必要とせずにやってのけてくれます。

## 目標を見直す

DM＝Daryl Marchant　B＝ブレンダン

DM：シーズンも終わりに近づいてるし，ちょっと立ち止まって君の目標を見直すべきだと思っています。さて，あなたは今年，何試合シニアゲームに出場しましたか？

B：私は，アンセット・カップと 10 試合中 6 つのゲームに出場しました。

DM：目標をモニターする際に，君はどれくらい注意しましたか？

B：私は目標があり，それを意識して，常にそれらに向かって努力してます。いくつかの目標は，測定することが困難ですが，それらは私にとって重要です。私は体系だっていることが好きで，来月，毎水曜日の朝 2 時間を目標の見直しに使うつもりです。

DM：12 月に選んだ目標に満足してますか？

B：だいたいの面で，満足しています。いくつかゲームプランの中核に影響するものもあったので，コーチにいつも意識させられたものもあります。

DM：それはよかった。私は，目標設定プログラムがうまく機能しているか確認するために，このような質問をよくするんですよ。君の目標を一つずつ検討し，目標設定の現状を見てみましょう。フットボールの調子はどうですか？　あなたは手をボールより低く置いて，ボールを地面に低く落とすことを意識してい

ると言ってましたね。
　B：そうです。私のキックは，前のシーズンよりかなりよくなりました。特に正確さを伴う場面でね。まだ努力の継続は必要ですが，アシスタントコーチのトニーとのアフター練習は，私の技術を向上させるのにとても助けになりました。
DM：自分の改善した点をどう評価し，位置付けますか？
　B：正確に統計的に測定することができませんが，より目標に近づいている気はします。全ての目標のできを測定できなくても気にしません。全てを管理，意識するのは不可能に近いですからね。
DM：その通り。それでは，攻撃性や自信，情熱やリスクを取るなどの精神面ではどうですか？ これらのことを行う能力で，今までのレベルから上級のレベルへ移りたいと言っていたのを覚えてますよね？
　B：あとの三つのことに関しては特に問題ないと思います。でも，攻撃面は並より低く評価をつけています。
DM：残り3ヶ月のシーズンの中で，どのようにそれのためのエリアを向上できると思いますか？
　B：激しくタックルすることやブロッキング，チームのためになるならボディコンタクトをとることなど，ボールから離れた身体技術のコントロールに関係すると思います。もっとコート上で声を出し，敵がダウンしているときは状況を最大限に利用したい。数週間前に，敵プレーヤーにそれができる絶好のチャンスがありました。彼は状況（つまり身体接触）を避けたので，私は最後まで彼だけに執着するのではなく，別のことに集中することにしました。
DM：じゃあ，攻撃は身体面と言葉の両方だというのかな？
　B：はい，二つは一緒になるんです。厳しくプレーすることで相手に明瞭なメッセージを送ります。二つの面（身体面と言葉）で一つであるので，私は言葉でも引き下がりたくありません。より攻撃的になることによって，私は，チームメイトからも認められています。
DM：これからの1ヶ月間この攻撃性の分野で何を特に目指すつもりですか？
　B：私は，毎週表彰されるワンパーセント賞（その週の試合で多く身体的に貢献したプレーヤーに与えられる賞）を勝ち取りたいと思っています。私はまた，毎試合ワンパーセンターで平均して，チームでトップ5に入りたいです。
DM：あなたは今どこに位置しているのですか？
　B：毎試合あたり平均35ポイントになります。このエリアにもっと集中すれば，一つのゲームあたり40ポイント以上を得られると思います。
DM：OK，それは明瞭な目標だし測定可能ですね。でも，身体的な攻撃性を改善するために具体的に何ができますか？
　B：よかったプレイのハイライトや試合前の準備に使っているビデオを見るのに時間をかけてもいいと思います。
DM：じゃあ，ビデオ係に話をつけて，君のためにコピーを作ってもらうのはどう

　　　　　でしょう？　もし君が興味あるなら，以前に行ったようなイメージをしてもい
　　　　　いですね。でも今回は，タックル，追いかける，パンピング，そして意表をつ
　　　　　くことでいい。どう思いますか？
　　　　B：いい案だと思います。ただ一つの問題は時間ですね，でも週に一回くらいで
　　　　　あればイメージのセッションのミーティングを何とか調節できると思います。

　そのセッションは，目標の過程やスキルの発達（ブレンダンの身体的攻撃性）へと続いていきました。その後，彼の口頭の攻撃を改善するための過程と結果の目標についても話をしました。
　ブレンダンのようなスポーツ選手は，目標設定の基本に忠実に従います。恐らく，このような特徴の選手は，スポーツ心理学者がいてもいなくても目標設定をするでしょう。私が与えた組み立てや専門的意見は，このタイプの選手をさらによくしたと思っています。選手たちが設定する全ての目標が測定可能というわけではありません。精神面や戦術的な目標は，体力や，技術的な目標に比べると達成したか判断しにくいのです。目標設定の基礎的法則のひとつは，測定可能な範囲で目標を設定することです。専門家は常に目標測定の重要性を強調しますが，ブレンダンが言うように"全部をモニター，管理するのは不可能に近い"。個人の目標においては，目標を現実にさせる過程がしっかりしていれば，私は選手たちに達成度が測定しにくい目標でも設定させています。ブレンダンの場合，質問紙や評価尺度にとらわれず，攻撃面が彼にとって何を意味するかに重点を置くことを選んだのです。

---

日記　8月20日
テーマ：決勝戦のための目標，現実的な目標設定，試合目標，流動的な目標設定

---

　私は，決勝戦を控える若い選手たちの準備に役立てるために教育セッションを実施することにしました。私は大きな試合で実績を持ち，すばらしい選手として評判を持つ前チャンピオン・プレーヤーのブレアに，不安や試合への準備，セルフトークや目標設定といった問題について話してもらうことにしたのです。ブレアのコメントは，試合中の異なる状況下によって，目標設定がいかに流動的なものかを教える上で，とても有用でした。

　　　　DM＝Daryl Marchant　　B＝ブレア
　　　　DM：決勝戦が行われている間，目標設定をどのくらい意識していましたか？
　　　　B：ほとんどの間ずっとですね。特に私がチームの中心となる仕事を求められた

ときなどにね。
DM：それらの試合で，目標設定をどう活用したか選手たちに説明してもらえますか？
B：自分自身に過剰な期待をしないこと。決勝戦で最良なプレーがしたいとか，ベストプレーヤーになりたいなどの目標をかき消してしまう夢を見る可能性があります。私は，プレミアシップでキャプテンになりたいと夢見ていました。私は寝る前に，そういうことを思ってはいけないと，どんな結果になるか考えてはいけない，それはあまりにも漠然としていると，自分に言い聞かせようとしていました。でもそれは，とても難しいことですね。べつに自分が世界で一番いい選手でなくてもいいんだと，自分の仕事をするだけでいいんだと言い聞かせることだけに集中するのです。結果的にそれがどんなに簡単なことか。だって世界で一番は絶対に一人しかいないのだから。
DM：ではあなたは，目標を現実的なものにしろとおっしゃってるのですね？
B：その通りです。世界で一番になる可能性は少ないですからね。それが，あなたが目指すものなら，恐らくそれは達成されないでしょう。あなたは，すでに標準以下であるし，既に悲観的である。自分のやるべきことをいつも通り行い，よきチームプレーヤーであることを心がけ，ふだん通りすることに集中しなさい。基本を行うことによって，恐らくそれは達成され，そしてよりうまくいくようになるのです。
DM：非現実的な期待がどのような影響を及ぼすか説明してもらえますか。
B：今，自分がラストクオーターだと想像してみてください。チームのトップ5になりたいという希望を持っているが，まだ慣れていない。どれだけのプレッシャーがあなたにかかるかわかりますか？ 試合のプレッシャー，家族や友人からのプレッシャー，そして自分の希望のプレッシャーがのしかかる。プレッシャーは不要なんです。ふだん通りであることが大切なことなんです。
DM：目標設定のしかたと，どのようにそれを達成したのかの例を話してもらえませんか？
B：試合中です。私は味方のフォーメーションを突破してくる相手選手につけと言われています。いったん私が彼につけという指示を与えられたなら，最初の目標はいかなる場合も彼のそばについて，絶えず苦しめることです。私が君たちに与えることができる最も重要な助言は，達成可能な小さな目標（たとえば，相手に近い位置を維持するなど）を設定し，それらは達成可能な目標なので達成できる。達成できたら自分を褒めるべきです。私は絶えず自分に話しかけていました，「そうだな，ボールが敵のエリアに入り，彼にボールが回るのを私が阻止した。私は彼との最初の戦いに勝ったのだ。ボールは再び来て，私は再び彼を止めたぞ」と。そうすれば自然と自分に自信が持てるんです。

非現実的な目標は，自分を自滅させる可能性があります。小さな目標を決め

達成することは，より大きな，より上を目指す目標を呈するための推進力と確信を多くの場合に与えてくれるでしょう。ブレアは彼の相手との近距離を維持し，相手が自分のエリア内に入ったとき，ボールを持たせないという，小さな達成可能な目標から始めました。ブレアは，また，目標と夢がよく混合されてしまうと言っていました。確かに，夢は全てのスポーツ選手にとって重要です(Rotella, 1990)。しかしながら，目標設定は夢と達成可能な現実とを結びつけてくれます。このように，夢と目標は相互補足的な関係にあると言えるのです。

　ブレアが試合でいかに効率よく目標を利用したか話している間に，私は，フットボール選手たちに重要な試合目標の区別をつけさせず，トレーニングと練習目標だけに注目させていたことに気付かされました。プロフットボール選手と適切な試合目標について話し合うのに一番適している日は，その競技の前日です。その時期になると選手たちは自分がどこでプレーして，相手できる敵や，チーム戦術を熟知しています。さらに，競技の前日は体を休める日で，選手は，話し合いに時間を費やせるでしょう。試合の日に目標設定を行うこともできますが，選手は忙しくルーティーンに追われているか，あるいは身体的にも意識の上でも集中しているかもしれません。

## チームの目標設定

> 日記　1月7日〜20日
> テーマ：組織的な問題，目的，三者間の合意。

　プロスポーツ組織の中でチームの目標をうまく機能させるためには，重なる優先事項，論理的問題をマネージメントすることが課題です。チームの目標を設定するために私は，しばしば協議の方法をとります。話し合いの場では，目標設定プロセスの初期段階において，私はほとんどファシリテーターとなります。最初の目標はコーチと選手たちに目標設定の基本原則に基づいた，適切で重要な目標の設定に対する責任を取らせるようにもっていくことです。コーチと選手スポーツ心理学者の間のこの3方向相互作用を三者間の合意と呼びます。私の経験上，各人からの適切な目標設定への貢献がなかったら，全過程が弱まるのです。

しかしながら，このプロセスでの三者は等しい権限を持ち得ません。フットボールクラブは，しばしば権威主義的です。しかし，私は，プロセスに独立して貢献するコーチや選手に，チャンスを与える必要があると思っています。チームの目標設定は，今までの経験から挑戦的な作業であると理解しています。私は，50人全員が参加するチームの目標設定を以前試みましたが，私の手に負えないものになってしまった経験があります。

　私は，多数決を採用するなどさまざまなチームの目標設定を試みてきました。プレーヤーおよびコーチ達すべてを，この過程に含むことは理論上では望ましいことですが，必ずしもうまく機能するとは限りません。プロスポーツ組織は，経営組織や経営スタイルにおいてビジネスのやり方と必ずしも同じではありません。私は，コーチと共に上から下へと目標設定を行う方法が，選手から始める下から上の方法より効果的であると気付いたのです。オペレーション基準について話す際に，ラビザ（1990）は，柔軟性の概念および状況への順応方法について記しています。彼は「どんな場合においても，仕事には行うべき理想的な方法があり，そしてその上に，現実がある」と言いました（p.331）。私の求めるものは，コーチの優先，分野にぴったり合った目標を公式化することです。私は，(a)以前に使用された成功した目標の様相を含み，(b)各コーチおよびフィットネスコーディネーター（fitness coordinator）に一つの目標をおのおの（つまり五つの目標）貢献させ，(c)シニアコーチがそれぞれの目標に満足していることを確かめることを念頭においていました。これらを実行するために，選手たちに絶えず言い続けなくては目標は達成されないことをコーチたちに認識させ，コーチが目標設定のプロセスに責任を持てるような手助けを行ったのです。

　私はシニアコーチ，3人のアシスタントコーチ，そして4人のシニアプレーヤーたちで，来シーズンに向けてチームの改善必要な部分を分析するための話し合いを行いました。

　これらの話し合いは，コーチとプレーヤーと個人的に行われ，大部分は非公式なものでした。そのようなやり方には少なくとも二つの利点があります。一つは，どの重要人物が自立しているのかが明らかになり，いま一つは，私に近くあるコーチとのミーティングで浮上する可能性がある問題の事前情報を与えてくれることでしょう。以下は，私とコーチの会話の一部分です。

👥 *DM＝Daryl Marchant　D＝デビッド*

DM：こんにちは，デビッド．もしあなたに時間があれば，今シーズンのチーム目標について話したいのだけれど．

D　：もちろん，オフィスの中へ入って座ってください．

DM：私は，今シーズンのチームの目標として注目すべきエリアの感触を得ようと，コーチおよび数名の上級選手を今ちょうど，回っているところなんです．私は，次の2，3週間の間にすべてのコーチと選手のグループに会うつもりですが，まずは一対一で話していきたいと思っています．

D　：私から，どのような情報をお望みですか？

DM：そうですね，私は，今年は何が決定的に重要か，あなたの意見が知りたいです．

D　：いくつかのエリアが挙げられます．すでにご存知の通り，私は重要なパフォーマンス指数（key performance indicators）（KPI）の開発に多くの時間を充ててきました．各試合後に，また試合のクオーターの間でさえ，私が識別した三つのKPIエリアにおいて相手チームの反応を測定することができると考えています．さらに私たちは，三つのエリアでどのようにプレーしたか合成スコアを打ち出し，各選手たちにフィードバックを与えることができます．

DM：では，三つのエリアでのチームの目標スコアを検討し，それを全体的なシーズン目標に置き換えられるのですね．

D　：確かに．その目標は，前々から私が選手たちに与えようと思っていたフィードバックと一致します．選手たちは，実際とても楽しみにしています．彼らは，この種の情報が文書で出される統計より優れていることを理解しつつあります．

DM：それはよかった，私たちは誰からも受け入れられ，関連する目標作りが必要ですから．他のコーチは，今の段階でKPIシステムに精通していますか？

D　：比較的．でも私はそれについて，彼らともう少し時間を取りたいと思っています．特にシニアコーチのジョンには，システムを完全に理解してもらいたいのです．

DM：では，コーチとのチーム目標のミーティングで三つのKPIエリアについてあなたがより多く話すというのはどうですか？　同時にそれに関して具体的な目標を模索すればいいですね．

　この時期に私は，目標は測定可能かどうかといった，目標設定の基本的な質問を自分に問いかけてみます．たとえば，私たちは試合日，および週単位で他のクラブの調子と比較するための統計を得ることができるか？　目標は充分に特定できているか？　全クラブが，プレミアシップを勝ち取ることを目標にしていることは明白であり，そのような目標を立てることはあまり意味をなさないのである．目標は限定されすぎていないか？　目標はより小さな要素に分類

することができるのではないか。すると結果的に，プレミアシップを勝ち取るという暗黙の目標に関連した目標を設定しておくことはますます難しくなるでしょう。適切なフィードバックを提供できるのか？

> 日記　1月21日

チームの目標設定のアウトラインを説明するために，私は30分の時間を与えられた。これは，ミーティングの初めとまん中あたりの対話である。

👥 DM＝Daryl Marchant　SN＝シニアコーチ　AC＝アシスタントコーチ

DM：このミーティングの主要な目的は，次のシーズンのチーム目標について議論することです。一人ずつ，重要であると思うことを一つか二つ挙げてほしい。いくつかの具体的な考えを挙げたあと，私は，代表選手たちとミーティングを開き，彼らの言い分を聞きます。そして最終的には，これらの目標への三者間の合意を得るプロセスが必要です。

SN：いったん二つのミーティング（現在の会合と選手たちとの会合）をした後に，次の段階に行く前に計画されたもののコピーを私に提出してほしいと思っています。

DM：はい，それは2，3週以内にできるでしょう。理想的には，これらのチーム目標は，シーズン開始から2，3ヶ月前にあたる1月末日までに設定すべきです。ジョン，あなたが目標に満足すればすぐに，私は，全ての選手たちとコーチたちと共に皆が同じ思いだということを確かめるセッションを行うかもしれません。それはどう思いますか？

DM：（15分後，3つの考え得る目標が議論されて）何か他に大切な事柄はありますか？

AC：私は，コート外の振る舞いで注意すべき点があると思います。私たちは実際，明瞭な規律方針を持っていません。また，昨年，何人かの選手はプロらしくない行為でクラブの評判を下げてしまっています。

DM：どのような事柄のことを言ってるのですか？

AC：トレーニングに遅れる，エキストラの技術練習に参加しない，軽い怪我を適切にケアしない，メディア・インタビューにクラブ服を着用しない，ナイトクラブにひんぱんに行きすぎるなど。確かに，ほとんどの選手は問題ありません。でも，何人かの選手のプロらしくない行動を見すごして，いいことは何もありません。チーム目標としてこれを提案すれば，95％の選手が賛成するでしょう。そうすれば選手たちは自分たちの行動に責任を持てます。このレベルまでくると，そのような行動は認められるべきではありません。

DM：もしこれをチーム目標にするならば，どのようにしてそれをモニタリングす

ることができますか？
AC：まず手始めに，一般的な時間厳守とエキストラの技術セッションの出席表を改善するべきです。軍隊のようになるべきだとは思いませんが，でもこのエリアの改善は必要です。今年度の目標設定をする前に，昨年の記録をチェックする必要もあるでしょう。

　プロとしてのふるまい，クラブの新しい規律方針を作ることのさしせまった提案，そしてこのエリアにチーム目標を置くメリットが10分間議論されました。次の週に私は，提案された目標について彼らの考えを話し合うために8人のシニアプレーヤーたちを招集しました。下記はこのミーティングからの抜粋です。

*DM＝Daryl Marchant　P 1, 2, 3, 4＝プレーヤー 1, 2, 3, 4*

DM：私は，先週コーチとのミーティングをし，そこで次のシーズンのチーム目標のいくつかがあがってきました。これに先立って，私は実現可能な優先的エリアについて，少数の選手およびコーチと非公式に話をしました。今日は，コーチが出した考えを検討することから始めたいと思います。それからこれらの案から必要な要素を加えたり引いたりしていきましょう。これらの目標を強化するための君たちの実際行えそうな戦略について，意見を聞かせてもらいたい。

P 1：（コーチによって示唆された目標となりそうなものを再検討したあと）シニアコーチのジョンの提案，各クォーターの最後の5分で多く得点することについて，昨年の私たちの状態を説明してもらえますか？

DM：いいとも。そのことはすでに，クラブのデータ分析班と確認ずみだよ。私たちのチームは約360ポイント蹴ったのに対して，相手は440ポイント記録している。

P 2：私たちは何を目指せばいいのですか？

P 1：少なくとも，私たちは相手よりも高い得点を目標とするべきだ。

DM：ではそれについて出した結論が，今年のチーム目標になるでしょう。このエリアの向上をチェックしていくために何をするべきだろう？

P 3：チームの"ランナー"であるネイルに，チームの輪に入ってきてもらい，私たちに残り25分であることを思い出させるべきです。（オーストラリアンフットボールで"ランナー"とは，プレーの間にコーチから選手へのメッセージ伝達が認められている人物のことである）

P 2：彼には全員，一人一人回る時間はないでしょう。彼がバックス，フォワード，そしてセンターラインの主要選手のところに行くというのはどうだろう？ そして彼ら主要選手は，サインを作って他の選手に伝える責任を持たせるのです。

DM：他のチームにわからないサインにする必要があるでしょう。

P 4：ハーフタイムで，DMが私たちにフィードバックを与えてくれてもいいと思

う。

DM：私は，毎週更新できるチャートを作成し，このクォーターの最後の5分における進歩を示しましょう。君たちは，このエリアを改善するため何か他に案はありませんか？

　8人の選手たちはとても協力的でした。選手たちの提案により，毎月変更する「変わっていく目標」を作ることにしました。それは柔軟な目標設定過程を提供し，しかも選手が主体となって行われるので，この方法はとてもいい案のように思えました。2回目のミーティングではフローチャート形式に目標を示し，プロセスの詳細のアウトラインと，可能なフィードバック・メカニズムについてコーチたちと話しました。結果的に六つのチーム目標におちつき，適所に配置したのです。その後，週ごとに目標がどのようにモニターされるか議論し，そして目標を関係者全員に提示するために全コーチおよび選手たちとミーティングをし，さらに週ごとに目標がどのようにモニターされるか議論し，質疑応答にも対応していきました。次のものは特定の詳細を除いた，皆で決めたチーム目標です。

　最後に，この時点では，次のシーズンのよりよい目標設定のプロセスを始めることが重要でした。私が行っているやり方はとても時間を要しますし，コーチと選手たちはシーズン前の期間中の方が接しやすく，目標設定プロセスに心理的に取りこむ姿勢も見られるからです。

### チームの目標
1) 試合に関連する目標（クオーターのラスト5分間に相手より高得点を取ることについて）。シニアコーチにより提案。
2) 試合に関連する目標（重要なパフォーマンス指数KPIについて）。第一アシスタントコーチにより提案。
3) 体力に関連する目標（選手の皮下脂肪に関連）。フィットネス・コーディネーターにより提案。
4) プロのふるまいに関連する一般的な目標。第二アシスタントコーチおよびチーム・マネージャーにより提案。
5) 試合に関連する目標（ターンオーバー率の目標設定に関連）。前年成功した目標の継続。スポーツ心理学者により提案。
6) 毎月変わる「変わっていく目標」。サブグループの選手たちにより提案。

## チームの目標管理：3月-9月

テーマ：フィードバック，「変わっていく目標」，賞，プロセスのメカニズム

　シーズンがスタートしてから，私は週単位で一つずつの目標のフィードバックを選手たちから与えられました。私は，カラーグラフによる迅速なフィードバックを行い，チームの各目標への前進に役立てていきました。私は，選手のみがアクセスできる掲示板に，行われた23の試合についてのグラフを，毎週月曜日に掲載しました。コーチ，およびフィットネスコーディネータ，そしてフットボールマネージャーにはグラフのコピーも配布しました。目標の種類により線グラフや棒グラフ，そしてパーセンテージグラフを用い，グラフは，興味を惹かせ，わかりやすく多くの情報を伝えるときに有用と感じました。シーズンがいったん始まったら，私はグラフの形式を変えないようにしています。なぜなら，コーチや選手たちは適切な情報を提示するこのスタイルに慣れるからに他なりません。

　図7.1は先の2シーズンにおける目標5に関する，視覚的なフィードバックの例です（セットショットのゴールキックコンバージョン転換パーセンテージ）。図7.1では，セットショットコンバージョンパーセンテージにおける改善が，1996年の何も具体的な目標を設定しなかったシーズンに比べて，1997年から1998年に明白な違いが見えます。図は3シーズン（1996—1998）のシーズン中にターンオーバー率が減少していることを表しているところに注意してほしいと思います。これはオーストラリアのルールではあたりまえなことで，気候やプレーをする環境によるものとなります。目標を65％に設定することによって，選手とコーチ，そして私自身は，シーズンの初めの方でのいいプレー環境は一時的にターンオーバー率を上昇させることを意識しました。オーストラリアンフットボールは冬のスポーツであり，そして気候とプレーするフィールドはシーズンが進むにつれて悪化し，それにともなってターンオーバー率も悪化するからです。私が一人の選手にこれらのグラフが役立っているかと聞いたところ，「このチーム目標のフィードバックシートとグラフはとてもいい。ほとんどの選手たちが読んでいるよ」と答えてくれました。

　スポーツの目標設定に求められる要素は戦略を認識させ，目標を実現させるためにとても大切です。可能な限り，私は目標に向かうチームの成長を示すの

**セットショット・コンバージョン率——198試合**

グラフ凡例：
- – – – 1998 実績
- ——— 1998 チーム目標
- –·–·– 1997 実績
- - - - 1996 実績

縦軸：コンバージョンパーセンテージ（％）
横軸：ラウンド数

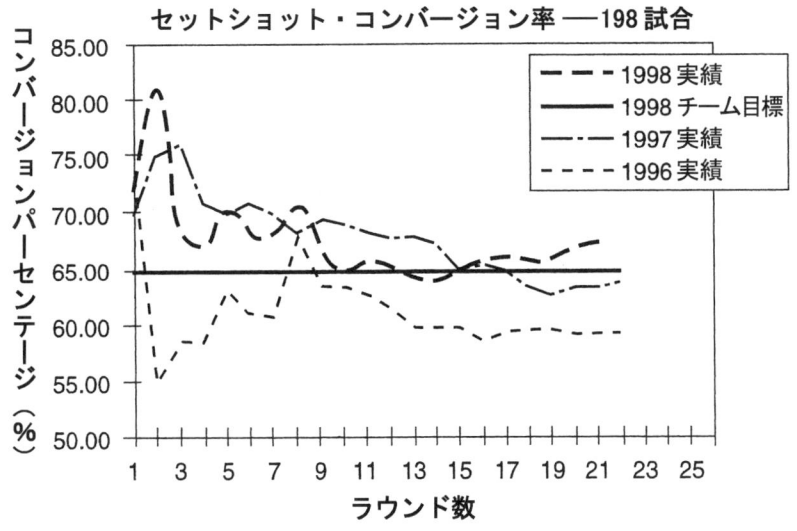

図7.1　ビジュアルフィードバック

にグラフを使用しました。またチーム目標への個人的な貢献をそれぞれの選手にフィードバックしていきました。選手たちは自分がどのくらいチーム目標に貢献したかに関しての，個人的なフィードバックを表す図表に注目しやすいことがわかったのです。さらに私は，六つのチーム目標戦略を開発するために関係するフローチャートを使いました。このアプローチは段階的な目標の設定に似ています。たとえば，私たちはチーム目標の5番目，シュートのターンオーバー率に関する多くの戦略を使ったのです。

1．コーチは，レギュラーゴールキッカーのためのゴールキック練習の詳細な決まりごとを設定しました。ゴールキックトレーニング中に，15のプレーヤーのおのおのは，同じ位置から同じ数のシュートをし，その一つずつの結果が記録されました。この方法は，プレーヤーどうしで直接比較でき，一方でのみ圧倒的にミスした選手などの失敗シュートのパターン追跡に効果的です。これらのセッションは試合での要求（たとえば，わざと邪魔をするようなチームメイトをつける）を再現するために仕組まれました。実際での試合のように，私はこれらのセッションの結果を図示して公表していったのです。

2．私たちは，選手たちにキック前のルーティンを作り，この動作を試合やゲ

ームに使うことを選手たちに薦めました。
3. 各選手のキックスタイルのバイオメカニカルな評価はプレシーズン中に実行されていきました。ビデオテープの設備を使用して，彼らのキックの技術を評価するために，コーチは選手たちとミーティングをくり返し行っていきました。
4. 練習や試合，両方での選手たちの累積的なターンオーバー率が一人一人に毎週フィードバックされたのです。
5. 選手たちに加えシニアコーチたちにも，高いターンオーバー率を維持する重要性をひんぱんに伝えていきました。

　チームの目標作成に参加した8人のサブグループ選手たちは，シーズンを通じて，さらに目標の過程に関する定期的な口頭フィードバックが必要であることを提案しました。私は，2ヶ月ごとに選手とコーチ，チームの全体に簡潔に結果を報告しました。これは，現在までの目標過程の再検討，目標の共通理解（どの程度選手はゴールについて意識していたか）の監視，新しい「変わっていく目標」の設定，一般的な質問を集めることなどに役立ちました。
　シーズンの中間点のあたりで，シニアコーチがチーム目標の2に対する努力が足りないことに気付きました。オーストラリアンフットボールにおいて，"努力"とは，ボールの指導権を持つ相手を追いかける，ブロッキング，タックルの試み，蹴られたボールのブロックなどのことを指します。その結果，私たちはこの努力部分を「変わっていく目標」にし，選手にさらなるフィードバックを極力与えようとしました。試合の日に私は，努力部分に対してクラブのデータ分析班からハーフタイム統計を聞き，選手たちが休憩中に見られるように，これらをホワイトボードに書き，選手への個人的なフィードバックを提示しました。次の週にコーチは，努力エリアの各プレーヤーの最新の平均を示すように私に依頼してきました。このエリアで最も高い数字を打ち出した選手に毎週スポンサーが寄贈する賞を与えたのです。
　私の経験では，チーム目標は多くの強化するための戦略によって支えられていればいるほど，よく機能します。私は，応用スポーツ心理学者の究極の挑戦は，結局チームを強化する，全体のチーム目標の矛先を見つけ出すことであると思っています。たとえば，明確な賞を与えることは，少なくともファンやマスコミは気付いていません。しかし特に目に見えなかった努力の合計エリアに

おける，選手の貢献を認識する上で有用なのはまちがいありません。これらの賞を受賞した選手は，ほとんどスターではなくチーム内の縁の下の力持ち的な存在です。

チームは決勝戦（つまりプレイ・オフ）に出場できましたが，第一ラウンドで負け，16チーム中8位で終わりました。今シーズンの終わりに，私は，シニアコーチ，最高経営責任者およびフットボール・マネージャーへあてた年1回の目標報告書を調査しました。六つの目標の各結果の簡潔な概観は次の通りです。

Goal 1. クォーターの最後の5分で相手より多く得点することは達成された。相手が記録した454ポイントに対して，我がチームは543ポイント記録した。
Goal 2. 3つの主要なパフォーマンス指数でリーグでトップ4を目指すことは3要素に分割した。
Goal 2a "one percenters" の増加は達成されなかった。リーグ13位。
Goal 2b 「困難なボール」を追いかけることは達成された。リーグ中3位。
Goal 2c field kickingの向上は達成された。リーグ中3位。
Goal 3 56mm以下のチーム平均体脂肪は達成された。
Goal 4 プロ意識の改善は達成された。たとえば，出欠記録簿は，練習への遅刻が大幅に減少（60％の改良し，また，付加技術セッションの出席率も改善（30％）した。
Goal 5 65％以上のセットショットのターンオーバー率中でトップ4は達成された。チームはシーズン平均68.1％，セットショットのターンオーバー率はリーグで2位に終わりました。
「変わっていく目標」：四つの「変わっていく目標」のうちの二つは達成された（努力部分の向上，フィールド上での主張の向上）。他の二つの「変わっていく目標」は，あまり明確化されていなかったために測定が困難でした。

## 結論

ダイナミックで創造的な目標設定を説明することが本章の主な目的です。さらに，私の意図は，従来の基礎概念に，現在の目標設定研究にもまだ紹介されていませんが，ベテランの応用スポーツ心理学コンサルタントにすでに認識さ

れている性格特性の目標設定への影響や，三者間の合意,「変わっていく目標」間の相互作用などの考えのいくつかを織りこむことでした。最後に，ここに示された資料は編集され短縮されています。しかしこの章から，ダイナミックでかなり流動的な介入を伴う目標設定の実際が伝わったことを願っています。

⊙第Ⅲ部
実例：スーパービジョンから複雑なサービス提供まで

# 第8章　スーパービジョン：ケーススタディ

*(SUPERVISION : A CASE STUDY)*

■ Mark B. Andersen (Victoria University)
■ Judy L. Van Raalte (Springfield College)
■ Greg Harris (Victoria University)

　この章では1年間をかけて築き上げた，スーパーバイズの関係をたどってみたいと思います。スーパーバイズされたのはなりたてのスポーツ心理学者で，スポーツ心理学に重点をおいた心理学の上級学位をオーストラリアで取得していました。彼はオージーフットボールBチーム（19歳以下のファームチーム）で選手やスタッフを見てくれないかと頼まれていました。彼の大学でのアドバイザーはマークアンダーセンをスーパービジョンをお願いする先生として紹介しました。このケーススタディは，最初に電話で連絡を取るところから始まります。

*S＝スーパーバイザー　K＝実習生*

S：（電話に出る）はい，もしもし。
K：Kと申します。フォークナー先生からスーパービジョンについて相談できる方ということで，先生の電話番号をいただきました。
S：そうですか。どんなことでしょうか？
K：私はバララット大学でスポーツ心理学の勉強をフォークナー先生の下で行い，学位を終えました。そして今は19歳以下のフッティーチーム（オーストラリア語

でフットボールのスラング）と一緒に仕事を始めようとしています。フォークナー先生に，それならスーパービジョンを受けた方がいいと言われました。また後の登録の際にスーパーバイズされた時間が必要となりますので，先生からあなたに電話してみるように言われました。

　この当時オーストラリアでは，心理学者として登録するには4年制大学で心理学を勉強してから，スーパービジョンを2年間受けるだけですみました。現在，資格を取るには修士が必要とされているのが主流です。

　　S：で，どうしようと考えていたのですか？
　　K：それが，はっきりとわかりませんけど…これは初めてなもので。そうですね，先生に私のスポーツ心理学の仕事をスーパーバイズしていただけないでしょうか。現在，全くのパートタイムでチャージャーズというチームで働いています。
　　S：私は自分の大学院の生徒以外でスーパービジョンをすることはめったにないので，お互いを知るために1回直接会って話し合ってみましょう。そうすれば，お互いに一緒にスーパービジョンの関係になれるのかどうかわかると思います。私があなたにとって合わないかもしれないし，逆の場合もあります。すぐに意気投合する人と，そうでない人がいるでしょう。全然違う志向があるかもしれないし，それは会ってみないとわからないですね。そして，会ってみて，一緒に仕事をしようということになったら，それから時間やスケジュール，そして料金について話し合えるのではないかな。
　　K：お金ですか？
　　S：もちろん。私はタダでは働かないし，安くもないですよ。
　　K：そうなんですか…。
　　S：でも今は，お金のことは気にしないでいいですよ。それはあとでスーパービジョンが決まってから話し合いましょう。今週の木曜日か金曜日に時間はありますか？
　　K：木曜日は大丈夫です。午後2時でもよろしいでしょうか。
　　S：けっこうですよ。オフィスは知っていますか？　シティーキャンパスの11階です。
　　K：わかりました。それではまた木曜日に。

　この初めての電話の中にスーパービジョンの始まりでの二つの出来事がありました。まず私は自分を紹介するだけでなく，私はスーパービジョンは二人で決めることであって，お互いがアプローチし，同意した上でのプロセス（権威の差は別として）だと伝えたかったのです。彼と私が合うかどうかこれから決めて，もし合わなくてもそれはそれでかまわないことをKさんに伝えました。アスリートと一緒に働くときと同じように，スポーツ心理学者のスーパ

ービジョンも協調関係が必要なのです。スーパービジョンの中で実際どれくらい一致したプロセスが起こるのかは,スーパーバイズする側の志向と,される側が必要とするものに関わってくるからです。(Frances & ClarKin, 1981；McNeil & Worthen, 1989)

次に興味深い点は,Kさんが驚いたように見えた,お金の話でした。私は彼の不快感を察知し,「安くはないよ」と言った冗談は少しやりすぎたかもしれません。そんな軽率な言葉を言ったため,私と会うのがとても心配になったでしょう。その電話で失礼なことを言ったのを和らげるため,私は報酬の話を後回しにし,さしあたりその重要さを最小限にしておこうと思いました。しかし,それでもその思いやりのないコメントをすべて消すには至らなかったでしょう。

とはいえ,サービスに対する報酬は重要です。カウンセリングやクリニカル心理学の研究では,サービスに対する報酬はセッションへの出席,サービスに対しての満足度,そしてサービスの成果に影響があるとわかっています(Callahan, 1994；Conolley & Bonner, 1991；Herron & Sitkowski, 1986；Herron & Welt, 1992)。たいていの場合,人間は何に対してお金を払うかを評価しますので,今回もサービスに対する報酬が問題になると事前に予測していました。スーパービジョンはすごく時間を費やします。そして,知的にも,精神的にも骨の折れるものなので,報酬が必要です。スポーツ心理学の仕事と同様に,スーパービジョンはサービスを受ける人がよくなり,有能になるのを助けるようにデザインされた(有料の)サービスです。大学プログラムの中にスーパービジョンが教科課程に含まれている学生たちは,サービスのために支払いをしなくてもすみます。ですので,Kさんがお金を払わなくてはならないことにびっくりしたことに関しては,想定内のことでした。

## スーパービジョンの初面談

研修生との最初の面談は,スポーツ心理学者がアスリートと初めて会うときと非常に似ているところがあります。大学(特に北米の大学)では,スーパーバイザーとそれを受ける研修生がもうすでに顔見知りの場合があります。というのは,スーパーバイザーが研修生の大学院でのスポーツ心理学ゼミナールの指導教官であったり,生徒の修士論文や博士論文のアドバイザーである場合が

多いからです。スポーツ心理学者たちはこういう二つの役割を避けようとしますが、スポーツ心理学の大学院プログラムではどうしても一人二役になりがちです。学部の中で同じ人が一人の学生のための研究指導員であり、研修生のスーパーバイザーであり、授業の講師であったりして、これらの役割は一つ一つ異なる力関係があり、生徒を評価する方法も異なるのです。ですから、いくつもの役割にしっかりと分別をつけて、生徒への評価もその役割の関係内にとどまらすことは大変です。研修生にすでによく知られているスーパーバイザーの場合は、違った役割やそのときどきで顔を変えることや、その役割らをできるだけ分別する方法などについて話してから、スーパービジョン関係を始めたらいいでしょう。

しかし、Kさんの場合は知り合いではなく、二人のつながりは別の大学にいる私の同僚を通してだけでした。研修生との初面談で最初にしなければならないのは、スポーツ選手と会うのといっしょで、彼が自分の話ができるように助けてあげることです。「スーパービジョンを受けることによって何を身につけたいですか」などという質問は、特にKさんのような初心者の場合、最初からは聞かない方がいいでしょう。このような質問は研修生がすでに自分に何が必要か、何を求めているのかわかっているだろうと、勝手に決め付けてしまっているのです。その上、このような質問は研修生にテストされているように思わせ、彼は自分を守ろうとするので、スーパーバイザーが欲しい返答は返ってきにくくなります。すでに私は研修生にこの初面談は一緒にやっていけるかどうかわかるために会うのだと伝えています。それを知っている研修生は、私を満足させようと演技し、スーパーバイザーになってもらうために自分をよく見せようとするかもしれません。その結果、私はこの面談ができるだけ研修生を怯えさせることにならないようにしますが、最初から彼を評価するような場にどうしてもなりがちです。そういう状況で最初から難しい質問を聞いてしまうと、この面談に対する彼の不安感を余計にひどくさせてしまうことになりかねないのです。

研修生の不安感を和らげるために、スーパーバイザーは気を配らないといけません。そのため、研修生が答えやすい質問をして、彼が自分を誇れるようなできごとや達成したことを言わせてあげます。私は通常「あなたのことを教えてくれませんか。大学4年間どんなことをしましたか？」などと学歴についての質問で始めます。最初はスポーツや心理学サービスから離れた話題で始め、

彼が話し続けられるように学校について簡単に触れて，徐々にスポーツやスポーツの経験の話題にもっていきます（この話題もわりあい話しやすいでしょう）。このような簡単な質問や話をすることによって，研修生が初対面で感じている緊張感がほぐれていきます。そして，研修生に私のオフィスはリラックスできて，居心地がいい，評価されないようなところだということを示していきます。Ｋさんとはこのようにスタートしました。

　アスリートとの場合とは違って，研修生との初対面のときは聞きたい質問がきっちりと決まっています。選手の場合，私の仕事は彼らの話したいことをじっくり聞くことであり，話をするのを助けることです（第1章参照）。新しい研修生の場合も彼らの話を聞きたいのですが，彼らについて特定のことを私が聞きたいときもあります。彼らの学歴，論理的志向（もしあるのなら），心理学サービスを提供する人として自分をどう思っているのか，自分について気さくに素直に話せる人か，もしくは自分を隠してしまうのか，長所や弱点は，どんな笑いのセンスがあるか，そして，初面談の間に精神病理学上のレッドフラッグが上がらないかなどを見ながら，いろいろと質問をしていきます。スーパービジョンというのはたくさんの時間と労力を費やすものですので，私はこの研修生がすばらしい実践家になる可能性にかなり期待ができないと，自分の時間を費やそうとは思いません。私の質問事項は，それを知るのに適切であることを意識しています。自分が所属している大学院の学生の場合は，スーパーバイズするかしないかは私が決めることはできません。私たちはいい研修生もあまりよくない研修生もスーパーバイズしなければなりません。しかしＫさんのときのような個人的なスーパービジョンの場合は，受け入れるか，拒否するか選択の余地があります。

Ｓ：Ｋさん，どうぞお入りください。はじめまして。あそこの椅子に座ってください。(私のオフィスにはとても気持ちのいい椅子があり，クライアントや研修生をそこに座ってもらい話をします)

Ｋ：(座りながら) この椅子，いいですね。僕もこういうの欲しいです。

　精神力動的視点から見ると，Ｋさんの最初の一言はすばらしいものでした。私はよく自分の生徒に，セッションを始めるときにスポーツ選手が最初に話す言葉に注目するように教えます。その最初の発言が運動選手の考えていることを示すかもしれないし，これからのセッションの内容を示してくれるかもしれません。最初のコメントは，予言的なこともありますが，そうでないときもあ

ります。でも，その言葉に気を止めて，これから開始するセッションやスーパービジョンの参考に記憶しておくとよいでしょう。では，Kさんの「この椅子，いいですね。僕もこういうの欲しいです」というコメントはKさんと私と初面談について何を表しているのでしょう。彼はここにいて居心地は悪くないのだろうと推測できます。「この椅子，いいですね」というのは椅子以外のことも指しているかもしれません。ここへどういう期待をもってきたのかはわかりませんが，私のお金に関しての無神経な発言のせいで私と会うのを少し恐れていたことは充分に考えられます。彼の「この椅子，いいですね」は少しほっとした気持ちを表していて，Kさんがまず私の静かなオフィスにある座り心地のよさそうな椅子を見て，不安が少しなくなり，「これはもしかしてうまくいくかもしれない」と思ったかもしれません。もしその最初のフレーズがKさんの気持ちを指しているのなら，二つ目のフレーズ「僕もこういうの欲しいです」は，Kさんと私の関係を指しているのでしょう。もしかしたら彼は，「あなたが持っているもの（知識や安心感）が欲しいです（必要です）」と言っているのかもしれません。僕もあなたのようにクライアントと会い，この座り心地のいい椅子に座らせてあげたい。その望んだことが今起こっているのです。第2章では，Burt Gigesが精神力動理論の中心となるものを取り上げました。それは，どんな行動（この場合は言動）にも意味があるということです。Kさんの言葉を私は仮に解釈しましたが，おそらく真実からそう離れてはいないでしょう。

分析のしすぎでは？　そうかもしれないですが，新しい研修生のことをもっと知る探求作業の中でこのような考えが頭の中でどんどん湧いてくるのです。何はともあれ，力学的に考えなくとも，Kさんは最初から安心してここにいるのだと思いました。

　S：それではKさん，あなたのことを話してもらうことから始めましょうか。興味を持っていることとか，スポーツとか。でも一番始めに聞かせてもらいたいのは，あなたの学歴かな。あなたがバララット大学に行ったことは知っているのですが，そこで学位を取ったことについて話してもらえないかな。
　K：わかりました。僕はスポーツが大好きなので，最初に体育を専攻していました。でもそれから，体育と心理学の両方の学位が取れると聞いたので，その方面に進みました。そして4年生のときにスポーツ心理学の特別プロジェクトをして，実際にスポーツのチームでいろいろとやりました。

Kさんはさっそくスポーツ心理学サービスの経験を話しそうです。彼を安

心させて話すのを助けてあげようとした私の心配など必要ないようでした。彼はもうすでに話す気になっていました。最後の「チームでいろいろやりました」は私に「どんなことをしたのかな？」と言わせるばかりでした。しかしここで彼にすぐにその話に入ってもらう前に，少し待った方がいいと私は思いました。私には彼がスタートラインから突っ走ってしまう興奮しすぎた研修生のように思えたのです。彼の熱意がわきあがって（比喩的な表現を使いすぎて恐縮ですが，クライアントや研修生と話すときにこのような考えが出てくるのです），この子はスポーツ心理学者になりたくてしょうがないのだなと思いました（私はすでに彼に対して親のような感情が湧いてきていました）。ですからチームと一緒にした仕事の話題から，勉強の話に戻そうと決めました。彼が自分の勉強をどう思っているのか，勉強がどのように彼の考えを影響しているのかそして勉強がどのようにスポーツ心理学者になる希望と関係しているのかを見てみるために話を戻しました。ビクトリア大学の応用プログラム大学院生の中には，基本的な勉強（理論，モデル，研究など）は，後にスポーツ選手と共に働けるための学位を取るためにしょうがなく勉強しているように見えることが，ときどきあります。米国のクリニカルやカウンセリング心理学の大学院生の中でも同じような態度が見られるときがあります。私たち教師は大学院生にそのような態度が出ないように努力しますが（そして理論や研究の大切さを知ってもらうように努力しますが），いつも成功するわけではありません。Kさんを勉強の話題に戻すことによって，勉強がチームと一緒に働いたことと同じくらい大事であることを彼にわかってもらおうとしました。

S：バララット大学はダブル・ディグリーでスポーツ心理学の非常にいい土台を提供してくれる学校ですよね。チームと一緒に働いた話をする前に，ダブル・ディグリーでのあなたにとってのハイライトを教えてくれないかな。たとえば，好きな先生，面白かった授業，習ったことでためになったこととか…。

K：いいですよ。でもそのあとにバスケットボールチームのことを話してもいいですよね。本当に最高でしたよ。（この子は本当に縄で縛りつけないといけないくらいでした）僕が受けた二つのスポーツ心理学のクラスはかなり好きでした。一つ目のクラスはたくさんのリサーチで，まあそれはそれでよかったんですけど，もう一つの授業ではリラクセーションなどたくさん競技力向上の実習をして最高でした。もう一つ好きだった授業は生理学でした。スポーツ心理学や他の授業のために書かないといけなかったレポートに関しては，あまりやる気が出ませんでしたけどね。僕はレポートを書くのが苦手で，だいぶ苦労しました。もちろん大丈

夫で，そこそこの成績だったけど，レポートだけはだめでしたね。
S：心理学科でのいろんな授業や先生はどうだった？
K：そうですね。フォークナー先生はとてもよかったです。彼女は心理学科にいて，スポーツ心理学の授業を担当していて，バスケットのチームのときもスーパーバイズしてくれました。あと，パーソナリティの授業も面白かったですね。フロイドやユングのいろんな理論が面白かったです。あまりスポーツ心理学とは関係がないようでしたが，理論についての本を読むのが楽しかったです。

　スポーツ心理学スーパービジョン初面談の中にはいくつかの要求特性がつきものです。Kさんはたぶん，私が彼のスポーツ心理学サービスについての意見や経験を聞きたいと思っていて，いくら私がそのような経験の話題から勉強についての話に戻そうとしても，彼はまたその話を始めてしまいます。それでも，彼のスポーツ心理学理論やモデルに対しての関心が薄く，スポーツ選手と一緒に働くことだけが一番の目的だということを私は少し心配しました。Kさんは本当に心から選手を助けてあげたい人だと私は感じました。もし正式にスーパービジョンの関係になったら，人と関わってその人を助けてあげたいという彼の強い要求が私たちのスーパーバイズの焦点になるだろうと感じました。

　Kさんのいい面は，自分の勉強の弱点（レポートを書くこと）を進んで気兼ねなく話してくれることであり，その素直さが一緒に働くにあたってはよかった点です。私は次に彼のスポーツ歴（好きなスポーツ，コーチングの経験など）について聞いてみようと思いました。

S：大学はあなたにいい基礎を与えてくれたようだね。あなたのスポーツ歴について少し話してくれないかな。どのようなスポーツに参加したかとか，コーチをした経験についてとか。
K：大学のときはずっとフットボールをしていましたが，僕の一番好きな競技はバスケットです。16歳以下のバスケットボールチームで少しコーチをしています。
S：じゃあ，あなたのスポーツ歴と大学での勉強の，なにがスポーツ心理学に興味を持たせたのですか？
K：フットボールでもバスケットでも，僕の一番の問題は精神的な面だったのです。ときどき，僕は試合中に自分の失敗にあまりにも腹を立てて，自分のプレイがどんどん腐っていくんです。コートの上でも，フィールドの上でも冷静になれませんでした。なりたかったんだけど，どうしても何かが邪魔をするんです。昔，試合前に気分が悪くなるぐらい心配したり，興奮していました。たぶん，僕は本当にいいプレーをしたかったんだけど，自分が自分の邪魔をしていました。スポーツ心理学の授業を受けたときは，デジャヴュ（既視感）みたいな感覚でした。リラクセーションや不安感，パフォーマンスについて読んでいるときには，なんだ

かコート上の自分を見ているようでした。フォークナー先生は冗談で「あなたは自分のことを勉強したいんじゃないの？」と言って僕をいじめたことがありますが、先生はしないでください（私はいじめたくなりましたが、何も言いませんでした）。とにかく、スポーツの心理的な面を勉強し始めてからどんどんとピンとくるものがあり、「僕はこういうことがしたいんだ…いろんな人の試合中の心理的な面を助けてあげたいんだ」と自分自身わかりました。そしてそれ以上に、アスリートとコーチがうまくやっていくのを助けてあげたいです。僕の場合もあるコーチはいい人でしたけど、ある人は全くふざけた人でした。僕はいいスポーツ心理学者になれると思います。

　私は、Kさんがいいスポーツ心理学者になることについての熱意と強い希望を疑いませんでした。彼が自分のことを分析するときにユーモアをまじえて話し、私にいじめないでと言えるほど安心して心を開いていたことは、ポジティブな兆候でした。大学院生や実践家とのやりとりの中で彼らが自分を分析する事態にたびたび出会います。それをしてしまう背景には過去にあった不安感や感情的混乱、失敗の原因となった不公平な行動、不正な行為、誤った判断を、その過去の時点に戻って、少なくとも間接的に直そうという気持ちがあるからです。Kさんが打ち明けたスポーツ心理学者になりたい動機と彼が必要とするものは、初面談で深く話し合うトピックではありませんでしたが、これからのスーパービジョンでは重要な部分となるでしょう。初面談でKさんの安心感を表すもう一つのいい兆候として、自分を表現するのに多彩な言葉を使ったことが挙げられます。もっと慎重な人でしたら「プレイが腐っていく」とか、「ふざけた人」といった言葉は使わないでしょうが、この面談は多彩な言葉がよく使われるオーストラリアで行ったため、しょうがないかもしれません。この時点でKさんに対しての私の印象は、心を開いて熱意があり、自身を批判できる正直な青年でした。

　次の質問では、Kさんが防御的にならないよう話し方に気をつけました。最初にバスケットボールチームでの実践の経験について聞き、次にバスケット選手との仕事でどのような理論構成やモデルを使ったかを聞こうと思います。二つ目の質問は彼の理論的準備とまかされた題材について聞きたかったのです。

S：あなたは本当にこの仕事に対して、熱意とやる気を持っていますね。それはいいことですよ。そのバスケチームとの応用の仕事についてもっと話してください。

K：本当によかったです。バララットボンバーズは16歳以下のチームで、僕の仕事は練習を観察して、たまにコートの上で練習を手伝い、そしてコーチと選手と話

したりしていました。でも，僕の主要なスポーツ心理の仕事は毎週1回競技力向上についてチームにプレゼンテーションをすることでした。1回はリラクセーションをして，違うときには自信について，もう一つはイメージトレーニング，そしてあといくつか別のことをしました。リラクセーションのテープを作り，欲しい人にあげたりしました。練習が終わると何人かが寄って来て試合のときなどにどうすれば冷静でいられるかを聞いてきました。

S：グループでのセッションはどうでした？

K：正直に言うと，反応はばらばらでしたね。あるときは選手たちがすごくのってきて質問もたくさんしてくれました。でもあるときは，なんだか興味のない選手が多いようでした。できたら一緒にグループセッションの練習をしたいです。たとえば僕がセッションをしているのを先生が見てくれて，フィードバックをもらえたら嬉しいんですけど。

S：確かにそれも一つだね。選手たちとグループセッションをしているときやコートサイドでただ話しているときに，バララット大学で勉強したどのような理論構成やモデルを使って心理学を選手に紹介したのですか？

K：え？ …すみません，質問の意味が…。でもゴールセッティングを紹介したときは，教科書にあったゴールセッティングの章を題材にして，それをバスケットに応用し，プレゼンテーションの土台にしました。

S：そう，だいたいそういう意味の質問です。もし私たちが一緒に働くことになったら，フレームワークやモデルのことをもっと取り上げ，それがどのようにサービスにとつながっているか話し合うことになります。バスケットチームの仕事をしたときにどのようなスーパービジョンを受けたかを話してください。

K：フォークナー先生にスーパービジョンをしていただきました。先生は題材をたくさんくれて，グループセッションのためにいろんなアイデアをくれました。先生は僕がプレゼンテーションしているところを見てくれて，いいフィードバックを頂きました。そして先生が言うところの綿密な質問のしかたを教えてくれました。「はい，または，いいえ」としか答えられない質問ではなくて，話がどんどん進展していけるような質問の方法です。それは本当に助かりました。

S：それで，心理学を応用した経験を全部振り返って，どこが一番楽しかったですか？

K：それはなんと言っても，選手が僕のほうに寄って来て，話し掛けてくれるところですね。選手が寄って来て，一緒にパフォーマンスの話や，学校の話をして，僕がキーワードや，深呼吸すること，今に集中することなどのアドバイスをしました。そして，試合後にときどき選手が，「深呼吸して助かったよ」などと言ってくれて，僕が彼らの助けになっていると思い，すごく嬉しかったです。こういう，スポーツ選手と話をすることを仕事にしたいんです。僕はまだまだ先が長くて，始まったばかりだと分かっていますが，本当にこういう仕事を将来したいと思っています。ですので，こうして先生にトレーニングをしていただけるよう話して

：　いるんです。

　Kさんのスポーツ心理学者になりたい願望の強さに少し圧倒されましたが，この最初の段階で見る限りは，その情熱に偽りはなく，精神病理的な問題はあまり見えませんでした。彼がスポーツ選手を助けてあげたいという気持ちは，私が対面したことのある学生の中で一番強く表われていて，これから一緒に働くにあたって，彼が選手を助けたいという要求に多くの時間を占めるだろうと考えました。そして彼が，自分の仕事をどれほど素直に評価できるかがわかりました。彼は全く恥じずにグループセッションがうまくいかなかった場合もあると言ってくれました。彼は研修生に望まれるような特徴をどんどん出していきました。素直で，自省し，情熱があり，習得心があるように見えました。最後の言葉のやり取りに，発達し始めている協調関係のきざしが見えました。彼ははっきりと私にグループセッションで手伝ってくれないかと頼み，そのあとに，「ですので，こうして先生にトレーニングをしていただけるように話しているんです」と断言しました。彼にとってはもうすでに協調関係が作られていて，すぐに始めたいようでした。しかし，私はまだ躊躇していました。彼にはいい素質がありましたが，このスーパービジョンは大変難しいものになるという予感がありました。彼には提供するサービスについての理論やモデルの背景が欠けている部分がありました。彼がサービスをするときに，なぜこういうことをするのかという知識をたくさん教えてあげないといけませんし，彼が選手と接するときに常に使えるような筋の通った構成を持ってもらうのに時間がかかりそうでした。彼には資料をたくさん読んでもらわないといけないし，スーパービジョンの大半は彼が本を読んで，さまざまなモデルやアプローチを話し合うことになるでしょう（研修生のための読書療法）。彼はグループでの教育的心理学プレゼンテーションに関してよいスーパービジョンを受けているようでしたので，それはプラスでした。

　この時点で，彼にこの章の冒頭で紹介した，例の研修生を試す質問をそろそろしてもいいだろうと思いました。彼はすでにスーパービジョンを通して何を得ようとしているのか，いくつか考えを持っているように見えました。

S：これから何らかの仕事を一緒にできそうだから，スーパービジョンを通してあなたが何を得たいのか教えてくれないかな。どんな仕事を一緒にしたいの？　それを言ってくれたあとに私がふだんどのようなスーパービジョンをしているのか，私の理論志向を話します。よろしいですか？

K：はい。(彼は沈黙してしまい，私はこの質問を早く聞きすぎたのだと思いました。それで質問を換えました)
S：どんなことを習いたいの？
K：(大きく息を吐いて) グループセッションをもっと上手にしたいですね。僕はあまり面白くないんですよ。あるときは，選手達と話していて話が盛り上がって，笑いながらいろんな失敗談などの面白い例を出せます。でも，あるときは彼らがつまらなさそうにして，僕もつまらない。そこで，グループセッションをもっと面白くできるように味付けしていただけないでしょうか。
S：そうだね，あなたが聴衆を本当につかんで話に巻き込んでプレゼンテーションに参加させることはできるよ。グループでの話は簡単ではないし，準備もたくさんいる上に，その場で考えることもたくさんあります。必ずそれはやりましょう。他には？
K：僕はリラクセーションをするのが大好きです。それで自律訓練法をよくやりますが，僕は導入のしかた，声とか，話すテンポを練習しないといけないです。自分の声が大嫌いでもっとリラックスできるような声を作り出したいのです。僕が毎日使っているテープがあるんですけど，その女性の声は僕を1分でリラックス状態にさせてくれるんですよ。(彼がスポーツ選手にしてあげることを自分でも実際やっていることに感心しました) 僕も同じことができるようになりたいです。
S：それも一緒に練習できることですね。ここにいる学生をつかまえて，その人達で練習ができるかもしれないですね。他には？
K：そうですね。あまり思いつかないんですけど。とにかく，すばらしいスポーツ心理学者になりたいです。先生は僕が何を練習すればいいと思いますか？
S：あなたのこの仕事に対しての情熱や熱意は充分ですから，それは全く問題ないです。私がスーパービジョンでどのような仕事をするか，何が大事だと思っているか話しますから，それであなたがもっと練習しないといけないことが思い浮かぶかもしれません。私にとってスーパービジョンは，あなたと私が何らかの形で同意しなければならないものだと思っています。私には絶対に曲げられないことがいくつかありますけど，一緒にこれから行うことに関してのほとんどはあなたと私が一緒に考えて充分に納得した上で進みます。

このあとに続いた私の比較的長い話では私が自分のスーパービジョンへのアプローチの説明，トレーニング（自律訓練法導入の練習など）もスーパービジョンの一部になること，スーパービジョンの最大の目的がスポーツ選手のケアだということ，私の理論志向が認知行動学と精神力動学の原理に基づいていること，そしてスポーツ選手の次にスーパービジョンの焦点がKさん自身だということをきっちりと説明しました。私はKさんとスポーツ心理学の認知行動学の基本であるリラクセーション，イメージ，ゴールセッティング，セルフ

トーク，そして認知的再構成を徹底的に身につける必要性と，スポーツ選手に適切な介入ができるためにどうやって認知行動的な公式を作っていくかを一緒に話し合いました。また，私はより力学的志向のアプローチについて話し，人の関係そのものを見ていくことにしました。

S：ということで，私が言いたいのは認知行動学の介入を自分にもアスリートにも活用してもらいたいのです。そして自分と選手やコーチ，ときには私，との関係を見てもらいたい。スポーツ心理学の仕事で一番の原動力はスポーツ心理学者と選手の関係の質にあると私は確信しています。ということでKさん，あなた自身がこれから一緒に行う仕事の中心になります。それは，あなたが必要としているもの，あなたの性格，選手との関係，選手がどうあなたを見ているか，あなたの心配事，選手の成功や失敗に対するあなたの反応，あなたの長所，短所などです。そのようにして，自分のことをもっと理解し，サービスの対象の人との関係で自分を理解することで，よい心理学者が生まれてくると思っています。これから非常に努力が必要となってきます。ぎくしゃくするときもあると思いますが，ずっとそのような状態が続くわけでもありません。大変で痛みを感じるときもあるでしょうが，何を学んでも大変なのです。私はスノーボードを習ったことがあるんだけど，あれの方がスーパービジョンよりもよっぽど大変で痛みを伴ったと思います。でも，歯を食いしばって最後までやり通せばとてもいい経験になるし，絶対楽しいと保証するよ。ということで，これが私の前口上です。少し長かったね。どうだろう？

K：いやあ，考えさせられることがたくさんありますね。でも，先生のスーパービジョンに対する熱意を感じました。僕はやります。いつから始めましょうか？

S：そうだね，実はもう土台を設定しはじめているのですよ。それで，これからスーパービジョンの内容の細かい部分を話し合わないといけない。あなたがどれくらいテクニックやプレゼンテーションを練習したいのかと，それに対して，どれくらいスポーツ選手の問題を測定する練習をしたいのか。それは今日あとからしてもいいし，次のセッションでもいいでしょう。でも，その前にお金のことを話さないといけないですね。

K：あ，そうでしたね…これはいくらくらいかかるのですか？

S：スーパービジョンの他の部分と同様に，値段はお互いが同意した上での金額です。もしあなたがすでにスポーツ心理学者で難しいケースでのスーパービジョンを頼むのなら，多額の金額を請求します。もしあなたが私たちのプログラムの中にいる学生だったら無料でスーパービジョンをします。あなたの金額はその両端の間のどこかにあります。その間で交渉しましょう。あなたが実際払える金額と，私が働いてもいいと納得する金額しだいです。

K：（ためらいながら）そうですね，わからないですね。先生に失礼にならないようにしたいのですが，1週間に1回会っていただけるのであれば，1回40ドル払え

：　るかもしれません。本当のことを言うと，妻と僕はあまりお金がないのです。

　バララット大学のフォークナー先生との話やKさん自身との話から，1回40ドルは彼には少し高すぎると私は思いました。私はそれより低い金額を提案しました。Kさんはかなりほっとした表情をして，私はプロとしての自分の責任を果たせたと納得した気持ちになれました。アメリカ心理学会の心理学者の道徳原則と行動規定の中の原則F（1992）に，心理学者は「自分の仕事時間の一部をわずかなまたは個人的な利益なしで提供することを奨励する」と書いてあります。

　もう一つの興味深い会話のやり取りは，関係がどのように発達しているかを示しています。私はKさんのこの仕事に対する熱意を冗談まじりに誉めてあげました。私のスーパービジョンについての長い話のあと，彼はその同じ誉め言葉をまるごと返してきました。「でも，先生のスーパービジョンに対する熱意を感じました」。Kさんは問題なく私についてきていて，自分にも私にも面白いユーモアを発揮することができています。彼のコメントは1時間の間にどれほどお互いが気持ちよくすごしてきたかを如実に物語っています。

　私達はセッションの最後に，スケジュールを決め，進歩の記録をつけ続けること，トレーニングセッション（リラクセーション導入の学習など）の日程を決めて終わりました。では，この第1セッションで何を達成することができたのでしょうか？　いろいろな意味で，この初面談はKさんの性格と情熱のおかげで難しくはありませんでした。私は彼の本心を引き出すために時間と力をかける必要がありませんでした。協調関係は，とくにKさん側では（私はもっと慎重でした），すぐに設立し，お互いに安心して冗談を言い合えるくらいの関係まで育ちました。これからの仕事のために土台を作ることができ，金額のことやこれから行うことに関して同意し，これからのセッションのスケジュールを決めることができました。いくつかの問題はこれから出てくるだろうと思います。その一つは，スポーツ選手を助けたい，もっと言えば救ってあげたいという彼の願望です。でも，そのすぐあとに，彼のもう一つの要求を取り上げることになりました。それは彼が認めてもらいたいという願望です。その話が展開するのは3回目のセッションです。

# セッション3：承認欲求

　Kさんはすぐにスーパービジョンに慣れました。ここでスーパービジョンの中で行ったトレーニング（例：自律訓練法の学習）の詳細まで説明しません。この本の第5章や第10章でリラクセーション導入について詳しく書いてあります。むしろ，ここではKさんの個人的なもしくはプロとしてのレベルを取り上げたセッションに集中してみます。3回目のセッションでKさんは私が解釈しにくいほど，複雑な表情をして現れました。それは失望か混乱かまたはその両方かわかりませんでした。スーパービジョン・セッションの前によく私は好んで前のセッションのノートを取り出し，彼に与えた宿題や今日のセッションに出てきそうな課題を見て予習します。2回目のセッションにリラクセーション導入を取り上げたことを思い出しました。Kさんはなかなかよくできたのですが，私は提案をたくさん付け加えてしまいました。振り返ってみると，たくさんの提案が彼を圧倒してしまい，その私の行動が批判として解釈されてしまったかもしれません。彼の顔にある失望的な表情は，彼が私のフィードバックをどのように受け止めるのか，私が考えてあげなかったことを示しているのかもしれません。スーパービジョン関係の最初のころには，私は研修生がどれほど敏感な人か見抜くことができず，途中で私のやり方を調節する必要があるときがあります。彼のテクニックについて私が与えたたくさんのフィードバックが彼にとっては自分に対してかなり失望する原因になったかもしれません。その混乱と失望的な表情をして，試合直後の経験を彼はすぐに話しだしました。

> K：夕べの試合で僕が感じたことについて話したいことがあります。この選手達とだいたい6週間働いているのですが，結構みんなでいいことができていると僕は思っています。毎晩僕は練習にでて，僕もチームの一部だと感じていました。でも，夕べの試合で僕は「今に集中すること」について試合前に僕の毎度の短い話をみんなにして，試合中の休みはみんなと一緒にいて，ハーフタイムでも何人かと一対一で話しました。僕たちは勝ったのですが，試合が終わるとみんなが集まってお互いに祝福している間に僕はなんだか一人ぽっちになったんです。誰も話しかけてくれませんでした。僕もその勝利の一部だと思っていたのですが，全くそれを感じることができませんでした。まあ，はっきり言うと僕はただ誰も「手伝ってくれてありがとう」と言ってくれなかったことにがっかりしていたんでしょう。

　私はしばらく彼に話を続けてもらいたいという気持ちもありましたが，それ

と共に彼の話に驚いて沈黙してしまいました。私は彼の取り残された話の深い個人的な内容に驚きました。私の頭の中では，寂しい小さな補欠の少年が試合に勝った選手とコーチ達が彼を忘れて打ち上げに行き，球場に取り残された悲しいイメージが浮かんできました。Kさんが傷ついた気持ちの話を私に打ち明けてもいいと思い，そしてその話をスーパービジョンの場に持ってくるほど大事な話だと考えていたことは，私たちがスーパービジョンの中心部分まで早く進歩したことを示しています。その中心部分とは研修生が自分のこと，自分の要求，そして一緒に働く人への反応を理解することです。彼の話は自分がチームに貢献したにもかかわらず，それが認められなかったという残念さを物語っています。10歳の補欠少年の絵がまだ頭にあり，これはきっと深い傷になるだろうと感じました。過去のどこかそれは，スポーツをしているときかもしれませんが，彼はきっと貢献したにもかかわらず，のけ者にされて認めてもらえなかったことがあるのでしょう。Kさんという人物はたくさん人に与えるものがあり，その後に絶対に貢献を認めてもらわないといけない人でした。ちょっと心配になるフレーズは「僕の毎度の短い話」でした。彼は自分の貢献さえもみくびるようになっていたかもしれません。

　私がスポーツ心理学の生徒や実践家をスーパーバイズするときは，バッシュの"*Doing Psychotherapy*"のイントロダクション Listening like a Psychotherapist (1980) を読んでもらいます。それを読むときに頭の中で心理療法士という言葉を毎回スポーツ心理学者に変えて読むようにしてもらいます。その数ページの中には，他人とどうやって話すかについて今まで書かれたものの中で一番いいアドバイスが含まれています。バッシュはクライアントの中で何が起きているのか知るために自分自身をバロメーター，または情報源として利用することを提案しています（スポーツ選手の話を聞くときに自分に現れる感情，または研修生の苦しい状況に対する私たちの感情的反応など）。そしてそれによって，また違う理解のレベルに達することができると言っています。私もスーパービジョンで同じことを試みます。自分が二つの反応を感じていることに気付きました。一つは私を喜ばせるために頑張っている目の前の傷ついた少年に対して，悲しみと混乱の複雑な気持ちでした。この気持ちと共に，私が前回のセッションで彼が認めてもらいたい気持ちに気付かないで，そしてそれを知らずに彼がよくないスポーツ心理学者だと伝えてしまった（圧倒させてしまうほどのフィードバックは彼が無能だと受け止められたかもしれない）ことで，

今彼が混乱しているのはそのときの私に原因があると感じました。私が感じたもう一つの強い反応は、「大丈夫だよ！　これで仲間になれたね！　スポーツ心理学者はこういうものなのだよ。僕らはいつも背後にいる人で、功績を認められることは少ない。気にすることはないよ。スポーツ選手はあなたを誉めるために試合で頑張っているのではないのだよ。だから彼らはあなたのエゴを打ちくだいたのさ。君も成長しないと！」というものでした。この両方の反応がスーパーバイザーとして何か役に立つものを反映していると思いました。一つはKさんの過去への反応で、もう一つはKさんの未来への反応でした。Kさんが過去に原因がある反応を処理していかないと、未来をつかむことができないでしょう。

　私は共感する気持ちで、この傷ついた少年に私が理解していることを伝えることにしました。このアプローチによって、この青年がその痛みの実態と原因をたどっていけることを願いました。彼はスーパービジョンの中でこの話を打ち明けること自体がすでに第一歩を踏み出していました。

　S：それはつらいことですね。
　K：本当にそうです。寂しくもなりましたけど、少し腹も立ちました。
　S：あんなにがんばったのに、認めてもらえなかった。
　K：たくさんのことを求めていたわけでもないんですよ。
　S：でも"よくやった"と一言もかけてくれなかったら、つらいね。前にもこんな気持ちになったことはありますか？
　K：え？　どういう意味ですか？
　S：たとえば、チームとか学校で貢献したにもかかわらず、無視されてつらかったことはある？
　K：そうですね、言われてみれば僕はいつもフットボールでもバスケットでも一生懸命頑張ったにもかかわらず、いい選手になれませんでした。でも信じられないほど努力しました。それでもコーチは、"よくやった""ナイストライ"と、たまにしか誉めてくれませんでした。たぶんほとんどの試合は誉められずに、少し寂しい思いで家に帰ったと思います。
　S：そこに夕べの出来事とつながっていることはないかな？
　K：わかりません。でも先生がつなげてくれたおかげで、似ている部分は多いのに気付きました。先生も認めてもらえなかったと感じたことがありますか？

　この最後の質問も進歩している関係を示しています。Kさんは自分の反応に混乱していて、彼は私を模範にして（スーパーバイザーと一体感になるプロセスの大きなステップです）、失望感をどのように解釈し処理していくのか見

てきています。Kさんの質問は「あなたがスポーツ心理学者なので、先生だったらこれをどう処理しますか？」というもので、最終的には「これを理解するのを助けてください」ということを聞いているのです。その他にKさんが聞いている質問は、「こんな気持ちになってもいいのでしょうか？」や「他のスポーツ心理学者もこんな気持ちを経験しますか？」ということだと思います。その上、私がKさんにとってすごくつらい過去を指摘した可能性があり、Kさんはそれを避けるために話の内容を私に戻したかもしれません。彼の疑問、ゆがみ、そして私との始めての一体感が、一度に起こっているようでした。

彼の感情反応は、少なくとも部分的には、前のセッション（私の提言を彼は自分がそんなによいスポーツ心理学者ではないと言われていると取ってしまった）で起こったことがベースになっていると、彼の経験したことを説明するのは、私たちの関係では今は適切なときではありませんでした。それと同様に、彼の反応は奥深く遠い過去に原因があり、スポーツの世界で傷ついたときよりも前の経験について彼と話すときだとも思いませんでした。この時点で彼と話すべきことだと思ったのは、全体の中でのスポーツ心理学者の役割についてでした。

Kさんがのけ者にされたことに対しての反応が、私も同じような反応をした経験を思い起こす引き金になりました。スーパービジョンの一つの利点は、スーパーバイザーに自分の過去の経験を何度も考えさせさせてくれることです。私もKさんとある程度似た経験をしていたので、彼がその経験を違う視点から見られるように話をしようと思いました。

S：少し、僕の体験談を聞いてくれないか。あなたの話と全く一緒ではないですが、かなり似てると思います。私がアリゾナ大学にいたとき、水泳と飛び込みチームとたくさん仕事をしていたので、プールサイドにいつもいて、水中で選手達をビデオテープで取って（ターンやバックストロークをビデオに収めていました）、一対一のセッションもたくさんしました。この選手たちにたくさんの時間を費やしているとき、自分が何をしているのかと自分に問いかけるようになったんだ。僕が前に水泳をしていて、それが懐かしいからいつもプールサイドにいたかったのか？　僕は役に立っていたのか？　僕が担当した選手たちのタイムやスコアが別に常によくなっていたわけでもない。私がのけ者になっている気持ちはそんなになかったけれど、僕がここでしていることがそれほど大事なのか？　誰かを助けてあげられているのか？　などと、自分に問いかけていました。私もあなたと同じで、私の働きが感謝されて、認められていると示すようなフィードバックをも

らっていませんでした。私のスーパーバイザーに私の疑問や気持ちを打ち明けると，彼女は心理学者の働きは注目されないことが多いと言いました。サービス提供は感謝されますが，その感謝の気持ちはなかなか表には出てきません。また，彼女が言ったのは，スポーツ心理学者の本当の立場は目立たないところにいることで，感謝されるのは1週間に1回もなければ，1ヶ月に1回も感謝されないこともある。でも，いざ感謝されると，それは想像以上に嬉しいもので，大満足できます。その彼女の一言で私は今まで頑張って来られました。彼女の言った言葉は本当に当たっていて，私が卒業した1ヵ月後に，水泳から引退する問題などさまざまな問題を一緒に一対一で取り組んでいた選手から感謝の手紙をいただいたんだ。それには，「マークさん，あなたが私にしてくれたことをどんなに感謝しても，感謝しきれません。もし，私たちが一緒に話すことができなかったら，私はこの1年を頑張ることができませんでした。これからの人生を楽しむ準備もできました。あなたは最高の人でした。ありがとうございました」と書かれていたんです。その手紙に私は嬉しさのあまり倒れそうになり，私たちがそれほどアスリートの人生に影響を及ぼす可能性があるかということに，大きな責任を感じさせられたんだよ。その1年の間に私がどれほど彼女の人生の一部になっていて，一緒に話したことがどれほど助けになっていたか気付いていなかった。クライアントから一度そんな手紙をもらうと，半年くらいは平気で頑張って働けます。そこで，私が言おうとしているのは，私たちは認められ，感謝されているんだということです。ただ，そうやって元気づけられるまで長い間があるんだ。(私は少しの間沈黙しました)…どう思いますか？

K：僕も感謝の手紙がほしいです…。

S：(彼の話をさえぎり) 誰でもそうですよ。

K：でも，先生の言ってることはわかりました。自分のエゴをしばらく抑えて，感謝されることに腐心しないで，いつかは感謝の言葉がやってくると思ったらいいのですね。

S：それがいいですよ。でも自分のエゴを完全に抑えたらだめだよ。僕への感謝の気持ちはどこだろう，と思ったとき，それは自分について何かを表しているものです。そして，その問題を私とのスーパービジョンの中で持ち出すのは正しいことだと思います。そのことについて話し合うことは絶対に大事です。なぜなら，自分がかわいそうだと思い，認めてもらえないことで悲しくなり，そしてそれに対して少しの怒りが，感謝していないと思っているアスリートやコーチに対してのサービス提供に悪い影響を及ぼします。このような仕事場の中に背負っていく悩みは私たちが取り上げないといけない問題です。だから今日，打ち明けてくれてよかったと思います。私も学び続けているし，あなたにも学び続けてもらいたい教訓は，自分の問題に気が付かないでいつまでもどこまでも引きずることをしないことなのです。

K：僕には，あれが必要ですね…個人のウソ発見機。

スーパーバイザーの自己開示はさまざまな目的のために活用できますが，問題のあるものもたくさんあります（自己満足，自己地位の強化，または研修生との共感のしすぎ，など）。私が自己開示をして，自分についての話をする前に，「自己開示は誰の役に立つのか？」と毎回，自分に問いかけます（この質問は第1章でも出てきました）。その水泳選手との出来事を思い出すのは個人的に嬉しいですが，Kさんに話した理由はいろいろあります。一つは，フィードバックがあることはめったにないが，アスリートの人生にどれほどスポーツ心理学者は影響があるかを見せたかったのです。Kさんはこのことを聞く必要があったでしょう（試合前にした「僕の毎度の短い話」のコメントを思い出してください）。二つ目は，これは協調関係を続けて作り上げるため，ポジティブな気持ちの転移を進めるため，そしてスーパーバイザーとの一体感を育てるために役に立つ話だと思いました。この一体感はスーパーバイザーの精神病理的な要求に聞こえますが，ここではスーパーバイザーがサービス提供の役割模範であるという意味で言っています。スポーツ心理学者は目立たないところにいる人だという役割をKさんに認めてもらいたかったのです。三つ目は，Kさんに，いずれ感謝の気持ちはやってくる，と励ましの言葉を言いたかったのです。

　私が最後に言った，「…どう思いますか？」の質問に対する彼の返答で，「彼には私が言いたいことが全く伝わっていない」と最初に思いました。でもそれは間違っていました。彼がもっと話せるように黙っているべきだったでしょう。Kさんはアスリートが感謝する気持ちについての話を聞いて，彼は感動して，自分もそのようになりたいと思いました。「どう思いますか？」と聞かれたときの彼の返答は，もっと心を閉ざしている人だったら絶対口にしないような気持ちだったのです。彼は素直に返事をし，話の趣旨もつかんでいました。

　Kさんがスーパービジョンの場でそういう気持ちを打ち明けて話すのは正しいことだと，私が最後に説明したのは三つの目的があります。一つは彼にはいろんな意味で誉めてもらうことが必要だったので，充分に誉めてあげようとしました。二つ目は，そのような経験をスーパービジョンに持ち込むことの大事さをわかってもらいたかったのです。そして三つ目は，前週のセッションで彼を圧倒してしまったことを取り返すためでした。ですので，彼がしていることがすばらしいと言う必要がありました（私のためにも，彼のためにも）。彼が最後に"個人のウソ発見機"が必要とコメントしたことは，自分が不安にな

るような感情反応を実に新しい視点から見られるようになったことを示しています。彼は冗談をまじえながら，それを話すことができるようになったのです。

## セッション7：援助欲求

このセッションが行われた時点では，Kさんはバスケットボールチームとの仕事がけっこう順調でした。ときには，彼は選手との一対一のセッションを録音し，それをスーパービジョンのときに二人で聞いて話し合いました。次の会話はKさんが7回目のセッションの中でバスケットボール選手と話したものです。

　　K=実習生　A=アスリート
　　K：最近はどうですか？
　　A：コーチが試合にほとんど出してくれません。コーチは僕が出るべきときに他の選手ばっかり入れるんですよ。それで，僕は他の選手のあとにしか出られません。（泣き言に聞こえました）
　　K：それはどういう意味かな？
　　A：僕は4年もこのチームにいるのに，去年入ってきた選手が僕より先に出るんですよ！（だんだんとイライラして，怒っています）
　　K：どうしてそうなると思いますか？
　　A：コーチは彼と仲がよく，冗談とか言ったりして楽しそうに話している。それで，彼にプレイしてどんどん成功していく機会を与えています。僕も入部したころに同じような機会が与えてもらっていたら，今よりもっともっといい選手になれたのに（すごく腹を立てた声で）。
　　K：でも，その選手はあなたと違うスタイルを持っていて，バスケットボールの中であなたと違う長所を持っているのではないかな。あなたも彼にはない長所を持っているし，たとえば遠くからのシュート。あなたはその長所だけに集中して，その技術だけは誰にも負けないようにすればいいと思うよ。

Kさんとスポーツ選手の間に何が起きているのかを話し合うために，そこでテープを止めるように彼にお願いしました。Kさんの質問は選手のプレイ時間に対する不満をエスカレートさせているように見えました。それからKさんはその状況を違う視点から見せようとしましたが，それは的外れで，選手のイライラした気持ちを無視したもので，何に集中したらいいかコーチだけがアドバイスする領域に限りなく近いところに踏み込んでしまいました。たとえば，コーチは選手が長所に集中するのではなく，短所を練習してほしいのかも

しれません。選手はこの提案をあまりよく受け止めなかったのだろうと私は感じました。なぜなら，これは彼が抱えている心配事である，(1)試合に出してくれないことと(2)自分より若手の選手がひいきされそれにイライラし怒ってしまうことを，取り上げていなかったからです。選手と一対一で働くとき，一つの基本的なルールは，もし選手にとって大事な問題に気付かず，上手に取り上げなかった場合は，あまり気にしないことです。選手はスポーツ心理学者がその問題をピタリと取り上げるまで，何度も何度も同じ問題を持ち出してきます。

K：くそう…今その会話をまた聞くと，僕はいったい何を考えていたのだろう，と言いたくなりますね。

S：うん，そうだね。それはいい疑問だよ。何を考えていたの？

K：たぶん，この選手を落ち着かせようとしていたんだと思います。テープを聞いてわかると思うんですが，彼はどんどん感情的になっていました。たぶん，僕は違う視点から彼に物事を見せようとしていたのでしょう。そして，彼がもっとコントロールできるものに，集中させようとしていました

S：怒っていたり，気が動転したり声を荒げている人の周りにいるとKさんはどうなりますか？

K：はい？

S：少し話からそれているように聞こえるかもしれないけど，周りに怒っている人がいると，あなたはふだんどのような反応をしますか？

K：できるだけ関わらないようにしています。

S：でも一対一のセッションでそうするのは難しいね。

K：それじゃあ，僕が嫌な気分にならないように彼を落ち着かせようとしたとでもいうのですか？

S：その解釈はどう思う？

K：わからないけど，彼はどんどんいらいらしていて，気分がよくなるように助けてあげたかったけど，再び集中させるのを失敗してしまいました。

S：なぜ，気分をよくさせようと思ったのですか？

K：先生の言いたいことが見えてきました…。僕の気分がよくなるために，彼の気分をよくしようとしていたというのでしょう。前にもこれについて話しましたね。僕がいつでも物事をよくしようとして，困った人を助けようとすることですよね。

S：あなたがアスリートと働くときに持っているあなたの一番強い欲求が，それだと思うよ。それがどこから発生しているのかはわからないけれど，それに注意する必要があると思うよ。あなたが話をいい方に持っていくことが失敗したのを，不思議には思いません。選手にとって大事な問題を取り上げられなかったときは，私は前にどう説明したか覚えている？

K：はいはい，（先生の声を真似して）「もし，選手が持ち出した大事な問題を上手

に取り上げなかったら，自分が取り上げるまで選手は何度も持ち出してきます」でしょう？
S：それじゃあ，今回の本当の問題は何だったと思う？
K：きっと，僕は彼の痛みと怒りを取り上げて，発散させてあげるべきだったと思う。なぜなら，僕が話をいい方向に持っていこうとしたとき，彼は泣きそうになって「チームのみんなに，お前たちなんか死んじまえ，俺はやめた，って言おうかな」と彼は言いました。
S：ときどき，人間は気分をよくするのじゃなくて，もっと悪くする方がいい場合もあります。もしかしたら，彼はこのことを言って気持ちを発散できる相手はあなただけだったのに，あなたはそれを止めようとしてしまった。で，そのあとはどうなったの？
K：彼が涙目になってやめる気持ちを打ち明けたあとに，彼が自分の扱われ方に対して気分を悪くして，悲しくて，少し怒っているのではないかと僕が指摘しました。すると彼の感情が爆発して，どれほどいらいらしているか，バスケットボールをこれから本格的にしたいこと，どれほど頑張ってきたか，バスケット以外にとりえがないこと，自分の技術に疑問を持ち始めたことなど，次々と悩みが出てきました。全てを話して，発散すれば気分がよくなると思いました。
S：最高！ 何が起こったのかわかりますか？ あなたは彼に最近どうしているのかと聞いたところ，彼は心の痛みといらいらを感じる話をしました。あなたはそれを直接取り上げなくて，別の質問を聞きました。すると彼はもっと心を痛めました。また別の質問を聞くと，彼は前以上に気分を悪くする。そこであなたが話をいい方に持っていこうとすると，彼の気持ちは限界まで来ました。やっとあなたが彼の痛み，いらいら，そして怒りを取り上げたとき，彼から感情，不安感，自信のなさ…などが湧き溢れてきました。そこまでたどり着くのに遠回りをしたけれども，最後にできたのはすばらしいよ。遠回りしてしまったことには二つの関連した理由があると思います。一つは，強いネガティブな感情に対してあなたが持っている不快感，そして二つ目は，あなたが人を気分よくさせないといけない，または問題を解決してあげないといけないと思っている強い気持ちです。
K：どうして僕はいつも物事をよくしようと思うのでしょうか？
S：サービスをしている自分，または他人との関係の中にいる自分を観察するのは，果てしなく面白いことです。でも，なぜあなたが物事をよくしようとするのかはわかりません。それに関してはあなたのカウンセラーと一緒に探究してもいいかもしれないね（Kさんは自分の成長のためにカウンセラーと会っていました）。でも，あなたはきっと家族の中でもみんなの仲を取り持つ役目をしていたでしょう。私が本当に大事だと思っているのは，その苦手なものや自分の欲求を認めて，それらがサービス提供の妨げにならないように気をつけることです。
K：自分の助けてあげたい欲求が邪魔になることがよくわかりました。前にも先生と話したことがありますが，スポーツ選手の問題を解決するのは僕の役目じゃな

いこと，そして選手から強い感情が出ているのなら逃げ去らないこと。一緒に走らないといけないですね。あ，それと，僕が物事を違う視点から見て，話をいいほうに持っていこうとしたときのことは，つっこまないでください。あれは僕が完全に失敗をしました。彼に「長所に集中しなさい」と言ったのが信じられない。僕はコーチの領域に入りこんでいました。それを聞き直したとき，自分の口をひっぱたこうと思いました。

　Kさんが「つっこまないでください」と言ったときは，どう反応すればいいか悩みました。今日のセッションは少し彼にきつかったのでしょうか？　それとも私を軽く冷やかしているのでしょうか？　スーパーバイザーがサービス提供の妨げになるような大事な問題を取り上げるとき（Kさんの怒りに対する不快感，またはみんなを幸せにしないといけない欲求），スーパーバイザーがどんなに丁重にその問題に取りかかろうとしても，研修生が脅されているように感じてしまったり，攻撃されているのではと受け止めてしまうかもしれません。スーパービジョンでは現に脅してしまっている場合もあります。というのもスーパーバイザーが軽く押しているつもりでも，研修生は暴力的に突き倒されていると受け止めてしまうこともあるからです。Kさんが「自分の口をひっぱたこうと思いました」と暴力的な言葉を2回目に言ったのは，私が彼を叱る前に，自分で叱っておこう，そうすれば先生からの攻撃を免れるだろうと思ったのかもしれません。それで私は自分で思いました，「マーク，やめておけよ。Kさんは立派にやっているじゃないか，彼はただあなたに冗談を言っているだけだよ」と。

　人を助ける強い欲求とネガティブな感情表現に対する嫌悪がKさんのサービス提供にとって一番の妨げだったと言えます。スーパービジョンの一つの目的は研修生の障害を発見することで，それらがさまざまな形で現れるのを認識し，選手に話させている間や，問題を解決しているとき，そしてものすごい数の問題を処理するのを助けているときはそれらを閉じ込めておくことです。スーパービジョンが治療になることもあるし，個人的成長や理解はスーパービジョンでも治療でも起こることがありますが，スーパービジョンは心理療法やカウンセリングとはまったく違います。Kさんの「どうして僕はいつも物事をよくしようと思うのでしょうか？」という質問はカウンセリングや心理療法の領域に入っています。私はその質問に上手に答えることができなかったし，これ以上私があれこれ考えるのは適切ではないでしょう。Kさんはカウンセリ

ングを受けていて（スポーツ心理学者なら誰でも経験した方がよいでしょう），家族関係の中で彼が物事をよくしようとする役目なのか，カウンセラーと一緒に考えることを提案しました。研修生の中で，助けたり，救ったり，守ってあげたりする強い必要欲求がある人は，だいたい，家族の中で仲を取り持ったり，守ってあげたりする役目の人が多いのです。しかしこの内容はKさんと彼のカウンセラーが探っていくものでした。

　他人との関係の中で自分を観察することが「果てしなく面白い」と私が言った言葉が，Kさん，彼とアスリートの関係，彼らの問題に対する彼の公式を見ていくにあたって，アプローチする視点になりました。Kさんは彼自身や他人の行動を不思議に思い観察するのがたまらなく面白くなり，私は彼がその気持ちをずっと続けて持って欲しいと願いました。スーパービジョンのセッションはよく誰か一人が「今日は際限なく面白かったですね」と言って終わります。研修生がアスリートの行動，自分の行動，そして他人との関係に対して深い興味を持ってもらうのが，スーパービジョンの中での私の主要な目的の一つです。スポーツ心理学を始めたばかりの人たちはしっかりしすぎて，サービス提供にこれが正しい，これは間違い，これがいい，これが悪いと心配しすぎることがよくあります。興味を抱くことによってそのような二分思考にとらわれなくなります。選手と何かをして，それが大成功だったとき（または大失敗だったとき），それのとりこになって，なぜうまくいったのか，またはなぜ失敗したのかを勉強してほしいと思います。単純に道徳的な判断は成長を抑えてしまいます。しかし，何かに魅力を感じると学習と深い理解を促します。もし研修生が私と働くことによって，自分やスポーツ選手の行動に興味を抱くようになったら，私は自分の任務を果たしたと思います。

## 十ヵ月後：関係が変わる

　Kさんと私は1年ほどスーパービジョンを続けており，彼が立派な実践家に成長していると私は感じました。彼が認めてもらいたい気持ち，ネガティブな感情表現に対する嫌悪，そして助けてあげたい強い欲求は完全に消えることはありませんでした。私も消えることを期待していませんでした。なぜならそういう欲求や嫌悪は生涯を通して経験したことの結果だからです。彼の問題が現れ出してサービス提供の妨げになっているときに気が付くことに彼は上手に

なっていました。私たちのスーパービジョンは2，3週間に1回だけ行うことになり，あるセッションのときにKさんは教育の次のステップについて話し出しました。彼は研究による上級の学士号を取得することに興味を持ち出しました（ここオーストラリアではイギリスの教育モデルにそい，修士号や博士号は研究に重点を置いた学位で，授業は多くありません。この学位の焦点は修士論文，または博士論文です）。

## セッション31

K：最近スポーツ心理学の上級学位がほしいと考えています。
S：へえ，それは初耳だね。どうしてそう思ったの？
K：いや，しばらく考えていたんですけど，今日は先生に話してみようと思いまして。
S：そうか。で，なぜ修士号を取ろうと思ったの？
K：これは変に聞こえるかもしれないけど，自分の名詞に，名前の後に肩書きがほしかったんですよ。
S：別におかしいと思わないけど，なぜ肩書きがほしいの？
K：もし肩書きがあれば，もっとプロフェッショナルに見られると思って。これからいろんなコーチやアスリートと一緒に働くときにもっと信用してもらえると思いました。将来の自分への投資だと考えています。その肩書きが第一印象をよくしてくれると思うんです。
S：それは修士号を目指すためのいい理由だと思うよ。このへんでそれを取得するのに，何をするかわかっているでしょう。学位を取るのには修士論文が一番大事です。そういう研究学位を始める学生に私が最初に忠告するのは，研究したい問題に興味を持っていないといけないことです。あまり興味のない修士論文を完成させようとするほどひどいものはないですよ。何かすごく興味を持っていて，これからどんどん研究していきたいトピックは考えているのかな？
K：はい，さっきも言ったように，これについてはしばらく考えていたんです。前にコーチや選手がどのようにスポーツ心理学者を見ているかについて話しましたよね。僕はオーストラリアのアスリートやコーチが，スポーツ心理学者やサービスをどう見ているのかを研究してみたいです。前に先生が読ませてくれたあの記事みたいな内容ですね。

2ヶ月ぐらい前に，私はKさんにアスリートがスポーツ心理学者をどう見ているかについての記事を渡しました (Martin, Wrisberg, Beitel, & Lounsbury, 1997；Orlick & Partington, 1987)。なぜならKさんがコーチや

選手にどのように見られているのかがスーパービジョンの中で繰り返し出てきたテーマだったからです。アスリートやコーチのスポーツ心理学者への印象は興味深く，ある人はそれがスポーツ心理学の中で現場の実践家にとって非常に重要な研究分野だと言います。選手やコーチはサービスの消費者であり，彼らの姿勢はサービスがどのように発展していくかに直接影響をおよぼし，スポーツ心理学者の収入にも関わってきます。Kさんの研究したい分野は，彼が認められたい気持ちとどのように見られているかに関する心配に密接につながっていました。私は彼をからかうことを我慢できませんでした。(それは私が彼と近い関係にあると思っていたからでしょう)

S：そうか，あなたは認められるために肩書きがほしいし，自分がどう見られているのかを研究したいんだな。フォークナー先生が言っていたことが当たっていたね。あなたは本当は自分のことを勉強したいんでしょう。(二人とも笑い出しました)

K：僕は先生みたいになりたいだけですよ。(私はスーパービジョンをするし，それについて本を書いたりもします)

S：(まだ二人とも笑いながら) やられたよ。この世界は全部ナルシストの集まりかもしれないな。

K：いや，本当に先生の元でその学位を取りたいんです。

S：それは光栄だよ。もしそうするのなら，私たちの関係が変わるから，もう少し話し合わないといけないね。

K：それはなぜですか？

S：今あなたは，私のサービスのためにお金を払っている個人的なクライアントです。もしあなたが私の生徒になるのだったら，あなたが続けてクライアントとして私にお金を払うのはよくないと思う。だから，大学院に入学する前にスーパービジョンを中止しないといけないね。

K：残念ですね。でも，わかります。それは二つの役割を持ってしまう問題が発生するからですよね。

S：その通り。じゃあ，あなたが大学院で何がしたいのか話し合いましょう。

お互いに冗談を言い合っていることから，私たちの関係が実際にどの程度の関係だったかわかります。彼が私みたいになりたいというコメントは面白かったし，私のナルシスト的傾向を指摘しています。そして，この関係に秘められたものを示しています。研修生がスーパーバイザーと一体になり，内面化することによりある意味似てくるようになります。私が自分の教師を内面化し，彼らの声が聞こえることと同じように，Kさんも私を内面化しました。Kさん

の場合は彼の研究の興味はサービス提供のクライアント側にあり，それはサービス提供者の教育とトレーニングという私の仕事と平行しています。しかし，Kさんが新しく興味を持つことによって私たちの関係も変わります。

　大学院でスポーツ心理学者をトレーニングする多くの場合は，そのスーパーバイザーは卒業論文のアドバイザーでもあり，授業の講師でもあります。これらの多面的な役割は問題になることはあまりありません（この章の最初の部分を見て下さい）。なぜなら，それはまだ先生と生徒の役割だからです。お金を払っている消費者から生徒に移るのは，非常に大きなジャンプです。大学に学費を払うことは，私が彼の研究アドバイザーとしてお金をいただいているのといっしょです。もしそこで違うお金が絡んだ役割（スーパービジョン）があれば，とてもやっかいな関係になります。

　Kさんと私は彼のプロジェクトについてと私が大学院生に期待することについて話し合い，彼の研究学位を目指して一緒にやっていくことに同意しました。そして，彼に新しいスーパーバイザーを付けることを話し合い，この学校以外にいる人たちを紹介しました。この次のセッションはスーパービジョン関係としての最後のセッションでした。

## セッション 32

　Kさんと私は，彼のアスリートとの間に何が起こったのかを話して，第32回目のセッションの最後の方に私たちの関係の一面が終わることについて話しました。

　　K：このセッションができなくなって，寂しくなりますね。
　　S：二人のセッションは私にとって興味深いものだったよ。クライアントと最後のときもこんな感じですね。心理学者もアスリートもいろんなものがこみ上げてくるんだよ。
　　K：それじゃあ，先生はどんなことがこみあげてくるんですか？

　Kさんの反応は，彼がスーパーバイザーになって私の感情的に複雑なときを乗り越えるのを助けてくれているような気持ちにさせました。彼がそのような質問をしたのはいくつか原因があるでしょう。彼はスーパーバイザーととても一体になり，私が言いそうな質問をしました。そして，彼自身や彼がアスリートを見るときのように，彼は何が人間にそのような行動をさせるのかについ

ての深い興味が私に及んできたのです。

S：私が初めて長期のスーパービジョンをしたときのことを思い出したよ。そしてそれが終わったときに感じたことがよみがえってきます。あなたはどんな気持ちなのかな？

K：まあ，さようならっていうわけでもないですけどね。ただ，少し変化する部分があるだけであって。でも，今までの時間と努力を費やしてくれたことをどれほど感謝しているかをお伝えしたかったのです。この1年を振り返ると，僕がどれほど単純だったかがわかってびっくりします。先生がしてくれたことを本当にありがたく思っています。たいへん勉強になりました。

S：私もたくさん勉強できたよ。そして，これから研究の道を進んでいくと，お互いもっと勉強になると思う。ここまでの道のりはものすごく面白かったです。

K：本当にそうですね…。ものすごく面白かったです…。

⊙第Ⅲ部
実例：スーパービジョンから複雑なサービス提供まで

# 第9章　初めてのインターンシップでの経験
## ——または，私が休日にやったこと

(FIRST INTERNSHIP EXPERIENCES —— OR, WHAT I DID ON HOLIDAY)

■ Vance V. Tammen
(Ball State University)

　この章では，アメリカのオリンピック・トレーニング・センター（以下OTC）での，私の初めてのインターンシップ経験について詳しく述べています。したがってこの章は，応用スポーツ心理学を行うにあたっての一つの初歩的学習の経験，そして知識として読んでいただきたいと思っています。そういうわけでこの章は，おそらく訓練を積んだ専門家よりも，大学生や駆け出しのメンタル・トレーナーにとって，より役立つことでしょう。この章はまた素朴ですばらしい特色を持っており，おそらく私たちの多くが競技者と交わる私たちの仕事の中で初期（早い段階）に経験した，単純さや素朴さと驚き，そして感動などが交じり合ったものを思い出させると思います。この章における中心的な特色は，OTCでの自分と指導教官との関わり，そして自分がネットワークを持っていると知ることが，いかに翼を広げるのに役立つか…です。

　私は，スポーツ心理学を実践に応用する際に，トレーニングがいかに個人の考察に影響を及ぼすかを示すために，自分の教育背景について書こうと思います。そしてまた，OTCにおける3つの特殊な経験と，それらの経験がいかに

応用スポーツ心理学を行うにあたっての自分の意見や哲学を形成したかについても書こうと思います。この章では，スーパービジョンの対話も取り扱っています——それらは適切な方向づけをしようとした際の私の最高のものです——そしていくつかの対話は例証の目的で編集されたものなのですが，その意味や本質は私が記憶しているそのものです。

私たちがどのように応用スポーツ心理学を行うのか…というのは，常に変化していくものです。応用スポーツ心理学を行うことは，たえず進化する過程が存在するので，私たちは新しい知識を得て，新しいことを経験するに従って，自分に役立つ方針を変え，適応させていくことになります。私は今やおよそ10年間応用スポーツ心理学に携わっていますが，私はなおも実践家として学習し，発見し続けています。これらの話は，私の初期の経験の中のいくつかなのです。私は学生たちやカウンセラーがインターンシップを経験する間に何をすべきか（あるいは何をすべきでないか）を実証するために，それらの話を使うことができれば…と思っています。

## 教育的な経験

OTCにおける私の経験を理解するために，私の教育的な経験が応用スポーツ心理学を行うにあたって，スポーツ心理学界に対しての自分の当初の見解や自分の心理学をいかに形作ったかについて少し知っておくことは役立つこととなるでしょう。私は体育学（PE）における学位を持っており，特に社会的なスポーツ科学の分野を専門としていました。私が体育における学士号を取ろうとしていた間，私はまた学部の心理学の授業も取っていました。振り返ってみると，私の大学はアメリカにおいて，行動主義の最後の砦の一つであったように思われます。私の認知心理学のクラスは，全くと言っていいほど，ほとんどグループ・レッスンをもとにしていました。そして私のモチベーションや情動の授業もまた，強い行動主義のような特色を持っていたのです。私は結局，心理学の授業を35時間履修しました。そして私はあとになって，全く偶然に次々とその時間を履修していたことに気付いたのです。このことは，もし自分が教育科学や科学の大学に転校して外国語を2年間履修するとしても，私は体育学はもちろん，心理学も専攻するだろう，ということを意味していました。それは，私が大学4年生の最後の学期を迎えていたときです。私が最後にやり

たかったのは，外国語を学んでみることでした。私は，アメリカ中西部の田舎で育ったので，正しい英語を身につけることだけでも，自分にとってはなかりすばらしい成果なのです。

　私は別の大学の，運動科学の学科において，スポーツ心理学で修士号を取ろうと勉強を続けていました。私の指導教官は（今も指導教官ですが）熟練した科学者でもありました。彼の哲学やスポーツ心理学に対する指導は，私が学部で受けていた教育とは違うものでしたが，それほどかけはなれているものではありませんでした。彼は理論の理解と適用に力を注いでいましたが，私たちはその応用について議論したり話し合ったりすることは，ほとんどありませんでした。彼の哲学は，たいていの修士の学生たちはアスリートに携わるべきではない，というものでした。なぜなら彼らはそのテーマに関する充分な訓練や理解を身につけていないからだ，と。彼の見解を私がわかりやすく言い換えてみると，修士の学生たちはしばしば知識を充分に持っているがゆえに危険なのです。今となって，私は彼に賛成せざるをえません。もちろん当時，私は全てわかっていると思っていました。私の修士課程は，自分がスポーツ科学者らしい考え方をすべきか，いかに批判的な考えをすべきか，そしていかに学説に疑問を持つべきかについて多くのことを教えてくれました。私はなおも応用スポーツ心理学をやりたいと思っているのですが，自分は実践者であると同時に，本当は研究者になりたいと思っていることを知らされたのです。

　私はそれから体育，スポーツ科学，運動学における博士過程にいくつか出願をしました。アドバイスをもらったり私が一緒に勉強したいと思った何人かの人とのミーティングをしたあと，私は幸運なことにもスポーツ心理学において，この国（国内で）トップスクールとされている学校の一つに受け入れられました。私のそこでの指導教官は，私にスポーツ心理学，科学をやること，私自身について，非常にたくさんのことを教えてくれました。彼は私にアスリートたちやチームと一緒に仕事を始めることを許可してくれました。初めは厳しいスーパービジョンのもとでの仕事でしたが，それからだんだんと任せてもらえるようになりました。アスリートと一緒に仕事をするためのアプローチは，形式的，教育的なプレゼンテーションと，1対1の心理学的なスキルのフォローアップといったものでした。私は，リサーチや理論を使ったり，それらをスポーツ心理学の実践に応用させたりすることはもちろん，科学者になることや研究を計画することについても学びました。後に私はリサーチについて，さらによ

り多くのことを学ぶことになったのですが，これは私がOTCから戻ってきたあとに起こったことでした。

## 意見・偏見・そして哲学の形成

　大学院における私の経験は，スポーツ心理学の仕事についての私の考え方を形成し，私の中に深くしみ込むようになるたくさんのバイアスを植え付けてくれました。私は体育学がバックグラウンドですので，スポーツ心理学の仕事のモデルやスポーツ心理学を行うことは，結局は心理的スキルのトレーニングにつながると考えていました。私の考え方は，心理的スキルはフィジカルのスキルのようなものだ，というものでした。それらは，身につけるためには練習しなければならない。私の初期のトレーニングは，ほとんど心理的スキルを学習することに焦点が合わせられていたのです（例：リラクセーション，イメージ，目標設定，セルフトーク）。そしてそれから，それらのスキルをいかに他人に教えるべきかを学ぶことに焦点が合わせられました。このように私は一人の教育者としてコーチやアスリートと一緒に仕事をしていました。しかし，私にはクライアントがいませんでした。行動主義の砦で学んだことも決して悪いことばかりではありませんでした。なぜなら，私の介入の多くは認知行動主義をベースとしている（例：リラクセーション，目標設定）からです。今日，私はなお，強い認知行動哲学を持っていますが，私にもパラダイムシフトが起こったのです。そして仕事についての新しい見解が私の頭に浮かんだのです。

　大学院に通っている間，私は心理学・教育心理学・カウンセリングの分野の選択科目も取っていました。私はパーソナリティ・異常心理学・動機・認知，カウンセリングの原理の大学院の授業も取っていました。そして私はすぐに，心理学に関わる全ての人が必ずしもスポーツあるいはスリートたちに興味を持っているわけではないことを知りました。これは，目を開かせられたような経験でした。なぜなら私の教育の大部分が，スポーツやアスリートたちに向けられていたからです。幸運だったのは，私が心理的スキルよりも心理学の分野についての理論的な知識をいくらか持っていた，ということ。私は体育学と心理学の両方で，広範囲な経験を持っていることが，私がアメリカのOTCの研究アシスタントの職に応募したときに私に有利に働いてくれたと今でも信じています。

このように長々しく私のバックグラウンドを紹介したので，体育学の学部生として（心理学でも同様），体育学においての大学院生（修士課程の学生）として，そして運動学においての博士としての自分のトレーニングが，いかに自分のバイアスを形成したかについては明らかになったと思います。私にとってスポーツ心理学の仕事をすることは，心理的スキルを教えることが中心となっており，うまくできていると思います。私が学んだ仕事のやり方というのは，応用スポーツ心理学の実践者は，チームに対して全体的に心理教育プレゼンテーションを行い，それから個々のアスリートとマンツーマンで仕事をするというものでした。アスリートたちは，全体的な心理教育的プレゼンテーションのあと，その実践家たちに近づき，スポーツ心理トレーナーに何らかの心理的スキルを使って助けてもらえるのだろうかと尋ねます。実践家はそれからスポーツ心理のスキルを教えるのです。私はある講演に出席したのを覚えていますが，そこでの発表者は，スポーツ心理学者は選手に意識改革させるようなものだと言っていました。彼は，アスリートたちの約1/3はスポーツ心理学者たちの言うことを全く受け入れず，1/3はそれを受け入れ，1/3はためらうのだと言い，そこで私たちは受け入れてくれるその1/3に，彼ならうまくやってくれるだろうとか，ためらっている1/3にきっと意識が変わってくれるだろうという希望を持って，スキルを教えるべきなのだと言っていました。何年にもわたってスポーツ心理の仕事をしてきた今，この格言はなお自分にとっては本当に心に響いています。私たちは皆ある程度，応用スポーツ心理学を実践する際に意識を変えるように説いているでしょう。そして私がOTCにやってきたとき，それは自分にとって重要な指針となっていたのです。

## オリンピック・トレーニング・センターでの経験

私はOTCに行き，そして私は多くの責任ある仕事を任されました。私は研究アシスタントとして雇われ，私の任された任務にはリサーチを行うことも含まれていました。それで私はいくつかのプロジェクトに参加もしました。コーチとアスリートがオフィスに来たり，キャンプに参加しているアスリートがテストを受けに来たときには交流することも期待されていました。これらはやりがいがあるし，自分が向いていると感じた仕事でした。私はまた，私が応用スポーツ心理学のトレーニングでの責任ある仕事もありました。私はアスリート

をクライアントとして見ることができるように，チームや個人にメンタル・心理的スキルを教えられるように，そして心理的スキルのトレーニングに関して，コーチと一緒に仕事をすることができるように…と言われていました。私は自分のスーパーバイザーであるシェーンマーフィー（当時スポーツ心理学のトップであった）に，私がすることで最も大切なことは何かと尋ねました。彼はオーストラリアなまりで私にこう言ったのです。「ただ迷惑をかけないようにしろ」。私はあとになって，これは主要な心理学の原理の一つであることを知りました。しかし当時私は，これはそのセンターで働くにあたっての警告の言葉であると思っていましたし，そしてそれはもちろん多くの点でその通りだったのです。

## 最初のアスリート

　私は丸一日 OTC にいました，そして私はなお，どうやってコンピューターでセンター内メールを使うのか格闘していました。ちょうどそのとき，私のスーパーバイザーが近づいてきて一人のアスリートと仕事をしてみないかと言われたのです。彼は私がイリノイにいたとき，心理的トレーニングをしていたことを知っていました。それで彼は，このアスリートが私にとっていいスターターになると思ったのです。挑戦から逃げ出すような人間にはならないように私はひょいと身を乗り出し，「もちろんやります」と言いました。そのアスリートは 21 歳のオリンピックの重量挙げ選手で，自分の心理的なスキルを伸ばしたい，そして正式に心理学的スキルトレーニングを始めたい…と思っていたのです。初めのセッションは，受理面接を行うことやラポールを築くことに費やされました。私は受け入れやラポールを作る際に，いくつかの必ずすべきトレーニングは行いました。しかし，そのセッションの大部分は，自分の感性に基づいて仕事をしていました。私は注意深く聞いたり，積極的に聞いたり，関心を示したり，認めたり，熟考したり，うなずいたり，オープンにかまえたり…と，できることは全て実行していました。それはうまくいっているように思えました。彼が話し，私は聞くといった状況で，私たちは充実した時間を過ごしていました，そして彼は心理的なスキルについて話し始めたのです。彼は競技会や，ときにはウエイトルームにおいて不安な気持ちになっているのだと言いました。彼は以前はこのような気持ちになったことは 1 度もなく，何らかの

リラックスできるスキルを実行する必要があると感じていました。私は自分に，おい，これはうまくできそうだぞ，と言いました。そして私は可能な限りリラックスする技術について話し始めました。私たちはジェイコブソンのリラクセーションを実施することに決めました。私はリラックスの状態に彼を導き，彼がリラックスした筋肉と「穏やかな」とか「くつろいだ」とか「楽な」というようなキューワードを関連させられるようにと助けました。この最初の期間は，うまくいっていました。そして彼はその次の日の予約を取ったのです。

その最初のセッションのあと，私は自分のスーパーバイザーのところへ話しに行きました。それは主に自分がしたことを報告し，賞賛の言葉をもらうためでした。スーパーバイザーはもちろん，そんなに甘くはなかったのです…。

**VT＝Vance Tammen　S＝スーパーバイザー**

VT：（その最初のセッションについての話をしたあとで）以上が私が行ったことの報告です。

S　：その他に，君が彼から受けた印象はどんなものだったのかな？

VT：ええ，そうですね，彼は本当にもっと多くのことを私に話したがっている…そんな印象を受けました。でも彼はまだどこから始めればいいのかわからなかったのです。

S　：Vance君，私が君にやってもらいたいことは，（心の）ドアを開け，そしてそのアスリートを悩ませているかもしれないことについて何でも話させるということだよ。君の計画を押し付けてはいけない。だたそのアスリートに従い，1人の相談役として行動すればいいのだよ。人はただ，自分たちの問題について話したいだけのことが，ときにはあるものだ。全く知らない人に話すよりはいい，と思える相手にね。つまり君は，トレーニングされた全くの見知らぬ人というわけだよ。

VT：わかりました。どんな計画も押し付けないようにします。そして彼を悩ませているものならどんなことでも，それについて話してもらえるようにします。けれど，それがどう扱えばいいのかわからないことについてだった場合はどうしたらいいですか？

S　：Vance君，君はいい性格をしているよ。みんな君に心を開きたがるだろうね。君は頭もいいし，いいトレーニングも積んでいるようだ。もし君が何をすべきかわからなければ，何をすべきかについてだけ尋ねることです。君もわかっているように，それが心理学のプロというものだ。君の力量が及ばないと感じたときは，おそらくその通りなのだろうから，私は君を助けることにしよう。しかし君はそれを経験するまで，自分がやっていけるかどうか，わからないだろうね。

このスーパーバイザーとのセッションは，自分がやっていたことについて気持ちを高めてくれました。まず始めに，もし何かの間違いが起これば，スーパーバイザーはそこにいて私をつかまえてくれる，ということを教えてくれたからです。そのことはまた，彼が私のやっていたことを充分に信じ，私に続けさせようと思っていることをも私に示したのです。私はOTCにやってきたとき，訓練の境界線について，少し考えすぎていたかもしれません。しかし，あのセッションは私に，自分はそれらの境界線をできる限り広げることが許されているのだ…ということを教えてくれました。

次の日，アスリートは時間通りにやってきました。

> VT＝Vance Tammen　A＝重量挙げの選手
> A ：私はあなたと話していると，本当に安心するんですね。

このコメントは，私にやっていけるという大きな自信を与えてくれました。なぜならそれはラポールが形成され，協調関係，あるいはきずなが作られていることを示していたからです。私は自分のスキルに少し不安を抱いていましたが，彼のコメントは私の不安を救ってくれたのです。一緒にいて安心する，と私に言っているのはまさに，彼が本当に自分を悩ませているものについて私に話すことができるという安心感からだということを，私はそのとき理解していなかったのです。私は彼の状態よりも，自分が安心することで精一杯でした。また，彼が私と話していることを他の人に話しているかもしれない，と考えていました。クチコミこそが一番の評判となるのです。

> VT：ありがとう。あなたが私と話しやすいと思ってくれてよかったよ。重量挙げに関することで，もっと話したいことはある？
> A ：はい。私は重量挙げをもっとやりたいかどうか，わからなくなっているのです。

そのとき，私の中で何かの警告音が鳴り出しました。私はいかに心理的スキルを使うべきかを知っていました。「これは選手キャリア終結の問題だ。この問題はうまくやれるか，ちょっと不安だな」と思いました。けれど私たちは始めたばかりだし，彼が話そうとしているのをやめさせようとは思いませんでした。自分の頭の中でスーパーバイザーの声が，「人はただ，自分たちの問題について話したいだけのことが，ときにはあるものだ」と言っているのを思い出しました。それで私は，ただ彼に話させてみようと考えたのです。

VT：なぜあなたはもう重量挙げをやりたくない，と思うんだい？
A：私は5年間重量挙げをやってきました。おわかりとは思いますが，全てをかけてやってきたのです。私は本当に重量挙げが好きでたまらないのです。でもこれ以上やりたいのかどうか，わからないのです。私は重量挙げしかしていないので，どこかに行く気にもなりません。
VT：それはどういう意味？
A：私は2年間デートもしていません。重量挙げができるようにと，私は大学4年で自主留年しました。私は今遅れをとっているのです。いつ卒業できるかもわかりません…。
VT：他には何かあるかい？
A：はい。私は本当のところ，重量挙げでこの先どうしたらいいかわからないのです。というのは，私はプロの重量挙げ選手にはなれないという意味です。そして私はプロレスラーになれるほど大きくもありません。重量挙げ選手になったところで何になるのでしょう？ 私は他のことをする必要があるのです。私は社会生活を持つ必要があると思うのです。

　私は，パターンを知ろうとしながら自分の頭の中に蓄積されていた理論的な情報に彼の反応をあてはめてみました。私はゴールセオリー，引退の問題，キャリア危機，さらにはバーンアウト傾向も考えることができました。私は考え込んでいました。それから彼の一言が，私を我に帰らせたのです。

A：私はバーンアウトしてしまったのか，それとも本当に，ずっと重量挙げをしていることにうんざりしてしまったのかわからないのです。（彼は泣き始めた）ごめんなさい。

　今，私は本当に自分の勘に基づいて行動していました。というのは，自分自身を含め今まで出会ってきた男性のアスリートたちはみなたくましいタイプで，しばしば自分たちの感情を外に出さずに内側にとどめておくようなタイプだったからです。しかしこの少年は（そしてこの時点で彼は私にとって歳のいかない少年のように思えた）本当に傷ついているのだということがわかったのです。

VT：泣くのはかまわないよ。本当に心を痛めているのがわかったし，泣いてもいいんだよ。さあ，泣くんだ。何も恥ずかしがることはないよ。

　ある意味では，この選手にとって自分がバーンアウトした，あるいはやめるということを考えるのは，心が痛むプロセスの始まりのようなものです。彼は自分の重量挙げに全てをかけて5年以上もトレーニングを続けてきました。そして今彼は，自分がバーンアウトしてしまったのか，もしくは重量挙げにうんざりしてしまったかもしれない，そしておそらく自分がスポーツをやめるとき

かもしれない，と考えていることを全くの他人に今話してしまったのです。このことを認識するのはどんな競技者にとっても難しく，まして彼は21歳の若さで，今それを受け入れたのです。彼は重量挙げから引退することについて話し続け，それを私は聞き続けました。この時点で私は一人の聞き役であり，一切の助言は与えずに，ただ耳を傾け，彼に共感していました。彼にまだリラクセーションを続けたいかどうか，あるいはむしろバーンアウトしてしまったことや引退についての話を探求したいかどうか私が尋ねて，このセッションを終えました。ようやく彼は，感情的にも落ち着き始めたようでした（ついに彼は泣くのをやめて，私は安心しました）。そして彼は，できれば両方やりたいと言いました。私はそれに賛成しました。なぜならリラクセーションのトレーニングは，私に強いつながりを感じさせてくれるからです。

　私は実際に起こったことに少し動揺していました。私は「ああ，この子は本当に自分に心を開いてくれた，すばらしい」と考えていました。そして別の私は「これは私が介入すべき領域なんだろうか？　私は彼を助けるのに必要なスキルを持っているのだろうか？」と考えていました。こんな考えを心に抱きながら，私はスーパーバイザーのところへ行ったのです。

> VT：それで私は，彼に泣いていてもかまわないよと言いました。ただ彼を泣かせておいたのです。
> S ：それはおそらく，君にできる最高のことだっただろう。人が本当に悲しく，憂鬱になっているときにできる最高のことは，泣くことなんだ。
> VT：そうですね，でも彼はアスリートです。アスリート，それも男性で，私の前で泣いた人はこれまで一人もいませんでした。
> S ：それは君が彼の心の扉を開いた，ということだよ。君の存在や人間性が，安心して彼に自分の本当の感情を表現させたのです。これこそ心理学者がやるべきことなんだ。
> VT：でも私は心理学者ではありません。私は心理学者になるためのトレーニングさえしていません。
> S ：でも君は今，その役割を果たしているのだよ。彼と一緒にこの先もやっていくことについては，どう感じているんだい？
> VT：そうですね。これがもう心理学的なスキルの問題ではない，ということは明らかです。私は，彼の引退の話に関わる能力があるかどうか，わからないのです。
> S ：そうか。でも，彼と一緒にやっていくことについてはどう思っているのかね。
> VT：少なくとも，彼は自分の問題を私に話してくれるほど，充分に私を信頼して

　　　　います。
　S　：それが一番重要なことなんだよ。彼は君を信頼し，彼は君に話している。彼が君を信頼し，話し続ける限り，君はおそらく彼と一緒にやっていくべきなんだよ。君はすでにラポールを作り上げたのだ。そして私は君がそれを中断させるべきではないと思うのだが。
　VT：でも，これは私が何の専門知識も持っていない領域に介入することになるのではないでしょうか。
　S　：彼は君を信頼している。そして君は彼と一緒に続けていってもいいと思っている。もし君が本当に気詰まりで，専門外だと感じ始めたら，私がそこに行って手助けするか，もしくは新しい人を紹介しよう。いったん君がやりにくさを感じて自分の能力を越えていると思い始めたら，私が以前にも言ったように，おそらく君の能力は充分でないのだ。そう思ったとき，君は選手を他の人に紹介する必要があるだろう。そういうわけで，君ぐらいトレーニングを積んだレベルの人であっても，自分には何ができて何を扱うことができないのか，それを知る経験がまだ充分ではないのさ。この時点では，クライアントを話させ続けることが大事なのだ。彼が君に話している限り，彼は君と一緒にいることを心地いいと感じているのであって，君はそのラポールを断ちたくはないだろう。

　スーパーバイザーは，そのアスリートのクライアントと自分は何とかなると感じながらやっていけるはずという信念を私に与えてくれました。この機会は，現在の多くの応用スポーツ心理学プログラムの中では，そんなにストレスにならないものです。私たちはしばしば境界線を踏み越えることを恐れすぎて，自分の学生たちに彼らのスキルの限界を広げないようにさせてしまっています。私のスーパーバイザーの私に対する信頼は，非常に大きな意味を持っていました。なぜなら私は純粋に心理学やカウンセリングのバックグラウンドをベースに仕事をしていなかったからです。しかし私は，スーパーバイザーが私のトレーニングやスキルや知識のベースに対してよい感情を持っていなかったのなら，私に自由にやらせたとは思えないのです。

　私はその選手が，重量挙げのキャンプに行った翌週から，彼に会うことを続けました。私たちはセッションを経験するにつれて，私はリスニングのスキルや慎重なアドバイスを与えることについて非常に多くのことを学んでいきました。そしてその選手は，なおもリラクセーションスキルやトレーニングをしたいと言ったのです。彼は私に，自分は何をすべきかと尋ね続けました。そして私は「君は何がしたいのですか？」と言い続けました。そのとき私は彼が繰り返すアドバイスの要求に，何をすればいいのかわからなかったのです。しかし，

振り返ってみると彼は私をアドバイザー，あるいはたぶん彼に何をすべきか言うことのできる親のような人物と見ていたのだと思います（私は彼よりもわずか2，3歳年上であっただけなので，その時点では私は親のような人物かもしれないとは考えていませんでしたが）。私がその重量挙げ選手と作り上げた関係は，私がリラクセーション，イメージ，あるいは目標設定といった通常のクラスで学んだスキル以外のものを提供するスキルを持っていることを教えてくれました。一番簡単な道は，アドバイザーの役割を演じて，彼のために彼の問題を解決することだったのでしょう。しかし私たちの仕事は，アスリートたちが自分の手で自分の問題を解決する手助けをすることなのです。その選手はキャンプで重量挙げを続けていました，そして私は一緒に話ができる人を持つことが，彼の人生の選択について彼の気持ちをよい状態にするために役立ったのだと思います。私は最後のセッションを質問から始めてみました。

VT：家に帰ったら，何をするつもりなの？
A：しばらくは重量挙げを続けようと思います。私はまだ自分自身で，何をやりたいのかわからないのです。私は重量挙げが大好きです。でも私は自分の心の中に，自分は何か他のことをすべきかもしれない，いや，すべきなのだという気持ちを持っているのです。私はもしかしたらデートに出かけたいと思っているのかもしれません。
VT：君を落ち着かせるために私たちが使ってきたリラクセーションのスキルは，女の子を誘うときにも充分使えるはずだよ（私は笑った）。
A：そう！ それはいい考えですね（彼も笑った）。私たちが行ったいくつかのリハーサルは，ムダにはなりませんでしたね？ 私は電話の受話器を取る前に腹式呼吸ができますよ。（そして彼はさらに笑った）
VT：ああ，どんどん呼吸してくださいよ。君も気取りやだなあ。（さらに笑って，二人とも腹を抱えて笑うような状態だった）まあまあ…，それで重量挙げの方はどうですか？
A：今，調子はいいようです。でもいったん家に帰ったら，自分の気持ちがどうなるかは予想がつきません。やってみるしかないですね。
VT：そうだね，君がうまくいくように願ってるよ。私は君と一緒に仕事ができて楽しかったよ。こんな楽しい経験をくれて，ありがとう。
A：私も一緒に仕事ができて楽しかったです。私たちは思った以上にたくさんのことについて話しました。ありがとうございました。私はこれからも，あなたと連絡を取るつもりです。

自分たちをからかい，そして笑っているアスリートとスポーツ心理学者は，一緒にいた短い時間の中で，私たちがどれほど成長したのかを示してくれてい

ます。彼は自分の地元に帰りました。そしてこのトレーニングセンターにやってきた多くのアスリートと同様に，私は再び彼に会うことはありませんでしたし，彼がどうなったのかを耳にすることもなかったのです。私は再びスーパーバイザーのところへ行って，ミーティングをしました。

VT：それで私たちは楽しく笑い合ったんです。そしてそれから彼は，自分のトレーニングについて，私に連絡を取り続けると言っていましたよ。

S：彼が連絡を取り続けるかどうか，見てみましょう。多くの場合，二度と再びクライアントを見ることはないでしょう。それはまあ，うまくいった場合ですけどね——彼らにとって他のことがもっと重要になってきて，私たちに連絡を取らなくなる。私たちは連絡がなくならないようにと願うのですが，連絡は来なくなってしまうものなのです。

VT：そうですね，私はこの重量挙げ選手と一緒に仕事をすることによって，自分自身について本当に多くのことを学びました。

S：本当？　それらのうちいくつかを挙げるとすれば，どんなものですか？

VT：私はアスリートに提供する心理学的なスキルよりも，他の何かを持っているのではないかということです。あのアスリートは，心を開いて彼の感情を出してくれました。必ずしもみんながそうしてくれるのではない…それはわかっていますが，今週の出来事は私に，スポーツ心理学の仕事をすることはリラクセーションやイメージ以上のものなのだということを教えてくれました。

S：そうだね，スポーツ心理学はリラクセーションやイメージよりもずっと大きなものなのです。それはまた，目標設定でもあるんだよ（彼は笑う）。まじめな話をすると，君は人々と一緒に仕事をするための自分自身のスキルについて，直接体験によって得た見解をつかむことができたのだと思うよ。君は自分自身をうまくコントロールした。そして君のアスリートを助けるのに多くのことをしたようだね。

VT：ありがとうございます。私は，元気付けることとトレーニングしていくことの境い目に触れることについてもまた，学びました。でも私は，それをするのはよくないと感じていました。あのままだったら，今回のように引退の話を口にする人がいたらきっと逃げ出して，誰かのもとに行ってもらったと思います。

S：君は君自身の能力の限界を押し広げたよ。でも充分ではなかった。君は決して自分のトレーニングから大いに脱線することはなかったね。君は未開拓の分野に飛び込むことはしなかった。君は自分の認知行動のスキルに固執していて，なおもリラクセーションを続けた。君はそのクライアントに"バーンアウト"や引退の話題をさせながら，その一方でなおも心理学的なスキルを使っていたんだね。君は自分の知っていることに固執し，そして他の話題を扱うことについても学んだんだ。いいスタートだったんじゃないかな。君は降参すべきであったのに，と言う人がいるとしたら，それは君が連続的にセッションを報告す

るためや助言を求めるために私のところへ来ていたという事実を知らないからです。君は正しいことをしたのだし，君自身に自分の能力を探らせていたのさ。その上，君は非常に優秀な心理学者にスーパーバイズされていたのだからね（笑い）。

　私は初めてのOTCにおけるアスリートとの体験は，私にいくつかの価値のある教訓を教えてくれました。まず，もしもアスリートがあなたと話しているのなら，あなたは何かしら適切なことをしているのだということ。世に出回っている積極的なリスニングスキルの全てが，必ずしも人の心を開かせるというわけではないのだということ。あなたは本物のラポールを築かなければならないでしょう。その能力を生まれつきの才能として持っている人もいますが，それを得ようと働きかけなければならない人もいます。しかしそれは，進化し得るスキルなのです（そこでPE哲学が再び姿を現す）。いったんアスリートがあなたに話し始めたら，あなたの考え，意見，アドバイスを与えることなしに，その人物に話し続けさせることが大切です。私がこの重量挙げ選手と一緒に仕事をしている間に，私のスーパーバイザーが「彼は自分が何をしたいのかわかっているのだ，彼はまだそれを他の人にぶつけたいだけなのだ。君はその話題に対して異なる考え方を提供することができるし，彼に君の考えについて話すこともできる。しかし彼に何をすべきかを話してはいけないよ。彼は自分自身で決定を下さなければならないのだから」と何度も指摘したように。

　私はまた，たとえ居心地のいい領域が壊されても，人はアスリートと一緒に作業を続けるべきなのだ，ということも学びました。私は今や10年以上もの間，この居心地のいいレベルを広げて仕事をしてきました。そして私は，自分が充分に扱えることと自分が扱うことができないことがよくわかっているつもりです。しかし私には，それらの居心地のいいレベルを見つけて，それらを押し進めるための経験が必要だったのです。自分たちの限界を知るのは，その専門家次第なのだということも知りました。有能なスーパーバイザーのもとでの私の経験は，それが私が大学院で積んだトレーニングに支えられているということを私に教えてくれました。私は自分の能力の限界を探求し，広げることもできました。（トレーニングについてもっと知りたい場合はSachs, 1999を見てください）

# 向上心に燃えているオリンピック選手

　このケースでも応用スポーツ心理学を実践することについて，私に非常に多くのことを学ばせてくれるいくつかの意外な展開がありました。そのアスリートは20歳半ばの男性で，フィールドホッケーの選手でした。彼の年齢は，アメリカにおけるフィールドホッケーチームの中でかなり高齢な方でした。それで彼は，そのチームの"年寄り"と呼ばれるメンバーたちの中の一人でもありました。もう一人のインターンと私は，約3ヶ月の間，そのチームと共に教育的なセッションを行ってきました。その選手は私に近づき，面談できないかと尋ねてきました。私は「もちろんいいですよ」と言い，あとで話そうと時間の約束をしたのです。

　私はその選手とラポールを築こうとしながら，受理面接を始めました。そして私たちは，そのグループセッションの中で扱ってきた，多くのトピックについても話しました。それから彼は次のように言ったのです。

　VT＝Vance Tammen　B＝フィールドホッケーの選手
　B ：私の父は，私がこれ以上ここにいるのを望んでいないのです。彼は，私が社会に出て実際に何かの職につくべきときだと感じているようなのです。

　そこに存在している問題は，心理的スキルのように思えましたが，本当の問題は全く別のものだったのです。私は心の中で再び，自分のスーパーバイザーの声を思い出すことができました。「彼は話している，だからただ彼の話を続けさせるのだ。彼はただ，問題をぶつける相談役が欲しいだけなのかもしれない」。それで私はその選手に，お父さんが（私の居心地のいいレベルが広がっていた）彼に仕事につかせたいと思っていることについて，私に話すように頼んでみました。

　B ：私の父はオリンピックの試合でプレイをし，フィールドホッケーでメダルを取っているんです。彼は中東部に生まれ，彼と私の叔父は同じチームでプレイしていました。彼らは二人ともメダルを取りました。彼は，彼自身と私たちのためによりよい生活を築こうと，1960年代後半にアメリカにやってきました。私は父や叔父と同じように，オリンピックでやってみたかったのです。私は本当に自分のメダルを手に入れたいのです。
　VT：それはわかります。あなたのお父さんについて，何か他のことはありますか？
　B ：ええ，私の父は，成功は金であり，仕事を持たなければ成功はできないと考

えているのです。彼は私に，家に帰ってきて，家族でやっている仕事を一緒にやってほしいと思っているのです。私の兄はそこで働いています，そして私もそこで働くことになっているのです。父は2，3年のうちに，私たちにその仕事を引き継いでもらいたいのだと思います。
VT：あなたのお父さんが，家業を自分の息子たちに引き継がせたいと思っている，というのもわかります。でも，お父さんがあなたが自分と同じようにオリンピックに挑戦することは望まない，というのはおもしろいですね。あなたは，なぜお父さんがそのように考えるのだと思いますか？
B：父は，スポーツは若いときにやるものだと考えているからです。そして今や私はもう20代半ばになってしまったので，子供のゲームはやめにして，もう仕事について生計を立て始めるべきときだと思っているのです。

もちろんその選手の話は，親子の葛藤，親に対する模倣，親を喜ばせようとしていること，そしてその他の発育上あるいは心理学上の問題について，たくさんの可能性が思い浮かびました。私は，どの理論を当てはめるべきか考えてみました。そして私は，途方に暮れていたとも言えます。なぜなら私はその選手にとって何が一番ためになるのだろうかということよりも，むしろどんな行動を取れば一番傷つけずにすむだろうかということを第一に考えていたからです。スーパーバイザーのもとで，私たちは表面そして水面下の問題を含めながら，多くの可能性のある問題について話し合ってきました。そして再び，私自身の居心地についてがその主題となったのです。

S：この選手と一緒にやっていくのに，君はどのくらいやりやすいと感じているのかね？
VT：ええ，彼は他のスタッフのメンバーでなく，なぜか私に近づいてきたのです。私たちはみんなその教育的なセッションを行っていましたが，彼は私を選んだのです。彼は私と一緒にいて快く感じたのに違いないと思います。なぜなら彼は，その話題についてすぐに心を開いてくれたのです。私は，あなたや別の誰かに彼を任せずにすんだのは，彼のおかげだと思っています。彼は本当にただ私に話したかったということで，私を指名してくれました。私は彼を見続ける必要があると思います。
S：君の意見に賛成するよ。君が一緒にいて不快だと感じた何人かは，すでに他の人に任せたことがあったからね。君の判断を信用するよ。他にどんな印象を受けたのかね？
VT：ええ，私はこれにはただ親が彼に仕事につかせたい，ということ以上に多くのことがあるのだと思います。そこには，他のタイプの家族的葛藤の可能性や，いくらか文化的な葛藤の可能性さえあると思うのです。
S：それはどういう意味だね？

VT：彼の父の出身地のことです。おそらく彼は，いくらか古い世界感を持っているのでしょう。この選手はここアメリカで育てられました。彼は仕事や生活について，彼の父よりもより自由な意見を持っているはずだと思います。そこにこの問題の真相があると思います。
S：君は正しいかもしれないが，この時点ではまだどうかわからないな。
VT：その通りです。実際に私が介入すべきことかどうかわかりません。私は"The Family Crucible"（Napire & Whitaker, 1978）を読みました，でも私は家族対立の問題に関して何かできるかどうか，わかりません。ただあの本を読むだけでは，かなり限られたトレーニングをしたにすぎません。私はそのような文化的葛藤の問題に介入したいかどうかもわかりません。それは，彼にとって何が起こっているのかを理解する手助けとなるかもしれません。しかしそれが彼の悩みを和らげることになるかは，全くわかりません。
S：同感だよ。君には何ができると思うかね？
VT：そうですね，彼は家族と話をするために，1，2週間のうちに家に帰るつもりだと言っていました。おそらく私たちは，彼にその会話の準備をさせるためにイメージやリラクセーション，そしてロールプレイングのような何らかの心理的スキルができるかもしれません。
S：すばらしいアイディアだ！　心理的スキルのレベルで，彼と一緒に仕事を続けてごらん。君には，本当に文化的な問題あるいは父と息子の対立という問題の中により深入りする時間は，そんなにないはずだね。君がちょうどその問題の中心に達したころ，彼は出発しなければならないだろう。私は，ここでやることが他にあるということに関しては，君が正しいと思う。しかし私たちはそれらの問題に近づく時間はないのです。彼と父親との関係について，話を続けさせるんだ。それが大切なんだ。でも私は彼の父親との対話に関して彼に準備をさせるために，心理的スキルを使うというアイディアは気に入ったよ。

　私は，家族とのミーティングのために彼が家へ向かう前の約2時間の間，この選手とのミーティングを続けました。彼は，自分の父親とコミュニケーションを取ることに関して，特に父親を喜ばせることに関しては，非常に多くのことを話してくれました。彼は，家族を自分の祖国から移させたことや彼がアメリカで育つことを許してくれたことに関して，父親に非常に感謝していました。彼はまた同時に，いくつかの葛藤も抱えていました。というのは，彼の父は古い考えの持ち主で，彼は生粋のアメリカ人でした。ここに作用している葛藤はたくさんあり，どのような形で介入するのがもっともうまくいくかということについては，さまざまな考えがありました。アスリートたちはしばしば，短い期間しかOTCに滞在しないため，スポーツ心理学者は自分が望むほど念入り

には問題を探究できないことがあります。

スーパービジョンの中で私は，彼にやってくる父親との対話に関してのスキル上達に焦点を当てたアプローチだけを取るということよりもむしろ，そこに浮上しているいくつかの他の問題を探究すべきかどうか，質問を始めました。

VT：もし彼がそのプログラムに戻ってきたら，私たちは父親と息子の対立や文化的な葛藤についてもっと探求すべきだと思いますか？

S：もし彼が戻ってきて，そしてそれについて話したがるのならば，おそらくそうすべきでしょう。ここ数ヶ月間の君の様子を見てきたから，私は君が問題を見つけて，それに関してよい仕事ができるだろうと自信を持って言えるよ。しかし覚えておくといい。彼は戻ってこないかもしれないし，もし戻ってきたとしても，彼はこれらの問題について話し合いたくないかもしれない。今はただ，どうなるかを見ていよう。

VT：私はこの時点では，もっと認知的介入をやってみたらと思いました。おわかりのように，彼の不合理な考えに着手するには，おそらく理性感情療法（RET）がいいのでしょう。

S：君はその件に関していい仕事ができると思う。でも時間は短いし，私たちは彼が戻ってくるか来ないかわからないのだ。ただ彼に話しを続けさせ，そして心理学的なスキルで働きかけ続けるんだ。RETはこの場合において，最もいいプローチではないかもしれないしね。あまりにも他のものが多すぎると，RETがうまくいくかどうかに影響を及ぼす可能性があるのだよ。今は，心理学的スキルを続けよう。

私たちは，その選手が自分の父親とどのように話したらよいか，そしてアメリカのオリンピックチームのためにプレイしたいという彼の願望をどのように話し合ったらよいか…についてのたくさんのシナリオを実際に行動に移せるよう，イメージ，リラクセーション，そしてロールプレイのセッションを行うのです。それからその選手は，家族と話をするために家へ帰りました。彼は戻ってきて，全てはかなり順調に進んだ，と私に話しました。しかし彼の父は，なおも彼に職を得てほしいと思っているのでした。私たちが行ったロールプレイの一つは，この話し合いを含んでいました。私たちが探っていた戦略の一つは，この選手が自分はチームのために頑張ってみるつもりだと，家族に話すことでした。もし彼がそのように話すことができれば，彼はOTCにとどまるでしょう。もしできなければ，彼は職を得るために家に戻るでしょう。このシナリオは，ほとんどしっかり最後まで演じられて，彼は私たちが実際のセッションでそのシーンをリハーサルできてよかったと思う，と言ってくれました。彼はま

た，リラクセーションのセッションやイメージのセッションが，自分のスポーツの経験についての対決のために，自分の心の準備をする手助けになったと信じていました。結局，この選手はそのアメリカチームに行くことを決めました。しかしアメリカは1996年まで，オリンピックの試合に出場できなかったのです。そして私は，このアスリートが一度もオリンピックの試合で競技しなかったのも知っています。

以下のものは，後に行われたスーパーバイザーとのセッションからの抜粋です。

VT：彼は私たちが教えたスキルを本当に使ったようですね。
S ：それはよかった。
VT：プレー分野以外の状況で心理的スキルを本当に使ってくれた選手は，今回が初めてでした。パフォーマンス中心ではない状況で彼にそれらのスキルを使わせるのは，本当に楽しかったですよ。
S ：しかし君は間違っているよ。彼と父親との話し合いの場面は，ちょうどペナルティショットを打つのと同じようにパフォーマンスの一つの状況なのですよ。プレッシャーはかかっていた。そしてプレッシャーや不安がパフォーマンスに与える影響については，君も知っているはずです。どんなときにも，不安は目標の邪魔になり，悪いパフォーマンスをもたらします。それは，彼が父親との関係をリハーサルし，自分の感情をコントロールするために，心理的スキルを使ったということです。おそらく彼は，君が彼と一緒にやったことのおかげで，自分の父と話し合うのに自信さえ感じていたのではありませんか。
VT：私はそんなふうには考えていませんでしたが，それはたしかにパフォーマンスの一部ですね。私は彼がここで学んだことを他の分野でも使ってくれることを願っています。私が間違っているかもしれませんが，いつも同じケースだとは限りませんよね？
S ：そうだな，たいていは同じケースではないね。一つの状況に対してよいことがいつも他の状況に転用できるとは限らないでしょう。応用スポーツ心理学について君が知っていることを取り入れ，それをこの状況に適応させるのは，すばらしいアイデアだったと本当に思っているよ。そのことはまた，君がスポーツ以外の状況に心理的スキルを応用させることができる，ということを君に教えたんじゃないかな。
VT：以前にも言ったように，それは私がプレー場面以外でのそのスキルを応用した最初だったのです。それは本当にすばらしいものでした。しかし一つだけ…彼は心理的スキルに関して私のところにやって来て，そこから個人的な問題について話した二人目の選手だったのです。こういうことはよくあることなのですか？

S ：私にとっては，30％以上のケースで起こることだね。しかし，君にとってはそれほど多く起こらないことだと思うよ。その多くは私たち専門的なトレーニングや私たちがする質問に関係があるんだ。その多くは，私たちの今いる状況次第なんだね。もし君が，主に心理学的なスキルを実践するためにそこにいるものと思われているとしたら，選手たちは個人的な問題をそんなにしばしば持ってくることははないと思うよ。もし君が，そこの一般的な心理学者として見られているのならば，個人的な問題で君のところにやってくるクライアントはもっと増えるだろうね。

　その30％という数字は，あるオリンピック・フェスティバルで集められたサービスについて報告されたところでは，キェッチェンバーム，パーハム，マーフィの数よりも少し大きな数です。1991年のフェスティバルに関する分析では，約66％がパフォーマンスに関係するもので，18％が個人的な問題に関するもの，そして18％が怪我に関する問題だったのです。

　フィールドホッケーの選手のケースを振り返ってみると，私たちが彼の問題点に迫ることができた方法がたくさんありました。私はスポーツ心理学を実践するにあたっての自分の偏見や，居心地のいい範囲内にあてはまる一つの方法を取っていました。それは，そのクライアントに話を続けさせることであり，その彼が父親と向き合ったときに使うことのできる心理的スキルを上達させることでした。そのときの私のトレーニングに基づいて行っていたので，この認知行動的アプローチはおそらくもっともいい手段だったのでしょう。私たちは家族の対立や文化的な葛藤，あるいは彼の才能や能力についての疑いに関する問題を探究することもできました，しかしそれがはたしてよりよい結果につながったのでしょうか？　たぶん，よりよい結果にはつながらなかっただろう，それが答えです。期間が短かったことや関与していた問題を考えると，私たちはできる限りの中で最高のことをしたのです。そしてその選手は，私たちが一緒にしたことについて幸せに感じていました。このケースは，アスリートと一緒に仕事をすることについての，一つの主要な問題に対して私の目を開かせてくれました。大部分において（ほとんどの時間）OTCでの私の時間は，教育的な，そして心理的スキルのセッションを行うことに費やされていました。しかしときどき選手は，うわべはパフォーマンスを高めるためにやってきて，そしてそれから個人的，心理学的，もしくは人間関係の問題へと話題を変えるのでした。これらの例は，私にとってはまれなものです。私は10年の間にこのようなケースを7件扱ってきました。そしてそのうちの4件はOTCでの7

ヶ月の間に起こったことです。成長過程にあるスポーツ心理学者にとっては，これらの状況の扱い方を知るということが重要なのです。私は大学院でのトレーニングや訓練が，いかにアスリートを理解し，アスリートが次々と持ってくる可能性のある個人的な心理的問題を扱うのを助けてくれると信じています。

　私はかつて，オーストラリアで行われた会議に出席しました。その場で，オーストラリアスポーツ協会（Australian Institute of sports）にいたスポーツ心理学者が，心理学者たちだけがアスリートたちと一緒にやっていくべきだ，と言っていました。なぜなら持ち上がってくる全ての問題で，パフォーマンス向上に関係するものは20％にも満たないからだと言ったのです。私の経験によると，20％の数字の根拠は不明ですが……。しかしこの人物にとっては，20％がまさにそのケースだったのでしょう。オーストラリア（ここでは国立や州立の施設）やアメリカ（OTCなど）にあるトレーニングセンターを本拠地としているたいていの人々は，臨床医あるいはカウンセラーとしての訓練を受けています。トレーニングは私たちにバイアスを持たせることになるので，そのバイアスを確認する何かを探す人もいます。臨床の，あるいはカウンセリングのプログラムで訓練を受けた人々は，よりパフォーマンス向上以外の問題に関する疑問を持ち，厳密に調べ，あるいは尋ねる傾向があります。また，国のトレーニングセンターの環境においては，ハイレベルの演技が心理学的なスキル以外の，非常に多くの人間行動とつながりを持っているので，おそらくそのスタッフ（関係者）は，パフォーマンスに関することがベースにはなっていない多くの問題を見ることになるのでしょう。

　それでは誰が正しいのでしょうか？　私の意見では，間違っている人は誰もいません。問題が持ち上がり，爆弾が投下され，そして全ての人はその状況を理解するために，全力でクライアントを手助けするためにトレーニングを積んだ方がいいのだということ，それ以上でも以下でもありません。もしも一つの警告があるとしたら，私たちが尋ねる質問は，自分たちを私たちのバイアスが一番確認されるような答えへと導いていくはずです。自分たちのバイアスを知ることは，実践者たちにとっては義務であり，そして彼らはより自分たち自身のものではなく，依頼者の問題の中心へとつながる中立的な質問をするようになるでしょう。私は，実践家としてではなく科学者として訓練を受けていたので，自分自身のバイアスを明らかにしたり，評価したりすることができます。そして自分の科学的なバイアスが私の研究に影響を及ぼすことがないようにし

ています。私はこの考えを，スポーツ心理学における実践の場で応用できるよう試みました。そして大体において，成功したと信じています。私が知っているスポーツ心理学に関する大学院のプログラムで，彼らが教育的な経験について他の人々に話していることから見てみると，私たちはバイアスを認識するトレーニングを充分に行っていないと思われます。

　OTCでの私の時間が経過していくにつれて，私とスーパーバイザーとの関係は育まれ，よりよい方に展開してきました。私のスーパーバイザーは次第に，私がアスリートと仕事をするのをよく思い始めてくれて，そして彼はより進んで私に一人で仕事をさせるようになったのです。彼はアドバイスを提供し，私の考えを導くためにまだそこにいてくれました。しかし彼はまた，より進んで一つ一つのケースにおいての私の判断や私自身の考えを信じてくれるようになりました。この関係は，集中して取り組んでいたOTCの7ヶ月間に培われたものです。私たちはスーパーバイザーとの従属的な関係から同僚のような関係へと変わっていったのです。これらの進展は，あらゆるスーパーバイザーとの関係において重要な変化であり，効果的な学習において重大な変化です。スーパーバイザーとのセッションは，いつも円滑な船出というわけではありませんでした。しかし私たちはお互いに意見を闘わすことに，充分居心地のよさを感じていたのです。

## 最高の一瞬

　この最後のケースは，その結果が私にとっては興味深いものだったので紹介したいと思います。それはおそらく，自分と選手との最もありふれたミーティングの一つでした。しかしそれは，否定的な結果になる可能性を秘めていたので，私の心に残ったのです。その選手は21歳で，彼のやっているスポーツにおいてトップの人材でした。彼とそのアメリカチーム全員は，生理学，生体力学，心理学的のテストを受けるための1週間のキャンプで，OTCに滞在していました。私はその日程の大部分を決めるためにコーチたちと話し合っていました。そして私はコーチたちにフィットネスレポート（健康や体力に関するレポート）を手渡すために，研究所で残業をしていました。そのコーチたちは，あらゆるスタッフメンバーが他の仕事を終わらせ，その準備をするために残業していたことに感謝していました。なぜなら，彼らのスポーツはマイナーなも

のだと考えられていたからです。私はコーチや選手みんなと仕事をするときはいつも一生懸命頑張ろうとしているので，それはいつもと何ら変わりのない活動でした。ある日，その選手が私のドアのところにやって来ました。

　VT＝Vance Tammen　C＝アスリート・クライアント
　C　：私は，あなたがスポーツ心理学者だとうかがっているのですが。
　VT：そうです。いろいろな言い方がありますが。今日はどうされましたか？
　C　：私は誰かに話したいと思ったんです。
　VT：入って。何でしょうか？
　C　：あなたは私のテストレポートを作り終わりましたか？
　VT：ええ，終わりましたよ。もし見たければ，見ることもできますよ。

私たちはそのレポートを見ました。そして私は，彼がなんだかそわそわしていてあまり集中していないことに気がつきました。私は少し探りをいれてみることにしました。

　VT：あなたはこのレポートのためだけに，ここにやって来たのですか？
　C　：いいえ。レポートはあとでいいんです。私は自分の競技活動を少し休もうと考えているのです。
　VT：本当ですか？　何が原因でそう考えたのですか？　こういうキャンプではたいてい，みんなやる気満々なものですが。
　C　：まあ，このキャンプとは何の関係もないんです。キャンプはとても楽しいです。私はいくぶん，競技の役員にうんざりしているんです。そしてそれが頂点に達したのだと思います。私はそういうことにうんざりしてから，本当にもう競技したくないと思っているのです。彼らは私の情熱を取りさってしまったのです。
　VT：何が起こったのか，もう少し詳しく話してください。

その選手は，1988年，カルガリーでの冬季オリンピックのときに起こった競技役員とのいざこざについて，私に話し始めました。そしてこのことがどれほど，この冬季のための彼の準備にダメージを与えたかについても話し始めたのです。私はもっと多くの背景を知ることが必要だとわかったので，彼にこれまでの経歴について詳しく聞くことにしました。彼はちょうど1980年のレイク・プラシッドのオリンピック大会のあと，11歳か12歳のときにこのスポーツを始めました。彼はそれ以来競技会に参加し，ゆっくりとそのランクを上げていきました。そして21歳のとき，彼はアメリカ人が生み出した過去最高の選手の一人となったのです。彼はもうスポーツを諦めて，すっきりと引退したいのだと言いました。彼は自分が権力に反対してきたと感じ，そうすることは

第9章 初めてのインターンシップでの経験　261

簡単だとも感じていたと言ったのです。なぜならとりわけその競技の運営方法はメチャクチャだったから，と。

　いくつかの点でこのケースは，この章の最初のケースに似ています（引退を考えていた選手のケース）。このケースは私にとっては特殊なものでした，なぜなら私はその選手にたった1度しか会わず，それもたった1時間にも満たない間だったのです。持ち出された問題は，パフォーマンス向上とは何の関係もありませんでした。それは，その運営役員に対する彼自身の反抗心と不満に関係するものだったのです。彼はさらに自分の競技に対する感情について，より多くのことを私に話し続けました。

C　：あの風やスピード…，私は本当に自分の競技を愛しています。それは，アドレナリンがたくさん湧いてくる感じです。今までにご覧になったことはありますか？

VT：ええ，ありますよ。あれはとても面白そうですね。私がいつもやりたいと思っていたスポーツの一つなんです。でも実を言うと，私の住んでいるところにはその場所がないのですよ。

C　：レイク・プラシッドに来てくだされば，私があなたに教えますよ。私でなくても，誰かコーチの人が必ず教えますよ。彼らは，あなたが今週私たちと一緒にしてくださった仕事すべてを本当に嬉しく思っているのです。

VT：それはありがとう。感謝します。でも，あなたが引退したいと思っている，という話に戻りましょう。

C　：理由は，その役員ではないかもしれません。私はただ，そのスポーツをずっとやり続けることに飽きてしまったのかもしれません。

VT：それはどういう意味ですか？　遠征がいやになったのですか？　それともトレーニング？

C　：ええ，そういう全てのことです。私は他の国々に行くのは好きですけど，居場所を定めずに暮らすのは大嫌いなのです。ほとんどの時間，私たちは観光すらしません。私はトレーニング，特にウエイトトレーニングが好きです。私はリフティングを減らす必要があると言われてきました。しかし，みんな間違っていると私は思うのです。いつもトレーニングするのが好きではないのです。自分自身の時間がほしいときもありますし，こういう全てのことで，私は疲れてしまいました。でも私はまだ，自分の競技は大好きです。

VT：そうですか。でも，なぜあなたは引退したいと思うの？

C　：私は引退したくないのかもしれません。前にも言ったように，それは私の情熱であり，頭から離れない事柄なのです。私は休息が必要なのかもしれません。そう，そのスポーツから離れる時間が必要なのかもしれません。

　その選手は，次から次へと話題を変え，問題点を次々に挙げていき，明らか

にせかせかしていました。彼の「私があなたに教えますよ」というコメントは，彼がすでに私に対して何らかの肯定的な気持ちを高めているかもしれないということを示していました。彼はその問題に，それほど直接的にとりかかりたくないようでもありました。それで，彼はまだ探ったり，自分の考えを私にぶつけたりしているのだろうと思いました。

 VT：休むことがいい効果を生むこともあります。しかし，あなたの競争相手やチームのメンバーのことを考えた上でトレーニングの時間を失うことについては，どう思うのですか？
 C：それについて考えることはあります。でも私は，自分は本当に休息が必要だと思うのです。

それから私は，そのとき私なりにはいいと思っていたことを言ったのです。しかしあとになってそれを考えたとき，間違っていたかもしれないと思ったことがあります。

 VT：確かに，休息はときによいものとなることはあります。特にシーズン中よりもむしろ，夏の間にその休息を取った場合にね。
 C：ええ，私たちは本当に，夏の間はあまり多くのことはしないのです。
 VT：もしも，あなたが競技に本当に情熱を傾け，頭から離れられないのでしたら，充電するためにはやはり休息が必要なのかもしれないですね。

振り返ってみると，それは私が援助者と予言者とを混同してしまったかもしれないと思える最後のコメントです。私たちは彼を悩ませているものについて，もう約15分間話し続けました。その話のほとんど全ては，彼が今やっていることから休息を取りたいという彼の願望を中心に繰り返されていました。そして私たちは，その時間全てをその話題に費やしたのです。彼は話を聞いた私に感謝していました。そして私は二度と彼に会うこともなかったし，彼から手紙をもらうこともありませんでした。私はスーパーバイザーのもとで，その選手のことを手短に話し合いました。そして私のスーパーバイザーは，私がどのように感じているのかと尋ねたのです。私はその選手に対する自分のアドバイスについて，いくぶん心配しているのだと彼に話しました。彼は，そのアドバイスは無害のようだし，それについて心配すべきではないと言ってくれました。

3年後，私は"*Sports Illustrated*"の中で，この選手についての記事を読むことになりました。そこで彼は，自分のスポーツの休息について話していました。彼はスノーボードをするために（これは彼の競技ではない）どのようにワンシーズンの間，チームから離れていたのかについて話していました。また，

サーフィンやスケートボードをするために夏休みを取ったとも言っていました。彼は，その場で自分が自分のスポーツの中でいかに何の楽しみもなかったかについて話していました。その記事は，どれほど彼が自分のスポーツを愛していて，どれほどそのスポーツを恋しく思っていたか，彼の休息がいかに雄弁に示しているかを強調していました。その記事はまた，彼がいかに次の冬にそのスポーツに戻って国際的な自分のランクを上げ始めたのか，その記録も載せていました。私はそれを読んでいるとき，その選手が「私はあるスポーツ心理学者に話しました。そして彼は私に休息を取るようにと言いました」と言うだろうことを自分が心配していることに，気がついたのです。私は自分のスーパーバイザーに電話をかけてみました。

VT：（家族や学校について冗談を言ったあと）"Sports Illustrated" の C の記事を読みましたか？

S：いや，まだ読んでいないよ。彼は誰なんだい？

VT：彼は私が OTC で偶然に出会った人です。覚えているでしょう，チームがキャンプのためにやってきたときでした。彼は，私が関係していたことについて話しているようです。

S：君は何のことについて話しているのかね？ "Sports Illustrated" で何か言われているのかね？

VT：いいえ，彼は私の名前を挙げて話してはいませんでした。そうですね，あなたも記憶を呼び起こせば，私があの選手と会っていたのを思い出すかもしれません。私は，充電するために休息を取るようにと彼に提案しました。彼は，ただその通りにしたらしいのです。

S：どれくらいの間，休暇を取ったのかね？

VT：シーズン中ずっと休んでいたようです。

S：君は自分のせいで彼がそうしたと思うのかね？

VT：記事の中では，そうは言っていませんでした。けれど，それはまさしく私たちが話し合ったことなんです。

S：それなら，彼の決定と君は何の関係もないということだと思うが。

VT：本当のところはそうですが，私は種を植えつけてしまったのかもしれません。

S：そうだな，君は彼のために決定をくだすことはしなかったね。なぜ君は OTC にいたとき，彼がそのスポーツを離れたがっていることについて，もっと私に話さなかったんだね？

VT：ええ，私たちはそのコーチたちのためにレポートに取り組んでいました。そのことでお互い精一杯だったと思うんです。私たちのセッションのあとすぐに，そのことについてあなたと相談しようとしました。しかしあなたは，私がしたことはかなり親切である，とおっしゃいました。

S ：ああ，今でもそう感じているよ。私は，君のアドバイスが彼の決定に大きく関係したとは思わないよ。それに最終的な結果はいいものだった。彼は自分のスポーツに戻った。そして彼にはアルベルトビルでメダルを取るいいチャンスがあるように思うよ。私はきっとそれを見逃さないだろうな。

VT：しかし，深刻な結果になっていたかもしれません。次回は，私は自分のおしゃべりな口を閉じていることにします。

S ：そうだな，私たちはみんな，言わなければよかった…とあとになって思うことを言ってしまうものだ。このことを今回の一つの教訓として受け取るといい。害を与えたわけではないし，反則をしたわけでもないんだ。それに，いずれにせよその決定はなおも彼のものなのだ。さあ，この夏のメッツやカブスのことについて話そうじゃないか。君も知っての通り，カブスがまたいやな感じになってきたよ，例によって……。

　スーパーバイザーは，私に起こったことを冷静に処理しました。そのため，私はかえって気が動転してしまったのです。振り返ってみると私は何も言うべきではなかったのに，しかし全体としてはその結果はいい方向に向いたのです。彼は明らかに独力で，自分の決定にたどり着いたのです。しかし私はなおも，一緒に行った私たちのセッションについて，少々気のとがめを感じざるを得ませんでした。私たちはみな，セッションの期間中に，何かを言わなければよかったと思うことに直面します。それは，私たちは教育的な状況で自分のうわべを飾ろうとする傾向があるからではないかと思っています。私たちはいいケースばかり話そうとする傾向があるのでしょう。しかし，消極的なケースからも何かを得るというときがあるのです。私にとっては，ときとして最も優しいと思われるコメントが，クライアントが最も強く理解するメッセージになりうるのだ，という教訓を充分理解するのに3年もかかってしまいました。私たちは，アスリートは私たちが心に向かって言うことを直(じか)に受け入れるかもしれない，ということに気がついている必要があるのです。ときにアスリートは，自分たちが傷つきやすくなっているころに私たちのところへやってくるからです。それで彼らはしばしば，自分たちが何をすべきなのかを言ってくれる誰かを探しているのです。私たちは，自分の見解や意見を与えたり，彼らの見解に対して反対の見解を示したり，あるいは悪魔の代弁者を演じたりすることもできるでしょう。しかし行動する（あるいは行動しない）という決定は，その選手から出すべきなのです。このケースは私にとって興味深いものでした。なぜなら私が言ったことが，ネガティブな結果に終わる可能性があったのかもしれないか

らです。しかしおそらく私は，その選手への自分の影響を考えすぎているにちがいありません。その選手は，休息を取ることをすでに決めていたのでしょう。しかしその決定は少し心細く感じられ，彼は都合のよい確認をしようとしていた…という可能性もあったのかもしれません。もし彼が私から確認を得ていなかったら，彼はおそらく自分にやる気を与える誰か他の人を見つけていたことでしょう。おそらく私は都合よく，便利な青信号以上の何ものでもなかったのです。その出来事は，自分の言うことに注意深くなることや，自分がアスリートに与えるアドバイスについて批判的に考えることを私に教えた貴重な経験として，私の中に残っています。

## 学習によって得た教訓

OTCにおける私の仕事は終わりを迎えました。振り返ってみると私は自分がそこにいた間，軽く60人を越えるアスリートと一緒に仕事をしました。その大部分において，私のアスリートとの仕事は標準的な，心理学的スキルのトレーニング（PST）と教育で成り立っていました。大部分のセッションで，私たちは目標設定，リラクセーション・トレーニング，イメージ，集中力トレーニング，そしてスポーツ心理学における通常のスキルに焦点を当てていました。これらのケースはPSTに加えて大切な論点を伴っていたので，私は大学院のトレーニングやインターンシップの経験がどのようであり，どうあるべきかをよく説明してくれていると思います。

インターンシップの経験からの初の教訓は，生徒たちに彼ら自身の楽しみの限界や熟練の技を見つけることに焦点を当てさせ，そしてそれらを引き伸ばすことに焦点を当てさせることでした。生徒たちは有能なスーパーバイザーのもとで，自分たちが知っていることを探し求め，その知るべきことや彼らが学んでいることをいかに適用していくかを探し求めることを許されるべきでしょう。そのインターンシップの経験は，生徒たちがスーパーバイザーに支えてもらいながら，絶えず自分たちの安心のレベルをテストしているという場であるべきなのです。もし生徒たちが安全ネット（スーパーバイザー）という安心感を得て，彼らの限界をテストする後押しをしてもらい，それによって一時的にいやな感じがしても，彼らは応用スポーツ心理学の実践者として育つ可能性があるでしょう。もし彼らがあまりにも親密にガードされたならば，彼らは決して自

分たちが有能にこなせることを発見し，彼らの安心レベルを押し進めることもないだろうし，自分たちの安心のレベルがどのくらいなのかを見つけ出すことさえないでしょう。未来のインターンたちへのアドバイスとしては，次のようになります。深く限界の中へと飛び込みなさい。しかし本当にいいライフガード（スーパーバイザーに対して，何とぴったりのあだ名なのだろう）が，あなたを見守っていてくれることを確かめなさい。

　私の最初のインターンシップ経験から学んだ2番目の教訓は，自分のスーパーバイザーに対してオープンであり，また正直でいるということです。そうすることは，あなたが能力と自分の安心を包むものを押し動かす手助けとなるでしょう。私は自分のスーパーバイザーとはオープンな関係でした。そしてその関係においては，私は心に浮かんだことなら何でも言うことをためらわず言えました。けれども，スーパーバイザーとのセッションが全てスムーズに進んだというわけではありませんでした。私たちは2人ともお互いの学説，意見や技術に疑問を抱いたこともありました。しかし私たちは，これらの議論によってアスリートやコーチ，そしてクライアントへいいものを与えるという本質を勝手に乱すことはありませんでした。オープンな関係を育てようとすること，そこにはアイデアや意見の自由な流れがあるのですが，それはインターンシップの課程の中心的な特徴でもありました。スーパーバイザーとの関係は，私がOTCにいた間で自分たちが手にした最良の教えるツールであると，私は感じていたのです。

　私のOTCでの経験から3番目の教訓は，私たちは訓練においては科学的であるべきだ，ということです。私はかつてダン・グールドが，「よいセオリーよりも役に立つものは何もない」と言っていたのを思い出します。そこに私は，「そしてよい訓練よりも，より理論的なものは何もない」とつけ加えたいと思います。この真言はOTCでの経験以来，いつも私の訓練を導いてきました。私のOTCでの全ての時間を通して，私は自分が学んだ学説的な構成とうまく折り合いをつけようとしていました。そのことは科学者としての私のトレーニングから来ているのだと思いますが，それは現実の世界で訓練をするにあたっては，非常に貴重な道具となり得ます。私たちはみな応用スポーツ心理学における私たちの訓練に関しては，自分のよりどころとなるものが必要なのです。そして私にとってその何かとは，社会心理学の強い学説的な背景なのです。かなりよくあることですが，未経験の人々は認知行動的テクニックが人がスポー

ツ心理学をやるのに必要な全てだ，と思ってしまいます。つまり，私たちは何らかの目標設定やリラクセーション，イメージ，集中トレーニングをあちこちでやるのだと思ってしまいます。そう，私たちはスポーツ心理学を実践しているのだ——なんて。またある人々は，その理論は科学者たちのためのものだと信じているでしょう。しかし訓練するためには，人にはいい性格さえあればいいのです。私はかつて自分には訓練するための理論（学説）は必要ないと言った学生に出会ったことがあります。彼に必要なのはいい性格だけだったのです。私たちがどんなに一生懸命試しても，彼は理論（学説）を学ぶことを全く拒否していました。さて，シェイクスピアをわかりやすく言い換えると，この人物が訓練を始めたとき，彼はほとんど実体のない，多くの音や怒りだったのでしょう。そして彼は決して長い間クライアントと関係を続けることができなかったのです。彼の問題は，彼が自分の性格以外に知識や理論といった訓練をかけるものを何も持っていなかった，ということだったのです。彼の性格だけが限られた情報を伝えるのであって，彼の訓練には全く深みがないということを選手たちやコーチたちがいったん理解すると，彼らはすぐに一緒に仕事をする他の有能な人を見つけてしまいました。その一方で私は，技術や性格が自分をスポーツ心理学者として支援してくれるだろうと信じてやってきた別の学生も受け持ちました。そして私は，その理論の部分を強調し続けたのです。彼は最終的に理論を学び始めることになったのです。

　そして今日に至るまで，自分をその理論を実行するようにしむけたことに対して，彼は私に感謝しています。彼は今，このアプローチのおかげで自分は有能で成功した実践者になれたのだと感じているのです。

　私が学んだ4番目の教訓は，さまざまな実習科目の経験を積むことも重要であるということです。全ての人がOTCのような場所で，最初のインターンシップをできるほど幸運なわけではありません。しかし，その他の現場は開かれています。いくつかの大学は，著しく高い資格のあるスーパーバイザーたちのいる体育プログラムの中に，インターンシップを経験できる場を設けているでしょう。さまざまな経験に対して私が与えられる主要な理論的根拠は，限界や能力をテストして伸ばしていくといったような，この章のメインテーマの一つの結果に続いています。あなたにふさわしいところ，そしてあなたが改良することが必要なところで学びなさい。その経験を得るために未経験の領域や，まだ試されていない領域に入って行くことを恐れてはいけません。進んでチャレ

ンジしていきなさい。そして経験を得るために，進んで無料で仕事をするようにしなさい。

　全体にわたる教訓としては，あなたに必要とされていることよりもより多くのことを知り，より多くのことをやってみることだと思います。卒業に必要な最小の履修単位で学位やインターンシップの経験を終わらせることに，満足してはいけません。あなたに必要とされていること以上のことを知ることによって，あなたはよりよい実践者になれるでしょう。そうして，あなたが一緒に仕事をするアスリート，クライアント，コーチはみなあなたに感謝するでしょう。もしあなたが心理学プログラムにたずさわっているのなら，スポーツ科学の分野で経験を積みなさい。もしあなたがスポーツ科学のプログラムにたずさわっているのなら，心理学の分野で経験を積みなさい。

　コーチやアスリートは，110％与えることを期待しています。スポーツ心理学者が尊敬され，有能であるためには，彼らはまた進んでそれだけ多くのものを与えなければなりません。チームと一緒にやっていくときには彼らのトレーニングセッションに行き，その選手たちが経験することを経験しなさい。私は，ただ彼らのすることの感じをつかむためにその選手たちとともにスポーツをしようと，行ける限り遠くまで出かけました。私はかつて，ただ彼らのトレーニングがどんなふうなのかを見るためだけに，USAのハンドボールチームでゴールキーパーとしてプレイしました。そう，私はしばらくの間，額にそのチームのロゴを掲げるほどの状態だったのです。しかしそれは，私が彼らの身になって考えるのを恐れないチームのメンバーであることを示していたのです。私は彼らの尊敬を得ました。そして，もしオフィスに座っていて話すだけでは，こうはならなかったでしょう。その間，私はいつもオフィスで彼らと会う時間に加えて，トレーニング中のアスリートにフィールドで会っていました。

## 終わりに

　私は，最初のインターンシップに感謝します。最初のインターンシップで何をすべきか，また場合によっては何をすべきでないかが，本章で描かれているといいのですが。あらゆる意味で，インターンシップはスポーツ心理のプロとして私が経験した中で最も貴重なものでした。その経験は大学院ですばらしいトレーニングをしたり，すばらしいスーパーバイザーとして働いたり，そして

働くためのすばらしい環境を作ったりすることの助けとなっています。この経験はもう 10 年前のことになりますが，私がスポーツ心理学をどうやればいいかの考えを形成し，ここ Ball State とオーストラリアでの私の生徒たちと分かち合っています。先生やスーパーバイザーであることは，プロとしての私の 2 番目に貴重な経験なのです。ですから私は今でも大学の教授として，その経験を生徒たちと分かち合っているのです。

●第Ⅲ部
実例:スーパービジョンから複雑なサービス提供まで

# 第10章 大渦巻きの中で:
# 大学アメフトからNFLまでの
# 5年間の関係

*(INTO THE MAELSTROM : A FIVE-YEAR RELATIONSHIP FROM COLLEGE BALL TO THE NFL)*

■ Frances L. Price (University of Wyoming)
■ Mark B. Andersen (Victoria University)

　この物語は,ある青年がカレッジフットボールからナショナルフットボールリーグ (NFL) でのキャリアを始めるまでの話です。物語は彼が大学4年生のときから,NFLの最初の4年間までを取り上げます。この話ではまた,5年間続き,そして現在も継続しているカウンセリング関係の進展についても紹介することになります。第1章でも述べたように,スポーツ心理学のサービス提供は幅広く多様な紹介の経緯から始まり,あらゆる場所で行われ,古典的なパフォーマンス向上の領域をはるかに超え,さまざまな問題を取り扱います。

　本章のタイトルに使われている大渦巻きというのは,NFLにいることで経験した混乱を指していますが,ぐるぐると回るように進歩と退歩を何度も繰り返す現象という意味も含ませています。本章の中心的特色となるのは,不適合なかつての行動パターンへと退行してしまうことについてです。私(一番目の

著者）と一緒に働いたアスリートは，互いに影響を与え合いながら新しい健康的な行動パターンを学び取りました。けれども，ストレスの強い時期を経験した際に，以前の行動へと繰り返し退歩しようとしてしまって，そのストレスをさらにひどいものにしてしまったのです。新しい行動パターンと古い行動パターンを行ったり来たりするこのサイクルは，心理学的サービス提供において一般的に見られる現象です。私たちは，新しい行動をたった一度の学習のみで身につけるのではありません。習い，忘れ，また学び直す――新しい行動が身につくまで，それを繰り返すのです。そして本章のもう一つのテーマは，スポーツ心理学者とアスリートの関係の中で起こる，強い転移と逆転移の現象についてです。

　二つの主要な理論がここでのサービスの基礎となっており，それらが本章でのサービス提供において何が起こっているかを理解させてくれることでしょう。全ての介入――リラクセーション，目標設定，不合理な思考へ挑むこと――は，認知行動療法が出発点となっています。けれども，アスリートと自分との関係を理解することの根源には，精神力学の理論があるのです。

　本章に登場するアメフト選手のジェームズと私は，さまざまな方法で関係を築いていきました――一対一の面談，練習やキャンプへ私が参加すること，電子メールでのやりとり，長距離電話でのコンサルテーション。スポーツバーの衛星放送で彼の試合を見て過ごす日曜日もありましたし，実際に試合を見に旅行したりもしました。本章ではジェームズと私が一緒に働いた経験のうち，彼との関係を進展させていくなかで起きた重要な問題や交わされた会話，出来事などを紹介し，解説していこうと思います。

　本章のおよそ半分が費やされますが，最初の重要な問題は，NFLのスカウトがキャンパスに来ることになっている直前に，彼がハムストリングを怪我してしまったことです。

## 仲間からの紹介

　仕事から帰宅したある晩，私はスポーツ心理学コンサルタントとして会っていた大学フットボール選手からの電話を受けました。彼の電話では，チームメイトの一人がハムストリングを傷めてしまったということでした。そして，そのチームメイトへ私からヒーリングイメージのトレーニングをしてくれないだ

ろうか，と言うのです。というのも，彼と私は2年ほど以前からそのようなイメージを何度か用い，それが助けになることを知っていたのです。10日後にはNFLのスカウトが訪問してきて，自分とチームメイト二人の技術・体力をテストすることになっている，と彼は言いました。チームメイトには非常に将来性があると彼は考えていました。けれどもあまりマスコミに注目されていないため，多くには知られておらず，このテストがNFLへの最後のチャンスなのだというのです。

　私と一緒に働いているアスリートのうち幾人かは，自分がスポーツ心理学者にみてもらっていることを他人に口にすることはありません。このことは，"精神科医"にみてもらっているようなうしろめたさから来ているのかもしれません（訳者註：精神科医に診断を受けることは少しも恥ずかしいことではなく，風邪で内科医に行くようなごくあたりまえのことなのですが…）(Linder, Brewer, Van Raalte, & DeLange, 1991；Linder, Pillow, & Reno, 1989)。それゆえ私は，そのアメフト選手が仲間を助けるために秘密を打ち明けたことに，感心したのです。こういう口コミでのチームメイトの紹介こそが，新しいクライアントを得る重要な方法の一つなのです。あなたは助けになる人だ，と誰かに思ってもらえたなら，あなたの名前は広まってゆくのです。

## 初面談

　私はジェームズとじっくり受理面談をし，スポーツ，学業，そして個人的な問題に関する背景の情報を集めました。現在の状況やハムストリングの怪我についてと同じように，過去にあった負傷についても話し合いました。そして，今後の私たちの仕事に影響する彼の能力やスキルを評価するため，現在のストレスを測定するとともに，他者や周囲の環境との関係の取り方も評価しようとしました。結果，ジェームズは精神的に健康な青年で，学業やスポーツをうまくこなしていくに充分な，しっかりした個人的資質を持っているように見えました。一番心配するところは（怪我以外で），ジェームズ自身が持ち出したことですが，自分の感情に素直になり，その感情を表現することに困難さを抱えていることでした。

F＝Frances　J＝ジェームズ

J：実を言うと，僕の父親はあまり感情を表に出さないのです。僕はそのようにはなりたくない。

F：ちょっと，意味がわかりにくいんだけど…。

J：勘違いしないでください。父親はいい人で，彼は家族のために頑張って働き，いろいろなことをしてくれます。ただ，あまり感情を見せません。僕はそのような人生を送りたくないです。

F：それじゃあ，あなたはどんな人になりたいの？

J：うーん，よくわからないけれど…もっと気持ちがある人で…。そうだ，もっと感情を表現したいです。もっとオープンになりたいんです。…たぶん。

ジェームズは自分の感情を抑えている感じがあったかもしれませんが，彼にはまだその欠けているものに気付く洞察力があり，それをどうにかしたいという気持ちもありました。ジェームズは，表面上は特定の目的（健康な体でNFLのスカウトにいい印象を与えること）を達成するために，具体的な問題（自分の怪我）に取りくもうと，私のオフィスに来たのです。けれども，私が少しつついてみただけで，彼はプロのアメフトキャリアについての問題を完全に超越した心理的な人生の心配事を持ち出しました。ジェームズがこの問題を初面談で持ち出したことは，これからも私と一緒にやっていきたいという強い気持ちがあるという彼の側面を暗示し，すでに私たち二人の間には頑丈な協調関係が作られていることを示唆していました。また，私たちのこの取りくみがどう進んでいくか次第ですが，私が行うパフォーマンス向上の基礎の部分である，実際のフィールドでのパフォーマンスと心理的なものとのつながりを作り上げていくという作業をするうえで，ジェームズが自分の感情とどれだけ向き合えるかという彼の能力が重要になってくると感じました。感情や情熱を経験するということは，5年間にわたる私たちのカウンセリング関係のテーマの一つとなるでしょう。けれども今は，彼の怪我に焦点を当てました。

F：リハビリは何をしているの？

J：今はアイシングと電気治療です。今日はマッサージを予定してくれているみたいですけど。体の中にある悪い血を散らすためだと思います。

F：なるほど。この怪我をしてから，どんな気分になってる？　この怪我についてや自分の状況について，どう思っているのかな？

J：まあ，はっきり言って，最初はなんとなく落ち込んでいました。もうこれで終わりだなと思いました。本当に，スカウトのために走りたかったんだけれど，傷めたハムストリングを抱えていては走れません。僕はわからないんです。ス

カウトに怪我をしていることを言ったらいいのかな？ それを言ったら，NFLに入れるチャンスに影響するかな？ でも，先生の質問に答えるとしたら，ロバート（紹介してくれたチームメイト）が怪我をしたとき，先生が助けてくれたみたいだから，ちょっとはましになっています。彼は本当にポジティブだし，よくやりました。彼が先生と一緒にやったことを言ってくれたから，僕もポジティブになってきました。そんな感じかな。

ジェームズは本当に，私がロバートとやった介入（怪我の部位の血流を増すための，イメージを用いた自律誘導のヒーリング介入）を挑戦してみる気になっているようでした。私は，彼が感じていることや今回の怪我で生じていることを測定しようと思いました。彼は少し落ち込んでいるようでしたが，まだ希望は捨てていませんでした。「スカウトに怪我をしていることを言ったらいいのかな？ それを言ったら，NFL に入れるチャンスに影響するかな？」という彼の質問は，この混乱している中で私にアドバイスを求めていることの表れなのです。彼の怪我からすでに 24 時間近くたっており，ジェームズが何かをしている気持ちになるためにできるだけすぐに始めたいと思いました。彼が勉強できるよう，今回の怪我に関係している筋肉の図のコピーを彼に渡しました。怪我を負ったアスリートと働く際は，基礎的な解剖学の本が便利な資料になります。

F：ジェームズ，これから私たちがどうやっていくかはまだはっきりしていないけれど，あなたがヒーリングプロセスに積極的に参加することが大事です。最初にすることは，怪我した部位の明確なイメージを持つことよ。これらの図でよく学習してください。これらはももと足の後ろの外面筋，側転筋，ハムストリング筋，そしてももの後ろの深部にある筋肉です。これをイメージして自分の怪我を理解する能力が，とても重要になってくるわ。

J：わかりました。この図を持って帰ったらいいんですね？

F：ぜひ。もう一つ，明日から私たちが仕事を始める前に，あなたに考えておいてほしいことは，ポジティブな心の姿勢を保つことが何より大切だということについてです。そのことが，いま直面していることやこれから私たち二人でこなすどんなことにおいても，やりとげる助けになります。

J：わかりました。でも，僕に何をしてほしいんでしょうか。

F：たとえば，誰かがあなたに最近の調子やハムストリングの具合を尋ねてきたりしたとすると，「うまくいってるよ」とか，「だいぶよくなってきてる」のように，はっきりポジティブに返事をしてほしいの。

J：わかりました。

F：それと，さっき話した自律訓練法の方向でやっていくかもしれないので，面談

をする1時間半前からは食事を摂らないでください。食後すぐに行うと，気分が悪くなる可能性があるの。それともう一つ，ゆったりした服とか，楽でいられる服装で来てくださいね。

J：わかりました。今日は僕と話す時間を取ってくれて，本当にありがとうございました。それではまた明日，よろしくお願いします。

　このような短い面談のあとにも，その面談から何かを得てもらうため，私はアスリートたちに簡単な宿題を与えるようにしています。この宿題には，いくつかの目的があります。一つ目は，私に持ってきた問題に，実際にもう取りかかるんだとアスリートに感じさせること。二つ目は，次回彼らに会った際，課題はどうだったかとか，実際やってみたか，どのくらいやったか，などと尋ねることができるということです。

　もしアスリートがしっかりと私のアドバイスや宿題を受け止めていなくて，面談と面談の間にその課題をやっていなかったら，モチベーションや責任感に重大な問題があるかもしれません。

　私のジェームスに対する判断は，彼はモチベーションが非常に高く，とても受け入れる姿勢がある，というものでした。そして彼は私が期待していた以上に，リハビリのメンタル的側面にオープンでした（Ievleva & Orlick, 1991 参照）。彼は精神的に疲れる NFL のトライアウトが近づいているにも関わらず，私とあっていこうとしているように見えましたし，私の印象では，個人的な面も変えたがっているようでした。また彼は陽気で礼儀正しく，私は彼と働くのを楽しみにしていました。NFL スカウトに間に合うよう準備をする時間はあまり残されていませんでしたが，この仕事が彼の個人的なものや，アスリートとしての目標を達成するための助けになるようなポジティブな経験になってほしい，と私は願いました。

## 仕事の始まり

　私たちは予定通り，土曜日の午後に会いました。ジェームズは時間通りに現れ，準備万端でした。NFL のトライアウトが近いため，私は自律訓練法とヒーリングイメージを試すことにしました。アスリートによっては，自律訓練法が漸進的筋弛緩法（PMR）よりもはるかに強力で，効果的なことがあると私は思います。練習すれば，リラックスした状態を極めて迅速に得られるように

なるのです。イメージに関しては，イエクレワとオーリック（1991）の研究によって，ヒーリングのポジティブなイメージとパフォーマンスイメージが，良好な回復に関係することがわかっています。

　ヒーリングプロセスにおいてリラクセーションやイメージが有効なものになり得るのは，さまざまな理由があります。怪我をした人は痛みを制限するために筋肉や関節を固定しますが，それで怪我の部位を緊張させてしまうことがままあります。この緊張が，血流を滞らせてしまうのです。リラクセーションを学ぶことで，この緊張を軽減したり，怪我をした部位への血流を促進することが可能です。イメージやリラクセーションはまた，免疫機能を促進させる効果もあります。免疫システムは炎症や，損傷したり壊死した体内組織を取り除くことに深く関係しています。リラクセーション，イメージ，そしてヒーリングについての深い議論は，グラハム（1995）による有益な書，"*Mental Imagery in Health Care : An Introduction to Therapeutic Practice*" を参照してください。

F：あなたは，ある筋肉の部位を緊張させ，そしてリラックスさせ，次にまた別の部位の筋肉を緊張させ，リラックスさせ…というような練習を，何か今までにやったことはある？（手本を見せながら）

J：（首を横に振りながら）いいえ，そういう方法はやったことがありません。

F：そうですか。クライアントがリラックスしたり，自分の体についての理解をよりよくする手助けとして，私はたまにこのテクニックを用いることがあるの。クライアントがいったんこの手法で快適に感じたら，次はより一層メンタルなテクニックである，自律訓練法を紹介するの。これはチームメイトのロバートがあなたに話したものの一つで，腕や足に重さや温かさの感覚を伴うものよ。個人的には，リハビリには自律訓練法の方がより助けになると思います。怪我をした部位近辺の筋肉の緊張を増すことは避けたいのです。私と仕事をしたクライアントの多くが両方のテクニックを試し，自律訓練法を選びました。ただ一つの問題は，他のことでもそうかもしれませんが，上達するには練習が必要で，それには多少の時間がかかりそうだということ。そこにジレンマがあります。私たちには，スカウトが来るまでにあまり時間が残されていませんね…。来週でしたか？

J：17日，来週の金曜日です。たぶんそのあと，2，3回の練習があると思います。

F：それならば，漸進的筋弛緩法を始められる時間はあまりないと思うから，私としては自律訓練法を試してみることを勧めたいわ。ちょっと試してみますか？もしそれがうまくできたら，このテクニックが今の私たちにとって最良の手だと思います。もう少し，この手法について話してもいい？

J：ええ，どうぞ。
　　F：この手法を行うことによって何が起きるのかというと，まずとても快適な体勢になります。あなたは背が高いので，どのように行うのがベストか，考えなければならないですね。たぶんクッションを使って床の上でやるのがいいでしょう。それから目を閉じて，ふだん通り軽く呼吸して，ボディスキャンと呼ばれているものを私が始めます。手短にさまざまな筋肉群について話し，リラックスするためのアドバイスを伝えて，あなたが力を抜けるようにします。私は続いて，「右腕が重たい。左腕が重たい」などと言いますので，あなたは頭の中で同じ言葉を繰り返します（自律訓練法に関する詳細は第4章参照）。充分にリラックスできたら，イメージを試してみましょう。自律訓練法とイメージの組み合わせは，ヒーリングを速めると多くの人が考えています。怪我をしたワールドクラスのアスリートに関する文献でも，イメージが怪我の回復を速め，後々よりよいパフォーマンスが得られたと記されています。今日私が考えていることは，競技，パフォーマンス，怪我には直接関係していないということになります。ただ，このテクニックをどうやって行うかあなたに見てもらいたいんです。そうすれば内容をつかむことができ，私たちが今どの位置にいて，どこに進もうとしているのかがわかるでしょう。どう？
　　J：いいと思います。すごくわくわくしています！　ロバートはあなたに救われたと言っていました。彼が先生を信頼しているのですから，僕からの質問はいつから始めるかということだけです。
　　F：数分したら始めましょう。確認しておきたいのは，あなたが何を期待したらいいのかがわかっていて，ためらいがないかということなの。
　　J：大丈夫です。すぐに始めたいです。

† 自律訓練法

　私が用いる自律訓練法やヒーリングイメージのスクリプトのほとんどは，シュルツ，ルーテ（1969），ハリス，ハリス（1984），ポーター，フォスター（1990）から修正したものです。基盤である自律訓練法の説明に対して，掘り下げたり「重さ」や「温かさ」を広げた形で変更させてあるのです。たとえば，「右腕が重たい」という表現にときおり，「右腕が心地よく沈んでいくのを感じます」という言葉を差し挟んだりするのです。

　この導入は彼にとって自律訓練法の最初の経験で，私はジェームズのイメージの能力に興味がありました。導入段階のリラクセーションを終え，私はジェームズに基本的なイメージをさせました。たとえば安息な場所や色が見えてくるようなイメージです。そこにはスポーツや競技のパフォーマンスについての言葉は含まれません。いったんイメージが終わると，私はジェームズに，準備

ができたら時間をかけてゆっくりと起き上がるように言いました。

F：大丈夫？

J：はい…ん…わあ…ああ，すごかった。何だろう。おしまいにはまっ暗なトンネルのようなものの中にいるみたいな感じがして，とても心地よくて目覚めたくない気持ちになりました。信じられません。

F：重さや温かさを感じられた？

J：はい…時間は少しかかりましたが。重さを感じる方が，温かさを感じるより簡単でした。しかも，僕の腕や足が重くなって椅子に沈み込むイメージを先生が伝えてきたとき，実際そう感じたのです！　いやあ，信じられません…こんなに気持ちよくなるなんて，思いもしませんでした…うん。

F：これはどんどん簡単になって早くできるようになるし，やっていくうちに上手になるわよ。1回目でこれほどできて，よかったわ。色の方はイメージできた？

J：はい，とてもわくわくしていました。でも不思議だったのが，あの暗闇のトンネルのようなものです。そこには誰もいなくて，白黒の世界でした。

F：それは大丈夫。初めてなのに，とてもよくやったと思います。さっきも話したような，受身の姿勢を保てたのだと思う。それは本当は難しいことなのに，よくやったわ。あなたにとってこれがどんなものであったか，とても興味があるわ。これに関しては，あれが正しいとか悪いとか，間違っているとかいうのはないの。何が重要なのかというと，どんなことが起き，あなたにとってどうであったかなんです。浮遊感や麻痺した感覚，あるいは他の非日常的で怖い感じが起きたりしなかったですか？　気分が悪くなったりとか。

J：そんなことはなかったです。右腕がちくちくしているのに一度気付きましたが，先生の言っていたことを思い出して，気にしませんでした。

F：じゃあ全体的にはどんな気分？

J：本当によかったです。信じられないほど気分がよくて，リラックスしている感じです。もう一つは，これが起こるべき出来事だったのかはわかりませんが，ここに来たときハムストリングが痛かったのですが，今はそうでもないのです。来るときも調子がいいように思っていたのですが，今ははっきりと，さらによくなっているように感じます。信じられません。ありがとうございます！

F：どういたしまして。セッションが終わるごとに，リラクセーションについて話す時間を作りましょう。それで，あなたにとってセッションがどんなものだったか，私は知ることができます。何がうまくいき，またはうまくいかなかったのか，私たちはどれくらい進んだか，そしてこれからどうやっていくか…それらを知ることができるわ。どう，わかった？

J：完璧です！

F：ということは，あなたが私に対して正直であることが大切になってきます。何

かがうまくいったりいかなかったりしても，私は知っておく必要があります。そうすることで私はあなたにベストな対処ができ，うまくできるようになり，他のことなんかも試せます。そしてあなたに健康を取り戻し，もっといい状態になってほしいの。

J：いいですね。

　私たちは毎回の導入セッションのあと，報告をする時間を持ちました。私が次回の導入を修正することの助けになるので，アスリートからフィードバックを得るのは非常に重用です。この最初の導入に続く彼の反応やリアクションが，彼の強みや弱みは何であるか，これからどう進めるべきかを私がうまく察知する助けとなりました。この導入は，ジェームズにとってとても強力なものでした。彼がポジティブな経験をして気分がよくなったことは，私への信用を増して信頼を築く助けとなり，それが私たちの協調関係を目覚ましいまでに強めました。

　彼が帰る前は，解剖学の図を見る時間を取りました。怪我の部位はどこか，それはどのように見えるだろうかを確認しました。筋肉がどんな様子であるかになじんでくると，次回のヒーリングの練習でイメージを広げるのに役立つのです。

† ヒーリングイメージ

　私がジェームズと会ったほどひんぱんに面会を重ねるクライアントに出会うのは，かなりめずらしいことです。最初の1週間は，ほとんど毎日のように会っていたし，ときには1日に2回会うこともありました。NFLのトライアウトが近づいていたのと，ドラフトが6週間後ということから，私はカウンセリングやトレーニングのペースを速めるに越したことはないと感じていました。私はジェームズに心理的スキル，特にリラクセーションとイメージについて早く身につけてほしかったし，それにはもっと積極的で集中的なアプローチをすることが一番だと思いました。

　怪我をしている部位についての表面の筋肉と奥深い筋肉，動脈と静脈のカラー図を勉強したあとに，私たちは最初のヒーリングイメージの導入へと入っていきました。そのスクリプトは次のように進みました。

F：楽に後ろによりかかってください。深く息をしながら，目を閉じて体全体を伸ばして下さい。…楽にして，呼吸はいつもみたいに鼻から吸って口から出して，自然でふつうに…（彼に数分与えました）。体に集中してください。頭と顔から始まって，緊張していたり，痛みがある場所を確認してください。顔をリラッ

クスさせて，やわらかくしてください。額を滑らかにしてください。心配事や関心事，いらいらを自分から消してしまいましょう。ゆっくりと首から肩に集中して，そこにある緊張感もなくしましょう。温かさが肩から胸，背中の上部に流れるようにしながら，やさしく肩をおろして…。みぞおちの中を通して，それをリラックスさせて…体と頭の中に落ち着きを感じて…リラクセーションの温かみが背中の上部から下へ…胃へ，下腹部へ…自然に広がるのを感じてください…その部分を暖かくしてください。集中をゆっくりと，腰とおしりに移動させてください。筋肉をリラックスさせてあげ…開放してください。次は足に集中を移動させて…ハムストリング…もも…膝…ふくらはぎ…足首…足とつま先。全ての緊張感，痛みを足の底から送り出してください。体の中にリラクセーションの波を送れるかどうか，試してみてください…頭から下へ足まで…落ち着き，温かみと，やわらかさだけを残して，（ここで彼に時間を与えました）そしてもう一度リラクセーションの波を体全体に流れさせてあげるつもりで，頭のてっぺんから足の先まで（彼に時間を与えました）…そしてどんどん開放しながら，続けて楽にふつうに呼吸をしてください。自分がリラックスしているのを感じ，落ち着いてその気持ちを楽しんでください。（私は数秒待ちました）

それから続いて行ったのは，前に私たちがやった温かみと重みのサイクルでした。

F：あなたが怪我の部分，左のハムストリングに集中しているうちに，重みと温かみはさらに広がり続けます。自分の内面を見てください。怪我の部分の奥行き，大きさ，そして形をよくわかってください。この怪我と向かい合ってください。見て…，感じて…，集中して，それの体内にある存在に気付いてください。完璧に理解するようになってください。表面の筋肉繊維もそうだけれども，その奥にあるものにも気付いてください。その部分を見たり，感じたりできるようにして，その怪我と周りの部分にも気付いてください。何か変色したり，あざになったり，血が流れたり，固まって，傷跡になった繊維細胞に気付いてください。その部分全体に気付いてください。そして，それを徹底的に知ってください。いったんその怪我をした部分が完全にわかったときに，それを直すためには何をすればいいのか判断してください。（私は数秒待ちました）あなたは，この怪我のせいで感じた怒りやいらいら感，不安感を取り除きながら，その怪我をした部分と接触し続けてください。全部取り除いてください。この怪我のせいで感じたどんなネガティブなエネルギーや思考も，解き放してください。この怪我のせいで感じたどんな抵抗も解き放してください。やわらかくして…，どんなネガティブなものも，どこかへやってしまってください。そしてそれを小さなボールの形にして，それが転がってどこかに行き，見えないようにしてください。（彼に何秒か与えました）そしてあなたは，怪我の部分にポジティブ

第10章　大渦巻きの中で　281

で癒してくれる温かみをゆっくりと送り始めながら，体にあるどんな緊張感や抵抗も解き放してください。怪我をしている左ハムストリングの細胞がリラックスして…，やわらかくなって…，解放しているのをイメージしてください。血が動脈の中を流れているのを想像して…，それが怪我をした部分に栄養と酸素を持ってきています。静脈が怪我をした細胞を取り除いているところをイメージして，新しい健康的な細胞がそのかわりに入ってきています。それが，痛くて，敏感で，凝った部分を生き返らせます。その新しい血が，あなたの左ハムストリングとその周りの部分を癒しています。その新しい血が循環するのを感じて，怪我をした部分を洗い流して栄養を与えてくれます。その新しい血が，新しい細胞を作るのと，左ハムストリングを癒しているときの温かみを感じてください。新しい血の温かみを感じてください。栄養を感じてください。筋肉繊維を感じて，それらがきれいにならんで，充分に弾力性があり，しなやかに，一緒に成長するのを見てください。ハムストリングとその周りの部分が癒されるのを見てください。その筋肉繊維がくっついていくのを見てください。（彼に数秒与えました）そしてもう1回…。（私は誘導イメージを繰り返しました）

　そして，続けてあなたの左ハムストリングとその周りの部分が，もっと強くなって…もっともっとしなやかになり…もっともっと柔軟性が増すのをイメージしてください。続けて，血が流れているのを見て…，あなたの左ハムストリングとその周りの部分が，もう一度健康に，柔軟に，強くなるまで洗い流してください。それは気持ちのいい温かい感じで，感触がとてもいいものです。（私は数秒待ちました）だけどジェームス，怪我について焦らないで，それが完全に治るまでにはもっと時間が必要だとわかってください。そして続けて，この怪我のせいで感じているどんな心配や恐怖，またはいらいらも吹き飛ばしてください。そして，その怪我の周りにまだ感じている凝りや痛みも吹き飛ばしてください。体をやわらかく，やさしくさせて自然に治させてあげてください。（私は数秒待ちました）そして，そのやわらかく温かで静かな，今治っている左ハムストリングに，また集中し始めてください。そこに力とエネルギーを送り込んでください。そして，怪我の周りに温かい薄い金の色をイメージしてください。それが怪我をした部分から体全体に広がるのを見て，感じてください。その温かい金の色が頭の先から始まり…，顔の部分を下に流れ…，首と肩…腕…背中の上の部分…胸…腹部と胃…背中の下の部分…ヒップ…腿…ハムストリング…大腿四頭筋…ふくらはぎ…足首…足…そして足の指。自分が夏の夕日のような温かい金と黄色の光に包まれているところを感じてください。その色は，あなたの左ハムストリングを癒し，それを力とエネルギーでいっぱいにしています。あなたが癒されて，自分が癒しのプロセスの不可欠な存在だと知ることが気持ちいいです。自分が自分の左ハムストリングと体全体の修復に関わっているのが気持ちいいです。（私は数秒待ちました）じゃあ，今からゆっくりとその金と黄色の光のイメージを消してあげてください。（私は数秒待ちました）

そして，あなたの左ハムストリングとその周りがもっとしなやかに，もっと柔軟に，もっと強く，そしてもっと活発になるのを見て感じてください。癒しを思い出して，体がまた使えるようになるのを知ってください。また健康になり，それがエネルギーと活気に満ちた状態で，強さとパワーと耐久性に満ちたものだと知ってください。
　そして，自分が癒されていると言い切ってください。私は治っている。私は日々健康になっている。私は早く治っている。自分の左ハムストリングはもっと強くて，もっと柔軟で，もっと活発になってきている。私は完全に治ります。自分の体は敏捷で，強くて，力があります。私は健康で痛みがありません。そして，自分を見て感じてください…健康的で痛みがなく…心と体が調和していて，そして自分がとても落ち着いている。そして，敏捷で，強くて，力に満ちて，健康で，平穏にいる感じを楽しんで下さい。(一つ一つ言い切ったあとで，私は数秒待ちました。そして全部が終わってからもかなり待ちました)
　じゃあこれから，現実に戻し始めましょう。部屋や外にある音に気付いてください。匂いに気付いてください。自分の体とソファーの接触を感じてください。そして自分がリラックスして集中し，癒されていて，落ち着いていることを思い出してください。そして準備ができたら，深い呼吸を5回してください。5と数えたときに，足を動かしてください。4で腹部と胴体を動かしてください。3で腕と肩を動かしてください。2で首と頭を動かしてください。1で目を開き，準備ができたらゆっくりと起き上がってください。あなたはすっきりして…，リラックスして…，キリッとして…，健康的で…，落ち着きを感じます。(私は数秒待ちました) じゃあジェームス，一緒に数を数えます。5…4…3…2…1。

　自律訓練の導入と同じように，ヒーリングイメージも思っていた以上にうまくいきました。彼がいったん落ち着いたときに，私たちはいつものように簡単な内容の解説をしました。

F：どうだった？

J：ええと，怪我の部分は実際に見えました。僕のその部分はグレーになっていて，健康なところはもっとピンクになっていたように見えました。そして，1回目のときよりももっと早く，重くて温かくなりました。

F：けっこう素早く入っていけたように思います。まあ，あなたがトレーニングルームで行う電気治療の理論は，頭の中で今行ったことと同じようなものです。というのは，怪我をした部分にもっと血液を流すようにしたんですよ。これからは電気治療を行うときも，今やったように怪我をした部分と向き合い続けてみてはどう？

J：それはいい考えですね。練習をすれば，電気治療だけよりももっとうまくいくでしょう。もしそれができれば，治療がもっと早く進むかもしれませんね。

F：じゃあそれをやってみて，どんな感じか見てみましょうか．何か変化があるか，見てみましょう．
J：いいですね．

　ジェームスはこの治療の中で，積極的に参加することを楽しんでいたようです．自分のメンタルスキルに対して心を開いて受け入れやすい彼の性格は，印象的でした．ジェームスが私のことを"ヘッドコーチ"と呼ぶようになったときには，この関係がうまくいっていると感じました．この協調関係はすぐに形成され，ジェームスの私に対しての気持ちの転移は尊敬と親愛だと思いました．私はコーチになることができたのです．フロイドは一つ一つの言葉を重視するのが好きでしたが，この"ヘッドコーチ"という言葉はメンタルのコーチとナンバーワンコーチの両方を意味するため，私は転移の深さを考えさせられました．

　次の日は日曜日でした．ジェームスが教会から帰ってきたあとに，私たちはヒーリングイメージをしました．私たちは治療のためにトレーニングルームにも行き，彼が怪我の部分に電気治療を行いながら，私は目立たないように，怪我をした部分と接触できるようなイメージを彼に指示しました．彼は電気治療を行いながら，怪我の部分と接触するよう精一杯努力をしたことを報告しました．ランチのあとに私たちは，パフォーマンスイメージを行い，そしてその夜には，ヒーリングイメージのセッションをもう一度行いました．その日，最後のセッションのあとでジェームスは，「明らかによくなってきている」と伝えてきました．

　この時点では，ヒーリングとパフォーマンスのイメージ介入の主な違いは，パフォーマンスイメージには重みの暗示がなかったということです．パフォーマンスイメージは二つの目的のために使いました．一つは，ジェームスがもっと完全に復帰できるまでイメージで競技を続けるためでした．二つ目は，近いうちにヒーリングとパフォーマンスイメージを一緒にしようと計画していたためです．

## ドラフトの準備

　セッション以外でも使えるよう，私はヒーリングとパフォーマンスのイメージのテープを作りました．ジェームスはこの月曜日に家でそのテープを聞き，

メンタルスキルを練習しました。彼は重みと温かみの感覚がもっと簡単にできるようになったと気付き，一緒のセッションでもその状態まで自分でたどり着きたいと言ってきました。私たちは，彼がボディスキャンを完全に終え充分に重みと温かみを感じてイメージトレーニングの準備ができたときは，彼が右手の人差し指を上げることを決めました。この日だけは，このことに約2分間かかりました。セッションに続き，怪我をした部分と接触するためにジェームスは一人でトレーニングルームに行き，治療を行いました。治療のあとに彼は，ハムストリングが"疲れたけど，いい疲れ"の感覚があると伝えてきました。彼は続けて，ストレングスコーチとトレーニングを始めました。私たちはジェームスの限界を考えるよりも，彼ができることを考えました。私の同僚のスポーツ心理学のスーパーバイザーである友人が，ある日フィールドハウスのところを歩いていた際，ジェームスが，怪我の具合を聞いてくる誰かと話しているところに気付きました。彼は，「順調に進んでいるよ」と答えていました。このような間の悪い怪我をしたにも関わらずポジティブでいるジェームスに，彼女は強い印象を受けたのです。

　ジェームスと私は次の日は会うことはできませんでしたが，電話で話をしました。その次の日，つまり水曜日に，ジェームスはNFLのディフェンスコーディネーターから，午後にワークアウトをしたいという予期せぬ電話をもらいました（それは電話をもらうと思っていた2日前でした）。ジェームスはクイックネスドリル（たとえばボックスドリル）をすることができましたが，40ヤードダッシュは無理でした。そのあとに，彼のハムストリングは"少し疲れた"ように感じ，彼はラップし続けました。その夜，彼はカセットテープなしでベッドに寝転びながら「自分で少し，血液の流れの練習をした」と伝えてきました。

　次の日の木曜日に，私たちは会いました。私たちは試合前やパフォーマンス前のルーティンや残された時間をどう使うかについて話し合いました。ジェームスはセッションのあとにいつも，よくなっていると伝えてきました。特にこの日は，完全に治るという目標へいっそう集中している彼の様子に気付きました。次の日には多くのNFLスカウトが，この町にやって来ることになっていました。ジェームスはトライアウトするのかどうか，まだはっきりわかりませんでした。彼は自分の調子を見る必要がありました。

　その金曜日，ジェームスはスカウトのために走るかどうかを悩みました。彼

は正直にやろうと決め，怪我が悪くならないよう，今できることだけをすることにしました。彼はボックスドリルをすることができ，そして2日前にもやったように，5-10-5ドリルもできました。また彼はLドリルもできましたが，立ち幅跳びや垂直飛び，40ヤードダッシュなど，激しい運動はやらないことにしました。彼はリフティング（最大225ポンド）とポジションドリルに手応えを感じ，全体の成果に対していい感じだと言っていました。しかしながら，私にジェームスを紹介した選手は，同じトライアウトで足首を捻挫してしまいました。その選手はトレーニングルームからサービスを頼むために，私のオフィスに電話をしてきました。この時期，私はとても忙しくなってきました。

　ジェームスと私は翌土曜日には会いませんでしたが，彼は一人でメンタルスキルの練習をしました。その次の週は，少なくとも4日に1度は会いました。それからの2週間はイメージのセッションのためにほとんどの日に会い，彼の運動パフォーマンスに悪い影響を与えるような問題と同じように，個人的な問題についても見逃さないよう話し合う時間を予定に入れました。ジェームスはどんどん治ってきて，毎回パフォーマンスがよくなりました。彼のメンタルスキルは充分に進歩して，3週間目の終わりには，イメージの準備がすぐにできるようになりました。

　ジェームスはスカウトたちにいい印象を与える，ほどよいパフォーマンスができたのでしょう。いくつものチームがトライアウトのために，それぞれの施設へ彼を飛行機で送り込みました。残念ながらこれらの旅行のせいでジェームスは学校を休んでしまい，勉強は遅れました。ジェームスはフルタイムの学生で勉強がとてもたいへんな理科系の専攻でしたので，たくさんの実験に参加していました。そこで私たちは運動パフォーマンスの問題に加えて，タイムマネージメントと学業の問題についても話し合いました。カウンセラーとしての私の仕事の内容に，アカデミックサポートは不可欠なものでした。ジェームスはスポーツでも学業面でも支えられているのを感じて健康を取り戻し，学校でもうまくやっていけました。そして，私たちは感情表現などの個人的な問題も扱い続けました。また，彼とガールフレンドとの関係がやや不安定で，二人が抱える問題についてもしょっちゅう話し合いました。

　NFLのドラフトは，ジェームスと私が会った約6週間後にありました。スカウトのための彼のパフォーマンスはマスコミの注目も引き，それは私たちが扱うまた新しい分野となりました。ジェームスはこれからどうなるかわかりま

せんでしたが，私たちの関係を維持したいと思っていました。彼はどんな問題でも気楽に，私たちのセッションに持ち込みました。彼は私たちの関係を居心地よく感じ，これからのことも期待している様子でした。ドラフトに対しての彼の姿勢は，やるべきことは精一杯やったというものでした。彼はその結果を良くも悪くも受け止める準備ができているように見えました。私は一緒に働くアスリートたちの多くと深いつながりを感じますが，ジェームスに対しての私の反応は，いつもより強いものでした。自分が彼の世界で重要な一部分を占めていることに，私は気付きました。この頑張り屋で，本当にずばぬけて親切なフットボール選手を可愛く思い始めました。私は彼を誇りに思う姉か誰かのような気持ちになり始めたのです。（しかし私は，自分の気持ちの逆転移反応に注意をし続けていました）

　飛行機でトライアウトに招くこともしなかったNFLチームが，彼をドラフトすることになりました。私にジェームスを紹介した選手も，ドラフトされました。この時期はエキサイティングな時期でした。ジェームスはドラフトの上位ではなかったにも関わらず，有頂天になりました。それからの3週間はミニキャンプへの参加と期末テストで忙しくなりました。ハムストリングはまだ100％治ってはいませんでした。私たちは続けて怪我に対処しましたが，ジェームスは4年生を終え，NFLにチャレンジするための精神的，肉体的準備に集中し出しました。またジェームスは引越しをしなくてはなりませんでしたが，ガールフレンドに関して未解決の問題がありました。

　ある日ジェームスは，私と話すために電話をしてきました。それは予定外のアポイントでした。心配した私は，大丈夫かと聞きました。彼は，会ったときに詳しい話をしようと言いました。ジェームスは数分後に到着し，オフィスに勢いよく入ってきました。

F：ジェームス，大丈夫？
J：だめ，今彼女と別れてきた。
F：たいへんだったね。話をしたら，助けになる？
J：これは全て，あなたのせいなんです！
F：（少し戸惑い）えっ，どういう意味？
J：これは全て，あなたのせいなんです！あなたと一緒にやる前は，こんな痛みを感じることはなかった。彼女と僕は違う価値観を持っていて，どうせいつか別れることになったんだろうけれど，これほど心が痛むことはなかったでしょう。

私は自分に対するコメントは聞き流して、彼の感情についてもっと話し合いました。彼は自分の感情に対して以前のように鈍感ではなく、痛みも含めもっと人生を経験したいと決めていました。私はジェームスの打ち明け話に、複雑な気持ちを抱きました。その一つは、彼がこのような痛みを抱えていたのをかわいそうに思ったことです。なぜなら彼は彼女を本当に大切に思っていたのを知っていたからで、うまくいかなかったことをかわいそうに思ったのです。けれどもう一方では、ジェームスが自分の感情にもっと触れるという目標に対して、すでに進歩していたことを嬉しく思いました。彼が私のオフィスに勢い込んで入って来たにも関わらず、私と向かい合って話ができるほど、私たちの関係に居心地のよさと安心を感じていたことも嬉しかったのです。複雑な問題を分かち合ってくれただけではなく、彼は自分の弱い部分もさらけ出してくれたのです。彼が私を信頼してくれているように感じましたし、彼も自分が受け入れられているように感じていてくれたら、と私は思いました。
　このセッションは私たちの関係の分岐点になり、また別のレベルに移ることになりました。ジェームスの「これは全て、あなたのせいです！」という言葉はある意味では言いがかりでしたが、また別の意味では、彼の感謝の気持ちを表していました。彼の転移の強さ、彼への私の影響、そして私との彼の関係への私の返答は、私がスーパービジョンのセッションで活発に議論したトピックに含まれています（第8章参照）。私のスーパービジョンは、強い精神力学の働きがあります。私は初め、ジェームスの私への愛情は依存的なものだと心配し、それだけは避けたいと思いました。しかし私は、転移と逆転移というのはどのような人間関係においてもいたるところにある現象だと気付くようになりました（先生と生徒、恋人どうし、スーパーバイザーと受け手など）。転移と逆転移を知ることは、逆転移欲求で起こるような依存を形成することを止める助けになります。実際アスリートは、スポーツ心理学者に依存するようになります。それは新しいスキルを習うために依存するからです。ジェームスはNFLの荒波の中でもがいている中で、正しい道にまた戻してもらうため私に依存していました。しかし、目標はアスリートが新しい行動や思考パターンを習い、どんどん自分でできるようになるにつれ、その依存を少なくしていくことです。
　ジェームスはそれから3週間はミニキャンプに行きました。彼のために作ったテープを持っていき、私たちはしばしば電話で会話をしました。彼のハムス

トリングはほぼ100％治っていて，NFL施設でのアスレチックトレーナーたちは，彼の怪我の治り具合に注視して治療を続けました。この時点でのジェームスの課題は，評価されることに対してどう自分がふるまうかと，プロの試合での精神的，もしくは体力的要求に対してどう対処していくかでした。次は，私たちの電話での会話の一つです。

　J：まだ始まったばかりなのに，もう疲れてきました。これはきついです。
　F：今までで一番きつかったのは何なの？
　J：全部ですよ。朝に練習してお昼を食べて午後に練習して，夕食を食べます。練習をしていないときはミーティングがあります。習うことがたくさんあって，競争も激しいです。身体的には全員すばらしいのですが，いく人かは他の人より精神的にタフに見えます。もう全てをビデオに撮られて評価されています。本当に精神的に疲れています。彼らが何を求めているのか，本当によくわからないので，難しいです。僕はまだルーキーで，習うところがまだたくさんあるってわかっているのに，間違いをしたらだめなんだと感じてしまいます。

　ミニキャンプが終わってから，ジェームスは1週間弱家に帰りました。彼は引越しをしなければなりませんでした。彼は借金なしで車を買えると喜んでいました。彼がこの町にいた間に私たちは2回会い，彼は続けて私とやっていきたいと希望しました。私たちは長距離でやっていくことを決め，毎週電話をすることを予定し，必要なときにはもっと電話をすることにしました。そして私たちはしばしば電話で話しましたが，ジェームスは自分の状況に対して私がもっと理解してくれた方が効果的に働けると感じていました。

　彼は学生のときには，アスレチックカウンセリングサービスのため，料金を払わなくてすみました。しかし収入が入ってくるようになったので，彼は私にお金を払いたいと言ってきました。彼がプロになってからお金を請求することにはちょっと戸惑いましたが（私はまだ臨床心理学の大学院生でした），私たちはこうすることにしました。私が彼に会いに行ったりキャンプ（後にホームゲームも見に行くことになりましたが）を見に行ったりするときの交通費と宿泊費を，彼が出してくれることにしたのです。この取り決めで私はふだんの仕事から離れ，クライアントが練習と試合をしているところを見ることができ，ジェームスが活躍している町に住んでいる親戚に会うことができました。この旅行は，私の心理的サービスに対しては充分な報酬でした。

　多くの大学院生は，お金以外の形で心理的サービスの報酬をもらいます（チームのシャツやチームとの旅行など）。この種類の報酬なら，多くの場合チー

ムは支払うことができます。私はまだ学内に在籍してスーパービジョンを受けている身ですので、ジェームスと働くことは応用スポーツ心理学のトレーニングの一部です。私がきちんとライセンスを得た実践家になってしまうと、私たちはサービスの報酬をより正統的な水準へと調整しなければならなくなるでしょう。長距離のコンサルテーションは、それに応じた報酬をもらわなければなりません。長距離の電話で1時間話すことも、1時間ぶんの立派なサービス提供になるのです。練習や試合を観察することも、やはり仕事のうちです。私たちの取り決めは、こういうサービスにより1時間ごとの請求が変わるようなことはしなくてもいいようにしていましたが、長期間にわたるものや長距離のもの、いろいろな形でのサービス提供などは、支払いの詳細をきちんと決めておいた方がいいでしょう。テレビで試合を観ることにも報酬は支払われるべきですが、一対一のセッションと同じレートではない方がいいかもしれません。私のサービス一つ一つに対して時間の価値を決めることは難しいプロセスですが、私が近い将来ライセンスを持つようになれば、ジェームスと私で交渉をしなければならないのです。

　ジェームスは、トレーニングキャンプと自分の環境がどのようなものかを直接見せるため、私を飛行機で呼びました。そして私は二つのプレシーズンの試合を見ました。この経験は非常に貴重なものになりました。彼が経験していることを見ることができましたし、彼が直面しているストレスの状況を理解することができました。私は練習を観察して選手やコーチたちの性格を知ることができ、さらにチーム内での争いがどのようなものか把握することができました。トレーニングキャンプでのジェームスとのセッションは電話での会話と、昼食を食べるために練習施設からホテルに歩いている間の会話、それに車の中での短い会話が中心となりました（選手は部屋に人を招くことができませんでした）。体力的な疲れ、健康の維持、精神的にフレッシュでいることの持続に対処することが最も重要なことでした。

　ジェームスはチームに入ることができて興奮してはいましたが、彼は感謝の気持ちと謙虚さを持ち、ほっとしてもいました。ジェームスのニュースに私もまた同じように反応しましたが、それは私がこの若者といかに結びつきを強めたかを示していました。選手たちはいつでも解雇される可能性があるため、私たちはNFLにとどまるためのプレイのレベルを維持するために何が必要かを判断しようとしました。そして彼の個人的な悩みも観察することで、彼の考え

や気持ちとパフォーマンスとの間にあるつながりを見失わないようにしました。

## ルーキーシーズン

　最初のレギュラーシーズンが始まった直後，ジェームスは一人ぼっちでいるように見えました。チームで集中が切れずに最高のパフォーマンスを出し，うまく機能するためには何をすればいいのか，彼は学ぶ必要がありました。私はときおり，故郷の写真が写っている励ましのポストカードを送りました。彼もまた，母校の町の新聞を購読していました。彼は数回ガールフレンドを飛行機で呼びましたが，けして仲直りはできませんでした。

　この調整にあたる時期，ジェームスと私は少なくとも1週間に1度は電話で話しをしました。次はその一つの会話の例です。

　F：調子はどう？
　J：まあまあかな。ポストカード，ありがとうございました。嬉しかったです。
　F：よかった。それで，調子はどう？
　J：大丈夫。フットボールはうまくいっているけれど，まだシーズンの半分もいっていないのに，もう大学の1シーズンぶんくらいの試合をしてしまいましたよ。その他にも，何かと忙しくて…。
　J：本当に大丈夫なの？　何だか寂しそうに聞こえるわよ。
　J：ああ，ときどき少し寂しくなります。
　F：何かあったの？
　J：どうかな。メアリー（元ガールフレンド）が帰ったばかりなんで。もう終わりです。ここの人たちのこともあまり知らないし，一緒に何かをする人がいないんです。教会を探して人と会おうとしているんですけど，難しいです。疲れているんです。遠征に行くのはきついです。前向きにしていようとするんだけど，あまりプレーをしていないし，ときどき落ち込んでしまいます。それにあまりよく眠れないし，前の日に怪我をしていない方のハムストリングをひねってしまいました。

　プロ選手としての日々の厳しさに加え，教会を探したり，新しい友だちを作ったり，チームでの自分の役割を受け持つなどの別の試練もあったのです。アウェイの試合へ遠征すると彼はへとへとになり，精神的にも体力的にも疲労をいつも心配していました。シーズンの半ばくらいのところでジェームスは疲れ出し，落ち込んでいるように見えました。彼はふつうの大学なら1シーズンかけて行うくらいの試合数をすでに出場しており，少なくともまだあと6試合は

残っていました。そして彼は期待したほどプレーできず，自信をなくし始めていました。また同じころ，睡眠と怪我をしたハムストリングに問題が起こり始めました。

　私は，B面に深いリラクセーションと眠りへの導入が含まれた，もう一つのヒーリングイメージのテープを送りました。それに続けて，私たちは毎週さまざまな問題を処理していき，ジェームスの状態は改善されていきました。彼のメンタルスキルもまた，改善されました。彼はメンタルトレーニングから少し離れていたのですが，新しく送ったテープが彼をまた引き戻したのです。ジェームスはリラクセーション，イメージ，日々の練習目標，ポジティブセルフトークを学んで使えるようになりましたが，シーズンのストレスがだんだん増していくにつれて，かつての行動や思考パターンに陥るようになってきました。この退行のパターンは何度も何度も現れました。けれども幸いなことに，彼は精神的にフレッシュであり続け，集中力を維持し最高のパフォーマンスができる可能性を高める方法を，学び直すこともできたのです。彼は，自分でいいと感じていればいるほど，さらにいいパフォーマンスができるように見えました。気分をよくするため，特にオフの日など，ときにはフットボールから離れることが彼には必要でした。彼はその日を毎週のスケジュールに入れました（読書，ギター，映画鑑賞，友人との外食など）。彼はまた，情熱的にプレーしたときほどいいプレーができることを発見しました。フィールドで自分の感情と向き合い表現することが，彼のパフォーマンスを上達させる鍵だったのです。シーズンの終わりに近づき，彼はさらに試合でプレーし始めました。彼のチームはその年のプレーオフのファーストラウンドに出たので，シーズンが長引きましたが，彼はその1年目を無事にすごしたのです。

　オフシーズンの間にジェームスが故郷の町を通る際，私たちは一緒の時間を少し持つことができました。そこで私たちは今回のシーズンを評価しました。ジェームスは私たちのやってきたことに満足していたので，関係をこのまま続けると決めました。スケジュールはまだ決まってませんでしたが，私たちはコミュニケーションを取り続けることを計画したのです。

## 2年目

　2回目のミニキャンプへ参加する前に，ジェームスはコンピューターを購入

しました。そして電子メールがサービス提供の新しい手段を与えてくれました。予定された電話の間に何かが起こったり，電話での連絡が取れない場合，この電子メールがコミュニケーションを容易にしてくれました。

　２年目での主な課題の一つはプレイ時間の少なさで，もう一つはプロのアスリートとしての生活と個人的な生活のバランスを取ることでした。プレイ時間の少なさはフラストレーションを非常につのらせる原因となりました。前年に比べれば多く出場できているにも関わらず，彼はもっとチームのために活躍したいと切実に願っていました。この時期，スケジュールが合わなかったために通常の電話での会話は難しくなり，電子メールで多くやりとりするようになりました。それでも私たちは，水曜日の夜は話し合うことに決めました。以下はレギュラーシーズンの半ばのころに会話したものです。

　J：フランセス，こんにちは！　元気ですか。
　F：元気よ。電子メール，ありがとう。どんな様子だったか知ることができてよかったです。それで，最近はどうなの？
　J：うーん。いらいらしていることが多いかな。僕たちみたいにボロボロに負けているときにサイドラインいる（試合に出ていない）のはつらいです。そういうときに何をすればいいか，わかりません。今，気持ちが少し落ち込んでいるかな。
　F：プレイ時間に対してのフラストレーションはわかるけど，その落ち込んだ気持ちはどういうものなの。
　J：はっきりとはわかりません。
　F：練習や試合でどんなことをしているか，もっと話してくれる？　あなたはどんなふうに扱われているのかしら。
　J：わかりません。これは難しいですね。ポジションコーチのやり方は，嫌いですね。僕はベストを尽くしているんです。僕がどんなに努力して頑張っても，失敗をしたら彼はぶつぶつ言いにやってきて，怒鳴ったりするんですよ。
　F：どんなことを言うの？
　J：わかるでしょう…。（それから彼はここでは書けないようなことを話し続けました）
　F：なるほど…。そんなことを言われて，どういう気持ち？
　J：（沈黙）もう，ゴミみたいですよ。本当に嫌です。他の選手の何人かよりも頑張っていていいプレーもしているのに，彼らはそのような扱いをされないんですよ。わかりますか？
　F：うーん，だいたいわかるわ。あなたは見下されているようなのが嫌なんでしょう。

J：その通りです。
F：それじゃあ、どんなときにそうなり、そのことははあなたにどう影響するの？
J：そうですね、そんなふうに考えたことはないのだけれど、コーチが何を考えているのかとか、練習のときでさえ、出場機会があるのか心配しすぎていると思います。サイドラインに立っているとき、年上の選手と同じくらい上手だとわかっていながらなぜ僕が出場していないのか、考えてしまいます。
F：言い換えれば、あなたは自分の本当の任務であるプレーに集中していないということですね。
J：そうです。本当のことを言うと、練習のときでも落ち込んでしまいます。
F：どういうこと？
J：はっきりとはわからないのだけど。先生はどう思いますか。
F：少しだけ考えがあるけれど…。あなたは自分と自分のプレーに対して、かなりネガティブに考えているみたいですね。自信をなくしちゃっているのかしら。あなたは心配している出来事や周囲のものを、どれほど自分自身の問題として直視しているのでしょう。それと、あなたは出場機会がないのがつらくて、その痛みを感じないように感情をある程度抑えていて、それがあなたのプレーの質に影響しているのかな…。去年発見したよね、あなたは情熱を持ってプレーし、本当にそれを感じたときにこそ最高のプレーができるんですよ。
J：それかもしれない。僕は少し脱線していたのかもしれないな。
F：それじゃあ、それをもとに戻せる？
J：先生の言う通りです。僕は何をしたらいいのですか？
F：そうですね、あなたに今できることは何？ 出場できるかどうかを決めるのはあなたなの？
J：いや、違います。
F：だったらそれは、あなたにはどうしようもないですね。何か、あなたが変えられるものはないかな。
J：自分の練習やプレーならできます。
F：そうね。練習に関しては何ができるのかな。何を達成しなくてはいけないの？ 毎日の練習目標について、最近話しあってないね。
J：ああ…言われてみれば、最近はほとんどやっていませんでしたね。
F：よし、じゃあ目標を作ろうよ。練習で努力して上達できるものは何？

　ジェームスは、メンタルトレーニングとネガティブ思考の間を行ったり来たりするパターンを持っていました。シーズンごとに彼はポジティブな姿勢でメンタルスキルを忠実に練習し、そのシーズンを始めました。シーズンが進むにつれ、彼のメンタルスキルの練習が減り、ネガティブ思考に陥ってしまいました。何年もアスリートと仕事をしてきた中で、繰り返すこと、あるいは立ち戻

ることの必要性は，共通するものであることに私は気付きました。またこのケースの場合，私はジェームスのネガティブ思考を，彼がコントロールできない物事に対して心配することの無益さを教え，コントロールできるプレーの部分に集中させることで押しのけました。

# 3年目

ジェームスは，この年はうまくいっているように見えました。彼と話す際にはすでに私が彼のプレーを見ているようにするため，私は毎日曜日スポーツバーで彼の活躍を観るようにしました。ジェームスは自分のパフォーマンス目標の多くを達成していたように見えましたが，何週間かは彼と会話をしていませんでした。そのため，彼がプレイ時間の少なさや不本意な扱われ方をポジションコーチにされていたことに対し，またフラストレーションを感じていることに気がつきませんでした。ある日曜日，ジェームスのプレーは緊張しているように見えました。そして彼のパフォーマンスは悪く，集中を保つのが難しくなっているように見えました。試合から外れたときにコーチは彼に怒鳴り，彼はうなだれました。この行動が彼らしくなかったため，私は心配しました。

> F：ジェームス，何だか毎年同じ時期にスランプになるね。もっと長くいい状態が続くようにする必要があるわね。
> J：そう思います。僕はうまくいっていて何も問題のないときに，先生の邪魔をしたくないんです。

この最後のコメントは，彼が私に，また脱線して物事がうまくいっていないことを告白するのを恥じていることを示しています。気持ちの転移というのは，いくつかの問題があります。カウンセラーに対して強いポジティブな転移を持っているクライアントは，カウンセラーを喜ばせたいと思うことがよくあり，また自分が脱線したことを告白することはカウンセラーを失望させてしまうようにとらえてしまうこともあります。

> F：でも，それが重要よ。邪魔になることなんて，絶対にないわ。物事がうまくいっていたらそれをベースにもっと上に行くこともできるし，もし話すことがあまりなければ会話を減らすこともできるけれど，やっぱり連絡は取り合った方がいいね。
> J：そうですね，その通りです。話し合っているときの方が調子がいいと思います。
> F：あなたは脱線しないで集中しているときの方がいいプレーができるし，会話を

することで集中を助けてくれるのかもしれないわね。調子はどうなの？　日曜日はつらそうに見えたけれど，何かあったの？
J：またフラストレーションがたまってきているんです。
F：何に対して？
J：スカウトチームでプレーするのと，試合にほとんど出場させてくれないのが嫌です。もう，このえこひいきには疲れます。僕は頑張って努力していて，休ませてくれなどとは言わないのに。言われたことは全てやって，練習でも他の選手に勝つのに，それでも試合に出させてくれません。1回も練習やレギュラーシーズンの試合を休んだことはないです。練習もしないような選手を彼らは先発出場させています。全くなってない選手なのに，それでもスタメンですよ。僕は，自分より前にプレーして100万ドルを稼いでいる選手よりもいいプレーをしているのに，それでも出してくれません。そのうえ何かミスをすると見下されるのが，もう嫌になってきました。もう，ただ全てに疲れてきました。ネガティブに文句を言ったりするつもりはないのですが…。
F：ううん，別にネガティブなっているとは思わないよ。あなたは正直にしているだけで，あなたの経験とその状況のとらえ方を私が理解するのは重要なことですから。あなたは，何だかやらされている感じに聞こえますね。
J：そんな感じです。こういう扱い方をされるのが嫌で，それに対してどうしたらいいかわかりません。もう失うものはないから，ポジションコーチに直接言おうかなとも思います。だけど，自分の怒りをコントロールできないかもしれないから，怖いんです。
F：でも，できることはすべてやったように聞こえるよ。ポジションコーチの行動はコントロールできないけれど，それに対するあなたの反応や返答は，コントロールできますよ。
J：そうだけど，その返答を心配しているんです。これで全てを失ってしまうかもしれない…。でもね，もうこうなったらどうにでもなれという感じです。僕はベストを尽くしました。悔いはありません。もうそこまできているんですよ！（私たちはそれから，ジェームスがコーチに対して効果的で適切に，かつ自分が納得できるアプローチができる問題解決のしかたを探しました）彼が怒鳴ってきたときには，僕は視線を外さずに自分を主張します。僕は彼のところに直接言って話して，僕が本当にしなくてはいけないことを尋こうと思います。それがどうなったか，また連絡します。
F：ジェームス，何か他に心配事はない？
J：いや，ないとは思いますけど，なぜですか？
F：よくわからないけれど，まだあなたはちょっと本調子ではなさそう。どうなの？
J：うん。忙しいですけど，朝は早く起きて施設には9時ころに行き，体操をしてミーティングをし，2時か3時までは練習して，そのあとは用事をすませるか，

　　　　家に帰って夕食を食べます。それと最近，いつもより話す機会が増えてきちゃって。
F：自分のことはちゃんとしている？　フットボール選手ではない本当の自分のために，何をしているの？　リラックスや元気を回復させるために時間を取っている？　休みの日は，自分のためにゆっくりしていますか？
J：いえ，あまりしていないです。たまに映画に行こうとするのですが，最近は行ってないですね。
F：また孤独そうに聞こえるけれど，どうなの？
J：はい，たぶんそうです。本当に難しいです。新しいところへ引っ越したし，誰かがいてくれたらいいのですが…。一緒に何かできるような人が。
F：そうね。もっと外に出て，いろんな人に会っていると思っていたわ。
J：そうしたらいいとは思うんですが，シーズン中にはそういう機会がかなり限られてしまいます。
F：本当にそうね。あなたの状況は理想からはかけ離れているけれど，たまには自分が楽しめるようなことをする時間を持って，できれば休みの日や平日でも自分のために何かできることをした方がいいわ。たとえば，あなたは読書が好きよね。最近本を読んだのはいつなの？
J：そうですね。最近はないですね。本を読めるような時間になったらもう疲れていて，寝てしまうんです。でも先生が正しいです。本を読めたらなあ…。
F：外食はどう？　あなたは外食するのが好きでしょう。誰か一緒に食事に誘えるような人はいないの？
J：実を言うと，教会で会った女性がいます。彼女を食事に誘ったら楽しいかもしれませんね。映画もいいかもしれない。
F：そういうことよ。そういうことが，あなたの考え方やバランスを保たせてくれるのよ。自分は気持ちがよくなるほど行動もよくなるということを，忘れないで。
J：本当にそうですね。そのことについて話しているだけで，すでに気分がよくなっています。もっと自分のことを大切にしないといけませんね。フットボールをするためにきちんと食べたり，充分に寝たり，それら全部をするんですね。
F：そうですよ。でも気分がよくなかったら，全く意味はないですよ。
J：本当です。ありがとうございました。だいぶ気分がよくなりました。一緒に話せてよかった。これからももっと話したいです。本当に助かります。僕が脱線するたび，それについて話し合った方がいいですね。

　この会話は私とジェームスが会話したレベルとしては，かなり一般的なものでした。彼が怪我をした場合以外で，パフォーマンスの悪化を含むような状況に個人的なことが含まれないことは，珍しいことです。いったん何が起こっているのかがわかると，彼はいつもよく反応し，ポジティブな変化をしようと自

ら進んでやりました。プロの選手は，うらやましいほど魅力的な生活を送っていると思われがちです。多くの選手にとっては，生活は充実しているけれど自分たちのための時間の少なさに関しては空しいこともあります。自分のための時間を作るということが彼が完全にプレーできるための鍵でしたが，シーズンが進んでいくうちに出てくるフットボールからの要求やストレスによって，ジェームスはまた脱線してしまいました。

　2週間後に私はまた，試合を観に飛行機で飛びました。ジェームスは前よりも少し長く出場することができ，最高のパフォーマンスをしました。興味深いことに，私は前には気付きませんでしたが，テレビでは見られないような彼のポジションコーチの行動に気がつきました。私はジェームスの話を聞いて彼のフラストレーションを理解しましたが，実際にコーチの行動を目のあたりにすることによって，たくさんのことがわかってきました。コーチの行動（それはジェームス自身には全く関係のないものでした）に対する私のとらえ方を彼に話すことによって，ジェームスも物事を正しくとらえることができました。そしてこのコーチとの問題は，それから一度も出てきませんでした。

## 4年目

　異常に忙しいスケジュールのために，4年目になると電子メールによるコンサルテーションが増えました。ここまでくると，私はジェームスにとって大切な人のほとんどに会っていました。私は彼の家族のほとんど，彼のファイナンシャルアドバイザー，会計士，マーシャルアーツの先生，彼がデートした女性たち，何人もの親友，知り合い，教会の人たちを知っています。ジェームスは私と自分をチームだと呼び，ここで私が話している話でも明らかなように，ジェームスの私への気持ちの転移は深いものでした。私自身の逆転移の反応は，お気に入りの甥に対して感じる，おばさんの気持ちのようなものでした。私はあまり母性的なものは感じませんでしたが（私のスーパーバイザーは，私が母性的な行動に気付くことに抵抗しているだけだと指摘しましたが），親密につながっているのは感じました。アスリートの感情的な，またはプロの生活の奥深い個人的な詳細を取り扱う5年間の関係は，お互いを親密にさせます。冷静で一線を引いた心理学者というイメージは虚構のもので，しかも危ないイメージです。私たちは共に働くアスリートに影響され，自分たちの時間を彼らに費

やしています。彼らへの私たちの投資，彼らとのつながり，そして彼らへの信頼が協調関係を確固たるものにしてくれて，アスリートが成長し，よくなることを助けてくれます。アスリートへの私たちのつながりを観察することは，（スーパービジョンによって）私たちの気持ちの逆転移，感情，行動が，彼らにとってベストなことの妨げにならないように助けてくれます。共に働くアスリートも同じように，私たちに投資しているのです。ジェームスの転移は，次の会話でも明らかにされています。

> F：直接観た最後の2回は，本当にいい試合だったね。
> J：先生が観に来ると，やる気が湧いてきます。先生が最初のころから僕のためにいてくれたと思うことが，すごく力になっています。先生が観に来ると，いつもベストなプレーをしたくなるんです。
> F：そう。ジェームス，今日はどんなプレーをしたのかわかる？ あなたは燃えていて，情熱を持ってプレーしていましたよ。今は今日持っていたその感情や考え，上手にプレーすることがどんなに気持ちよいものかを思い出してください。それがあなたのメンタルモデルです。それが，あなたに毎回の試合で持っていてほしいイメージなんです。私がスタンドであなたを見ているときにそんなプレーができるなら，どの日曜日でもそのプレーができるはずですよ。あなたはこれで，自分が最高の選手だと自分自身に見せつけました。シーズンが終わるまで毎週，自分がどんなに上手かを自分自身に見せつけてください。

ジェームスの人生の中での私の役割は，時間的には多くなかったのですが，影響の点では大きいものがありました。ジェームスのパフォーマンスの源は，部分的には私との関係にありました。私はスタンドで見た彼のプレーを彼自身の最高のプレーとして使い，シーズンのどの日でも彼がそういうプレーをすることが可能だと指摘しました。私がスタンドにいたためいつもよりいいプレーができたのだと彼は考えていましたが，たしかに少しはそれもあったのでしょう。1回の最高の試合をできるのなら，それを繰り返しすることもまた可能だと彼に示すため，私は彼の転移に基づいて認知的介入をしました。

4年目になり，ジェームスは本当の自分に戻っているように見えました。彼は上手にプレーをし，そのプレーは安定しており，そして彼は自信を持つようになって上達しました。そこには情熱があり，彼は再びフットボールをするのが楽しくなりました。彼は感情的にも楽しそうで，社会生活も以前より多く持つようになったのです。

## ビッグパーティー

　ジェームスのチームはあまりにもいい成績で、スーパーボールに進出しました。私は、自分のクライアントがスーパーボールで活躍するのを見ることができるのです。これはただごとではないと、私は考えていました。

　J：信じられないくらいのメディアがやってきています。僕はそこに出て、ただフットボールをしたいんです。僕って本当に恵まれていますね。選手によってはこんな機会には一度も出くわしません。本当に信じられない。

　F：そうね。ジェームス、本当に嬉しいわ。あなたは興奮しているでしょう。ずっと長い間努力して頑張ってきたからね。でも、まだやるべきことがあるでしょう。今あなたに必要なのは、バランスと集中、あなたのプレーの質を保つことです。だからあの最高のプレーオフの試合でのようにやってごらんなさい。今までやったことのないことを、今ここですることはできません。ただ単に、ここまであなたを来させてくれたことを続けてやればいいのよ。

　J：そうですね。僕は大丈夫です。

　私はジェームスに、あなたはやれることをすべてやった、できることをやり続けて楽しんできなさい、というような態度で話をしました。私は本当に激しい荒波の海の中に浮かんだ、穏やかで理性のある島であろうとしました。ジェームスは私が直接スーパーボールを体験できるように手配してくれて、私は彼の体験しているプレッシャーやストレスを理解することができました。ほとんどの時間は彼の家族とすごしました。試合当日は、父親が特に感情的でした。彼の他の家族たちは、感情に押しつぶされてしまって、ときには涙ぐみました。この興奮と感情の渦の中で、正式ではありませんがジェームスの家族という新しいクライアントがいたため、私は理性的に集中し続ける努力をする必要がありました。試合前にジェームスと話したのは、昼食のときです。ジェームスは落ち着いて集中していました。

　F：あのまま、うまくいっている？

　J：大丈夫。僕はただフットボールをしたいだけ。先生はどう？　他のみんなは？

　F：私たちは大丈夫よ。あなたの家族はいささか感情的になっているけれど、うまくコントロールできています。準備はできている？

　J：万端です！

　F：本当に頑張ったわね。この1週間、周囲の騒音を本当によく切り抜けたわね。今はあまり言うことはないけれど、ただ今までやってきたことをやるだけよ。すべては、あなたのプレーの質にかかっている。

J：そうですね。僕はやるべき準備はできているんです。本当にありがとうございます。先生がここにいてくれて，嬉しいです。

そしてジェームスはすばらしいプレーをし，その試合での目標を全て達成しました。しかしチームはあまりうまくいかず，負けてしまいました。私たちは2週間後に彼が帰ってきたとき，話すことを決めました。スーパーボールが終わってから，いくつものチームがジェームスに興味を示しました。彼は他のチームと何百万ドルもの契約を結ぶことになったのです。

## 結論

このケースは，長距離，長期間にわたるサービスにまつわる複雑さを描いています。複雑なことの一つが，このサービスで使われた手段が多岐にわたるということです。私はジェームスのプレーをテレビで見て移動をしながら，電話，電子メール，ファックス，直接面談など，いろいろな方法でコミュニケーションを取りました。電話や電子メールでのコミュニケーションはしばしば難しく，シーズンがピークのときはもっとも大変でした。ときには何時間，または何日間も連絡がつかないこともありました。ジェームスが遠征に出ているときに携帯電話で話すこともよくありました。ジェームスは，私たちが話し合った方が気持ちもパフォーマンスもよくなると信じていました。それにも関わらず，長距離でひんぱんにコミュニケーションを取るのは難しいことでした。

ジェームスの場合，コミュニケーションの間が空いてしまうことでの一番ネガティブな結果は，彼が後退すること，または昔の不適切な思考や行動パターンへの退行でした。ジェームスと私がひんぱんにコミュニケーションしていたときは，いくつもの再発するテーマ，フットボールや遠征で起こるストレス，疲れ，フラストレーション，孤独感，その他の個人的問題を取り扱うことができました。今でもジェームスは，気分がよくてプレーもうまくいっているときは，それほど電話をしてはきません。そのため，次の電話があるまでに何週間もすぎてしまうことがあり，何らかの後退が起きてしまいます。この後退を監視することとひんぱんにコミュニケーションすることは，私たちが継続して改善しようとした部分です。

他のクライアントと長距離で働くと，また別の問題が発生します。私は，そのアスリートをある程度知っている場合でなければ，その人と長距離で働くこ

とを断ります。ジェームスはいい心理学的スキルを持っていて，彼がNFLに入る前に私たちはすでに強い協調関係を結んでいました。ジェームスを心理学的，認知的，バイオメカニクス的に把握していたため，遠く離れたところからでも彼をよく"理解する"ことができました。

　このケースのもう一つの特徴的な面は，気持ちの転移と逆転移でした。ジェームスと私は特別な関係を持っています。私のスーパーバイザーは，ジェームスの転移と私の逆転移は強い親子的な素質を持っていると言っています。彼は，ジェームスが私のことを自分の人生の中でいつでも支持してくれる力と無条件の愛，それと思いやりの源だと思っていると言っています。ジェームスのフットボールは私を喜ばせたり，彼を誇りに思ってやる気の源になります。いま私はそのことを自覚し，ジェームスを誇りに思っています。これでやっと私は，理想的ないい母親になることができました。アスリートとして，個人として，そしてプロフェッショナルとして，ジェームスがここまで進歩したことを見ることは，私にとって報いになっています。そして私は，私たちの関係の質が彼の才能やチャンスを最大限に増やす助けができたことを誇りに思います。私も今回の期間に多くを学ぶことができ，個人的にもプロフェッショナルとしても，成長することができました。ジェームスと共に働くことができた機会に感謝をしていますし，彼とこれからもやっていくこと，彼が出あうであろう挑戦を楽しみにしています。

⦿第Ⅳ部
展開：ケガ，引退…その他の問題

# 第11章　大舞台での
　　　　　スポーツ心理学

(DOING SPORT PSYCHOLOGY AT THE REALLY BIG SHOW)

■ Sean C. McCann
(United States Olympic Committee)

　大小に関わらず，試合でスポーツ心理学を使うことはオフィスや練習施設で使っているスポーツ心理学の幅を広げてくれます。環境が全く異なっても，理論的な土台，基本的な哲学，倫理観によって作り上げられた構造は，プレッシャーの高い試合などのストレスの高い環境で実践する際にも，一貫した指針を残してくれます。

## 理論的土台

　私の臨床心理学やスポーツ心理学の先生やメンターのほとんどは，認知行動（CB）が専門で，これらは間違いなく，私のスポーツ心理学の認知行動的アプローチに強い影響を与えています。認知行動的な枠組みが私の現場においてしっくりはまるのは，とりも直さずそれが実践的であることと，長期・短期のコンサルテーションにも柔軟に調整ができること，そして行動に対して認知が影響を与えることについて楽観的であるということからです。そこで，主要な競技でスポーツ心理学を用いる際に，実用性，柔軟性，楽観性が不可欠の要素で

あるということを，これからオリンピックの実例に基づいて示してみたいと思います。

認知行動的なアプローチの一般的な主義は，この本に出てくる研究者たちの仕事からよく知ることができるでしょう。認知行動理論はスポーツ心理学のサービスでよく用いられ，スポーツ心理学においての介入は，行動療法や認知行動療法から来ているとも言えます。

一般的に認知行動的なスポーツ心理学では，選手たちに，考えやセルフトーク，イメージを一貫してコントロールできるようになるまでは，行動を一貫してコントロールすることはできないと教えます。つまりスポーツ心理学というものは，スポーツでの困難な環境において，行動を安定してコントロールすることの獲得についての全てである，ということを強調しています。特にエリート競技レベルでは，厳しい環境が選手たちに意識と考え方のコントロールを高める必要性を作り出しているのです。なぜなら，それらの思考に起因したり，またはそれらに影響される行動，つまりアスリートのパフォーマンスは，きわめて厳密かつ客観的，そして迅速に計測されるからです。

## 基本的な哲学

私の基本的なスポーツ心理哲学は，私の認知行動的な志向から直接きています。というのも，具体的な行動目標や人間的成長の促進，技術の上達に焦点を当てて選手やコーチたちと共に働いているからです。別の側面では，クライアントとの協力や自立の促進を指導することが認知行動的な志向から起こり，エリートのオリンピック選手と仕事をする日々により，繰り返し強化されてきました。

† 具体的な行動目標に焦点を当てる

アスリートが，具体的な行動目標を持つようになるという考えでスポーツ心理学介入を始めることは，介入を形作るための実用的なフレームワークとなります。理論的な見地からすると，介入を成功させるには洞察だけでは不充分であること，全ての介入は測定可能であること，行動変容こそが最終的な成功の目安であることを，フレームワークは示しています。実践的見地からすると，行動を測ることにアスリートは慣れていて，選手の明らかな向上したいという熱意に応えることができるし，非常にストレスの多い環境での複雑な問題を解

決するための簡潔な視点も示してくれます。

　たとえば用心深すぎて受身だったレスラーは，勝つためにより積極的かつ攻撃的になる必要があると決心するかもしれません。この計画的な変化はよいスタートですが，スポーツ心理学のセッションでは，私は彼にもっと具体的な行動をゴールとするように手助けします。たとえば，試合の最初の30秒間，積極的または攻撃的であることに高いエネルギーを持って臨むことや，相手に向かっていくこと，そしてテイクダウンを試みることなどに置き換えることができます。このような具体化によって選手やコーチもわかりやすくリスト化できることになります。

† 介入の一部としての教育

　スポーツ心理学による介入の不可欠な部分として教育的側面を使うことは，グループでの講義やワークショップから個別のセッションへの移行を助けてくれます。これら二つは私の主な仕事です。さらに，思考や自己分析などの教育モデルは，選手がスポーツ心理学者とともに得た洞察力を修正したり適用するために必要です。たとえば，高鉄棒での危険な動きに恐れを抱いている体操選手には，私は一般的に介入開始の前段階として認知行動的な視点からの恐れと不安の理論を教えます。不安に関する基礎知識を備えてこそ，非生産的な考えや行動を変える際に，選手と真のパートナーになり得るのです。

† 技術の構築

　たくさんの人々が，スポーツ心理学は心理的スキルを教えるものだと述べています。これは制限された言い方かもしれませんが，心理的スキル構築の概念が，スポーツ心理学の領域が受け入れられ，そして成長することに大いに貢献したことは間違いありません。イメージや目標設定，セルフトーク，リラクセーショントレーニングといった共通の専門用語は，たくさんの認知行動的な考え方や介入を伝えるのにとても役立つ方法を提供します。さらに，選手とコーチはスキル志向に伴う快さを共有します。最後に，一般的なスキルは特定の課題に対処するために修正することができ，そのスキルの修正と改良が，オリンピックや他の主な競技における私のコンサルテーションの大部分になっています。

　たとえば，自転車の選手とオリンピックの予選に臨むとき，私は新たに選手が不安を感じている姿を観察するかもしれません。すでにあるリラクセーションとセルフトークの領域における技術に基づいて，私たちは現在の極度の状況

に対して技術を適応し，修正することができます。私たちはコントロールできている状態で，10秒間のリラクセーション・エクササイズとキューワードを用いて選手に自信を持たせ，予選レース前の2分間でパフォーマンスの準備をします。

† 選手(クライアント)との協力

選手に理論やプロセス，ゴールについて教育をすることは，直接的な介入方法ですが，この教育的な相互作用は師弟関係と混同されるべきではありません。もしコンサルタントが選手を崇拝してしまったら，クライアントとの協力関係に焦点を置く認知行動的な導入は，ほとんど成功しません。コンサルタントにとって温かく見守ること，よく知っていること，そして信頼できると見なされることは，彼らの仕事に大いに役立つかもしれませんが，関係にはバランスが必要なのです。

協力のアプローチは，スポーツ心理コンサルタントにギブ・アンド・テイクのフィードバックと，関係の中で"シニアパートナー"となる選手を扱う際にたくさんの柔軟性を考慮に入れます。最近，オリンピックの射撃の国際的スター選手が「世界のトップ20の射手よりも射撃の心理面をよく知るスポーツ心理学者が果たしているのかどうか，疑問に思う」と私に言いました。実践的な知識に敬意を払い，学ぶことは協力のアプローチによって促進されます。「私はあなたの問いに対するの答えを持っていません。おそらく私たちは，一緒に一つのことを考えることができるのではないでしょうか？」ということを認めたスポーツ心理学者が質の高い経験をし，自信を深めることがわかりました。私がここで言及した協力は，本書の中心的特徴である"協調関係"の別の言い方でもあります。

† 自立の促進

多くのアスリートでは，スポーツ心理学者や他の人々に依存することを避けるのが一般的ですが，中にはスポーツ心理学者との依存関係をすぐに形成する選手もいます。そのような関係を築く理由は，選手がスポーツでの危険や恐れについてオープンに話すときに生じる弱さに対して，スポーツ心理学者のことを「自分のことをケアしてくれる唯一の人だ」という感覚を持ち，また短期間の介入によってよいパフォーマンスに変えることができる（"魔法の杖"のような効力を出すことができる）人だと思っているからです。

依存の原因が何であれ，私はそれを優しく（特に個人的にも深く関わった脆

い選手には)，また積極的に選手の自立を促そうとします。あるレースで大きな進歩をした選手とのケースは，私が自立を促す方法としての一例です。「先生のおかげです！」と彼は終了地点で興奮しながら言いました。私は，「ありがとう。でもこれは全て君がやったことだ。私は他の人たちと同じような幸せな観客にすぎないよ。あなたが今日成し遂げたことを，よく覚えておいてね」と答えたのでした。

　自立の促進は，哲学的，そして実践的な関係から生じます。哲学的なレベルでは，私はスポーツ心理学者の"教祖化"と呼んでいるものに反対です。教祖という地位は教祖本人にこそ有益ですが，スポーツの現場には有害で，そしてほぼ例外なく，クライアントにとっても有害です。スポーツ現場は，スポーツ心理学者が特殊な技術や神秘的で魔法のようなスキルを有効的に使っているだけだという認識によって，傷つけられます。教祖依存の選手は，選手の成功をいつも自分の手柄にしようとする（そのくせ，失敗したときの責任は決して負わない）教祖の性質によって，傷つきます。依存している選手はまた，問題解決のスキルを自力で養うことの機会を失することと，自分はパフォーマンスの問題を解決できるのだという自信をつける機会を失することによっても害を被るのです。

　実践的なレベルでは，もし一人が受け持つ選手がわずか数人でなければ，選手の重大なパフォーマンスの場面に常時対応可能でいることはできません。私が絶えず旅行しながら見ているチームや選手のほとんどは，しばしば世界中で戦っています。年に数回しか会うことができない選手の場合は，携帯電話やファックス，電子メールまでもが，選手の自立のための教育および技術構築のための唯一の機能的な戦略となります。

## オリンピックと，他の高プレッシャー大会での仕事

　多くの場合，選手と仕事をする内容にオリンピックとその他の試合とで違いはありません。試合場で働くスポーツ心理学者は，スケジュールや交通手段，そしてチームの日課のような実践的な事項を含む特定のスポーツ業務を理解する必要があります。さらに，まだ水面下で評価されている技術を上達させ，従来のやり方によらずに接触できる方法を知る必要があります。

　この接触可能な状態に達する方法はスポーツによって異なり，コンサルタン

トのパーソナリティによります。不安を背負っている人や，いつも忙しいコンサルタントは，たとえばスキーレースのスタート地点は避けるべきです。なぜなら，神経質なふるまいを見て，選手がコンサルタントを避けるようになるからです。一方，大ざっぱでリラックスしたコンサルタントは，スタート地点は有用かもしれません。多くのスポーツの状況で，コンサルタントは話す真価を認めてくれたコーチのそばにいることができます。しかし全ての場合において，コンサルタントは日課や習慣，チームの一般的な運営手順である迷信的な行動さえ尊重しなければなりません。たとえばあるスポーツで，私は国際試合を目前にひかえた選手に「よい試合を」と言ってしまうミスをしたことがあります。なぜならそのチームのヘッドコーチだけが試合に臨む選手に話しかけることができ，ヘッドコーチは「いつものように」と選手に言い聞かせて試合に送り出すのだ，とチームのメンバーから言われました。

これらの暗黙のルールを学ぶのにいい方法は，ミスをすること，練習に参加すること，コーチや選手からのフィードバックを受けること，そして試合に定期的に行くことです。スポーツ心理学者は，すでにコーチや選手からは競技チームの機能的な一部と見なされているので，「大舞台」に臨む前に多くの仕事を行う必要があります。

試合でチームで働くことからスポーツ心理学者が学ぶ基礎的な戦略は，チームのスケジュールや運営方法に適応しなければならないということです。多くの一般的な臨床や教育の試みは，試合の状況にはありません。たとえば，コンサルタントは公式のチームミーティングルームへの入室を期待するべきではありません。チームビルディングのためのセッションの時間は予定されていないかもしれないし，一度に全てのチームメンバーに会うことができないかもしれません。また，一対一のセッションのための快適な空間を確保することができないかもしれません。

実践家は，スキーのリフトでのコンサルティング，バス乗車中のコンサルティング，朝食テーブルでの10分間のチームビルディングセッション，ホテルのロビーや駐車場，トレーナーのテーブルのような公的な場所での内密なセッションなどを身につけます。これらの手当たり次第のコンサルティングが，ほとんどの試合状況におけるスポーツ心理学者の現実です。私は，コーチの爆発が原因で泣いている選手を慰めて，無線を通してチームメイトによってやる気を起こさせ，チームメンバーでいっぱいのミニバンを運転しながらコーチにつ

いての重大な問題に答えなければならないこともありました。

　典型的な試合でのスポーツ心理学者への日常的な場面でないコンサルティングの状況に加えて，オリンピックのような大会は独自のルールを持っています。プレッシャーやメディアの注目が増え，そしてパフォーマンスの結果は，異なるスケジュールや新たな挑戦の計画の数々，すりへってきた神経などと結びつきます。いつもは冷静な選手やコーチが，急にバタバタ動き始めます。たとえば，ある年配の選手が私に，オリンピックでヘッドコーチがどのように「激怒する」のか気付けるようにと言いました。そうすると，何度も状況を確かめるうちにコーチはより不安をつのらせ，何かにとりつかれたようになっていることがわかりました。年配の選手は以前にも見たことがありますが，若いチームメンバーの数人は，この新しいオリンピック病に全く当惑していました。スポーツ心理学者もまた神経質に感じてしまうかもしれませんが，これらの状況でのコンサルティングをうまく行う鍵は，プレッシャーを有効に使い，自信を持って楽天的・楽観的な方法によって選手やコーチとの相互作用をもたらすことです。

## オリンピックの物語

　以下の文章は，私がたくさんの選手とオリンピックでの試合を共にしてきたことからできたものですが，それは特定のコーチや選手を表しているのではありません。

　ハイジは，アメリカのスキーチームに所属する23歳のアルペンスキーレーサーで，アメリカ合衆国オリンピックチームのメンバーです。彼女は4歳からスキーを始め，12歳で試合に出ています。ハイジの両親はオーストリアの生まれで，スキーのインストラクターとしてアメリカに移住してくる前は，オーストリアのナショナルチームで戦っていました。両親はスキー産業に携わっていて，二人ともコロラドのスキーリゾートで働いています。私は4年前に，アメリカ合衆国の海外遠征チームのトレーニング合宿で，ハイジに初めて会いました。当時のハイジは，目標設定に関するワークショップに参加していました。他のスポーツ心理学のグループセッションでも，ハイジと仲よくしていたのですが，彼女の初めてのワールドカップシーズンとなる昨年までは，彼女との個人的な接触はありませんでした。

ハイジが私にアプローチしてきたのは，彼女が出場することになっているワールドカップの大回転レースの2日前，ヨーロッパでのことでした。彼女は，危うく滑ってしまうところだったコンディションの悪い氷のようなコースでの，好ましくないレースパターンに気がついていて，同じ問題を克服したチームメイトからもスポーツ心理学者に相談するようにすすめられて来たのです。彼女の両親は，スポーツ心理学はただ愚痴をこぼす人のための無意味なものだと考えていましたが，彼女自身は，私と共にすごしてオリンピックでメダルを獲ったチームメイトの助言を尊重していました。2回の個人セッションと，ハイジが変化を望み成功したレースのあとで，私とハイジは定期的にトレーニング合宿とレース，電子メールでの取り組みを始めました。

　オリンピックまでに，私はハイジと10回ほど会いました。ほとんどは合宿で，試合では3回会いました。シーズン中にハイジは，ヨーロッパから電子メールで私に近況を知らせてくれました。オリンピックの1ヶ月前に，私はワールドカップでハイジのチームに同行しました。ハイジは優勝し，別の試合でも2位の成績でした。これらの結果は，その年の彼女においては一般的で，ほとんど全ての大きな試合で勝ってアメリカ合衆国チームのスターとなり，オリンピックのメダル候補になっていました。

　オリンピックでは，私は開会式の2日前に大回転のコースの最終エリアで，練習中のハイジに会いました。

👥　*SM＝Sean McCann　H＝ハイジ*

SM：やあ，ハイジ！
H：（最終エリアへと滑ってきてスキーを外しながら）こんにちは！　ここに来てるって聞いていたんですけど，いつお会いするのかしらと思っていました。いつからここに？
SM：10日前かな？　選手村がオープンした日に。その日からここにいる2，3のチームと一緒に仕事しているよ。
H：ああ，そうなんですか！　じゃあ，あと1ヶ月くらいはこっちに？
SM：そうだな，1ヶ月以上はいるよ。
H：私はここにもう2，3週間もいるみたいですが，実はまだ3日なの。
SM：どういうこと？
H：はい，全くばかげているんです！　スポンサーだの，インタビューだの，服だのって，どうかしてるわ！
SM：先月話したように，オリンピックはどうかしてるんだよ。先月はどうだったんだい？

> H ：聞いてくださいよ！ 極端ですけど，コーチのトーマスも，私の家族も，ボーイフレンドのボブも，もうたくさんなんですよ！ このあと話せますか？
> SM：もちろん。君は練習のあと，ホテルに寄るの？
> H ：はい。1時からマッサージと治療を受けて，2時半から4時まで陸上でのストレングス・コンディショニングトレーニングがあります。5時半はいかがですか？ ちょっと仮眠を取りたいので。
> SM：いいよ。5時半にロビーで待ってるよ。もしスケジュールが変わったら，携帯電話に連絡して。
> H ：ありがとうございます。嬉しいです。（ハイジはスキーを履いて，また滑りに行った）

　オリンピックでは，コンサルタントはこのような選手との1分間のコンタクトを取るために，しばしば2時間以上も移動しなければならないのです。わずかなことのために，ずいぶん多大な時間と労力に見えるかもしれませんが，明らかにこのハイジとの偶然のコンタクトは大きな意味を持っています。まずはじめに，選手は自分の練習場所にてコンサルタントに会います。それはコンサルタントが試合でのパフォーマンスチームの一員であるという合図なのです。その場所にいるということは，接触するためにオリンピックでの地理的困難さを切り抜けることができるというスポーツ心理学者の能力を示しています。さらにコンサルタントは，会話の中ではリラックスして何気なく話していますが，ハイジに最近起こったことをすぐに確認しました。ハイジは簡潔でしかもダイレクトに，自分が最初に話したかった重要なこと，つまりスキーのスロープがパフォーマンスに影響しているかもしれない問題を述べました。

　彼女と後ほどホテルで会う約束をし，その質問の続きをそこでは聞かないことによって，コンサルタントはトレーニング・ラフの重要性とスキーレーサーのスケジュールの現実，スケジュール変更を期待する上で必要な意識への理解を示します。ハイジが予期せぬ矛盾を抱えていた場合，携帯電話の番号を教えることはコミュニケーションを保証する唯一の方法かもしれません。さらに，オリンピックでのコンサルタントは試合前，試合中，試合後と1日24時間コンタクト可能でいなければなりません。

† ホテルで

　ほとんどのオリンピック選手は選手村（試合に参加する何千人もの選手を収容するために作られた特別な宿泊施設）に泊まっていますが，多くのチームはさらに，試合開催地の近くにホテルや住宅を持っています。アルペンスキーな

どのウィンタースポーツでは開催地が選手村から遠いので，このような準備が行えるのです。このような準備は，ある意味で選手たちの試合環境での不安を少なくするための配慮です。ワールドカップのスキーレースシーズンのほとんどでは，選手たちは高山のホテルからまた別のホテルに移動したりします。少なくともこの点においては，オリンピックの環境でスキーをすることは，他のスポーツと同じように混乱はありません。

　私はハイジとの約束より30分前にホテルのロビーにいました。すると，ダウンヒルのヘッドコーチのトーマス・アンダーソンがやって来ました。トーマスはヨーロッパに住むノルウェー人ですが，米国の女子スピードチームのコーチをしています。彼はコーチになる前は，ノルウェーのジュニア世界選手権に出るほどのすばらしい選手でした。彼は静かで几帳面なコーチで，技術的な面においても，準備や立案，マンツーマンの指導に優れています。トーマスの強さはハイジやチームメイトが世界ランキングで上位に登りつめるのを助けましたが，ときとして彼のスタイルには欠点があります。トーマスはやる気を起こさせる人ではありませんし，カリスマ性やソーシャルスキルに欠けています。選手たちは，彼が常に公平でえこひいきをしないということは認めていますが，自分たちを人として関心を持ってくれないように思うと，ときどき苦情を言います。彼はいつも冷静で非情とさえ思われていますが，大きな大会や，シーズン中にスケジュールが変わってチームの練習計画に支障をきたすような際には，実は心配になってしまう傾向があります。

　SM＝Sean McCann　T＝トーマス

　　T：こんにちは，シーン。
　　SM：（ソファーから立って）やあ，トーマス！
　　T：お元気ですか？
　　SM：元気だよ，ありがとう。そっちはどうだい？
　　T：はい，正直言うとこれがなかなか…。
　　SM：どうしたの？
　　T：私たちは充分な練習時間が取れなくて，苦労しているんです。選手たちはパーティーに行くことや，家族のチケットを取ること，他のイベントに行くことを気にしているんです。昨夜，私たちはチームミーティングをしたのですが，ハイジの代理人が同じ時間にインタビューを入れてしまったので，ハイジは遅れてきました。この状況はなかなかコントロールすることができません。私は，今夜これらの問題に取り組むつもりです。私たちのミーティングに出ていただけませんか？

SM：いいとも，大丈夫だよ。
T：では，ぜひ来てください。
SM：わかった。君はどうなのかね，トーマス？
T：私は大丈夫です。ちょっと頭がおかしくなりそうではあるけれど，大丈夫ですよ。

　このやりとりは，オリンピックや他のプレッシャーの多い大会における環境の特別な様子を表しています。そこには確かに，より多くの気が散る要因や，なじみのないスケジュールや環境，コーチのコントロール喪失の可能性があります。主なスポーツイベントにおいてあまり知られていない事実は，プレッシャーは選手よりもコーチにとって，いっそう悪いということです。たとえばオリンピックでは，もし何かうまくいかないことがなければ，ほとんどコーチの言うことを聞きません。多くのコーチが4年間，この瞬間に集中してきたにも関わらず，彼らの通常のシステムがこの重大なときに分裂することがわかります。特にトーマスのように詳細に焦点を当て，長期計画を立てているコーチにとっては，このような混乱は信じられないほど大きなストレスになってしまうかもしれません。オリンピックの状況にうまく対応できず，選手たちのパフォーマンスに悪影響を与えるコーチもいます。

　私はこの可能性に気付き，過去に広範囲にわたって一緒に仕事をしたコーチの試合で，私が三つの重要な役割を果たせることがわかりました。それは腹心の友になること，現実を試すこと，そしてプレッシャーから救うことです。コーチとのこのやりとりから，私はトーマスがベストの状況ではないことを知っていました。彼がコントロールできない事態について話したとき，私は，彼がおそらくきつい指令を通して（自分の感情をコントロールできないときの典型的な反応で），選手との結びつきを強化しようとしていることがわかりました。トーマスにとっては，自身の心配をコントロールすることをもっと意識することが有効だったかもしれません。トーマスの状況の話を聞き，私は，彼自身の感情の状態が重要なパフォーマンス要因であると気付かせました。いつもなら，トーマスが私に話さなければという気になるのを待つのですが，今回は私が指図する方が有効だろうと決めました。

SM：今日話す時間はありますか？
T：はい，今夜のチームミーティングのあとでしたら。夕食はどうされるのですか？
SM：君と一緒に食べようかと思っていたのだが。

T：いいですね。わかりました。少し話せればと思ってました。今から誰かに会うのですか？
SM：うん，ハイジを待っているんだ。
T：ああ！　今日はお忙しいのですね。彼女は好調ですよ。
SM：そうなのかい？
T：はい，でも他のスキーヤーはみんな彼女にうんざりし，コーチたちはみな彼女の代理人にうんざりして，彼女は彼女で，自分のボーイフレンドにうんざりされているみたいなんです！　私はそれらを全て取り除いてやりたいのですが，もう手遅れです。私は，こういう無意味なことのために彼女がメダルを逃すのではないかと心配なんです。でも，あなたが彼女に会ってくれるとわかってよかったです。ではまた今夜。

　秘密性の問題を扱うことは，遠征中のチームでは問題になるかもしれません。なぜなら多くの競技の相談が，たとえばホテルのロビーなどで公(おおやけ)になり，それを防ぐのが難しいからです。また，同性されたシステムや方針は，トーマスのしたような質問を扱うために開発されたにちがいありません。私のOTCでの仕事では，選手のプライバシーを守るために，私に会いにきたかどうかという質問には答えるにもおよびません。私の一般的な方針として，私が選手とセッションしていたという事実は選手やコーチたちと共有するけれども，選手に頼まれなければその詳細について答えることはありません。

　コンサルタントというものはしばしば，選手の考えをコーチに代弁するように頼まれますが，私はほとんどその役を引き受けず，かわりにコーチに直接話すようにと選手に強く言います。それは選手たちが進歩するために必要な，コミュニケーション能力であると思っています。私はセッションの中で，選手とコーチとの間での難しい会話のロールプレイをときどきさせます。このロールプレイを通じて，コーチのコメントが選手たちにどのような情動的反応を引き起こすかを意識させることができます。

　スポーツ心理学者は，選手たちの思考や感情，行動の軌跡をたどらせることによって，内的反応プロセスの調べを進めることができます。このようにして，認知が行動を導くことを理解できるようになります。たとえばある若い体操選手は，コーチから他の選手よりもへたであると言われたことに対して，繰り返し腹を立てて落ち込み，失望していることに気付くかもしれません。自分の強烈な反応は，自分には才能が全くなく，他人にそれを見抜かれまいとやっきになっているんだという思い込みとともに起こっていることに，彼女は気付くか

もしれません。このような場合，彼女とコーチのロールプレイでは，外的行動と同じように内的認識を意識させます。けれども，認知行動的に思考をたどることは時間がかかるので，オリンピックのような場面ではほとんど不可能です。

ハイジと私の間では，これらの問題は非常に早い時期に起こりました。彼女の場合は，トレーニングでのトーマスの批判的なコメントに対する彼女の自滅的な反応を最小限に減らすよう，働きかけました。彼女の行動を変える鍵は，トーマスのダイレクトで配慮のないやり方が，彼女の幼いころの父親の姿を反映しているという彼女の気付きでした。彼女は，自分の内的思考過程によって，トーマスにうんざりしていたということに気付きました。私に何ができるというのでしょう！　もちろん，ハイジは自分がトーマスに腹を立てているときも，自分のためにトレーニングを行っていることに気付かなければなりません。ハイジはトーマスが去った5分後に，ロビーに現れました。

> H：こんにちは。
> SM：やあ，今日はどうかね？
> H：悪くないですよ。

私の質問は単純な会話のやりとりではなく，意図的なものです。私のオリンピックでの同僚は，「どうだね？」と尋ねないようコーチから言われていました。なぜなら，このように言われて何人かの選手が，自分はどこか悪いように見えているのかと誤解してしまったからです。ハイジの場合は，彼女はいつもより調子がよくないと感じましたが，彼女の反応を見て，しばらく次の質問を控えました。

> SM：この時間で大丈夫だったかい？
> H：ええ，大丈夫です。どこにしましょうか？
> SM：あそこの角のテーブルがいいと思うのだが。ロビーからも見えないし。どうだね？
> H：はい，いいですよ。

先に述べたように，路上で会って話すのはあまりいいとは言えません。ホテルでのコンサルタントも悪い例の一つです。会議室が使える場合でも，そこはビデオを見る選手やコーチ，他のチームの人々でいっぱいになります。私はいつも面会の場としてホテルの部屋を除外しています。お互いの休息やシャワー，家からの電話などを中断させてしまうことになるからです。さらに女性選手の場合，ホテルの部屋で話すことは快適なことではありません。私の主な不快感

は，寝室で仕事をすると非常に個人的な問題が出てくるという選手がたまにいることから生じます。さらに，ホテルの部屋で選手と会うことに対する法的責務の可能性が心配なので，そのあたりにも配慮をするのです。

そうすると会う場所は限られてきて，私はしばしばロビーのコーナーやレストラン，ホテルのバーなどで面会をします。選手たちはめったに反対しませんが，私は選手が公共の場で泣き叫んでしまったとき，かわりの場所を強く望んでいる自分に気付きます。もし私に選択肢があったならば，たいていの場合は壁に背中を着けて外を向きます。そうすると，選手はロビーを歩いているチームメイトやコーチや他の人々に，ほとんど気付きません。

SM：じゃあ，今の状況を3分ほどで話してくれるかな？
H ：3分で？　もっと長い時間が必要です！
SM：よろしい，ではチームミーティングまで90分あるから，好きなように使うといいよ。

私は久しぶりの面会の際にはたいてい，座るやいなや選手が試合や私生活，トレーニングなどのたくさんの話したいことを思い出して困惑していることがわかります。彼らが過去を思い出すのをよりたやすくするために，私は選手にしばしば手短に話すように求めます。そうすることで他の多くの問題にも早く取り組めるようになります。たとえば，「ああ，言うのを忘れていましたが，妻が赤ん坊と一緒にサンフランシスコに戻ってくるんですよ…」などという重要な環境要因を最後まで言い忘れているような選手の場合には，簡単な質問の方が役立つことがあります。一方では，ハイジのコメントが示すように，選手が充分話したいだけの時間を与えることも重要です。

H ：去年の夏に，トーマスと私がチリを行ったり来たりしていたのを，先生は覚えていますか？
SM：ああ，よく覚えているよ。
H ：あのとき先生と話したあと，トーマスにもその問題を話したら，事態はよくなって全シーズンとも調子がよかったんです。でも最近，また同じ問題を感じるようになったんです。しかもここ2週間のうちに三つの方面で起こっているんです！
SM：それはどういうことだね？
H ：はい，ボーイフレンドのボブは私と一緒に旅行しています。両親，そして代理人のアンドレもここにいます。私は彼ら全員と同じやりとりをしているみたいなんです。私は絶えずいらいらして，ストレスを抱えて何もかもがうまくいかないように感じます。ボブは私にもっと自分を振り返るべきだと言うし，父

はボブが干渉すべきではないと言うし，アンドレは機会をものにすることがどれだけ大切かと言い続け，トーマスは私がとても取り乱していると言うのです。トーマスの言うことは正しいと思うけれど，彼の言い方は私をいらいらさせ，気が狂ってしまいそうです。母でさえ，フィギュアスケートのチケットのことで私を悩ましているんです！　ああ，それにチームメイトはみんな私のことを嫌っています。だから，私がすばらしい滑りをしてメダルを獲らないと，みんなが私はまぬけで物事をだいなしにしていると思ってしまうのよ。

SM：なるほど。で，なぜそう思うのかね？

H：ああ，「君は何を考えているんだね」と先生に本当に言ってもらいたかったんです！　いいえ，まじめな話，私はこれが昨シーズンの終わりと今シーズンの初めに先生と話したことと，だいぶ違っていることはわかっています。私には解放されてスキーに集中できる状況が一番いいのですが，今の私はそうではありません。今年はシーズン全体を通してすばらしかったです。3回優勝してトップ10に5回も入賞しました。私は自信にあふれていて，集中できたからで，勝ち負けについてそんなに考えることはなかったんです。先月から，私は自分の考えや感情，そして環境をコントロールできなくなり，今は本当にあやうい状況にいるのではないかと感じています。

　この時点では，私はこれらの重要な問題を掘り下げたいという衝動と意図的に戦っています。その状況について深い洞察と観察をし始めている選手と仕事をしているときに，私は仕事について完璧にこなしていると感じ，興奮しています。新しい認識や状況に対する新しい考え方を示唆するよりも，私の持つ考えや戦略，経験，例，メタファーが選手の助けになります。そして，私は言いたいことを頭で考えてミニ・レクチャーの準備を始めます。ハイジとのこのような時間では，私は話したいのを我慢して聞くことに専念し，中立的な質問をします。このように私は，彼女がどんな状況にいるかを知り，自分の直感を確かめ，彼女に話をさせます。

SM：ほう？　それはなぜだね？

H：はい，私はなんでもうまくやってきたと思っていたけれど，今はそれを失ってしまったんです。

SM：どのように失ったの？

H：ええ，全ての人々のように，矛盾する方向へ引っ張られているような感じで，「もし」ということを考え始めました。これはまるで映画かテレビのショーに出てくるような，ロープで足を巻かれたキャラクターみたいです。そして，何者かがロープを水の中に引っ張って，その人は水の中に落とされるんだけど，まだそのことをわかっていないんです。

SM：大丈夫，心配しなくてもうまくいくよ。でも君は悩んでいて，なんとかボー

トの上から落ちないようにしているんだろう？
　H：その通りです！　でも，どうしたらそれを止めてトレーニングやレースに集中できるのか，わからないんです。
　SM：わかった。君を助けるための考えはいくつかあるんだが，特定の問題解決に入る前に，大きなイメージを理解していることを確かめたい。私は，君の足に巻きついている"ロープ"のことを理解する必要があると思う。君が一気に話した家族やチームメイトや代理人，ボーイフレンドの問題に時間をかけてもいいかな？
　H：もちろん。私はその問題を人にうまく説明できないので，それはとてもいいことだと思います。

　このやりとりには，いくつかの重要な要素が含まれています。やりとりは質問の重要性を強調しています。多くの方法において，特定の質問から選択し，タイミングをはかることは，コンサルタントがスポーツ心理学のセッションを行う際に使う中心的な方法です。私はいずれかの特定の問題に入り込めたにも関わらず，あえてさらにもう少し幅広い質問をすることで「広い視野」にとどまることを選びました。これによって新たな情報は得られませんでしたが，ハイジがどのように感じているかが明確になり，彼女のロープに関する興味深く，強固なメタファーを聞き始めました。この質問によって，ハイジが特定のレースの問題に効果的に集中できるようになるより前に，ハイジが周囲の全てのプレッシャーについて話す必要があるだろうという直感を確かめることもできました。もちろんこの状況は，ハイジのオリンピックレースまでまだあと2日あり，その気になればまた会えることを私が知っていたからこそのものです。もし私たちが1回限りしか面会できず，しかもそれがレース前夜だとしたら，私は即座に競技パフォーマンスの問題に話を絞り，続く12時間を，他の問題で支障が起きぬよう祈ることでしょう。

　チームミーティングの40分前に，ハイジは彼女の周りの人間関係の状況について教えてくれました。彼女とコーチとの対立，彼女がメディアから注目を浴びていることに対するチーム内の嫉妬，メディアへの露出時間を最大限取りたいという代理人の要求，彼女を支えたいあまりの，言いようのない家族のプレッシャー…。セッションの最後で，私はハイジの足がロープに縛られ，速く動いていたことに合意しました。私たちはメタファーと向き合い，自らそれをほどこうとするか，あるいは斧でロープを切る，つまり環境からハイジを隔離するといったより攻撃的なアプローチを試みることが意味をなすかどうか，議

論しました。ハイジはさまざまなプレッシャーについて話すうちに，彼女が取るべきだった最初の行程は，周りの人々との関係を明確に線引きしておくことだと気付きました。

境界を引いておくということは単純で簡単なことに聞こえるかもしれませんが，困惑しているオリンピック選手では，ことのほかそれに苦労します。他のオリンピック選手との仕事の経験に基づいて，私はハイジに，プレイベントとポストイベントの期間を，二つの全く異なる行動様式が要求される，それぞれ全く別個の状況と考えるようにと提案しました。この方法は，家族やプレッシャーの高い状況での精神的・肉体的な負担を理解してくれない人々に有用です。ポストイベントの日々を特に社交やショッピング，イベント参加などにあてることで，選手はその後，プレイベントの時間は部外者立ち入り無用であることをはっきり言うことができるのです。この一般的なガイドラインにより，ハイジは自分のための対人マネジメントのプランにすみやかにたどりつき，大きな開放感を得てセッションを終えました。

H：はい，これはすごくうまくいくと思います。今私が話したことがこんなに簡単なことだったなんて，驚きました。

SM：よろしい。気になる人々が，実際にはパフォーマンスの障害であり得ると認めるのは，難しいことです。もし君が彼らと情動的，あるいは社会的な結びつきを持っていなかったら，この問題についてこれ以上話し合うことさえしないでしょう。

H：ええ，特に家族については，あの人たちなしには私のスキーレーサーとしてのキャリアさえも考えられないので，驚きです。

SM：たしかに。けれども，選手の家族のうち多くは，オリンピックでどう行動すべきかを伝えられて，安心するものだよ。だから，家族に特注のプランを立ててあげて，君のサポートチームの真の一員にするといい。

H：どう行動するのか，それを新たに伝えるのですね。

SM：そうだ！　さて，君は今や高いパフォーマンスを持ったエキスパートです。明日も一緒にパフォーマンスの問題について話す時間があるかな？

H：ありますよ。明日，同じ時間でよろしいですか？

SM：いいとも。もしスケジュールが変わったら，電話してくれ。

それからハイジと私は，夕食前のチームミーティングに参加するためにコーチのスイートルームに一緒に向かいました。15名の選手とコーチとスキーの専門家，そしてチームリーダー（オリンピックでは移動を取り扱い，USOCとチーム間をつなぐ役割）がいました。私がさまざまな個人競技のナショナル

チームミーティングに参加しだした時期に最初に衝撃を受けたことの一つは，そのミーティングがいかに短いかということでした。ミーティングの内容は，ほとんど移動と次の日の予定に集中していました。志気を高めるスピーチや，チーム全体に向けての一般的なメッセージもめったにありません。この事実に気付き，私はミーティングで話をさせてくれるように頼み，話すときはいつも10分以内で簡潔なコメントをしました。ミーティングが終わるとき，トーマスは私の言ったことをノートに記していました。

> T ：見ての通り，ここに先生が来てくれました。先生は他のチームの試合のことでもお忙しいが，今夜はうちのチームのために来てくれました。先生，お願いします。
> 
> SM：ありがとう，トーマス。忙しいのは君たちも同じだし，今私がいるべき場所はここ以外にありません。君たちはもうすでにわかっていると期待していますが，君たちにとってまず第一に学ぶべきことは，オリンピックはサーカスみたいなものだと思うことです。そして君たちに必要なことは，サーカスがうまくいかないときにどうするかということだ。言うのは簡単だけれども，君たちはそれを有効に使えるスキルや材料をすでに持っているからね。もし特定の問題について話したいとか，ただとにかく話がしたいという人がいたら，ミーティングが終わったあと待っているので，私をつかまえて約束を取りつけてください。それよりも，君たちに会えてよかった。次の2週間の健闘を祈ってるよ！きっと楽しいものになるだろう。

ミーティングが終わると三人の選手がやってきて，その夜と次の日の約束を取りつけました。そのうち二人は，もともとスケジュールに私とのセッションが組まれていたので驚くこともありませんでしたが，三人目は主にチームミーティングのメンバーでは，飾らない討論をするような選手でした。オリンピックでは，オリンピックセンターのキャンプで会った選手でさえ，初めての面会予約ということも普通なのだとわかりました。この理由のために，以前に選手とのコンサルティングの経験がないスポーツ心理学者を試合に同行させるかを論じることが，難しくなっています。

トーマスと夕食を共にし，彼は，コントロール不可能な数多くの要因をむなしくもコントロールしようとしていたことに気付きました。彼の心配事は，天候から選手の就寝時間や社会生活，他の国が理想のコンディションではないときにどのようなトレーニングをしていたのかといったことまで，多岐に及んでいました。私は別の大会でも，トーマスの不安な様子を見ていたにも関わらず，

こんなふうになっている彼をこれまで見たことはありませんでした。

T：この状況はばかげています。みんなが私たちにメダルを期待し，私のいつもの能力でそれがどうにかなると思っているのです。前のオリンピックで私がアシスタントコーチをやっていたときに，どうやってこの環境に打ち勝ったか覚えていません。私たちはスキーレースに臨む方法を知っていますが，今はそれをさせてくれません。それは全てオリンピックの人が担当しています。

SM：どのようにその事態を扱っているのですか？

T：選手たちはその事態を知らないようなので，元気そうです。コーチたちや私が，たぶんそれを悪く扱っているのです。

SM：うまく扱えていないのはどういうことだと思っているのですか？

T：そうですね，天候も悪く，トレーニングも制限され，とてもいらいらします。私はアシスタントコーチのエリックが悪くないのにも関わらず，何度かがみがみ言ってしまいました。彼は何も言いませんが，私に腹を立てていることがわかります。

SM：コーチと選手たちの間はどうなっているのです？

T：私とハイジの間で意思決定に矛盾が起きていること以外は，かなりうまくいっています。彼女と一緒に行ったミーティングはどうでしたか？

SM：いいミーティングだったよ。

T：よかった。あなたが詳しく話せないことはわかっていますが，彼女はうまくプレッシャーに打ち勝っていけると思いますか？

SM：ええ，それは多くの人々も同じです。プレッシャーを感じて何をすべきかわからないし，自分がいつも通りできているのかもわからなくなってしまうのです。私は昨日，メダルを狙っているスピードスケートの選手と，同じような話をしました。オリンピックは何よりも特別な挑戦だから，オリンピックのメダルが君たちの心の中で具体的になったとき，チャンスを台なしにしてはいけないと考えないでいるのはとても難しいね。

T：そうなんです。私もコーチとしてそう感じています。

SM：スピードスケートの選手と仕事をしたときに，失敗を恐れることや混乱することは彼が勝つ方法ではないということを強調しました。オリンピックでは，他の大会よりもさらにそれを大事にしなければなりません。失敗を恐れて競技をする選手は，全ての中で最も大きな失敗をしてしまうのです。いつもやっていることを変えてしまうし，自分自身を好ましいパフォーマンスから遠ざけてしまうんです。同じことがコーチにも言えると思います。

T：どういうことですか？

SM：指導を失敗するという心配で，あなたが防衛的，消極的になったり，疑い深くなったりするのは当然のことです。選手はそれに気付いて，伝わってしまうということですよ。

T：ああ，なるほど。全て悪い方に行ってしまうのですね！ いいえ，それが私たちの身にふりかかってくることでしょう。今週は私のコーチ歴の中で最も大切なときですが，うまくいかないことを考えると，眠れなくなってしまいます。

SM：では，選手があなたに同じことを言ってきたらどうしますか？

T：選手たちは私とはちがいます。誰かがつまらないことを心配していて，それは私なのです！

SM：だめだよ，トーマス。うまくいかないかもしれないから心配で眠れない，と選手が言ってきたら，あなたは何と言うんですか？

T：わかった，わかりました。私は選手に，自分の強さと早く滑るのに必要なことに集中しなさい，そしてポジティブに，自信を持って，と言うことでしょう。

SM：他には？

T：心配に感じるのはふつうのことなので，悩んでいることを気にしないように，と言ってやります。

SM：よし，私の仕事はこれで終わりです。

T：ちょっと待ってください，コーチの場合は違いますよね？ 私は全てを心配しなければならない！

SM：わかった。そんなふうに思ってしまうのは，コーチたちはオリンピックでの仕事が何かをわかっていないからだと思います。前回の夏と冬のオリンピックのあと，私はヘッドコーチたちに，彼らがオリンピックでいい仕事をしたことをどのようにして知ったかを尋ねました。驚いたことに，ほとんどの人の答えのベースになっていたのが，ただ彼らの選手たちがメダルを獲ったかどうかということでした。私はすばらしいオリンピックコーチのふるまいをリストにしてもらい，彼らは特定の行動の長いリストを作ってそれぞれ自らを評価したのだけれども，それはかなり効果的でした。

T：彼らはどんなことを書いてきたのですか？

SM：いろんなことを書いてくれたよ。ランニングやワークアウトで自分のストレスを解消する時間を持つことから，ユーモアのセンスを持つこと，上手に人に任せること，計画を信じること，いい計画を立てること，柔軟であることなど。あなたもやってみたいなら，教えますよ。

T：それはすばらしいと思います。

SM：じゃあ，夕食のあとに渡しましょう。それを完成させれば，今夜はよく眠れると思いますよ。あなたは自分が驚くべき仕事をしたことを知っているはずだからね。ただ，もうちょっと信じることが大切だと思います。よいコーチングをすることと，いつもポジティブで自信を持つことだよ。それと，あなたがさっき述べた，心配している選手にかけてあげる言葉は何でしたか？

T：悩んでいることを気にするな，それはふつうのことだから！ よし，わかりました。自分のアドバイスを使ってみます。ありがとうございました。

トーマスとのこのやりとりには，要点をきちんと伝えるためにエピソードや研究結果を引用するという"説法"スタイルが表れていました。私がこのスタイルを用いた理由の一つは，スピードスケート選手の話をすることによって，ハイジ特有の問題から話をそらすためでした。この例で，私とハイジとのセッションの詳細を明らかにするのではなく，ハイジとトーマスにとっておおまかでありながらも重要なテーマを得ることができます。説法または講義モードを使うとき，聞く人の要求と自分がしゃべりたいことのバランスを取らねばなりません。私はときどき，クライアントのコメントが引き金となって起きたエピソードを話している自分に気がつき，3分たってからその話の終わりが来るころに，その話が目の前にいる人とどのようなつながりがあるのか忘れてしまうことがあります。先に述べたように，聞くよりも話したいという衝動を抑えることが，いつもいいことなのです

試合に続いて，オリンピックのコーチに関するエピソードの中で持ち出される特定の問題は，真実についてです。試合の結果だけに基づいた指導でパフォーマンスを評価するという間違いはオリンピックのコーチの間に共通で，よくあることです。コーチを助けるために，いい結果よりもいい指導に集中させることで不安を減らし，一貫していい指導を増やします。さらなる議論をしたあと，私はコーチが選手に対して持つフラストレーションや心配の影響について，20分間話しました。トーマスはそれに賛同して，それらが選手にどのように伝わったか話し合うことがコーチたちに役立つかもとしれない，と言いました。

† 2日後

ハイジのレース前夜に，私が選手村の大食堂で食事をしている最中に彼女から電話がありました。彼女は選手村から，山中にあるチームのホテルに戻るところでした。彼女はバスの中で話ができないかと言ってきたので，私は同意して数分後にバス停にて待ち合わせをしました。

SM：やあ！
H：先生，来てくださってありがとうございます。山に登ってから他に用事はありますか？
SM：いや，また帰るだけだよ。
H：あら，ほんとに大丈夫なんですか？ お忙しいのではないかと思って。
SM：ハイジ，選手に会うのが私の仕事だよ。問題ないね。実際，オフィスから出ることはすばらしい。帰り道で読むための新聞も買ったしね。（バスに乗って他の乗客を見回すと，ほとんどがスカンジナビアのノルディックスキーヤーたち

でした。おそらく彼らは英語を理解できるけれども，ハイジのライバルはおらず，私たちの会話に誰も興味を持っていません。それにも関わらず，私とハイジはほとんど人のいない後ろの方の列まで歩きました）

SM：トレーニングの結果を見た限り，君は速く滑れると思うよ。

H ：わかってます。でもそこが問題なんです。

SM：そうなのかい？　それはなぜだね？

H ：はい，今日の練習では勝ちました。それに練習で速かったときはだいたいいいレースができます。他の選手が私のところに来て「あなたのためのレースだったわ」とか，そのようなことを言います。私は家族と話をして以来，みんなとの関係がよくなりました。ありがとうございました。先生がおっしゃったように，本当に簡単なことでした。でも今日，私の母が，今夜のテレビにアメリカの全てのメダル獲得者が出ると話してきたので，私はついそれについて考えてしまい，もし優勝したらどれだけ私の人生が変わるだろうかということばかり思っていました。スポンサーのことやCMのこと，家や車を買ったり大学に払う学費のことなどを考えていたんです。こんなことを考えるのは間違っていると思って，先生に電話をしたのです。私は先生に催眠でもかけてもらうか，この考えを止めてもらうか何かが必要です。いいえ，まじめな話，こんなことは間違っているとわかっているから心配で，いつか話したように「台なしにしてはいけない」と考えてしまうのです。私は本当に調子がいいんです。不意に，12年来のイメージでもある国歌が聞こえてきたんです。そして私には，本当にいいチャンスが来たんです。

SM：いいじゃないか。空想や抽象的な考えが現実的で具体的なものになるときは，どうやって変わっていくんだい？

H ：はい，何か失うものがあるという感情を振り払うのは，難しいです。

SM：明日のレースの前に，それを何とかしないといけないね。

H ：そうなんです！

SM：わかった。もっと詳しく教えてください。君は今日の練習で，すばらしい滑りをしていたよ。練習の前や練習中に悩んでいたのかい？

H ：いいえ，そうでもありませんでした。インスペクションの前にリフトに乗っているとき，フランスのマリー選手が，明日は優勝しようと思っている，と私に言いました。それで少し神経質になりましたが，インスペクションの間私はかなり集中していて，練習のときはもっと集中していました。おとといはいくつかの小さなミスをしましたが，今日はうまくできると思っていました。練習で勝つ前までは，私は本当につまらないことを考え始めてはいませんでした。でも6時間ほどたってからというもの，ほんの20分の間も，テレビや表彰台に自分の姿を映して見ないではいられなくなりました。ちょっと頭がおかしくなりそうです。

SM：わかった。この分野の専門家として言わせてもらうが，君はおかしくなんか

　　　　　なっていないよ。だけどもそんなにコントロールを失っていると心配しないで
　　　　　すむよう，思考のコントロールを改善してみる価値はあるかもしれないね。わ
　　　　　かったかな？
　　　H　：はい。

　ハイジが自分の状況について述べたときに，私はこのバスに乗ったことを絶好の機会だと思いました。たぶんそれはハイジと仕事をする最後の機会であり，残りの16時間は彼女のレースの成績に大きな影響を及ぼすことでしょう。私はまさにこのような現象を，別のオリンピック選手で目のあたりにしたことがあります。自らの夢の実現が目前にあるとふいに気付いたことの反応で，ひどい結果を残してしまった選手たちを見てきたのです。私がハイジの状況を扱う中での知識と経験の組み合わせが，私をいつも以上に指示的にさせました。

　　SM　：さて，なぜ君はレース後の自分を想像することが危ないと考えたんだい？
　　　H　：それらが私の気を散らせるという心配が，そうたくさんあるわけではありません。でもその考えは，どんなに頑張っても止められないのです。
　　SM　：なるほど，私はそんなに現実的で強い考えを押しのけることに成功した選手にそれほど多くは会ったことがありません。それはものすごくエネルギーを使うし，君も今すぐ他のものに対するエネルギーが必要になるだろう。考えをおいておいて他のことをするのはどうだろう？
　　　H　：いいわ。
　　SM　：君の家族についての考えを分類することについて，どのように話したか覚えているね？
　　　H　：はい。
　　SM　：よろしい。君がその考えを現実に扱う方法や，重要かつ必要なこととして扱うことについて話したことを思い出してごらん。でも，レースは午前中じゃないかもしれないよ。勝利に対するポジティブ思考についても同じことが言えます。30分や1時間など特定の時間に起こり得る全ての気を散らせる要因を考えたあと，その考えを脇に置いて，自分自身のスキーでいい滑りをすることに集中しよう。私はその方法を他のスポーツ心理学者から聞いて，オリンピックに出場した選手には話しているし，選手たちはそれがメダルを獲った鍵だと感じているんだよ。それが数多くの大きな試合で効果を出すようだ。簡単なことだと思うんだが，君もやってみるかね？
　　　H　：はい。でも，本当に私もやるべきなんですか？
　　SM　：そうだとも，バスの乗車後，このあと20分から1時間くらいの時間はあるかね？
　　　H　：もちろん。

SM：よし，その時間を君の空想のために使おう。もし成功したければ，浮かんでくる考えが何であれ，自分がやっていることを詳細までよく見ておきなさい。自分の中に入ってくる考えに集中させることによって，考えを押しのけたりするよりも少ないエネルギーですむし，そのエネルギーを明日のレースの前やレース中に使うことができます。

H：はい，やってみます。それは私に役立つと思います。

SM：よろしい。私もそう思うよ。今君の心は少しその考えが占めている。明確でシンプルな明日のパフォーマンスの計画はあるかね？

H：先生手作りの，すばらしいレースゴールシートを持っているんですか？

SM：実は持っているよ！

H：驚きだわ！

ハイジは皮肉なことに，私たちが開発したレース前の儀式にふれています。私も試合に参加しているときは彼女と一緒にその用紙を行うけれども，彼女が一人のときは自分でそのシートを埋めていきます。その用紙は1ページに大きく印刷された，以下のようなものです。

速く滑るために，私は

1.
2.
3.

これはプロセス，もしくは行動目標シートです。目標はレースのコースや，ハイジが技術的な面で処理しているもの，その他の要因によって変わってきます。過去に，彼女は「リラックスする」「コースを攻める」「丘をたやすく滑る」「楽しむ」と書いていました。概念があまりにも曖昧だったり複雑なときは，私は説明やもっと単純な考えを求めます。私がこのシートを使う目的は三つあります。まず最初に，選手が物事を単純にすること，次に，選手たちにコントロール可能な要因に注目するように望み，さらにこの練習をやり遂げることによって，自信が増したと感じることを望みます。私は選手たちに，それぞれの目標を達成できる自信はどれくらいかを尋ねます。もし自信が70％未満である場合は，より達成可能な自信のある内容に目標を変えるように言います。たとえば，もしリラックスの練習に批判的な選手がいて，彼女は50％しか自信がない場合，私は試合の前に，リラックスの練習をする目標のかわりを設定

することができるかどうかと尋ねます。私は常に選手たちに，彼らのやるべきことは何かを尋ねています。ハイジの場合は，それは速く滑ることでした。他の選手たちにとっては，それは上手に闘うことや，うまく滑ることでした。

H ：わかりました。一つめは「手を前にして保つ」です。私は今日それをやったし，大きな変化もありました。二つめは「コースインスペクションの間に，スピードを視覚化する」こと。コースは少し氷っているので，先生はいくつかのターンでスピードを失っているのをよく見るでしょう。インスペクションのときに，私は本当に攻撃的なラインで行かなければなりません。三つめは「楽しむ！」。今日私は恐れることなくコースを滑れて，このコースが好きです。それを持ち続けなければなりません。

SM：いい感じだね！　イタリアのワールドカップの目標みたいだ。

H ：ええ，あれは私にとって大きな大会でした。このコースはよく似ているんです。

SM：それぞれの目標についての自信はどれくらいかな？

H ：一つめと二つめは，90％～95％くらいです。私はそれを優先しなければなりません。三つめは70％か80％です。というのも，私は少し神経がすり減っているからです。レースの前にかなり自由に滑るトレーニングをしなければならないと思います。私はいかにこの丘が好きかということと，スリルに集中します。それが助けになると思います。先生は明日来られるのですか？

SM：もちろん。

H ：よかった。たぶん先生が，私に思い出させてくれます。もしもの場合ね。

SM：これで決まりだ。じゃあ，君がやるべきことは？

H ：速く滑ること！

SM：できるかな？

H ：はい，もうできるわ。

SM：やるんだね？

H ：はい！

SM：どのようにやるのだい？

H ：手を前にして，スピードを視覚化し，楽しむことです。

SM：すばらしい。よし，これで終わりだ。明日の朝，丘で会おう。

H ：はい，どうもありがとうございました。感謝しています。

SM：いつも通りにな，ハイジ。君と一緒にやれてすばらしかったよ。

## おわりに

ハイジの例のように，選手がときとしてスポーツ心理学の介入のあとの数時

間で，目覚ましい結果を出すことがあります．そのようなとき，すばらしい勝利の代理人として自分を見ると魅力的です．一緒に仕事をした選手は，しばしばスポーツ心理学者のところに来て，その助けに感謝します．彼女がインタビューに応えたときも，テレビカメラが彼女の栄光の瞬間に近づいてきたときも，スポーツ心理学者は彼女の生活が永久に変わってしまうことを理解します．これは強力な要因で，この瞬間は経歴に残ることでしょう．（私はそう望むが）

一方，ハイジは悲惨なことに，ほとんど同じシナリオでも失敗していたかもしれません．今一緒に仕事をした才能のある選手が，オリンピックで失敗してしまうなどの，この別のシナリオの経験は，なぜ人々がスポーツにおいて神経質になるかを思い出させます．勝てばよりよいけれども，負ければかなり悲惨かもしれません．この明白の理は，選手やコーチ，スポーツ心理学者にもあてはまります．涙を見て，そして失敗した選手を助けるときは，スポーツ心理学者の失敗の苦悩は最終エリアにはないことを，私は両方の状況を経験して学びました．少なくとも私にとっては，困難な部分を自分で何とかして，もっと別の方法でできたかと思いをめぐらせました．

スポーツとスポーツ心理学のコンサルティングの現実を受けて，私が本章の中でトーマスに与えた助言を適用することは有用です．コンサルティングの実行を適切に評価するために，スポーツ心理学者はコントロールできることとできないことを理解しなければなりません．コンサルタントは，大きな大会において優れたスポーツ心理学者が目標に向かってすべきことを定義する必要があります．

† スポーツ心理学者のために

コンサルタントが競技成果から距離を置くことができ，自分たちが行った実際の仕事に焦点を戻すまで，彼らは多くのスポーツ心理学の弊害に悩む可能性があります．現場での競技成績によって自らを評価するコーチのように，スポーツ心理学者は選手が失敗したら悪い仕事で，選手が勝てばいい仕事なのだと信じ始めます．この単純に二つに割り切る評価は，危険なほど自己中心的な理由を含んでいます．

たとえば，私は幸運にもスポーツ心理学者として3度のオリンピックに参加しました．メダルも獲得できず，記録も出せなかった多くの選手と共に仕事をしたケースもあれば，メダルを獲得し，記録を出した少数の選手と仕事をしたケースもあります．私はいったい，どのような仕事をしたのでしょうか？　答

えはもちろん、勝ち負けでは測れないということです。

全てのオリンピックメダルは、遺伝や家族背景、選手に合ったスポーツとの偶然の出会い、たくさんのコーチや周りの人々、スポンサー、スポーツ科学、適切な栄養、スポーツ医学、タイミングのよさ、運の強さが生んだものです。スポーツ心理学者の役割は、最後の瞬間に違いを生じさせることができるとして、ときに強調されます。しかしそれは、大きなパズルのほんの一片にすぎないのです。

スポーツ心理学のコンサルティングパフォーマンスを評価する課題に戻って、私は仕事をとても真剣に引き受けなければならず、自分自身をあまりまじめに受け止めすぎてはいけないと信じています。私が言いたいことは、自分を評価する場合は、現在のポジションに起因するユニークな才能や特性を持っていないという前提で始めるということです。一方で、私は自分のポジションを、最善の努力に相当する大きな責任ある地位と考えています。もし努力の適用すべき場所と仕事の方法を知っていれば、私はたびたび成功することでしょう。短いオリンピックの間に、私はいくつかの鍵となる行動と、それらの行動を遂行させるのに必要な個人技術に努力を集中します。

1. 私は、大事なときに面会可能だったか？（計画）
2. 私は、決してストレスを与えずに、ストレスを軽減する方法でふるまったか？（覚醒コントロール、個人のストレスマネジメント）
3. 私は、コーチと選手のスケジュールやニーズに適合したか？（柔軟性）
4. 私は、よく話を聴いたか？（有効なコミュニケーション）
5. 私は、近付きやすいイメージを作ったか？（感情移入）
6. 私は、心理学以外の仕事にも協力したか？（チームビルディング）
7. 私は、否定を回避し、ユーモアセンスを保持していたか？（ポジティブ・セルフトーク、個人のストレスマネジメント）
8. 私は、いつもこれがどれだけの楽しみか、またどれくらい幸運かと思い出したか？（現実確認）
9. 私は、パフォーマンスに挑戦するとき創造的で直感的だったか？（聴く力、不安のコントロール、自信）
10. 私は、パフォーマンスの計画を作り、意味のない後悔をせずにそれを遂行し、ポジティブで有用な方法でコミュニケーションできたか？（自信、

不安のコントロール，コミュニケーション・スキル）

† 選手のために
　オリンピック後の緊張が緩んだ状態は，ひどいときには抑うつを引き起こす場合もあり，これは選手の間では著しく一般的です。それは，オリンピック選手の状況と他のスポーツやスポーツ以外の大会を比べたときに，意味をなします。全てのあなたの技術に報い，あなたの生活や毎日のスケジュールを組み立て，すばらしい成功の機会を与えてくれる総括的なキャリアプロジェクトを想像してください。しかしそれは，人生の早いうちに突然終わりを迎えて，全く新しい方向へとあなたを強いるのです。少なくともそのようなキャリアプロジェクトの終了は，情緒的な挑戦を持ち出すでしょう。選手は成績を評価するけれども，個人の勝利や敗北にオリンピックが終わるかどうかに関わらず，選手とコーチにおける終結にほとんど注意は払われません。

　困難の一部はタイミングに起因します。オリンピック選手はしばしば，オリンピックのあとに他の大会に向かいます。オリンピックの数週間前は情緒的に不安定になるにも関わらず，エリート選手の目の回る旅行スケジュールは続きます。選手がオリンピックを最期に引退したときでさえ，たくさんの人々やメディア，義務によって，選手は振り返りをしたり，休息したり，強い感情に対処する時間がほとんどありません。いくつかのスポーツ組織は終結をするためのミーティングをスケジュールに組み立てていますが，多くの場合は終結を偶然にまかせています。私はハイジとの次のやりとりで，大会や適切な将来について話すためにわずかでも時間を取ることが，時間の大きな投資であることを知りました。

　SM：こんにちは。
　H ：こんにちは。
　SM：オリンピックのメダリストとしての生活はどうだい？
　H ：忙しいわ。
　SM：何をしていたんだい？
　H ：仕事，メディア，家族，他の大会を見ること──ぜんぜん寝る時間がないわ！
　SM：楽しいかね？
　H ：ええ，本当に。少し動揺していますけどね。
　SM：なぜ？

H：私はオリンピックが終わったら，自分の残りの人生について考えようと自分に言い聞かせていました。私には，スキーから離れることはとても簡単だろうという考えを持っていました。今はあまり確かじゃないんですけどね。

SM：何が確かじゃないんだね？　将来のこと？

H：そうです。私は今やっていることに不安はありませんが，人生には不安です。私は幸せでいるべきことを知っています。これは私の夢で，私は幸せです。でも…わかりません。私は…，わかりません。気がかりなことについて，とても不明瞭なんです。私は正気ではないのかしら？　それとも，私を正気でなくしてくれるものが必要なのかしら？　私が言いたいこと，わかってくれますか？

SM：いずれにしろ，正気でないのではなくて，よくあることだよ。君がオリンピックで悲観的になり弱ってると，もっと悪くなってしまったでしょう。今も同じだよ。人生は変わる。君の人生も変わるよ。やり方を変えることも必要だ。

H：どのように？

SM：よし，まかせておけ。私たちはシーズンの終わりに，引退するかどうかや他の選択など，将来のことについて話そうと言ったね。私はその約束をかなえたい。来月は？（ハイジがうなずく）よろしい。これらの大会やビジネスの選択によって，君は他のたくさんの選択権を持つでしょう。しかしながら今のところ，君の感情的なジェットコースターはしばらくの間続くだろう。それに期待しておきなさい。そうすればもう少し君は悩まないだろう。もちろん，それについて話す必要があるときは，いつでも電話かメールを待ってるよ。そういう気分は，スケジュールの作成をさまたげる傾向にあるからね。

H：ふつうの人としての生活を今後，私は期待できないというのですか？

SM：そんなことはありませんよ。今後のトレーニング・スケジュールをほしいですか？

H：もちろんです。

SM：君はいいよ。いや，たくさんのことについてすばらしいよ。多くの技術を持っていることは，しばしば多くの選択肢を持つことを意味するんだよ。これはストレスが多いけど，慣れるんだ！　それは成功のための負担だから。私は，君のことが全く心配ではないよ。過去の3年間ですませた仕事を行うことができた君なら，うまくやるでしょう。

H：ありがとうございます。

SM：今がまさに，君が成し遂げた仕事に私がいかに誇りを持っているかを伝えるべきときなのかもしれません。メダルは君の具体的な成功の象徴だけど，君がどれだけ遠くに来たか，どれだけ犠牲を払ったか，そしてオリンピックを通して人生における10もの異なることをどれだけうまくやってきたかを，私はメダルによって印象付けられたりはしないよ。私はそれができると思ってなかった。過去の3年間は驚くべき努力だったし，君はその努力を誇りにするべきだよ。

H：ジェットコースターが来たわ！　あなたはまた私を叫ばせるでしょう。先生，

　　　　ありがとう。私は先生がしてくれたこと全てに感謝しています。
　　SM：君のチームに参加させてくれて，ありがとう。あっという間だった。では来月会おうね。
　　　H：はい。
　　SM：閉会式を楽しんでください。ハイジ，君はやったよ。
　閉会式はその名の通り，「終わり」を提供します。私も式に出席し，疲れるほど楽しみました。先にも述べたように，スポーツ心理学者にもまた，終結が必要なのです。

## *APPENDIX* 付録

### コーチするときの態度：自己評価表

ステップ1：コーチとしてのあなたの最良のパフォーマンスにおいて，重要であると思う姿勢のリストを10～15個あげてみましょう（これらはあなたの姿勢・態度であり，アスリートのものではありません。たとえばオリンピックのコーチでは，"重要な仕事をアシスタントに委託しない""冷静さをプレッシャーの中でも保ち続ける""個人練習のプログラムを続ける""ふさわしいときであれば，大きな大会でリスクを冒す""効率的に各選手のやる気を出させる"などが重要だと述べました）。

ステップ2：あなたのスポーツにおいて，コーチとして成功するための10個のもっとも重要である姿勢を選びましょう。レ点を隣につけて，あなた自身がそれに沿えているかを1～10で評価してみましょう（1＝このような態度をとったことが一度もない；これは，まったくもって鍛えられていない技術です。10＝私は一貫してこのような態度をとり続けている；これはとてもよく鍛えられており，意識せずとも身についている技術です）。

ステップ3：あなたの個人的な結果をもとに，あなたが体得しているものの，自分自身では評価の対象とならない態度（自分のコーチとしての強み）を二つ書きましょう。一方，個人的に実現が難しいと思われる態度（これからコーチとして伸ばすべきところ）を二つ書いてみましょう。

コーチとしての自分の強み
1. _____

2. _____


コーチとして向上すべき態度
1. _____

2. _____

● 第Ⅳ部
展開：ケガ，引退…その他の問題

# 第12章　ケガをしたアスリートへのスポーツ心理学

*(DOING SPORT PSYCHOLOGY WITH INJURED ATHLETES)*

■ Gregory S. Kolt
(Auckland University Of Technology)

　怪我をしたアスリートのリハビリテーションは，複雑なプロセスになってきています。怪我をしたアスリートは医師，フィジカルセラピストからだけでなく，さまざまなヘルスケア提供者（フットドクター，栄養士，スポーツ心理学者，マッサージ師，運動科学者，アスレチックトレーナーなど）にリハビリテーションを助けてもらっています。さまざまなリハビリテーション提供者がプロや一流のチームと一緒に働くことは珍しくありません。怪我をしたアスリートは，リハビリテーションがうまくいくように，さまざまなサービスを組み合わせて利用することができるようになりました。しかし，大半のアスリートはプロや一流レベルというわけではないので，スポーツ心理学サービスを含むさまざまなヘルスケアを利用することに制限があります。そのため，本章では心理学者ではないリハビリテーション関係者（フィジカルセラピスト，運動療法士，アスレチックトレーナー，スポーツ医師など）が，どのように怪我をしたあとの心理的後遺症を取り扱っていけるのかを見ていきたいと思っています。
　この章では怪我をしたアスリートとフィジカルセラピストがどのような心理

学的，もしくはカウンセリング的なやりとりができるのかを簡単に説明します。また，フィジカルセラピストが怪我の心理的な側面を取り扱うことに対して，アスリートとフィジカルセラピストがどう認識しているのかについて論じ，そして，リハビリテーションプログラムの中に取り入れられる認知行動療法を簡単に説明したいと思っています。また，特に手技を中心に，スポーツ選手とフィジカルセラピストの関係を扱っている短いパートも含めました。

最後に，本章の大半は，膝の怪我で長期に渡ってリハビリテーションをしているアスリートとフィジカルセラピストの間で起こった会話で占められています。このケーススタディの中に出てくる問題と会話の解説は，リハビリテーションプロセスでスポーツ心理学を活用することの可能性を例証しています。このケーススタディは，スポーツ心理学が身体療法と別のものと見るのではなく，リハビリテーションサービス提供全体の一部だと見るべきことを強調しています。

## フィジカルセラピストの役割

北米では怪我をしたアスリートを扱うヘルスケアの専門家は，主にアスレチックトレーナーです (Larson, Starkey, & Zaichkowsky, 1996)。多くの研究者（たとえば Tuffey, 1991；Wiese & Weiss, 1987；Wiese, Weiss, & Yukelson, 1991 など）によると，スポーツ医学専門家やアスレチックトレーナーは，アスリートの怪我の心理的な面を扱うのに，最もいい立場にいます。たとえばオーストラリアやイギリスなど，世界の別の地域では，アスレチックトレーナーの存在が比較的少なく，フィジカルセラピストが怪我をしたアスリートのケアをするのが主流です (Francis, Andersen, & Maley, 2000；Gordon, Milios, & Grove, 1991)。この章を読むにあたって，怪我のリハビリテーションの心理的な面を取り扱うフィジカルセラピストの役割について書いてある箇所は，リハビリテーションを提供する他の専門家にも応用できます。たとえば，もしアスレチックトレーナーがこの章を読む際には，フィジカルセラピストと書いてあるところを頭の中でアスレチックトレーナーと置きかえて読むといいでしょう。

アスリートの怪我の回復とリハビリテーションを容易にするために，フィジカルセラピストやアスレチックトレーナーが心理学的なテクニックを利用でき

ると，リハビリテーションの研究者らは示唆しています (Gordon, Potter, & Ford, 1998 ; Kolt, 1996, 1998 ; Kolt & Kirkby, 1996 ; Shaffer & Wiese-Bjornstal, 1999 ; Wiese‐Bjornstal & Smith, 1993)。たとえばゴードンら (1998) は，「治療をしているスポーツ選手と常に接触しているスポーツ障害リハビリテーションの関係者は，怪我の心理的，身体的状況に関してアスリートに情報を与え，教育し，助けてあげるための理想的な立場にいる」(P.141) と報告しています。さらにゴードンらは，そのようなリハビリテーション提供者が，こういう仕事をする準備のために特定の教育を受けるべきだと勧めています。これにはヴィーゼとスミスも賛成しています。

　ゴードンら (1991) はフィジカルセラピストを調査した結果，彼らのほとんどが怪我の心理面を取り上げる大切さを理解しているとわかりました。しかしセラピストの大多数は，回復期の心理的な面を取り扱う能力が限られているため，この分野での実践的なトレーニングを希望していると報告しています。関連した調査では，フィジカルセラピストや他のヘルスケア提供者が，アスリートの怪我の情動的な影響を考慮していないとアスリートが感じていることをピアソンとジョーンズ (1992) が報告しています。それにも関わらず，スポーツ損傷の情動的な面を助けるためにはフィジカルセラピストこそがもっとも準備のできているヘルスケアチームだと，ピアソンとジョーンズは提案しています。

　しかし，アスリートが怪我を乗り越えるためにカウンセリングを受けることに関して，抵抗感を感じる場合もあります。あるアスリートは，助けを求めるのは弱音を吐いていることだと思い，正式な心理サポートを頼むよりは，問題あるリハビリテーションを耐える方がいいと考える場合もあります。したがって，リハビリテーションの身体的な方法に，心理学的カウンセリングを組み合わせることが現実的だといえます。この提案はピアソンとジョーンズ (1992) がインタビューしたアスリートも支持しています。「もしその二つの技術（理学療法と心理学）を組み合わせ，治療をしているとき実際にアスリートに心理的な状態を説明してあげられれば，彼らは安心し，心理的に落ち着けると思います」(P.767)。結論として，フィジカルセラピストでもスポーツ選手でも，心理学的介入をリハビリテーションの身体的な面と平行して行うことができれば，リハビリテーションプロセス全体に好ましい結果をもたらしてくれると感じているようです。

## フィジカルセラピストの認識

　ここ10年間，リハビリテーション・プログラムの一環として心理学的介入を提供するにあたって，フィジカルセラピストとアスレチックトレーナーが自分たちの役割をどう思っているかについての研究が四つ行われました（Francis et al., 2000 ; Larson et al., 1996 ; Ninedek, 1998 ; Wiese et al., 2000）。フィジカルセラピストに焦点を当てた二つの研究（Francis et al., 2000 ; Ninedek, 1998）は，Wieseらが開発した調査法（1991）が用いられ，二つとも似たような結果が得られました。

　フィジカルセラピストは怪我を上手に対処しているアスリートと怪我をあまり上手に対処していない選手を見分けるため，フィジカルセラピストの話を聞こうとする姿勢，ポジティブな態度，内発的動機付け，怪我のメカニズムやリハビリテーション技法を学ぼうとする姿勢などの特徴を手がかりにしています。それに加えて，アスリートが怪我を心理的に対処するのに手助けになる最も効果的な手段だとフィジカルセラピストが示したのは，優れた対人・コミュニケーション能力，完全復帰への現実的な計画，アスリート側からのリハビリテーション計画の理解，監督のサポートでした。フィジカルセラピストが怪我をしたアスリートを取り扱うにあたって，もっとも重要な方策は現実的な目標を立てること，ポジティブで誠実なコミュニケーションスタイルを持つこと，個人のやる気を理解すること，そして，ストレスと不安感を理解することです。

　これらの要素をまとめてみると，結果的にはすぐれた思いやりの心を持つつことが大事だと言えます（例：しっかりとしたコミュニケーション能力，リハビリテーション手順をアスリートに知らせること，アスリートが怪我を乗り越えている経験を理解してあげること）。全米アスレチックトレーナー協会（NATA）では，フィジカルセラピストやアスレチックトレーナーが基本的なカウンセリングと心理学的介入を提供することを支持しています。北米では，NATAに公認されているアスレチックトレーナーの全員は決められたアスレチックトレーニング認定教育プログラムを受けなければなりません（NATA, 1999）。その一つのカテゴリーに，心理学的介入とそれを紹介するプログラムがあります。その内容は，北米にいるアスレチックトレーナーは心理学的介入（動機付け，ストレス軽減，イメージの技術をリハビリテーション中のアスリートに提供できなければならない），精神障害の認識（例：摂食障害，薬物乱

用，うつ病），そして専門家への紹介プロセスの事柄に関して，詳しく理解していることが望まれています。アスレチックトレーナーとフィジカルセラピストは，NATAの能力基準に達していることが理想的ですが，現在の時点では，その能力基準がどれほど守られているかは疑わしいところです。

フィジカルセラピストは自分の限界を認識する必要があり，リハビリテーション中のアスリートに心理学的な助けを提供しているときに，その領域を知っていなければなりません。フィジカルセラピストが自分の経験と正式な能力を測定し，他のふさわしい能力のある専門家（例：臨床あるいはスポーツ心理学者）にアスリートを紹介するべき状況を判断できることがとても大切です。

## アスリートとフィジカルセラピストの関係

手技というのはとても強力なコミュニケーションの手段であり，さまざまな治療方法の中心的要素になります（MacWhannell, 1992）。いくつかのリハビリテーション治療は（例：マッサージ，モビライゼーション，マニュピレーション，ストレッチ）離れた場所から提供するのはとても難しいでしょう。接触をコミュニケーションや治療のために使うのは，スポーツでは一般的です。たとえば，レスリングでは参加者が長時間，お互いの体が直接触れ合っています。そして，コーチがアスリートに新しい技術を教えたり，今持っている技術を磨くために，直接体に接触して指導するのは珍しくないことです（例：体操，フィギュアスケート，バレエ）。また，フットボール，ラグビーなどのいくつかの他のスポーツでも対戦相手とタックルという形で接触があります。ある人は身体治療で接触されると抑えつけられた気持ちになりますが，逆に触れられることによってリラックスし，抑えられた感情が出てくる人もいます（Nathan, 1999）。ほとんどのアスリートにとって，接触は思いやりであったり，元気を与えるものであり，スポーツ文化の中では不可欠な部分と思われています。接触によってフィジカルセラピストとアスリートは，他の精神療法よりもより密接な関係になる可能性があります。

怪我をしたアスリートは，身体治療によってすでに治療者と親近感を持っているため，他のヘルスケア提供者よりもフィジカルセラピストに対して心をより開く可能性が高くなります。理学療法で使われるいくつかの技法は（例：頭蓋仙骨療法），クライアントの感情を解き放たせることがあります（Upledger,

1990)。今言ったように，理学療法による親密感のため，アスリートは自分とフィジカルセラピストとの関係の中で，自分の考えていることや気持ちを打ち明けることができると感じる場合があります。これらの自己開示は，怪我に直接関連している場合や（例：スポーツへの復帰の心配，再度怪我をしてしまう不安），リハビリテーションの進度に影響する個人的な問題（例：対人関係の問題，学校の問題）のときもあります。このような要素は理学療法の中でひんぱんに起こり，それらを取り上げ，話し合い，そして実践家の手助けを借りてアスリート自身が問題を解決する必要があります。リハビリテーション中のアスリートの情動的・認知的問題を取り上げるための能力を持ち準備するということは，教育，経験，自己能力の正直な判断の問題です。"*Psychology of Sport Injury*"（Heil, 1993）や"*Psychological Bases of Sport Injuries*"（Pargman, 1998），そして"*Psychological Approaches to Sports Injury Rehabilitation*"（Taylor & Taylor, 1997）などの書物は，怪我やリハビリテーションについての理解を広めたいと願っている実践家が大いに活用できる情報を提供してくれます。

　怪我をしたアスリートのカウンセリングで秘密を守ることは，重要なことです。フィジカルセラピストが他のリハビリテーションと違う感覚で心理的問題を扱う理由はありません。フィジカルセラピストも基本的には，心理学者と同じような守秘義務の基準があります。ただ，スポーツリハビリテーションをしながら会話のやり取りする環境がやや開放的で，人がたくさんいる場合があります。フィジカルセラピストはチームのトレーニングルームでアスリートを治療することがよくあります。スポーツ選手がクリニックの中でフィジカルセラピストに一対一で診てもらうときも，同じリハビリテーションの部屋に何人も人がいることが多いです。もしスポーツ選手が内密な問題を打ち明けてきたなら，別の部屋でその問題を話し合うことをフィジカルセラピストが提案した方がよいでしょう。たとえば「もしよかったら，運動が終わったら，私の部屋でその問題について話し合いませんか？」など。

　要約すると，フィジカルセラピストが怪我をしたアスリートを診ているときに基本的なカウンセリングと心理技法を使う理由が四つあるということです。一つ目は，フィジカルセラピストが他のヘルスケアチームメンバーよりもアスリートと一緒にいる時間が長いため，アスリートがリハビリテーション中にフィジカルセラピストに心理的な問題を打ち明ける確率が他のヘルスケア専門家

よりも高いことです。二つ目は，アスリートとフィジカルセラピストはマッサージなどによって関係密なため，アスリートが心理的な問題を打ち明けやすくなります。そのために，リハビリテーション中にこのような問題を取り上げた方が有利です。特にその問題が復帰の進捗具合に影響しているならば，絶対に取り上げた方がいいです。三つ目は，運動による怪我の心理的後遺症があるため，身体リハビリテーションと同時にそのような問題を話し合うことは必要があり，それによって心理的，身体的リハビリテーションプロセスで最大の効果をあげることができます。最後に，前に紹介した調査によると，怪我をしたアスリートは，フィジカルセラピストが基本的な心理学サービスを提供するのに一番理想的な立場にいると思っています。しかし，この考えで注意が必要なのは，怪我のリハビリテーション中に正式な心理学サービスを求めることに対して，何人かのアスリートが抵抗があるということでもあります。

　しかし，エリートスポーツプログラムやプロのスポーツチームなどにおいては，アスリートたちのサポートスタッフの中にスポーツ心理学者がいます。この場合は，フィジカルセラピストとスポーツ心理学者が協力して働くとよいでしょう。アスリートの了解を得て，フィジカルセラピストは心理学者とリハビリテーションの進歩に関する問題（例：目標設定の難しさ，リハビリテーションの次の段階に進むためのアスリートの気力）を話し合い，それによって適切なカウンセリングと心理的介入が実行できます。そして，スポーツ心理学者はアスリートが技術的な体の動きを再トレーニングしているときも，認知的リハーサルができるように助けることができます。もしスポーツ心理学者がそこにいるのなら，そして，アスリートが心理学者をリハビリテーションプロセスに含めたいと思うなら，最良の結果を生むために共に協力して働けると，フィジカルセラピストは考えなくてはいけません。

　ケーススタディの前に，最後に付け加えておきます。私はオーストラリアで心理学とフィジカルセラピストの両方の資格を持っています。したがって，私は一般的なフィジカルセラピストではありません。これから述べるケーススタディでは，私は体操選手に身体的治療を提供しました。このケーススタディを，身体的治療と心理的ケアのもっとも効率的な結合の例として読んでください。しかし，覚えておいてほしいのは，この場合に提供されているサービスは，ふつうは協力して働く二人の専門家によって提供されるということです。

## ケーススタディ

　このケーススタディは，ある怪我をしたアスリートと，彼女のフィジカルセラピストとの関係を強調しています。フィジカルセラピストはリハビリテーションプログラムの一環としてカウンセリングを提供し，彼女はこのフィジカルセラピストとの関係以外では心理的介入を受けていません。

## セッション4

　レベッカは16歳の体操選手で，前十字靭帯損傷のリハビリテーションのため，フィジカルセラピストに診てもらっています。彼女は，ナショナルチームのメンバー選抜のためのナショナルチャンピオンシップの2週間前の練習中に，トレーニングセッションで段違い平行棒から変な着地をし，怪我をしてしまいました。レベッカは州代表チームの一員で，怪我の前までは週に30時間の練習をしていました。

　レベッカは怪我をした2日後に膝の再建手術を受けました。彼女は怪我をした直後にスポーツ医療クリニックの医師に診てもらい，同じ日にその医師から整形外科医に紹介されました。両医師はともに前十字靭帯損傷と診断し，すぐに関節内視鏡を使った手術を受けるように勧めました。手術後に一晩入院してから，レベッカは松葉杖を与えられて退院し，理学療法リハビリテーションへ紹介されました。理学療法は手術の4日後に始まる予定でした。彼女のフィジカルセラピストは州や全国の体操チームと深く関わっていて，レベッカにも何度か比較的小さな怪我の治療で接したことがありました。

　レベッカはすでここ10日間の間に，3回の理学療法セッションに参加していました。2日前の3回目のセッションのときに，彼女は心理的な問題で悩んでいることがあると，フィジカルセラピストにそれとなく示しました。それと同時にこのセッションで，彼女のリハビリテーションプロセスとスポーツへの復帰に影響する可能性がある，特定の行動的，心理的後遺症をフィジカルセラピストは確認しました。

　　*PT＝フィジカルセラピスト　R＝レベッカ*

　　PT：おはよう，レベッカ。2日前に一緒に練習した運動は，うまくいっていますか？

R：ええ，できるだけしています。先生に勧められた，1日に3回はできていません。チームメイトが私の様子を見に家にいつも来るので，たくさんやるのが難しいです。それと，来週学校に戻るまでに終わらせないといけない宿題があって，全然時間がないんです。

PT：体操の友達が会いに来てくれて嬉しいよね。きっと，みんなが心配しているでしょう。

R：まあ，みんな本当にいい友達ですが，ちょっと迷惑なときもありますよ。みんな私のことを思って会いにきてくれるのだろうけど，でもみんなが会いに来ると，私は怪我をしていることと，みんなと一緒に体操ができないことを思い出してしまいます。それに，何人かは全国大会に行ってしまい，それも悔しいです。私も，本当にまたトレーニングがしたいですね。

PT：みんなはあなたを，どのようなことで不愉快にさせるの？

R：みんなは私の膝に興味津々ですね。痛くないのかとか，どれくらい膝を動かせるのか，そして，いつになったらまた体操を再開できるのかと聞いてきます。それと，私が手術後に一週間も学校を休めてラッキーだと思ってもいるようです。質問攻めにあうから，気分が悪くなりますね。私はただ，家に一人でいて，怪我があったことを忘れたいだけなのに。

PT：そう思うのは珍しいことじゃないよ。あなたと同じ状況にいたスポーツ選手を，体操選手も含めてたくさん診てきているけど，リハビリテーションの初期の段階ではみんな怪我のことをただ忘れたいと言うのさ。チームメイトはおそらくこんな経験をしたことがないから，わかってくれないと思う。友達が会いに来なかった方がよかったかな？

R：いや，そういうわけじゃないけど。

PT：なぜそう思うの？

R：わかりません。どう答えたらよいか難しいですね。もし，みんなが会いに来てくれなかったら，みんなが私の存在を忘れて，私のことを考えていないと思うでしょう。それもかなり嫌ですね。

レベッカが自分の怪我についてのある部分，特にみんなに怪我のことを思い出させられることが気になっていることがはっきりとわかります。一方で，これらの問題をフィジカルセラピストと気楽に話せることもわかります。彼らの関係は，フィジカルセラピストにぐちを言うことができ，そしてこれからはもっと深刻で個人的な問題を言っても安全な人なんだ，とレベッカは思っているほどの段階まで進んでいます。この最初の会話の勢いを失わないことと，このセッションが怪我の心理的な要素を探るためだけだとレベッカに思われないように気をつけながら，フィジカルセラピストはレベッカと彼女の心配事について話し続けながら，リハビリテーションの身体的なケアを始めました。

PT：何だか複雑な気持ちなんだね…。それじゃあ，話を続けながらあなたの膝の進行具合を見て動かし始めますよ。

アスリートが自分の怪我に伴う心理的影響を疑い始めたこの時点では，フィジカルセラピストは上手に話す言葉を選び，レベッカに自信を持たせて，そして協調関係が作り上げられるようにしました。「あなたの膝の進行具合を見て…」のフレーズでもわかるように，フィジカルセラピストはリハビリテーションが停滞せずに進歩していると信じて，それをアスリートに示しています。そして，フィジカルセラピストが患者と話すことから「続けて話をしながら，あなたの膝の進行具合を見て動かし始めますね」と，リハビリテーションの身体面に移り変わったことにより，話すこととリハビリテーションを同じように重視していることを知らせました。「一緒に」や「私たち」という言葉は協調関係に欠かせない言葉で，これから身体的，心理的に行うことは全て共同作業であるということをアスリートに理解させます。セッションは，カウンセリングからリハビリテーションの身体面へと単純に移り変わりはしませんでした。フィジカルセラピストの言葉でもわかるように，彼はカウンセリングを理学療法リハビリテーションの中に組み入れようとしています。

フィジカルセラピストはレベッカの膝を診断し，治療を始めました。そして数分前に途切れた会話をまた始めました。

PT：それで，膝のことをどう思っているのかな？

R：そうですね，自分で膝を怪我してしまって少しイライラしているかもしれない。チームの親友に言われるまで気付かなかったけど，いつも私が得意にしている技で怪我してしまったんですよね。いつも着地は上手なのに。習ったばかりの技や自信のない動きで起こったんなら，わかるんですけど。平行棒は私の一番得意な種目なのに…。

PT：そうだね。去年の全国大会では平行棒が3位だったよね。そのときは足首の捻挫から回復したばかりで，大会の1週間前までは着地の練習はしてなかったね。あなたが2週間も着地とタンブリングの練習をしてなかったから，大会にさえ出してもらえないかもと心配していたのを覚えていますよ。

R：先生の記憶はすごいですね！

PT：ありがとう。あなたにはすぐに復帰した経験があるんだよ。去年のことからもわかるでしょう？

R：言いたいことはわかりますけど，足首の捻挫と膝の手術では違いますよ。誰でも足首の捻挫からは復帰できるけど，膝のせいで引退した体操選手を二人知っています。一人は怪我をしてから1年後に復帰しようとしたけれど，また同

　　　　じ膝を怪我してしまいました。もう一人はダイビングに移りました。
　ここでいくつかの重大な問題が現われています。一つ目は，フィジカルセラピストは膝を診ながらスポーツ選手と話すことによって，膝を動かす痛みから彼女の気をそらしています。この気をそらすことは，リハビリテーションに伴う痛みを抑制するのに役立ちます。フィジカルセラピストが話すのをやめたときにやっとスポーツ選手が治療に伴う痛みを感じるようになることがよくあります。しかしこれは，気をつけて使う必要があります。なぜなら，アスリートの痛みを見て治療を加減しないといけないからです。二つ目は，フィジカルセラピストがアスリートの過去の経験（足首の捻挫）を利用して，現在の状態に対して自己効力感を高めようとしたことです。この場合では，彼女は二つの怪我の違いを指摘し，他の体操選手の膝の怪我とその望ましくない結果を思い出すことに注意を向けてしまいました。こういう状況では，大きな膝の怪我を負いながらも，体操への復帰を成功させた他の体操選手をフィジカルセラピストが紹介するべきでしょう。
　この会話部分では，フィジカルセラピストがさまざまな方法で，レベッカとの協調関係を作り上げています。第一に，レベッカを膝を怪我した患者としてだけではなく，一人の人間として見ていることを彼は伝えています。次に，彼が彼女の過去を充分に理解して，彼女の怪我だけではなく，スポーツキャリアも知っているくらい気にかけていることを示しています。そして最後に，彼は彼女が怪我を治してスポーツに復帰することを真剣に考えていることを示しました。レベッカにとっては，このように自分のことを心配して関心を持ってくれる人がいると感じること自体が治療になります。それに加えてこの場合は，フィジカルセラピストが彼女ならできると言うことで，レベッカの応援団長のような存在になります。しかしながら，レベッカがネガティブな面に集中するのは，彼女が将来，体操選手として活躍できないかもしれないと，かなり不安に思っていることを示しています。

　　PT：あなたが体操に再び戻れるのか，心配している気持ちはわかるよ。このような怪我は何度も見たことがあるけど，ここ10年の手術技術の進歩で，ほとんどのアスリートはスポーツに復帰できるんだよ。何年か前だったら，こんな怪我をすると何週間も石膏ギプスをはめないといけなかった。でもあなたは今週末までには松葉杖がいらなくなり，2週間もすればエクササイズバイクに乗ったり，かなりのトレーニングができるようになるよ。テレビでオーストラリアンフットボールを見れば，同じような手術をした選手をたくさん見つけることが

できるよ。私自身も，怪我から復帰して一流レベルの大会で活躍している体操選手を何人も知っているよ。2年ほど前に代表チームのメンバーだったジャッキー選手を覚えているかな？　彼女もあなたと同じような怪我をして，10ヶ月後には完全なトレーニングをして代表チームに戻っていったんだよ。

R：はい，わかってはいるんですけど…ただ，私は今年こそ代表チームに選ばれることを本当に期待していて，それはコーチも同じでした。もし私が選ばれていたら，たぶんコーチも代表チームのアシスタントコーチに選ばれていたと思うんです。ふつう，コーチは代表チームに自分のところの選手がいると，ヘッドコーチのアシスタントになれるんです。ある意味で，コーチが代表チームに参加できるかは私にかかっていました。

ここでレベッカは自分がスポーツに復帰できることを認めますが，彼女はこのポジティブな点に反抗するように，コーチの話を持ち出して罪の意識を表しています。しかし，あまり一度にたくさんの問題を取り上げずに，ポジティブな結果をベースに勢いよく進むことが大事です。何といっても，フィジカルセラピストはアスリートが怪我やリハビリテーションを対処するのを手助けしながらも，リハビリテーションの身体面に集中しないといけないからです。レベッカの罪の意識を取り扱うには，さらに進んだ考えと心理学者のスーパーバイザーとの話し合いが必要かもしれません。リハビリテーションは長期間続くので，彼女の罪悪感について今は話し合う必要がないかもしれません。そこでレベッカとコーチとの関係については，今のところは，頭の片隅に置いておこうとフィジカルセラピストは決めました。

セッションのこの時点で，フィジカルセラピストはアスリートに運動をしてもらい，その後は怪我に関する行動的，心理的側面についての話をしませんでした。アスリートがクリニックを出ようとしたとき，フィジカルセラピストがこの1日でレベッカが達成できたことを簡単にまとめました。

PT：それでは，また3日後にね。今日は本当によくできたよ。筋力も可動域も計画より早くよくなっているよ。これから何日間か，自分で運動をするときも，今日話し合ったことを思い出して。あなたみたいな人は，以前と同じレベルの体操に復帰できる能力があると思うよ。

このような調子でセッションを終わり，いくつかの目標を達成しました。第一に，アスリートの自己効力感を高めました。二番目に，ここまで回復できているのは彼女のやる気と努力の成果だと注意を向けさせました。三番目に，彼女には怪我のリハビリテーションを成功させ，体操に復帰できる能力があると

示しています。これらのコメントによって，彼女の内部統制感を高めました。長期のスポーツ障害リハビリテーションでよく起こる問題であるフィジカルセラピストへの依存症が発生しないようにするために，フィジカルセラピストの役割は強調しませんでした。このセッションでは，アスリートがかなりネガティブなときもありましたが，セラピストがそれに巻き込まれてしまわないために別のチームメイトの訪問に関してその視点を変えたり，「チームメイトが会いに来なかった方が本当によかったのかい？」など，大きな手術をして復帰を成功させたアスリートなどのポジティブな例を挙げました。スポーツ選手は毎回ポジティブな考えに戻りましたが，もしネガティブな考え方が変えられないくらい手に負えないものであって，視点を変えてみてもアスリートがポジティブな態度にならない場合は，そのネガティブな考えを取り上げ，処理していく必要があります。レベッカの場合は視点を変え，もう一度考え直すだけで充分でした。もっとネガティブで，かなり落ち込んでいるアスリートであれば，視点を変えても効果はあまりないので，アスリートがよりポジティブな思考を持ち前に進むには，そのネガティブな感情反応をもっと注意して探究する必要があるでしょう。

## セッション5

レベッカの膝の筋力と可動域を測定している中で，彼女が3日前のセッションよりも痛みを感じていて，患部が腫れていることにフィジカルセラピストは気がつきました。

PT：家ではどうですか，レベッカ？
R：だいたいはうまくいっていますよ。でも運動をすると，より痛くなる気がします。少し余分にエクササイズしているからかもしれないですね。
PT：余分にって，どれくらい？
R：そうですね，この前先生と話したことをいっぱい考えていたら，すごく燃えてきたんですよ。それで，復帰するために全力を尽くして頑張ろうと決めました。私はたぶん，わかったんですよね…この膝の怪我を乗り越えるには，頑張るしかないって。毎日2回くらい余分に運動していて，それで痛くなったと思うんですけど。

この時点で，フィジカルセラピストは，レベッカに処方した回数だけを家で運動するようにとはっきりと言わなかった自分を叱るべきです。その怠慢を除

けば，前のセッションに比べ，アスリートにかなりの変化が見られます。ポジティブな面では，レベッカは自分の怪我を受け入れるようになり，リハビリテーションで努力すればその怪我の結果を自分がコントロールできると感じています。その上，彼女は前のレベルの体操に戻るための重要な長期的目標を自分自身で立てました。これらの決断はレベッカが進歩しているいい兆しですが，彼女の強い決断にはネガティブな面もあります。一つは，彼女はリハビリテーションを進歩させる方法の解釈を間違えました。この誤解は，「毎日2回くらい余分に運動している」という彼女のコメントにも表れています。この段階では努力する必要があるとアスリートにはっきりさせなければいけませんが，その努力はフィジカルセラピストの指示の範囲の中で行われるべきです。アスリートがリハビリテーションの計画にとらわれすぎて，リハビリテーションプロセスのさまざまな段階で，その計画を超えようとしすぎることがよくあります。多くの選手は「痛みなしでは，勝利を得ることはできない」という言葉に同意しています。痛みは症状の悪化を示しているかもしれないので，レベッカのリハビリテーションへの考え方は，この段階で訂正しないといけません。リハビリテーションに関してのルールや禁止事項をきちんと教えなかったのはフィジカルセラピストの責任です。幸いなことに，レベッカの誤った考えは早期発見できました。

> PT：でも，今の時点では，膝がどれほど使えるかに気をつけないといけませんね。まだ早い時期なので，膝が悪化するリスクはたくさんあります。今あなたが集中しないといけないことは，運動をできるだけ行うことだけど，これまでしてきたように私の指示通りにすることです。もし運動を正しく行ったならば，最大の効果を得ることができるでしょう。リハビリテーションシートに提示している以上に運動の回数を増やす必要もないし，運動を増やしたときには今日みたいに痛みや腫れがあるでしょう。でもその痛みはきっと2日くらいしたら消えるから，心配しなくてもいいよ。来週に入ったらリハビリテーションプログラムの次の段階に進むから，そのときに家で行う運動の数が増えますよ。
>
> R：すいません。ただ，暇なものだったから…。体育館に週30時間いることに慣れていたのに，急にそれがなくなって。時間をもっと活用したくて，リハビリテーションを増やしたらいいかなと思ったの。
>
> PT：その気持ちはわかりますよ。同じ怪我で私が治療した選手の多くも，同じようなことを言いましたね。そこであなたのような段階になっている選手には，リハビリテーションエクササイズを体育館でしてもらうようにしています。家でやるよりは面白いでしょう。体育館には必要なリハビリテーション機器があ

　　　　るし，そこにいるだけでチームの一員でいる気分になれると思う。どう思う？
　　R：うーん，悩みますね。膝の怪我をしてから，まだあそこには行ったことがないんですけど。どんな気分になるかわからないけれど，友達には会いたいですね。
　　PT：来週からは，バイクやバランスボードなどのもっと動きのあるリハビリテーションを始めてもらいます。あれなら体育館でも簡単にできるし，上半身の調整とストレッチが同時にできるね。それについて，あなたはコーチと話したいかい？
　　R：いえ，みんなの邪魔にならないか聞きたいから，先に先生がコーチに聞いてくれませんか？　私はただ，みんながいる所でぶらぶらしているように見られたくないから。
　　PT：いいよ。喜んでコーチに電話をして，計画するよ。それと，できればコーチが一度クリニックに来て，あなたがしているリハビリテーションプログラムをみんなで見て，体育館でもコーチが見てあげられるようにしましょう。そうすれば体育館ではコーチがあなたのリハビリテーションを見られるし，ここでは私があなたのリハビリテーションを見てあげられます。あなたがしないといけない運動に疑問があったときは，いつでもコーチは私に電話をできます。そんな感じならどうかな？
　　R：体育館に戻るのはどちらかというと不思議な感じだけど，チームに戻れるのは最高です。

　長期の怪我からのリハビリテーションにおける重要な部分が，この会話の中に認められます。それはチームメンバーとコーチのサポートです。この数週間の間，レベッカはチームメイトやコーチと一緒に週30時間練習している状況から，最小限のつき合いに急変しました。怪我をしたアスリートにとって，この関係の変化に慣れることは難しいことです。レベッカが体育館に戻るのを励ますことと，コーチをリハビリテーションプロセスの重要部分に加えることによって，ふだんの生活に戻っている感覚を彼女に与えられるかもしれません。
　レベッカがコーチと話すことに関する，「みんなの邪魔にならないか聞きたいから，先に先生がコーチに聞いてくれませんか？」というコメントには，コーチをがっかりさせた罪の意識が彼女にはまだ強く残っていて，コーチと話すのに抵抗があることを示しています。フィジカルセラピストはこれに気付き，このような不安感を起こすような状態から彼女を助けました。
　セッションのこの段階では，フィジカルセラピストは，彼女の自己効力感を高めることと怪我に関する結果をコントロールすることを彼女に教えるための会話をしながら，リハビリテーションの身体面での処置に戻りました。

## セッション 10

　このリハビリテーションセッションは，レベッカがリハビリテーションプログラムの量を増やしてから2週間後に行われました。彼女は体育館で週に3回プログラムを部分的に行っていました。

　PT：やあ，レベッカ。今日の調子はどう？
　R　：うまくいっていますよ。膝がどんどん強くなっているのを感じることができ，膝をもっと信頼できるようになりました。もう，足を引きずったり，かばったりしてないと思うの。
　PT：それはよかったね。じゃ，始めに，電気治療機を足につけて，中間広筋がもっとよく引き締まるようにしましょう。それから，体育館でしているトレーニングがどうなっているか聞かせてほしいですね。

　ここで，レベッカがコーチの指導のもとで体育館で行っているリハビリテーションを，フィジカルセラピストが"トレーニング"と呼んだことに注目してください。この言葉をあえて使ったのは，他の体操選手がしているトレーニングと，単語的に同等にするためでした。簡単ですが，この言葉遣いは選手に，彼女が体育館でしていることは，ふつうの体操のトレーニングと同じくらい大切であるということを伝えるためで，アスリートのしていることをリハビリテーションエクササイズや怪我のエクササイズ，あるいは代替トレーニングなどと呼ぶよりは，ずっと効果があります。

　通常の理学療法リハビリテーションでは，アスリートの心理社会的問題を話し合う時間がたくさんあります。フィジカルセラピストがアスリートにマッサージをしていたり，アスリートが電気治療機で治療を受けている時間があるので，この時間をむだにせず，アスリートが思っていることを話してもらうために有効に使うべきです。また，認知行動のスキルを教えてあげる機会にもなります。

　R　：最近は本当にうまくいっています。体操の仲間が，私が歩いていたり自転車に乗っている姿を見ても，膝の手術をつい最近したとは思えない，と言ってくれました。

　リハビリテーションプログラムを部分的に体育館ですることが，彼女にとって復帰するためにはよかったようです。

　R　：バイクとバランスボード，そしてチューブにすごくはまりだして，夢中になって我を忘れますね。気がついたら汗だくで，全力で運動した感じです。

この段階では、フィジカルセラピストがレベッカの身体エクササイズがうまくいっていると気付き、レベッカ自身もいい感じです。(コーチと共に) フィジカルセラピストが取れる一つのアプローチは、レベッカが練習して「我を忘れて」いるときに、技術の認知的リハーサルのいくつかをやってもらうことです。レベッカが通常の体操のトレーニングに戻るときには、この技術が必要となってきます。アスリートがこのような技術の効果や可能性をしっかりとわかるように紹介し、コーチもこのリハビリテーションの一部に積極的に参加してもらうことが大事です。なぜなら、どの技術を認知的に練習することが適切かについては、コーチも決める権限を持っているからです。

PT：体育館でしている練習がそれほどためになっていると聞いて、嬉しいよ。体育館であなたがやっているセッションが、クリニックで私たちが一緒にしているプログラムを支えているからとても大事です。一般的に言って、片方をなくせば、リハビリテーションの成功が難しくなりますから。実を言うと、今朝コーチから電話があって、あなたの回復をとても喜んでいると言っていたよ。私も、あなたがよくなっているとコーチに伝えました。それで、あなたがさらに時間を有効に使いたいなら、次は技術を頭でイメージする練習を始めたらどうかなと思います。ある意味で、これはあなたが体操の技を始めるまでに、自分で準備できるアプローチだよ。どうかな？

R：昔、試合の前にそれをやっていたけど、ちゃんとできていたのかはわかりません。

PT：以前にやったことがあるというのは、すばらしいことだね。あなたがエクササイズバイクや、床でのストレッチと体の調整をしている長時間のトレーニングが、これをするのに理想的だなと、コーチと私は話しました。さっきあなたが言った、「我を忘れる」ときですよ。どうせなら、その時間をあとのために準備ができるように使った方がいいと思うよ。

R：そうですね、いい考えですね。私は、昔できた技が今もできるのか心配です。ビジュアリゼーションするのに、何が一番いい方法ですか？

PT：そうだね、これから数分間、ハムストリングの筋肉から緊張をほぐしている間、それについて話をしましょう。ビジュアリゼーションやメンタルリハーサルについてのビデオも貸すので、家に持って帰って見てくださいね。それをみれば始められると思うけど、今度体育館に行ったときは必ずコーチとこのことを話してね。コーチは他の何人かの選手にもこの技法を使ったことがあると言っていて、あなたが練習するなら一番いい技術を教えてくれると言っていたよ。私が体操をしていた頃も、ビジュアリゼーションが役に立ったことを覚えているよ。

もしフィジカルセラピストがビジュアリゼーションとメンタルリハーサルを

リハビリテーション・プログラムの重要部分としてアスリートに薦めるのなら，それらに確実性がないといけません。この信用の確実性は三つの方法で作られました。一つは，スポーツ選手が前にこの技法を使ったことがあると報告しました。二つ目は，コーチが他の選手にこのテクニックを使って，信用していること。そして最後に，フィジカルセラピストが自己開示して，自分の体操キャリアを話すことによって，レベッカとの一体感を示し，自分にもそのテクニックが役に立ったと言いました。あとの二つの方法によって，コーチやフィジカルセラピストのような影響力のある人が以前個人的にこのテクニックを試したのであれば，やる価値のあるスキルにちがいない，と彼女は納得したでしょう。多くのフィジカルセラピストは，イメージを知らないかもしれないし，大事だと思っていないかもしれません（Francis et al., 2000）。アスリートがイメージの訓練をし，そのスキルを上達させるため，スポーツ心理学者に相談したり彼らに紹介することが最善かもしれません。

## セッション25

　この段階では，レベッカは怪我をしてから4ヶ月がたち，リハビリテーションの身体面では期待していたよりも少し早く回復していました。彼女の整形外科医とフィジカルセラピストも彼女の筋力，可動域，そして膝の機能について満足していました。そして，軽い重量をつけた体操の動きと着地以外の平行棒技術の練習を始めてもいいと判断しました。この判断はレベッカ，コーチ，フィジカルセラピスト，それに整形外科医の4人で話し合って決めました。そして練習量については，特定のガイドラインが与えられることになりました。

　その上，ここ2ヶ月間，レベッカは理学療法リハビリテーションに加えメンタルリハーサルのスキルに集中し（メンタルリハーサルについての詳細は，第6章のイメージを参照），自分自身やフィジカルセラピストとの対話を通して，体操に復帰するための自己効力感を高め，目標設定もしました。特に目標設定ではリハビリテーションと練習での毎週のさまざまな目標，実際の体操練習を始めるにあたっての目標，そして州レベルでの体操競技会に復帰する大きな目標を決定しました。このセッションで回復の程度を測定し，理学療法リハビリテーションは週1回に減らし，運動や身体活動を徐々に増やしました。フィジカルセラピストとの接触が減っていったため，アスリートはコーチと共にリハ

ビリテーションの責任を負う必要がありました。

　PT：で，今の調子はどうかな？　平行棒から少しぶらさがるようになって，床での練習も始まったけれど。
　R：正直言って，平行棒を再開したときは怖かったですね。本当に緊張して，ガチガチでした。簡単な動きでもリラックスできませんでした。着地して，また膝を怪我してしまうことばかり考えてしまってね。それがあるから，今はまだ着地は一切しないです。
　PT：平行棒に乗ったときはどんな感じでしたか？
　R：まあ，本当言うと，実は1ヶ月前から，コーチが体育館にいないときに平行棒に少しぶらさがってみたりしたんです。でも，本当に簡単な動きしかしませんでしたよ。そのときは不安はなかったけど，いざ正式に平行棒の練習を指示され，以前やった技術などを練習することになると，プレッシャーがのしかかってきます。怪我をした方の膝から落ちてしまうことばかりを考えてしまいます。夕べの練習中も，ぶらさがっていた片手が実際に滑ってしまいました。でも運よく手から地面について，膝は大丈夫でした。そのあと，心臓の動悸が止まらなくなって，なかなか平行棒に戻れませんでした。
　PT：それがあなたにとってどれほど大変だったか，わかりますよ。そのあとの練習中は平行棒に乗ることはできたのかな？
　R：もう少しやりましたけど，計画していたほどはできませんでした。それと，コーチが私に対して怒っているのかそうでないのか，わかりませんでした。コーチは落ちたことに関しては何も言いませんでしたが，そのようなバカな失敗をした私に怒っていたんでしょうね。
　PT：なぜコーチがあなたに怒ると思うの？
　R：わからないけれど，ただ，コーチが何も言わなかっただけ。私はずっと自分を責めて，コーチはこんな簡単な動きで落ちる私を負け犬だと思っているに違いない，と考えてしまうのです。以前にも，簡単な動きで失敗してコーチが怒るところを見ていますしね。

　この時点で，アスリートが体操技術に集中できていないと，フィジカルセラピストは気付きます。体操など集中力が一番安全を保障するようなスポーツ分野では（特に膝が治りきってないので），選手が目の前にあることに集中する能力を磨くための技術を話してあげることが有効です。その上，体操選手は自分の落下を見たコーチの反応をネガティブな方向に解釈しました。つまり，選手は「私はずっと自分を責めて，コーチはこんな簡単な動きで落ちる私を負け犬だと思っているに違いない，と考えてしまうのです」と言い，自分にネガティブなセルフトークをしているのです。コーチの反応が無関心だとレベッカが解釈したのは，彼女の恐怖心とコーチをがっかりさせた罪の意識を表現してい

るのかもしれません。おそらく選手はコーチの反応を誤って解釈したのでしょうし，コーチの反応にはいくつかの理由があったのでしょう。

　　PT：話を続けながら，膝が大丈夫か念のために診せてください。あなたは不自由なく歩いているし，腫れている様子もないから，何の問題もないとは思うけどね。さっきあなたが言っていたことに戻るけど，私はあなたのコーチを知っているけど，あなたが落ちたくらいで「負け犬」と思うなんて信じられません。その出来事をコーチが無視した理由として，他にないかな？
　　 R ：あまりわからないけれど，ふつうなら何か言ってくるんですよ。コーチが体操選手としての私に興味が薄れているのだと思う。きっと，私がフルトレーニングに復帰し，州チームに戻れると思っていないんでしょう。もしかしたら，私が歳を取りすぎて，怪我から復帰するのは無理と思っているのかもしれない。

スポーツ選手は「その出来事をコーチが無視した理由として，他にないかな？」という質問に答えませんでした。かわりにその出来事をいっそう悲観的に取り（あるいは解釈しすぎて），はたして目標を達成できるかどうか，自分の能力について疑いを投げかけることをすぐに始めてしまいました。これ以上セッションが脱線しないように，フィジカルセラピストは選手がさっきの質問にもっと集中するようにしました。

　　PT：レベッカ，どうしてコーチがあなたの落下を無視したと思うのか，説明してくれないか？　コーチがあなたのことを「負け犬」と見ていると考えるのはどうして？
　　 R ：うーん…落ちたことを無視したのは，たまたま他のことを考えていたのかもしれない。コーチのことだから，私があまり心配しないように，そして他の選手が心配しないように，わざと見過ごしていたのかもしれない。
　　PT：聞いた感じでは，あまり重大な出来事ではなかったようですね。よく体操選手に起こるようなことですよね。
　　 R ：はい，その通りです。今考えてみたら，練習中のそんなちょっとした失敗は，毎日誰かがしていることですね。私は自分の膝を気にしていたから，コーチに何か言ってほしかった…落ちたのを見たというくらいは言ってほしかったのかも。

レベッカは自分の怪我でコーチをがっかりさせ，そのせいでコーチが代表チームのアシスタントコーチになれなかったと思っているので，彼女はコーチが自分を見てくれることをとても望み，またそれを必要としていたのです。

　　PT：もしかすると，コーチはあなたが練習するときにもっと自立させようとしているのかもしれないね。あなたが体育館に戻り始めてリハビリテーションをしていたときは，ずっとつきっきりだったからね。

R ：そうですね。コーチは私たち歳上の選手を信頼しています。コーチはよく私たちに，若い子たちに習い始めた技術を指導するよう頼んできて，私たちは得意な技術を教えます。きっと私は膝のことをかなり心配しているので，そのために気にしすぎているのではないかと思います。

PT ：さっきの一言はどうなの？ コーチが自分にはもう期待していないのかもしれない，と言っていたこと。先週，整形外科医と話し合ったときは，あなたが試合に戻ることに対してすごくサポートしていたように見えたけど。

R ：コーチは本当にすごく協力してくれています。私のフィギュアスケートの友達がされたみたいに，コーチは私が怪我をしている間，無視することもできました。私の友達は，最悪な時間をすごし，トレーニングに復帰するために苦労しました。私はいつも，何かいやなことがあるたびに最悪なことを自分で思って，何も集中できなくなるんです。悲観的な考えが頭から消えないんですよ。

この段階で，フィジカルセラピストは，落下した出来事に対するコーチの行動に関して彼女が非合理的な信念を抱いていることに気付かせました。その上で，いくつかの導きによって，彼女はコーチの反応（あるいは反応のなさ）に関して，より合理的な新しい考えを持つことができるようになったようです。レベッカがコーチをがっかりさせた罪の意識の問題は直接取り上げませんでしたが，コーチの行動を合理的に解釈することによって，解決へと進みました。ここでよかったのは，レベッカが自分にいやなことがあるとネガティブなセルフトークを言い，非合理的な考えを持つということを認めたことです。ここでフィジカルセラピストは，彼女が練習中に体操技術に集中できるよう，ポジティブなセルフトークや言葉によるコーピング，セルフインストラクションをうまく使うことを考えたのです

PT ：体操の技を練習しているとき，集中できていないみたいですね。自分に自信がないときに頭の中でネガティブな考えを持つことは，よくあることです。それをネガティブセルフトークと呼びます。膝の手術をしてから，こんなに早く進んで体操に戻ろうとしているし，不安になるのはわかります。それに対処していく方法の一つとして，そのときに練習している技術などに意識を集中すれば，不安な気持ちから気をそらすことができます。順調に進まないときもあるし，目標を達成するまでに困難にぶつかることもあるでしょう。たとえば，あなたはあのちょっとした落下をすごくネガティブに解釈しましたね。あの出来事への別の対処法として，言葉によるコーピングを使うことができます。つまり，ある問題が発生すると，それを対処できると自分にメッセージを送るんですよ。たとえば，「この落下は小さな失敗だ。怪我をしなかったし，今までのことを考えたら，たいしたことはない」と自分に言い聞かせるんです。どうでし

ょうか？
R ：似たようなことを試したけれど，すぐに「危なかったぞ，また怪我をするぞ」という考えが戻ってくるんですよ。
PT：たぶん，しばらくはそういう考えも出てくるでしょう。ただ練習が必要なだけで，メンタルリハーサルとポジティブセルフトークの組み合わせで，いずれはネガティブセルフトークがなくなると思いますよ。
R ：実際に練習を始める前までは，ビジュアリゼーションをよくやっていましたが，ここ数週間はしていません。
PT：では，それをまた始めましょう。平行棒に乗る前に，これから行う技術を2回くらいメンタルリハーサルをすることがもっともよい方法だと思います。それをすれば，確実に集中できて，頭の中に浮かんでくるほかの考えをふさいでくれます。多くのアスリートが集中できないときに使う他の方法では，技術を行うときに従う特定の指示を自分に言いきかせます（セルフインストラクション）。たとえば，あなたがこれから平行棒で大きなスウィングをするときに，どのような指示が一番役に立ちますか？
R ：えっ，わかりません。そんな具体的なことは考えていません
PT：それでは，あなたがその技をする前，コーチはふつうどんな指示をしますか？ コーチをミニチュアサイズにして，あなたの肩に座っているとイメージしてみてはどうでしょう。コーチはどんな指示をしますか？
R ：コーチはおそらく，スウィングの下にきたら，肩の角度を開くようにと言います。
PT：すばらしい！ できたじゃないか。それが，あなたがその技術をするときに集中させてくれるセルフインストラクションなんです。その指示に集中するとたいてい，その技術をするときに邪魔になる考えを持ちにくくなりますよ。
R ：やってみます。

このリハビリテーション・セッションの中でフィジカルセラピストは，レベッカが経験した不安によって起こる気を散らせる考えに彼女が対処するため，いくつかの集中技法を紹介しました。この段階で集中が途切れることは，膝のさらなる怪我に容易につながってしまいます。整形外科医，フィジカルセラピスト，コーチ，そしてレベッカ自身も予定より少し早く体操の練習に戻ることに同意していました。したがって，いつもより以上に怪我の再発防止のことを考えました。フィジカルセラピストは，アスリートがリハビリテーションの初期に技術レベルを保つためと自己効力感を高めるために用いたメンタルリハーサルを，今度は集中力を高めるために使いました。

さらに，フィジカルセラピストが提案したミニチュアのコーチをイメージす

ることが，レベッカの自己教示に役立ちました。不安感が高いスポーツ選手の場合は特に，気を散らせるようなネガティブな考えがあるため，適切な自己教示が作りにくくなります。この適切な自己教示がないと，不安感はいっそう高くなり，集中が不可能になる場合もあります。

スポーツに復帰しようとしているスポーツ選手が集中するために役立つさらなる技法として，もう一つの方法は，「一瞬，一瞬を大事にする」または「今に集中する」というものがあります。この方法は，その時点で行う一つの課題だけにアスリートを集中させます。すなわち，成功や失敗に関わらず，過ぎたことを心配しないこと，そしてこれから先にしないといけないことについても心配しないということです。

PT：あなたの練習で役に立つ方法をもう一つ，簡単に紹介しましょう。実はリハビリテーションの初期に何回も使った方法です。10回セットの大腿四頭筋収縮を何回もしたころのことを覚えていますか？　最初のころ，あなたは全部を続けて通してやるのに苦労していたけれども，一つのセットだけに集中してやれば，残っているセットを気にせずに楽にできたとあなたは言っていましたね。実はそれこそが，体育館に戻って練習する際に使えるすごくいい技術です。まさにその一瞬だけを生きるのです。

R：そうですね。とても役に立つと思います。というのも，夕べスウィングの練習をしても，落下のことしか考えてなかったくらいですからね。

PT：だから，落ちたくないとか，したくないことを考えないで，そのときに何をすればいい練習になるかを考えるのですよ。これを練習して常に利用すれば，役に立ちますよ。前にも話したように，これらのメンタルスキルも習って覚える身体技術と同じなんです。以前に一度習ったとしても，練習しないと上手にはなりません。そして，より困難な場面でメンタルスキルを利用したかったら，それを使うのが本当に上手じゃないといけません。難しい体操の技を練習するのと同じです。大会などのプレッシャーのかかる状況でも一貫してできるように，完璧に練習するでしょう。もし完璧にできていなかったら，練習ではうまくいったとしても，大会では難しいですね。わかりますよね？

R：はい，その通りです。

PT：この4ヶ月間でうまくなった技術のいい点は，スポーツだけではなく，人生のあらゆる面で利用できることです。たとえば，学校の試験でみんな緊張して，不安になりますよね。そのときに，さっきの「一瞬，一瞬を大事にする」の方法を活用して，試験の問題を一つずつ解いていけます。また，クラスの前でしないといけないプレゼンテーションには，メンタルリハーサルを使って練習ができます。そうすれば，絶対にスピーチに集中できるし，プレゼンテーションをするのに自信がついてきます。実は，スポーツ以外のところでこれらの技術

　　　　　を練習するのはいい考えなんですよ．そうすれば，さまざまな状況でこの技術
　　　　　を応用できるようになります．
　　　　R：そう言えば，もうすぐ重要な生物の試験があります．ちょっと試してみよう
　　　　　かな．

　ここでアスリートに与えられた重要な点は，メンタルスキルが身体技術と同じくらい練習が必要ということです．多くのアスリートは，メンタルスキルは頭の中での問題だから自然にできることで，練習は必要ないと誤解します．そしてまた，メンタルスキルを生活の他の領域にも広げることも重用でした．そうすることによって，アスリートはさまざまな応用をすることができ，技術を高いレベルまで練習する動機になります．一流の体操選手の多くは，目標達成のためやっているので，技術のプラスになりパフォーマンスが上達するのであれば，その技術を取り入れようとします．

## 結論

　フィジカルセラピストが怪我とリハビリテーション・プロセスの心理的側面を取り扱い始めるいくつかの方法について，会話と解説の例をあげて説明しました．会話を通して，アスリートのフィジカルセラピストに対する信頼が向上するのを見ることができます．リハビリテーション・セッションの中で取りあげた社会心理的に関するアドバイスをアスリートに聞いてもらうためには，このお互いの信頼関係は，重要な要素です．さらに，リハビリテーションセッションの時間，特にリハビリテーション初期の時間を有効に使いました．アスリートが気になっていることを議論して，回復のプロセスとスポーツへの復帰を容易にさせてくれる基本的な認知行動法を取り入れました．

　このケースでは，怪我の初期段階もしくは発見する前に，問題を予測しながら社会心理的側面を取り扱うこと，そしてリハビリテーションの身体面と同時に取り扱うことが最も強調されました．アスリートとフィジカルセラピストの関係が築かれ，心理的な問題を話し合うことは自然な経過です．長時間一緒にいるうえに，フィジカル・リハビリテーションでは接触があるので，アスリートは他のリハビリテーション提供者以上に，フィジカルセラピストにリハビリテーションに対する心理的，行動的な関心事を打ち明ける可能性が高くなります．クライアントと個人的な心理的問題を話し合う能力がないと感じているフ

ィジカルセラピストの方は，いくつかの基礎知識（Heil, 1993 ; Pargman, 1998 ; Taylor & Taylor, 1997 を参照）とワークショップや継続教育プログラム，あるいは専門的なセミナーを通してカウンセリング技法を習得してはどうでしょうか。具体的には応用スポーツ心理学会（Association for the Advancement of Applied Sport Psychology）とアメリカ心理学会（American Psychological Association）の 47 部門は，メンタルスキルに関するワークショップとセミナーを毎年開いています。フィジカルセラピーの専門家グループとアスレチックトレーニングの団体は，リハビリテーションの心理的側面により敏感になってきています。今後はますます，リハビリテーションにおけるメンタルスキルの教育とそのトレーニングの機会が，学会の定例会で増えてくることでしょう。

⊙第IV部
展開：ケガ，引退…その他の問題

# 第13章　コーチ活動における
　　　　スポーツ心理学

(DOING SPORT PSYCHOLOGY IN THE COACHNG ROLE)

■ Britton W. Brewer (Springfield College)

「私が知っている成功したコーチは，皆が技術を教えるのが上手というわけではないが，全員例外なく人間的に優れた面を持っています」
(Doherty, 1976)

　有名な陸上競技指導者であるドハーティの引用した言葉からわかるように，コーチをするのはスポーツ技術をアスリートに教える以上のことが含まれています。指導しているアスリートから最大のパフォーマンスを引き出すにあたって，コーチはアスリートの心理的な部分の才能を引き出し発達させなければなりません。アスリートをやる気にさせ，チームをまとめ，目標を立て，そして選手と効果的にコミュニケーションを取るといったコーチの仕事はまさに心理的特質を有する作業です。スポーツのパフォーマンス向上と心理学の関係とに気付き，多くのコーチはスポーツ心理学の大学院レベルの学位を取っています (Burke & Johnson, 1992)。また，スポーツ心理学は American Coaching Effectiveness Program などのコーチトレーニングプログラムにもひんぱんに取り入れられています (Bump & McKeighan, 1987)。
　本章ではコーチングとスポーツ心理学の接点を見ていきたいと思います。この本全体の趣旨に合わせて，本章はスポーツ心理学をコーチ活動に応用する内

容よりも，そのプロセスを取り上げています。スポーツの場で応用できるさまざまな心理学の原理やテクニックを学習したいコーチのためには，他にすばらしい資料があります (Martens, 1987 ; Martin & Lumsden, 1987 ; Williams, 1998 など)。それらの力作をここでそっくり複製することが本章の趣旨ではありません。そのかわりに，本章の焦点はスポーツ心理学を如何にコーチが応用しているのかに当て，そこを見ていきたいと思います。スポーツ心理学をコーチングに組み入れる方法や，スポーツ選手にスポーツ心理学や他のサポートサービスを紹介する方法を見る前に，コーチが心理的分野で活動し，スポーツ心理学者としても機能することがいかにすばらしいのかを話したいと思います。

# 一人二役の問題

　コーチングにスポーツ心理学を応用する場合，スポーツ選手にとってコーチはコーチでありながら，同時にスポーツ心理学者でもあるため，コーチは一人二役を果たさなければならないというおそれがあります。一人二役は，心理的性質を含む状況では特に注意する必要があり (Ebert, 1997)，倫理的な視点から見ても問題を含んでいます。

† 倫理的考慮

　心理学の倫理規定は，心理学者がクライアントに害を与えずに良質なサービスを提供できる可能性を高め，一般の信頼を維持するために作られています (Koocher & Keith-Spiegel, 1998 ; Whelan, Meyers, & Elkin, 1996)。コーチが共に働くアスリートにスポーツ心理学者としての機能を果たす際の明白な倫理的ガイドラインはありませんが，アメリカ心理学協会の倫理的原理と行動規定 (Ethical Principles and Code of Conduct of the American Psychological Association) (APA, 1992) が一般的に取り上げられています。

　「心理学者は常に業務上もしくは関わる人間に有害な影響を及ぼす可能性について，敏感に配慮しなければならない。もしその関係が明らかに心理学者の客観性を減じたり，または心理学者としての機能を効果的に行う妨げになったり，もしくは他者に害を与えたり，他者を個人的に利用するように見えた場合は，心理学者はそのような人と個人的，科学的，専門的，経済的な関係を結んだり，請け負うのを控えるべきである」(P.1601)

　プティパスたちが (1994) 応用スポーツ心理学会 (Association for the

Advancement of Applied Sports Psychology (AAASP))のメンバーに最近アンケートした結果，チームのコーチでもありながら同時にスポーツ心理学をも提供するのは倫理的に適っているのか，という質問に対し，意見はばらばらでした。したがってプティパスたちは，このような二重役割の行動の問題を，議論中で未解決だと位置づけました。コーチ・スポーツ心理学者の二重の役割に関する学問的な文献においても，同じようにこの課題は議論の対象となっています。

　APA倫理ガイドラインを厳格に解釈したエリクソンとブラウン（1990）は，そのような二重役割状況で起こるさまざまなとらえ方の対立（クライアントをどう決めるのか，秘密性を維持するのか，それともスポーツ選手の情報を公開するのか，コーチとスポーツ選手の境界線を厳格にするのか，それとも柔軟にするのか，など）をいくつか指摘し，コーチがスポーツ心理学者の役割を持つことの反対意見を強く論じています。ブシータ（1993），バークとジョンソン（1992），Smith（1992）が提出したエリクソンとブラウンへの反論は，コーチとスポーツ心理学者の役割の両立は教育的な点（パフォーマンス志向）では起こるが，臨床的な問題（治療上の問題）では起こってはならないことを強調しました。

　スポーツ選手に心理的パフォーマンス向上テクニックを利用して心理学トレーニングを行うコーチの機能は，スポーツ心理学者の働きと明らかに重なる場合があります。しかし，コーチがスポーツ心理学者の役目をするのは，アスリートにストレッチングを教えたり，筋肉痛の選手にクライオセラピー（冷却療法）を勧めるコーチがフィジカルセラピストやアスレチックトレーナーの役目をしているのと変わりません。当然のことですが，コーチの活動というのはさまざまな学問分野をまたがる仕事が含まれます。心理学のトレーニングを受けたコーチは，単にアスリートのパフォーマンスをよくするために使えるたくさんレパートリーを持っているということだけなのです。倫理的な問題が発生するのは，先ほども説明したように，コーチとスポーツ心理学者を同時に行うことで，アスリートへの心理的サービスが減少したり（コーチとしての役目で忙しくて），アスリートの立場を危うくするときです（コーチに漏らした個人的な情報が原因で）。このような状況が起こる可能性が高いのは，スポーツ選手が臨床的な問題の治療を必要としたり，コーチがコーチの役割を超えて，カウンセリングや臨床心理学者がふつう行う役割をしてしまうなどの，ある程度規

模の大きい問題がある場合です。このような状況で最も適切な対応は，問題を抱えているスポーツ選手を心理的援助のために他の専門家に紹介してあげることです。

†実用的考慮

　コーチングには多様な広範囲に渡る専門的な要求があるため，現実的に考えれば，スポーツ心理学のトレーニングを受けているコーチがいくつかの介入は提供できますが（心理教育プログラム），避けたほうがいいもの（心理療法）もあるのも確かです。多くの場合，コーチ一人で全てをするのは難しいことです。アスリートのためにあらゆるコーチングや心理サービスを提供しようとしたら，コーチか心理学者としての役割のどちらかの能力を減らしてしまうことになるからです（Buceta, 1993）。

　能力減少の問題に加えて，コーチとスポーツ心理学者の役割を同時に持つと（スポーツ心理学の知識をコーチが応用するのではなく），実際的な問題に悪影響を及ぼす場合が出てくる可能性があります。スポーツ心理学者としての倫理的義務に従う必要があるため，コーチはそれに縛られ，コーチの持つ効果やアスリートの関係にとって妨げになる場合もあります。たとえば，コーチが他者（マスコミ，メディカル関係者など）にアスリートの情報を提供するときに，たとえささいな情報でもアスリートに同意書を書いてもらわなければならないのは，コーチとアスリートの関係を緊密にせず，堅苦しい形式ばったものにしてしまいます。

　したがって，コーチとスポーツ心理学者の役割を両方持つコーチの倫理的壁と実際的に不便なこと以上に，コーチではない人をスポーツ心理学者として雇うのは実用的に有利な面が多いのもまた事実です（たとえスポーツ心理学トレーニングを受けているコーチがいても）。別のスポーツ心理学者を雇えば，コーチは共にいるアスリートに対して，新鮮で偏見のない視点から見ることができ（Gardner, 1995；Smith, 1992），コーチングの目標に全力を注ぎ，集中することができます（Buceta, 1993）。そして，アスリートはコーチに教えられたメンタルについてスポーツ心理学者によるさらに強化を与えられることになるのです。

# コーチングにスポーツ心理学を組み入れる

　このような倫理的・実用的な対立があるかもしれない場合を除き，コーチ活動にスポーツ心理学を組み入れる方法がいくつもあります。特に，コーチはスポーツ心理学における原理とテクニックの知識を次のような方法でアスリートに活用できます。1）最高のスポーツパフォーマンスを追求するチーム環境を作るため，2）スポーツスキルを教えるため，3）一般的な心理的スキルを教えるため，4）スポーツ特有の心理的スキルを練習するため，そして，5）試合の準備をするため，です。

† 最高のチーム環境を作り上げる

　本書の冒頭でも言いましたが，成功しているコーチの多くはアスリートから才能を引き出すためにスポーツ心理学を露骨に使うのではなく，さりげなく使うことのできる達人たちです。コーチングに心理学が使われているのがもっともはっきりとわかるのは，コーチが作り上げていくチーム環境そのものです。開かれたコミュニケーション，チームワーク，共通の目標に向かう動機などの特徴がある環境を作り上げることによって，コーチは最高のスポーツパフォーマンスを追求するのを容易にすることができます。次のダイアローグ中のコーチが大学水泳チームを前にしての初めてのあいさつが示しているように，コーチは最初のチームミーティングから望ましいチーム環境を作り上げることができます。

　　C＝コーチ　A1，2＝アスリート1，2
　　C：初めての方はようこそ！　そして帰ってきた人へは，お帰りなさい！　知らない人のために言うと，僕はコーチのスミスです。スミィと呼んでもいいよ。今日はみんなが来てくれて嬉しい。今シーズンは絶対にすばらしくなります！　めんどうくさい書類手続きやら身体検査やら，上の人たちにやらされるふざけた手続きを説明する前に，みんながお互いのことをもっと知ろうじゃないか。ですので，順番に名前と，ニックネームがあればそれも，それに出身地，学年，専攻，そしてオフシーズンで一番よかった水泳の話を教えてくれ。当然，何か水泳をしてたよね。

　あいさつの言葉の中でコーチは自分が親しみやすく，自分はスポーツ選手たちにとってチームメイトと知り合うことが大事だと思っていて，自分も水泳に集中していることを伝えました。「上の人たち」という言い方はみんなのコメントは共通の他のグループに対して（大学のアスレチック部当局），グループ

が結束するのに役立ちました。コーチはこの場を和やかにする自己紹介をしたあと,今シーズンの方針を示そうとしました。

A1：スミィはどうなの？

C：毎回,絶対聞いてくるやつがいるんだよな。いったい誰が自己紹介を始めたんだ？（ウィンクして）しょうがないな。もうご存知の通り,スミィと申します。生まれも育ちもミズーリ州のカンザスシティーです。35年の学校生活。まあたぶん,体育の専攻と呼んでもいいでしょう。オフシーズンでの水泳の話としては,この夏本当にやっと重い腰をプールまで運び,何周か泳ぎました。そのため,このようなすばらしい若者のような体型に戻ることができたってわけさ。

チーム：(笑い)

C：じゃあ,次にいこうか。僕のコーチ観を少し紹介したい。最初に,僕は,コーチが楽しいからやっています。あなたたちもきっと,楽しいからここへ来ていることと思います。もし楽しくなかったら,コーチなんてやらないですよ…給料は安いからね。もちろん,勝ちたい気持ちは誰にも負けないし,勝っているときの方が楽しいけど,基本的には楽しいからやっている仕事です。しかしだからと言って,水泳に真剣に取り組んでいないわけでもない。僕は真剣です。それについては,先輩に聞いたらわかるでしょう。二つ目は,僕たちは水泳チームだと強調したい。一人一人が集合してチームになるのだけど,チームが一番大事です。個人での成功もいいけど,チームで優勝したときほど嬉しいものはありません。ここに長くいた人は覚えていると思うけど,サウスウエスタンに勝ってリーグ優勝を飾ったときの気持ちも最高だった。優勝して,みんなが僕をプールに投げ入れたときにブーツに染み付いた塩素は,今でも取れないよ！

A2：よーし,今年もスミィを濡らしてやるぜ！

C：そうなってほしい。でもその願いがかなう前に,たくさんの努力が必要だ。ここで行うプログラムは,みんなのためのものと呼んでもいい。チームとして成功するためには,ということを強調しています。もちろん,泳ぐことは大きな部分を占めています。特に最初のころは,おもいっきり長時間泳ぎます。そして,休むときもしっかりと休み,休まないといけないときは絶対に休みます。また,ストレングスとフレキシビリティ・トレーニングもプログラムの大事な部分です。これらはあなたたちの泳ぎを早くさせ,怪我も防止します。そしてスポーツの技術と戦略,それと同時に精神的な面も練習します。目標設定,イメージ,集中力トレーニング,最初から最後までやりこなします。栄養も大事です。一番いいときに最適なものを食べるようにします。ダイエットに無我夢中になっている人のようになるわけではありませんが,試合直前に脂っこいポテトフライを食べたりしないように！

シーズンを通して，これらのことを練習します。みんな一人一人ができる限りのいい水泳選手になれるよう，僕は全力で助け，最高のチームになるよう力を尽くします。何か，気になることがあったら，ぜひ話しに来てください。あまりいじめないようにするから…物事をするのに正しい方法は一つだけではない，ということはわかっているくらいにはこの仕事を長くやっているから，いつでも意見を言ってくれ。僕と話しにくかったら，キャプテンのマニー君に話してください。彼も僕と同じくらいここにいるし，まあ 10〜15 年付き合ってきたけれど，いい人物です。泳ぎもけっこう速いしね。

チームへのスピーチとチームメンバーとの会話の中で，コーチは今シーズンチームがどのようなことをするのかを示し，笑いを使ってチームの注目を引き，自分が優しいリーダーだと主張しました。

コーチをする人は，自分とスポーツ選手との一つ一つのやり取りがチーム環境に影響することを認識する必要があります。一般的に，望ましいスポーツ選手の行動強化を含んだポジティブな取り組み方をコーチが用いることに関しては，多くの文献があります（Martin & Lumsden, 1987；Smith, 1998）。コーチがチーム環境を作り上げるのには特定のアプローチを使うのではなく，自分の個人的やり方とコーチ観に一致したアプローチを選択することが大切です（Yukelson, 1998）。スミスコーチのきわどい笑いのセンスが混じった振る舞いは，どのコーチでもできるわけではありませんが，ほとんどのコーチは彼が言いたかったメッセージを納得するはずです。

† スポーツスキルを教える

　指導と練習は，コーチがアスリートにスポーツスキルを教えるのに最も適正な方法です。スポーツ心理学のトレーニングを受けているコーチは，伝統的な方法に心理学的要素を加えて，スポーツスキルをうまく教えるために自分たちの進んだ知識を使うことができます。次の例では，テニスのコーチが，スポーツスキルを練習するために列に並んでいる選手たちに，これから実際に練習する技術を頭の中でメンタルリハーサルしてもらう場面です。

C＝コーチ　A3, 4＝アスリート 3, 4

　C：はい，みんな集まって。次はオーバーヘッド（スマッシュ）を練習するよ。ガイルス，トリックシー（アシスタントコーチたち）と私は最近，みんなが練習でも試合中でももう少しオーバーヘッドをうまくできることに気付きました。みんなはショートボールを取りオーバーヘッドをするためのポイントをすべて練習します。だから，チャンスがめぐってきたときに，そのポイントを全てやり遂げることが大事です。オーバーヘッドを打つには，頭に入れておく基本は

数個しかありません。ネットに背中を向け，ポジションにつくのに細かいステップを取るのです。背中を向け，細かいステップ。何人かは，ボールを打つときに顔を上げておく練習をしないとね。この練習では，4人のグループを三つ作ります。始めるときはラケットをネットに当てるようにしてもらいます。一人につき，3回ロブを上げます。一列の先頭にいる人がオーバーヘッドを打って，二人目はサービスラインの後ろからその動作を真似します。三人目はベースラインの後ろからオーバーヘッドを打つのを頭の中でイメージして，四人目は列の後ろへ走って戻ります。だから，一つのグループが同時に打って，走って，イメージして，真似をしています。オーバーヘッドをイメージするときは，ネットに背中を向けて，細かいステップでポジションについているのをしっかりと感じてください。顔を上げて，筋肉をリラックスしてスイングしているのをイメージしてね。わかりましたか？

A3：え！ いったい何をするんですか？ さっぱりです！
A4：去年ボレーの練習でこれをやったでしょう，ダーレン。
　　私の後ろについてきたらわかるわよ。
C ：他に質問は？ よし，じゃあ，グループにわかれて始めよう！ 背中を向けて，細かいステップ…わかったわね。顔を上げて！

　この状況では，コーチが事前にチームにイメージトレーニングの方法を教えていたため，スポーツ心理学テクニックで練習時間を有効に使い，練習の間中メンバー全員に何かをさせて，スポーツスキルの練習を容易にしています。

† スポーツ特有の心理的スキルを練習する

　コーチはアスリートがとりわけスポーツに直接関係している心理的スキルを練習し，伸ばすのを助けるために，スポーツ心理学の専門的な知識を簡単に使うことができます。スポーツ特有の心理的スキルの中には，耐久スポーツで集中力を長い時間保つ，パフォーマンス直前のルーティーンを作る，試合相手の弱みを見出す，試合相手と常に直面しているスポーツ（フットボール，テニス，レスリングなど）で相手のパターンを発見するなどの行動が含まれています。単にアスリートを練習に参加させ，練習しているなかでそのうち必要な心理的スキルを身につけるだろうと願うだけではなく，コーチはアスリートがスポーツ特有の心理的スキルを身につけ，持続することを助けるような積極的な姿勢を取ることが可能です。アスリートに持ってほしいスキルをはっきりと説明し，練習もそのスキルが練習できるよう構成することにより，コーチはそのスキルに対する意識と記憶力を高めます。次の長距離走の例では，練習の中でスポーツ特有の心理的スキルをどのように磨けるのかを説明しています。

第Ⅳ部◉展開：ケガ，引退…その他の問題

C＝コーチ　A5, 6＝アスリート5, 6

C：よーし。ここのゴルフコースまで走ってきて，ストレッチとジョギングもできたので，今日の練習を始めたいと思う。何をやるかと言うと，簡単に言えば二つの短いテンポのランニングの間に，4分間のジョギングを挟みます。でも，それにちょっとしたひねりを加えます。

A5：あ，出た!!　シャドゥランだ！

C：トビー，当たりだよ。今日はシャドゥランをします。これをするには2人がペアになって…私がペアを決めますよ…1人が前の人と肩を合わせて走ります…5メートル後ろじゃなく，肩をあわせて…それを5分やって，その次に前に走っていた人が今度は後ろに回って，同じように5分間，前の人と肩を合わせて走ります。5分がたったら，次は4分間軽くジョギングして，それが終わったら順番を変えて2回目の10分間シャドゥランをします。これは速いペースで走ってもらいます。目標は後ろの人から逃げることではなくて，前にいる人との距離を維持する練習です。試合で，集団から抜け出せないときに前にいる人たちから離れないでいるのは，非常に重要です。今日は前にいる人の影のように走るのを練習します。だからシャドゥランというのです。質問はあるかな？

このような練習をしてから，コーチはペアごとにどうだったかを聞きました。あるペアとの会話は，次のようでした。

C＝コーチ　A7, 8＝アスリート7, 8

C：で，どうだった？

A7：大変だった！　1回目はそれほどでもなかったけど，2回目は死にかけましたよ」

A8：1回目のときに彼は自分がリードするときは猛スピードで僕を抜かしていったよ。僕はついていきましたけどね。でも，2回目に僕がリードする順番のときに，彼はすでにばてていて，だめでしたね。

A7：そうだけど，でも最後の30秒まではついていったぜ。

C：じゃあ，その30秒以外，20分間はくっついていられたの？

A7, A8：（ハイとうなずきました）

C：よくできたね！　苦しかったときはどうしたの？

A7：ただ，彼に接着剤でくっついていると自分に言い聞かせ，どんなに小さな隙間もできないようにしました。

C：すばらしい！　で，ハンクは？

A8：よくわからないけど，あなたが常にくっついていろと言うので，そうしただけですよ。

C：うん，いい練習だったよ，君たち。よく頑張ったね。じゃあ，筋肉が固くなってしまう前に，動き続けて体をクールダウンさせてね。

この例では，コーチが練習の前に，それから練習するスポーツ特有の心理的スキルの説明をし，終わってからは練習の目的が果たせたかを確認しました。シャドゥランの場合もそうですが，スポーツ特有の心理的スキルを練習するトレーニングセッションは，アスリートに身体的にも心理的にも役立ちます。シャドゥランはスポーツ選手に，激しい身体の練習と身動きが取れない中で油断なく力を調整し，集中を維持するという心理的スキルをリハーサルさせてくれるのです。

† 一般的な心理的スキルを教える

　コーチはまた，スポーツ内外で応用できるような心理的スキルをアスリートに教えるための教育的な役割もあります。コーチがそのようなライフスキルとスポーツのプロセスや結果（例：チームメイトと仲よくする，充分に休養をとる，勉強もまじめにする――スポーツチームに参加するには，最低限の成績は維持しなければならない，やる気を維持する）を結びつけられれば，練習やミーティングの時間をさまざまなトピックについての情報を提供するために費やすことができます。そのトピックとは，効果的なコミュニケーション，時間管理，ストレスマネージメント，目標設定などが含まれます。次の例でのバレーボールコーチは，効果的なスポーツパフォーマンスをするためには情動の調整をするのが大切だと説明し，チームに漸進的リラクゼーショントレーニングを教えました。

　　C＝コーチ　A7, 8＝アスリート7, 8
　　C：さあみんな，今日はメンタルスキルを練習することにするぞ。リラックスする方法を練習する。なぜバレーのためにリラックスする方法を習うのが大事か，誰かわかる人はいるかい？
　　A7：試合であがってしまわないため！
　　C：そう！　試合が緊張した雰囲気になると，選手も緊張してしまう。土壇場で緊張して観客席まで飛んでしまうようなサーブをした選手を何回も見たことあるよね！　こういうのが起きてしまうのは，あまり重要でない場面と比べて，選手の筋肉が実際に緊張しているからなんだ。これからする練習は，筋肉の緊張度をコントロールできるようになるのに役立つんだ。じゃあみんな，マットの上で，楽な体勢になって。

　練習が終わり，アスリートの反応を話し合ったあと，コーチはこのスキルを他の分野にも適用しようと試みました。

C：リラクゼーションは他のスキルと同じだ。練習をすれば上手になる。バレーの練習時間をこの練習をするために少し使うけれど，本当に上手になって効果を出すためには，自分でも練習しないとだめだぞ。自分の筋肉の緊張をコントロールできると，絶対にコート上で役に立つよ。他の場所でも役に立つかもしれない。何か他に，どんなときに役立つか考えられるか？

A7：ストレスがたまっているときでも眠れるようにしてくれそうです。さっきやったときでも，半分寝ていましたよ！

A8：試験を受けているときに冷静になれそうです。

C：そうだ！　リラックスする方法を習えば，ストレスの対処，夜に寝る，道路渋滞を我慢するなど，いろいろな状況に直面したとき役立つんだ。

　一般的な心理的スキルを教えることで，コーチはアスリートの生活とスポーツパフォーマンス両方に直接的もしくは間接的に寄与できるでしょう。

## † 試合の準備をする

　コーチとアスリートともにもっとも関心を持つ試合などの競争的な状況は，コーチにスポーツ心理学の原理とテクニックを応用できるすばらしい機会を与えてくれます。多くのコーチは，試合直前のコーチングで無意識にスポーツ心理学の要素を取り入れています。競争相手の情報を与えたり，試合で直面するであろう状況（例：観客の声，フィールドの状態，コースの地形）のシミュレーションの中で練習したり，試合前の準備運動の動きをルーティーン化することは，アスリートの試合への精神的な準備を楽にしてくれます。より直接的な方法として，コーチは実際のパフォーマンスのかわりに心理学的方法を用いることができます。たとえば，コーチはフィギュアスケートの選手が氷の上にいなくても頭の中でリハーサルができるように，イメージトレーニングを教えることができます。事前に試合状況の詳細がわかっている他のスポーツ，たとえばアルペンスキー，ボーリング，ゴルフ（ティーグランド），体操，スキージャンプ，陸上などでも，コーチはアスリートに似たようなイメージを実施することができます。

　アスリートなら誰でもが試合を重要視しているため，コーチは試合のメンタル準備プロセスに彼らを積極的に参加させることによって，彼らをスポーツ心理学テクニックに導くことができます。数年前，私がコーチを務めている大学のクロスカントリーチームのメンバーに，シーズン前半の試合と地区のチャンピオンシップが行われるコースの詳細情報を集めるように指示したことがありました。そこでのふつうの試合が行われたあと，アシスタントコーチと私は走

者たちにコースを思い出してもらってそれをまとめて，カンファレンス・チャンピオンシップに参加する前に使えるようなイメージの台本を作らせました。できあがった台本は，アスリートがスポーツ心理学テクニックを使うようになるのと，カンファレンスチャンピオンシップのためにメンタル準備を進めるという，二つの機能を果たしました。チームが作り上げたイメージの台本の一部は次のようでした。

「スタート地点は広々としている。最初の50メートルはやや下り坂で，それから急勾配な上り坂（枯れた草と土ほこり）。山道が狭くなるところの真中に大きな岩がある。トウモロコシ畑の周りをぐるりと回る。きつい90度のカーブは大きく回る。そこからもう一つのまっすぐの部分があり（1マイル地点を過ぎる），左側には道路がある。スタートラインの後ろに戻って来て長い下り坂を下り始める。道にあるでこぼことタイヤの溝，いばらに気をつける。コースラインをすれすれに走って（右側），線路に向かってずっと下る。そこからまたまっすぐ道が始まる。左側に線路と藪があり，右側に大きな干草のかたまりがある。Tuftsの看板を左に見つける。ずっとまっすぐ走る。油断しないで，寝たらだめだよ。まっすぐな部分は急だけど短い勾配で終わり，さびついた棚の門を通ります。上り坂を四分の三登ってから，大きな岩の右側を通る。やや下りの坂を降りて（ペースを変えるのに絶好），並木の横を走ると2マイル地点を通過する。やわらかい土に気をつける。やや上り坂を上って森の中に入ると，先ほどのトウモロコシ畑が右側に見える。最初，森の中は25メートルのでこぼこの下り道。崩れかけている石壁が見えてくる。そこからは400メートル，緩やかな起伏がある。最後の右回り90度カーブを曲がり，やや上り道を森の外へ出る。トウモロコシ畑に突っ込む。そこに左回り90度カーブがある。それから右にそれていく（道路の方に）。消火栓の横を通り，右側にはトウモロコシ畑と最初の1マイル地点が見えてから，50メートル先に3マイル地点がある。最初にトウモロコシ畑の周りを走ったときのように，まっすぐの部分を走りつづける。そしてまた，スタート地点の後ろからまた続けて走り，坂を降りて，線路沿い，急な坂を上がり，門を通り，森の中に入り，4マイル地点を通過し，森を出て，道路沿いを走る（残り800メートル）。トウモロコシ畑周囲の近くに来ると，右にそれて，ゴールに向かう（残り400メートル）。ペースを上げる。ゆっくりと左に曲がる。左側にある小さな丘の横を走る。ラストスパート！

ここからゴールまでの足元はとてもでこぼこしている。下り坂を全力でゴールまで走るときは，ゴールがどんどん近づいてくるのに気付く」

この台本が作られてから，チャンピオンシップ前にチームで2回イメージトレーニングセッションの中で使いました。1回目は試合の約1週間前に，2回目は前の晩でした。大きな試合の精神的準備におけるイメージトレーニングの役割は，大会の前夜の会話の中ではっきりとわかります。

C＝コーチ　A9, 10, 11, 12＝アスリート9, 10, 11, 12

C ：コーチたちのミーティングはいつも通りで面白かったけど，別にたいしたことは言っていなかった。みんな，食事はどうだった？
A9 ：おいしかった！　炭水化物をたくさん取れました。
A10：水分補給もできたしね。
A11：ほんとだ。水分補給と言えば，僕，トイレに行かないと。
C ：そうか，そうか，まあ，チコ君が自分の膀胱の面倒を見ている間，明日のゼッケンを配ろう。安全ピンでしっかり留めてね。四つあれば充分だと思う。
A10：ゼッケンは後ろにつけるんですか，それとも前？
C ：前ですよ。今シーズンはずっと前でしたよ。
A10：例外の試合もあるかも。
A12：もう，ショー君，まじめにやれよ！
C ：ハイ，ハイ，みんな。いくつか発表があります。コースは前にここで走ったときと全く一緒です。2マイル地点の地面がドロドロになっているところには木屑を撒いてくれるそうです。
A10：丘にある大きな岩は？　こんな大きな試合だと，誰かぶつかる奴がいるぜ。
C ：レースのディレクターがその岩の周りにオレンジ色のものを巻いて，問題にはならないと言っていました。それから，僕たちはボックス番号23番からスタートするからね。
A9 ：それはスタートラインに向かって左側ですか，右側ですか？
C ：それはあまりよくわからない。でもどっちにしても，ほとんどまんなかだよ。僕たちの一番のライバルは，二つボックスの離れた25番からだ。それじゃあ，明日朝食は8時からで，試合には9時に出発します。できるだけとき間通りに来るように。それと，試合前に充分ご飯を消化できるように。明日，朝食は何時ですか？
チーム：朝8時！
C ：よーし！　みんながわかっているか，確認したかっただけ。じゃあ，今からはゆっくりして寝てもいいし，あるいはもう一度イメージトレーニングもできるよ。
A9 ：イメージトレーニング，やろうぜ！

A10：俺はもう寝るぜ。どうせ寝ちまうし。
　　C　：いいよ，ゆっくり寝て。あとのみんなは残るのか？
　　A11：もちろん！
　あとのみんな：（ハイと頷いた）

　私がみんなをイメージトレーニングの中でコースを最後の1回走らせたあと，アスリートたちに明日の試合についてどう思っているのかを聞いてみると，次のような反応がありました。

　　A9　：俺は完全にレースの準備ができています。今まで以上にコースがはっきりと見えてくるし，コーチの大声も聞こえました。
　　A12：チコのいびきの音を除けばね…。
　　A11：勘弁してよ…最近あまり寝てないんだよ，今週はテストがたくさんあったから！
　　A12：俺はレース中ずっと注意を払い，集中していました。この前，頭がぼーっとした部分もね。
　　C　：いいですね！　他に感想は？　ないみたいですね。よし，明日はきっといい1日になる！

　スポーツ選手たちが夜のイメージトレーニングセッションに参加する決断と終わってからの感想は，イメージトレーニングをメンタル準備プロセスの一部だと見なしていると言えるでしょう。イメージトレーニングセッションの内容がもともと彼らの作り上げた台本というのが，この練習を試合前のルーティンにしようとチームメンバーが思うようになった原因なのかもしれません。

　このセクションで取り上げた応用法は，コーチが自分の仕事にスポーツ心理学を組み入れる方法の一部にすぎません。コーチ業に応用できる他のスポーツ心理学は，スポーツの特徴とコーチの想像力や創造力，そして経験によって決まります。また，コーチ一人だけが自分の監督下にいるアスリートにスポーツ心理学を応用するとは限りません。スポーツ心理学介入のトレーニングを受け，能力のあるコーチでも，チームに特別なスポーツ心理学的機能を発揮させるために外部のコンサルタントを組み入れる場合も多々あります。

## スポーツ心理学や他のサポートサービスのための紹介をする

　本章の前の節でも紹介したように，コーチの活動にスポーツ心理学の原理やテクニックを組み入れようとしたり，スポーツ心理学のトレーニングを受けて

いるコーチは，いくつも利用できる選択肢を持っています。しかし，多くのコーチにとってスポーツ心理学との接触は，スポーツ心理学者や他のサポートサービスを提供する者にアスリートを紹介することで起こります。これからの節では，紹介する理由と紹介プロセスを見ていきます。

† 紹介する理由

コーチがアスリートにスポーツ心理学や他のサポートサービスを受けてもらうために紹介するのには，さまざまな理由があります。倫理的もしくは専門的な制約（アスリートが打ち明けた問題を取り扱う資格がないなど），実際的な制限（特定の問題をアスリートと共に取り扱う時間がないなど），そして個人的選択（アスリートとある問題に関しては関わらないと決めるなど）などの理由で，コーチが他の専門家に自分のアスリートの問題をみてもらう場合があります。

アスリートが自己価値，性的な問題，摂食障害，情緒不安定，人間関係，薬物乱用などの臨床的な治療が必要な行動を報告したり示した場合は，しばしば専門家に紹介しなければならない状況になります（Heyman & Andersen, 1998）。コーチはアスリートと信頼関係があるため，自分のところにいるスポーツ選手が臨床的な治療が必要な状況かどうかを見分けるのに最適な立場にいます。次に紹介するコーチと大学アスリートが学校の休みのときに起こった会話の内容からわかるように，特にコーチ自身がスポーツ心理学のトレーニングを受けていると選手が知っているときは，選手はコーチに直接，問題を打ち明けようと決めるでしょう。

C＝コーチ　T＝テッサ

T：コーチ，少し時間はありますか？　ちょっと話したいことがあるんです。
C：いいわよ，どうぞ入って。最近どう？　トレーニングはどうしている？
T：この秋のトレーニングはけっこう順調です。怪我は再発してません…いや，そのことじゃないんです…最近，気分がよくないんですよ。
C：気分がよくない？　どういうこと？

テッサはうつ病的な症状を説明しました。しかしそれらは「精神疾患の分類と診断の手引き（DSM）(American Psychiatric Association, 1994) に基づいて診断すると，充分な症状を示すほどの期間と重大さではありませんでした。この感情的障害の原因は，以前の恋人と頻繁に仕事で接触しているからのように見えました。テッサがいくつもうつ病的症状を報告したため，コーチは自殺

を考えていないか調べたあとで専門家に紹介しようと思いました。

C：自分を痛めつけようとこのごろ考えたことはある？
T：今，自分に何かが起きてもかまいませんが，でも，違いますね。意識的に自分を痛めつけるようなことはしません。
C：じゃあ，自殺とか考えていないわね？
T：はい。あまり考えていません。
C：このことを私に話すために来てくれて，うれしいわ。あなたは今大変なときで，いつもの自分ではないように感じるのよね。
T：そうです。
C：誰かとこのことについて話したいとは思わない？
T：たぶん，話したほうがいいです。
C：ええっと，夏の間はカウンセリングセンターが閉まっていると思うけど，近くであなたと話してくれる人を電話で探してみましょうか？
T：いいですけれど，あんまりたくさんのお金は払えません。最近，金銭的に厳しいんですよ。
C：よし，じゃあ，電話して聞いてみましょう。多くのカウンセラーは所得に応じて料金を合わせてくれるから，それなら大丈夫でしょう。
T：いいですね。

そこでコーチは勤務中のメンタルヘルスの医師に連絡し，テッサのために良質で低料金の診察ができるかを聞きました。コーチは医師からもらった情報をテッサに渡しました。コーチが10日後にテッサと会ったとき，テッサは話を聞いてくれたことにお礼を言い，「気分がだんだんよくなっているから紹介先には行かなかった」と報告しました。テッサはコーチに助けてもらうほどだった問題がなかったかのように，秋には元気に学校に戻り，そのついでにスポーツでは一番いいシーズンを経験しました。テッサはカウンセラーには会いに行きませんでしたが，コーチとの接触自体が治療になったのかもしれません。テッサの話を聞き，紹介をしてあげることによって，コーチはテッサのことを心配していると示し，それが彼女の落ち込みから脱出する助けになったかもしれません。コーチは心理学トレーニングを利用してテッサの苦悩レベルを見分け，自分がクリニック治療をするのは適切ではないと判断し，別の適切な行動をとることができました。

テッサはメンタルヘルスサービスを紹介してもらうためにコーチと会ったのではありませんでしたが，アスリートがそれをコーチにお願いする場合もあります。たとえば，エメットという大学ラクロス選手の男性は，納得のいかない

試合のあとにコーチに話しかけました。

C＝コーチ　E＝エメット

E：ちょっと話したいことがあるので，聞いてくれませんか。
C：いいよ。
E：思うようにいかないんです。1年生のときの自分より落ちているんですよ。それと去年は…まあ，時間の無駄でしたね，だいたいわかりますよね？
C：わかるよ。
E：俺をリハビリ施設か何かに入れてくれませんか？ もうハイになるのをやめたいんです。俺はほとんど毎日，やっているんです。それで，もう一度よくなりたい。助けてもらえませんか？
C：私ができるのは，学校の薬物乱用専門家に電話してどういう選択肢があるのか聞くことだな。どういうのがあるのかわかったら，すぐに連絡するよ。それでいいかな？
E：お願いします。

　この場合，アスリートは明らかに紹介をお願いし，コーチはアスリートの要求をかなえてくれました。しかし多くの場合は，臨床的治療が必要な問題を抱えているアスリートは，エメットのように（テッサのようにでも）直接打ち明けはしないでしょう。特に，そのような問題の存在を認められてしまえば試合に出してくれないと思い込んでいる場合が多いようです。コーチは，専門家に紹介をした方がいいような行動障害を見つけるために，スポーツ選手の心理状態を観察する必要があります。コーチには，アスリートの健康状態に関する情報をチームメイトや家族から入手する方法もあります。これは本章で後ほど紹介する，アダムの場合に現われました。コーチが，問題のあるアスリートを臨床専門家に紹介する理由をスポーツ選手と直接話さずに決める場合，紹介はいつも以上に難しいプロセスになってきます。コーチはその状況を慎重に判断し，スポーツ選手に紹介のことをうまく持ち出さなければなりません。

　パフォーマンス関連の問題のときにも，コーチが紹介するのは適切でしょう（エメットのように臨床的な問題になるかもしれない）。パフォーマンス関連での紹介理由はコーチ，アスリート，スポーツの種類によって大きく違ってきますが，その問題に関してコーチが倫理的，実際的，個人的理由で，アスリートと働くのに資格や能力がなく，充分にできないと感じている点が共通している場合があります。

　トライアスロン選手であるデリックは，パフォーマンス関連の問題でスポー

ツ心理学者に紹介されました。デリックは紹介された時点までは，5年間スポーツで成功していました。彼は頻繁に入賞し，ふつうの試合ではしばしば優勝していました。しかし，彼には大きなプレッシャーが大きい試合でかかり，緊張のあまり期待されたレベルより非常に低いパフォーマンスをしてしまう傾向がありました。デリックのコーチはデリックの大きな試合での低レベルなパフォーマンスは，彼が試合結果を気にしすぎて筋肉が異常に緊張してしまうから（ときには痙攣(けいれん)を起こすほど）だと想定しました。デリックのコーチはスポーツ心理学をベースによくトレーニングされていましたが，今のコーチとスポーツ選手の関係に心理学をベースにしたパフォーマンス向上方法を加えれば，デリックのすでに高い競技不安レベルをさらに高めてしまうかもしれないと思いました。そのため，コーチはデリックをアスレチックカウンセラーに紹介しました。このカウンセラーは，デリックが新しい視点から物事を見られるようにと，コーチから来るプレッシャーを減らすために，一緒にストレスマネージメントなどさまざまなパフォーマンス問題を取り上げました。デリックはアスレチックカウンセラーと徹底的に治療したあとに，コーチはデリックがコーチの声を使ってイメージトレーニングのテープを作るのを手伝う関係にもなりました。

† 紹介のプロセス

　コーチがアスリートをスポーツ心理学者や他の専門家に紹介する理由を見つけることで紹介プロセスは本格的に始まります。スポーツ選手を紹介して実際にそれが役立つかをコーチが確信していない場合は，面識のある専門家に相談するといいでしょう。一人の専門家だけでさまざまな分野にまたがって紹介されてくるクライアントを最適に取り扱うのはどうしても難しいので，コーチに一人か二人（たとえば，一人のスポーツ心理学者と一人のメンタルヘルス医師）の指示してくれる専門家を常に用意しておけば，その人が適切な専門家をそこから直接紹介してくれるでしょう。メンタルヘルスの医師やスポーツ心理学者のほとんどは紹介ネットワークを持っていて，クライアントが持ってくるさまざまな問題を取り扱うのに適した同業者に連絡を取れるようにしています (VanRaalte & Andersen, 1996)。

　紹介が最終的に成功するかどうかは，紹介をどのようにスポーツ選手に提供するかに大きく関わってきます (Bobele & Conran, 1988)。エメットの場合のように，自らコーチに紹介してもらおうと求めてくるアスリートもいます。

テッサが経験した状況では、コーチが直接紹介するのが適切でしょう。紹介の理由を説明し（もし必要なら），スポーツ心理学者やサポートサービス提供者と一緒に働くのはどうしてなのかを説明し，アスリートが紹介されることに対して持っている心配に配慮してあげることで，アスリートは紹介されることについて心の準備ができるよう手伝うことができるでしょう（Bobele & Conran, 1998 ; Heil, 1993 ; Van Raalte & Andersen, 1996）。

　紹介する潜在的な理由が明らかでない状況（本人からの相談でなくコーチの観察やチームメイト，家族の話を聞いてわかった場合）や緊急性のない場合は，コーチは紹介を間接的に行ってもいいでしょう。たとえば間接的な紹介の例として，スポーツ心理学者をチームのために何回か教育的（できればパフォーマンス関連の）ワークショップに招いて，ワークショップの間やそのあとにアスリートがスポーツ心理学と個人的に話せる機会を持ってもらいます。このようなやり方をすれば，コーチはアスリートが専門家と問題点を見ていくのを表に出ずにサポートできるでしょう。アスリートがスポーツ心理学者やサポートサービス提供者と会うのに不必要なプレッシャーをかけないよう，コーチはみんなの前で一人のアスリートを指して，その人は個人的に診てもらう必要があるなどとは決して言ってはいけません。残念なことに，チームメイトの前で一人のスポーツ選手を指差して，「あの子は問題だらけだから，絶対に診てくださいね」と私に言ってきたコーチを何人も見たことがあります。紹介というのは，コーチとアスリートの間で内密に取り扱うのが一番いいでしょう。

　よく紹介に関して間違って考えられるのは，いったん紹介するとコーチはアスリートの治療（どんな治療であろうとも）と関わりを持たず，コーチはもうアスリートに対して責任を持っていないというものです。アスリートが必要な助けを受けに行けば，コーチはひとまず安心するかもしれませんが，紹介されたあとに行われることから距離を置く必要はありません。一人で紹介先に行きたがるアスリート（エメットなど）がいるかもしれませんし，最初はコーチが一緒に紹介先までついてくれる方が嬉しい選手もいます（Andersen, 1992）。一度紹介先まで一緒に行くと，次からは一人で行けるようになるでしょう。さらに，最初の対面でコーチも一緒にいることによって，アスリートはコーチに見放された気持ちにならないし，他の専門家とこれからスムーズに働き出すことができます。一緒に紹介先にいくことによって，コーチはアスリートに対し助けたい気持ちを示し，紹介を完全に納得していると証明します。

次のアダムの場合では，コーチがどのように一緒に紹介先まで行くかを見ます。アダムは大学1年生のクロスカントリー選手で，この競技を始めてから1年目でした（高校で彼は陸上競技をしていて，800メートルと十種競技が得意でした）。どの長距離選手よりも体に筋肉がついていたアダムは，シーズンが始まるとものすごくやる気があり，努力している姿をコーチやチームメイトに感心させようとしているようにすら見えました。彼はコーチやチームメイトに注意されていたにも関わらず，常にものすごい量と激しいトレーニングをやりすぎる傾向がありました。アダムが最初に参加した試合のあとに（非常にいいパフォーマンスだった），チームメイトは彼のトレーニング量に比べて，食べている量が足りないように見えると心配してくれました。2日後くらいに，アダムの父親が州外からコーチに電話をかけてきて，息子の異常な体重減少を心配していると言ってきました。コーチングスタッフが観察した限りではそれに対して行動を取れるほど確信が持てなかったため（アダムの外見やパフォーマンスに関しては），コーチたちは何かする前にアダムを注意深く観察することに決めました。数日後，アダムは二つ目のレースでパフォーマンスがはっきりと低いレベルに下がりました。レースが終わってからコーチがアダムに話しかけ，次のような会話がありました。

C＝コーチ　A＝アダム
C：今日のレースは大変だったね。
A：自分が太っていると感じました。
C：太っている？　どういうことかな？
A：よくわからないけれど…なんだか，子豚みたいに。
C：なぜそのように感じたのかな？　少し体重が増えたの？
A：（頭を振って肩をすくめました）

コーチはアダムが太っていると感じているというコメントを，彼の食事に関して話すきっかけだと思いました。それによって，コーチは彼の父親やチームメイトが心配していることを話さずに，アダムと食事の話ができました。最近食べているものは何かと聞いたところ，アダムは炭水化物とフルーツはたくさん摂っていましたが，それ以外は何も食べていませんでした（脂身やたんぱく質はほとんど食べていない）。コーチはアダムの返答を，紹介する話を持ち出すきっかけに利用しました。

C：私は栄養士ではないけれど，君は最適のパフォーマンスに必要な成分をいくつか摂っていないようだね。食事に関して，もっと注意したらどうかな？

A：そうすればもっといいパフォーマンスができるのなら，もちろんです。
　　C：月曜日に学生健康センターに電話して，栄養士に会えるようにしよう。彼女は週に1回来ていると思うのだけれど，何曜日か忘れてしまった。もしよければ，私も一緒に行って何が起こっているのかを聞いて一緒に勉強しようと思うんだけれど，どうだい？
　　A：はい，それはいいですね。

　そこでコーチはお互いに都合のいい時間に予約を入れました。予約時間の前にコーチはアダムの状況を事前に栄養士に話しました。面談ではコーチはあまり口を出さず，栄養士はアダムの食事と体の成分を測定し（アダムは異常に低い体脂肪率と出ました），食事内容を変える案をアダムと話しました。次の面談では，アダムはコーチなしで会いに行きました。介入の成果は驚くほどでした。アダムの食習慣はすぐに劇的に変化し，シーズンを通して続きました。彼のパフォーマンスはみるみる悪くなりましたが，それは疲労とトレーニングのやりすぎからでしょう。その年にアダムが参加した陸上シーズンも，彼の高校成績に比べたら低レベルのものでしたが，彼の食生活とトレーニング行動が彼のトラック上のパフォーマンスを妨げているようには見えませんでした。

　いったん紹介が成功したからといって，まだ紹介プロセスは終わったわけではありません。むしろそのあとにフォローする必要があり，コーチは紹介したアスリートにスポーツ心理学者や他のサポートサービス提供者との働きはどう進んでいるのかを聞かないといけません（Brewer, Petitpas, & VanRaalte, 1999）。フォローすることによって，コーチは紹介に納得していることがわかり，アスリートが紹介の結果を評価することができます。もし紹介が失敗した場合は，このフォローによってコーチはそれを知り，必要なら別の手段を手配するでしょう。コーチは紹介先の専門家と直接話したい場合もありますが，それらの専門家は守秘義務があるためコーチに与えられる情報は限られていると承知しておく必要があります。

　本章で紹介した例では，全てのアスリートはコーチの紹介を受け入れました。しかし，いつもこのように受け入れるわけではありません。アスリートが紹介を断ったときには，またあとの別の機会に紹介するといいでしょう（Heil, 1993）。

## スポーツ心理学の準備をする

　コーチの活動にスポーツ心理学を組み入れたいコーチには，特殊なトレーニングが欠かせません。スポーツ心理学をしたいと願っているコーチは，最低でもこの分野の課題とテクニックを知るために本や機関紙を読み，スポーツ心理学に関するワークショップやカンファレンスに参加するべきです。それ以上の知識や技術を得るためには授業を受けたり，スーパーバイザーの下で応用スポーツ心理学の実習をします。自分のコーチ業にスポーツ心理学は欠かせないと感じているコーチや学問的に興味を持っているコーチは，大学院で授業を受け，スポーツ心理学，カウンセリング，その関連の分野で修士号や博士号を取得します。全体的に見ると，スポーツ心理学で高度なトレーニングを受けるとでコーチは行動レパートリーを増やし，コーチの立場にいながらスポーツ心理学を応用する準備ができます。

　スポーツ心理学を応用したいコーチが準備できるもう一つの方法は，正式なトレーニングではありませんが，コーチが問題のあるアスリートを紹介する専門家として探し当てたスポーツ心理学コンサルタントや他の専門家と話し合うことです。紹介のネットワークを作ることで，コーチはスポーツ心理学者にどのような問題，クライアントの特徴，そして介入法を主に得意としているのかを一人一人から聞き出せます。また，コーチはスポーツ心理学専門家にどのような働き方をしているのかを聞き，紹介方法（紹介先に一緒に行くのかなど），コーチとのコミュニケーション，またはセッションの回数，頻度，場所などを知ることができます。スポーツ心理学者とのこのような会話を通して，コーチはスポーツ心理学がどのように行われているのかを知ることができますし，紹介をもっと適切に，効果的に行えるようになります。

## 要約と結論

　コーチというのは，アスリートにスポーツ心理学の原理とテクニックを応用できる特有の立場にいます。コーチは最適なチーム環境を作るため，スポーツ技術を教えるため，スポーツ特有の心理技術を練習するため，一般的な心理技術を教えるため，そしてアスリートに試合の準備をさせるために，コーチングにスポーツ心理学を組み入れることができます。倫理的・実際的な理由で，コ

ーチがアスリートをスポーツ心理学者や他のサポートサービス提供者に紹介するのが適切な場合もあります。紹介は一般的にクリニカルやコーチの範囲外のパフォーマンス問題を取り上げるために行われます。紹介というのは難しいプロセスで，スムーズに行うにはコーチが紹介する前，途中，そして後にスポーツ選手に対して支援していることを示す必要があります。スポーツ心理学の正式なトレーニングとスポーツ心理学コンサルタントとの非公式なやり取りで，コーチはスポーツ心理学をより効果的に行う準備ができ，そして最終的には共に活動するアスリートのために役立つことができるのです。

◉第Ⅳ部
展開：ケガ，引退…その他の問題

# 第14章 スポーツ界を離れる：
## 上手なキャリア・トランジション

*(LEAVING SPORT : EASING CAREER TRANSITIONS)*

■ David Lavallee (University of Teeside)
■ Mark B. Andersen (Victoria University)

　スポーツ心理学者を現場で実践しているトレーナーやカウンセラーは，競技アスリートのキャリア・トランジションを取り扱う場合が少なくありません (Murphy, 1995)。どんなにパフォーマンスレベルが高くても，そのスポーツで避けることができない事実の一つは，いつか選手はスポーツキャリアを終結させないといけないことです。何人かのアスリートは引退する現実に直面すると，まず生活を調整しなくてはならないという問題を経験します。ですから，スポーツ心理学の現場にはいくつかのケースでアスリートのキャリア・トランジション前後に心理学的な介入が役に立つと提案しています (Baillie, 1993 ; Danish, Petitpas, & Hale, 1993 ; Petitpas, Brewer, & Van Raalte, 1996)。

　本章の目的は，キャリア・トランジションの最中のアスリートと働く，もしくは働く興味のあるスポーツ心理学を実践している人たちのためにより役立つ介入方法の概要を提供することです。最初に，このようなクライアントをコンサルテーションする際にスポーツ心理学者が利用する理論の背景を見ていきます。スポーツを辞めることを考えている青年アスリートとのカウンセリングを

例示します。さらに，スポーツを急に辞めたスポーツ選手3人のキャリア・トランジション後のグループワークも取り上げます。そして本章の締めくくりは，キャリア・トランジションの最中のアスリートの心理的ケアを行う際に，考慮すべき追加の方策と介入の概要となっています。

## 理論

キャリア・トランジションに関する文献が，スポーツ心理学の領域の中で増えてきています（Baillie, 1993；Taylor & Ogilvie, 1998 など）。ブックバインダー（1955）がプロ野球選手の引退後の職業の先駆的な調査をして以来，ハイパフォーマンスのアスリートはスポーツから引退すると，心理的，対人関係，経済的な適応に直面するのだと研究者は考えています。初期の研究の多くは引退したアスリートの心理的苦難だけに集中していましたが（Haerle, 1975；Hallden, 1965；Miholvilovic, 1968 など），この章では実践で指導するためのいくつかの説明的モデルの開発に焦点を当てることにしました。

主として社会老年学理論の加齢に由来した初期の概念（Cummings & Henry, 1961 など）は，競技生活終結を引退とほぼ同一視していました。また実践家は，段階モデル（Kubler-Ross, 1969）を用いて，スポーツからの引退を死や死んでいく状態での心理的パターンと比較しました。こういう考え方には直感的な魅力はありますが，キャリア・トランジションプロセスの本質や力学的な特徴を充分に述べることができなかったため，実践での利用は限られたものだったのです（Taylor & Ogilvie, 1994）。たとえば，アスリートは一般的にスポーツ界を辞めるのは身体的にも年令的にも若い時期なので，この点で退職とスポーツからの引退を比較するのは難しくなります（Murphy, 1995）。また臨死の段階モデルでは，エリートレベルのスポーツに参加している者は誰しもトランジションから生じるストレスに例外なく圧倒されている，としています。

エリクソン（1950, 1968）による，人間が一生の間に経験する問題や衝突の心理ダイナミックモデルは，学生アスリートと働くときに利用できる理論として提案されています（Andersen, 1996）。エリクソンの発達理論にある三つの段階（同一性，親密性，統合性）はひんぱんにトランジション・プロセスと結びついて，トランジションの混乱を和らげたり悪化させたりできます。それに加えて，北米の選手の多くは大学を卒業するとスポーツを離れます。20代前

半であるこの時期は，親密関係を築いたり，孤立してしまったりする時期です。エリクソンの統合性という概念は（中年期の分かれ目で沈滞してしまうのに対して何かをして次の世代を育てたりすることですが），アスリートが最終的に引退する人生の段階で起こります。教育したり，コーチをしたり，文章を書くことを通してスポーツ界に恩返しすることは，健全な引退を保証して，統合性の要求を満たしてくれる方法でしょう。キャリア・トランジションという現象を研究するにあたって，アスリートが直面する社会心理的発達上の変化（同一性を築く，親密な関係を結ぶ，恩返しをするなど）を観察することが役に立つかもしれません。このアプローチによって，アスリートがスポーツや人生の中で立ち向かう変化や挑戦の力学的な全体像がわかってきます。またエリクソンの発達理論は，たとえばアスリートが自分自身を探究するのを助けるための思考の枠組みなど，スポーツ心理学者が利用できる介入の種類も与えてくれています。

　さらに最近では，トランジションの発達モデル（Schlossberg，1981など）がキャリア・トランジションをしたアスリートと働くにあたって活用できる理論として取り上げられています。このモデルではスポーツ引退を一つのプロセスだと特徴づけ，アスリートの特性，引退の認知的評価，引退後の環境の特質などの全てがスポーツキャリア・トランジションの最中で互いに影響し合うとしています（Brewer，VanRaalte，& Petitpas，in press）。発達モデルはこの分野での研究を活気づけるのに役立っていますが（Parker，1994；Sinclair & Orlick，1993など），引退後の適応の質に影響する具体的な要因を示してくれません（Ogilvie & Taylor，1993）。その上，この引退に応用されたトランジションの発達モデルは介入に使われるフレームワークを提供していないので，臨床面での実用性に欠けています（Taylor & Ogilvie，1994）。

　これらの批判を念頭に入れ，スポーツ心理学者はトランジション後の専門的なアプローチの手引きをするために，スポーツキャリア・トランジションの概念モデルを開発しました（Gordon，1995；Taylor & Ogilvie，1994，1998など）。これらのモデルはキャリア・トランジションのプロセス全体を調査し，アスリートの適応の質が三つの要因にどれほど影響されているかを見ています。その三つの要因とは，最初が引退のきっかけとなった原因，新しい生活に順応できるかできないかを決める発達要因，そして，キャリア・トランジションへの反応に影響を及ぼす対処方策です。この理論の強みは，具体的なキャリア・

トランジションに問題が起きたときに,適切な心理学的介入を見つけられる点です (Taylor & Ogilvie, 1994).

# トランジションの最中のアスリート

このセクションでは,キャリア・トランジション理論が現場でどのように使われているかを伝えるために,二つのケースを紹介します。最初のケースでは,スポーツを辞めることを考えている青年期の水泳選手を取り上げます。次は,予期せぬ引退を経験した3人の射撃選手たちとのグループセッションのケースです。

## † 辞めることを考える：青年とスポーツの転機

ジョエルは優れた才能のある16才の水泳選手で,最初に彼の父親がマークに電話をしてきました。その際に,ジョエルが近ごろ彼らしくないので心配している,と話しました。父親は,もしかするとジョエルが水泳を辞めることを考えているのではないかと思っていました。彼は自分の息子が何をしようとも幸せであってほしいし,もし水泳を辞めたいのならそれでいいと考えていました。そしてスポーツ心理学者と相談することを持ち出したのはジョエルだと私に伝えました。ジョエルの父親は息子を心配する思いやりのある親のように見えますが,私にはジョエルと両親の間でコミュニケーションの問題があるように思いました。「今自分にどんなことが起きているのか,ジョエルはあまり話してくれません。私たちがうるさすぎるのかもしれません。彼は問題を抱えているので,誰かに相談してほしいのです」と父親が言いました。そこで私は,ジョエルに自分へ電話をさせること,そのときにジョエルと会う予定を決めることを父親に提案しました。その後ジョエルから電話があり,彼の水泳について話がしたいと言ってきました。会話の中の自己紹介の部分は割愛します。

**SP＝スポーツ心理学者　J＝ジョエル**

SP：ジョエル,電話で君は水泳について話したいと言っていましたね。どうぞ何があったのか話してください。

J：よくわからないけど,ただ最近は水泳がもう楽しくないのです。それと,ふつうなら勝てる相手でも負けるようになってきています。僕はうまくなるはずの部分が全く伸びていないように思うのです。ときどき,プールに行くのがためんどくさくなって,プールに行っても早く終わらないかとばかり考えています。コーチは僕のストロークを変えようとして,僕もそのあとしばらくは新

しいストロークを使うんですが，時間がたつと自分の古いパターンに戻ってしまいます。

　ジョエルが話している間，彼が水泳で起こっていることに対して本当にぐちを言っているわけではないことに私は気付きました。その後，私は彼の悲しみと混乱の強い感情を感じ取りました。彼の悲しみは彼が最近負けるようになったからだけではなく，彼の父親も思っているように，水泳を辞めたいと考えていることから来ているのではないかと思いました。青年期の選手と働くにあたって，エリクソン（1950, 1968）が提案した，ジョエルの年代での中心的な心理的発達課題である自我同一性（現在の自分となりたい自分の統合されたセルフイメージ）を築くために，いくつもの矛盾に直面してそれに立ち向かって解決していくことだ，という公式が役に立ちます。私が感じ取った混乱は，青年期にアイデンティティを確立させていく中で，自分とは何かを見つける際に起こる一般的な混乱ではないかと思いました。ジョエルの試合での悪いパフォーマンスと水泳が楽しくないという気持ちが，ちょうど悪いタイミングで発生しました。エリクソンによれば，ジョエルは自分のアイデンティティを築くべき重要な時期にいるにも関わらず，自分のアイデンティティの一部だと何年も強烈に思っていた水泳選手である自分が逃げて行くように思えました。私は彼がどのようにしてこんな不運な状態に陥ってしまったのか，全容を聞く必要があり，そのことを彼に説明しました。彼に自分でその全体像を話してもらうことで，彼が思っている自分が現実の自分とかけ離れていることに私たちは気付くかもしれません。

　　SP：今君はあまり楽しくない状況にいるようですね。
　　J ：全くそのとおりです。なぜかわからないけど…もうあまり楽しくないんですよ。
　　SP：ジョエル，私たちが今すべきことはまず君の全体像を把握することです。君がどんな人間で，人生でどんな経験をして，どのように育ってきたのか全容がわかったら，これからの人生をよりよくするためどうしたらいいかわかると思うんだ。どこを直してどう変わるかは，今はわからないけれど，君の全体像を一緒に考えていけばきっといいアイデアが浮かぶと思うよ。ということで，私はいろいろな質問をしていきます。君自身のことや水泳について，過去，家族と友達，学校，そして将来の計画など，いろんなことを聞くことで君という人がもっとわかるようになると思うよ。いいかな？
　　J ：いいですけど…何が知りたいんですか？
　　SP：そうだね，まず君は水泳がもう楽しくないと 2 回も言ったね。じゃ，こうし

よう。水泳がとても楽しかったころのことを思い出して，教えてくれないかな。
J ：それは，僕が 13 歳のときです。
SP ：よし，じゃそのころのことについて話して。何が楽しかった？
J ：あのころは最高でした。僕は同年代の中で，優れた水泳選手の一人でした。チームメイトもいい人ばかりで，一緒に遊んだり，映画を観に行ったり，プールでも楽しかったです。僕はすごい水泳選手になると，みんなに言われていました。16 歳で 180 センチ以上と年の割に背が高くて，腕も長かった。たぶん，僕は自分の潜在能力を活かせてないんです。自分が行けるところまで行っていないし，いつも疲れています。13 歳のころみたいだったらいいんですけど，そうはうまくいかないです。

　ジョエルの一連の考えは，友達との水泳の楽しい思い出から始まり，彼の潜在能力について周りの人が言った言葉，そして最後に，現在の悲しみと残念な気持ちへと進みました。感情起伏がわずかに起こり，30 秒以内に彼はニコニコした表情から元気のない顔に変わったのです。私が彼に水泳の楽しかったころを思い出してもらったのは，そのころのものを何か今利用できないかと思ったのです。しかしその試みは逆効果になり，思い出した過去は最初は楽しい思い出でしたが，今の状況と照らし合わせて比較してしまったため，ジョエルをさらに混乱させたように見えました。彼は 13 歳のころにもう一度戻りたいが，それでは解決にならないと認めて，洞察力のあるしっかりした 16 歳の青年ということを示しました。

　ジョエルが自分の楽しい思い出とよくない現在とを比較して自分にダメージを与えてしまう行為は，さまざまな方法で繰り返されるパターンでした。たとえば，あとのセッションで彼自身に長所を話してもらうと，「僕はのんきな人間です。けれども，ときどき怒ります」のような言葉使いをします。常に，「でも」と言って否定的なことを続けます。ここ 1，2 年くらい，彼はまるで自己批判の名人になる練習をしているようでした。

　ジョエルが言ったいくつかのコメントについて，私はもっと調べる必要がありました。彼がいつも疲れているのは彼の練習やオーバートレーニングが原因かもしれないし，彼が昔，「いい人ばかりのチームメート」を持っていたと発言したことからは，今の友達がどうなのか気になりました。人間のアイデンティティは周りの仲間に助けられながら発達します。もしジョエルが孤立していると感じているのなら，自分が何者かを探る課題はいつもより難しいでしょう。

　私は彼のトレーニングスケジュールや，練習のしすぎを示すような症状がな

いか尋ねました。彼は自分のエネルギーレベルが低いこと，左の回旋筋に長い間小さな問題があること，そしてときどき先生や他の水泳選手に"すごく怒る"ことを報告しました。彼は極端なトレーニングはしていないようでしたが，他の身体的・心理的症状を見ると，彼はオーバートレーニング症候群にかかっているのかもしれません。彼は近いうちにスポーツ内科医に体の疲れを診てもらう予約をしていると言ったので，そのようなことには最も適切な方法で対処していると思いました。彼が怒ってしまうことについて追求したかったのですが，その前に仲間との関係について尋ねることにしました。私は彼が13歳のころに仲がよかった友達と今の友達について，聞きました。

  SP：昔は仲のいい友達がいたと，さっき言っていましたね。どんな友達でしたか？
  J：僕を入れて4人組で，一緒に泳いで，他にもスキーとかいろんなことをして遊びました。その中の一人とは何でも言い合える仲でした。試合のときはお互いを刺激し合い，試合ではすごく大声で応援していましたね。あのころの僕は幸せでした。本当に，そのときのことを懐かしく思い出します。(再び，楽しい思い出を語ったあとに悲しくなりました)

「その中の一人とは何でも言い合える仲でした」というコメントを大胆に解釈すると，それは私とジョエルの発達しつつある関係についての質問とも言えます。ジョエルは無意識に「先生には何でも話していいの？」と聞いているのかもしれません。彼のその"質問"が，もし彼にとって本当に大事な質問であれば，いずれまた聞いてくるとわかっていたため，この時点では取り上げないことにしました。

  SP：本当に楽しかった時期みたいだね。でも何かが変わって，今はあまり楽しそうじゃないようですね。そのときの友達はどうなったのですか？
  J：二人は水泳を辞めて，僕の親友は引越しました。
  SP：それで，今の友達はどんな感じなの？
  J：仲間というほどでもないです。付き合いが浅いというか。本当に親しい人はいませんね。練習で冗談を言い合うやつがいて，プールの中ではいい感じでライバル意識を持っているけれど，水泳以外で何かを一緒にやることはないです。
  SP：女の子の友達はいないの？
  J：水泳をしている女の子でまあ好きな子はいますけど，その子が僕を本当にイライラさせるときもあります。最近はデートもしてないし，したいとも思いません。

私が頭の中で描いていたジョエルのイメージとは，全く逆の人でした。目の

前にいるジョエルは，かなり寂しくて孤独な話をしているにも関わらず，私は，非常に聡明かつ謙虚，誠実で，正直で礼儀正しく，ハンサムな青年と見ていました。彼は，娘が自分の家へあいさつに連れて来させるとその親が喜ぶタイプの青年でした。彼もいずれは自分のよさがわかるときが来るとわかっていましたが，今はいいものを持っているにもかかわらず，彼からはものすごい孤立感，喪失感，そして混乱を感じました。このように誰にとっても大変な時期に，彼のアイデンティティを築く課題は，もっともそれの助けになる親友がいなくなったので二重に難しくなりました。友達と過ごした時間を振り返って彼は一瞬元気になりますが，すぐにまたもの思いに沈んでしまいます。ジョエルは昔の思い出に浸っていて，彼らがいなくなったことから抜け出すのが難しいように見えました。ジョエルはいくつかの点で変わろうとしていません。彼は子供時代を抜け出し，もしかすると水泳（彼の持っている限られたアイデンティティのかたまりと一緒に）から離れる可能性もありました。前向きな性格の彼でさえ，うつ病になりかけるほど傷ついていることを私は心配しました。彼の自殺に関する考えを聞く必要がありました。

SP：ジョエル，私は君はとても頭がよくて，いろんなものに恵まれていると思っている。今の君は楽しかったあのころがとても懐かしく思えるのに，現実では他人から孤立しているように感じていて，それに将来何になりたいかについて迷っているように思えます。少し心配なのですが，君が何か自分を傷つける考えや計画をしたことがないか，聞きたいです。

J：えっ，それって自殺することですか？ ああ，考えたことはあります。でもきっと，多くの人がそんなことは考えたことがあるんじゃないですか。でも絶対にしないので，心配しないでください。それは問題の最終的な解決方法ですよね。僕はそういう解決方法よりも，自分の問題を持っていたいのです。

SP：それがわかってよかった。その姿勢はいいことだね。でも，もしそのような考えが頭に浮かんだときには，私に電話するか，少なくとも誰かに話すことを約束してください。

J：それは約束します。

SP：よし，よかった。では再び「ジョエルのイメージを描く」のモードで，そのイメージをもう少しふくらませよう。学校について教えてください。いいところや嫌なところ，最低なところは？

J：そうですね，得意なのは理数系です。だめなのは英語（国語）で，最低なのはスペイン語です。僕には難しすぎるのかもしれません。僕は失読症の気があるから，つづりを読むことや理解すること，そしてひどいときには字を書くのすらつらいこともあります。もう何もしたくないです。これがスペイン語にな

ると，もうお手上げですね。学校でみんなと一緒にたくさんの学力検査を受けて，だいたいどのレベルに自分がいるのかがわかります。結果から見ると，僕は高いレベルに達しているはずなのに，学校の授業になると発揮できていないんです。明らかに釣り合いが取れていないのです。(英語は彼にとっては苦手かもしれないが，他の16歳に比べると知っている単語が非常に多い)僕の水泳もそうですね。自分には可能性が大いにあると何度も言われたことがありますが，今はそれを生かせていないようです。僕はそんな英語のことなんか心配しないで，数学や理科関係の勉強に集中して技術者になりたいです。

　ジョエルは自分の学校での話をして，彼のイメージをふくらませました。彼は複雑なメッセージを受け取っています。理数系は非常に得意にしているようですが，語学はあまり得意でないようです。また，学力検査の結果によると，「君は賢いが，それを発揮できていない」という結果で，水泳で起こっているのと同じ状態を示しています。彼の人生に混乱があるのも不思議ではありません。彼が技術者になりたいというコメントは歓迎です。これは彼が将来のことを少しでも考えていることを示しています。彼のアイデンティティの一部である将来の可能性を追求していきたいのですが，その前に彼の失読症と語学の困難について見てみたいと思います。

SP：技術者ですか。それは面白そうだね。それについてもっと話したいのですが，その前にスペイン語と英語の話に戻りたい。本当に大変そうだね。
J　：ほんと，そうですよ。授業に行くと，嫌いになるだけです。いくら頑張っても，B以上は取れないし，C+のときもあります。
SP：君はいつもはAなのに？
J　：そうですね。僕は"できる"生徒と思われているのだけど，英語ではぎりぎりで通っているんです。
SP：いつもこんなに，自分に厳しいの？
J　：どういう意味ですか？
SP：私が考えている君のイメージは，賢い学生で失読症を持っている。英語は苦手だが，それは部分的に失読症だから。それでもBを取れている。君の状況にしては，英語をすごくよく頑張っているように見えるんだが，君は自分が不利な分野でいい成績を取っていないために，自分をひどく責めている。君はジョエル君にもっと優しくしてあげたらどう？　そんなに悪い人じゃあないよ。
J　：言うこと親やコーチとがそっくりですよ。みんなで何かたくらんでいませんか？（彼はニコッとし，笑い出しました）
SP：やばい，妄想癖が始まった！　ちょうどいいときに私に会いにきてくれたよ（二人とも笑い出しました）。

ジョエルが共謀の冗談を言えたことは，私との間に発達してきている協調関係を示す，非常にいい兆候でした。ジョエルは私といることが楽になってきているように見えます。彼のコメントは，私のユーモラスな反応を引き出しました。心理学者とアスリートが自分たちについて一緒に笑えるのは，ラポールがうまくいきつつあることを示しています。また，彼が笑うのを見て私はほっとしました。行き先が見えなくなり，混乱している青年でも，まだ自分のことを笑えるのだなと私は思ったのです。つまり自分のあり方を見つけるための力を，私が思っていた以上に彼はまだ持っていると感じたのです。私は彼が自分に厳しいという問題に戻りました。

SP：さっき君がコーチについて言ったことからすると，コーチは君が自分を責めるのを気付いているみたいだけど。試合とかプールの中で，自分にどんなことを言うのですか？
J：特に最近，水泳がうまくいっていないときは，自分を卑屈に考えすぎているかもしれません。
SP：じゃあ，たとえば1，2年前だったら勝てる相手に負けたときに，どんなことを自分に言うのかな？
J：うーん，よくわからないけれど，自分はもっといい選手のはずだ，と自分に言おうとしたと思います。けれども最近，おまえは水泳選手でもなんでもない，と言ってしまいます。そのことについて先生と話したいんです。僕は水泳を辞めようと考えているのですが，大学に行くための奨学金も欲しいんです。水泳で奨学金はもらえると思うのだけど，今の状態では無理でしょうね。だから，結局は無理かもしれません。以前は水泳が大好きだった。だけど今は…わからない。もし辞めたら，僕は水泳選手ではなくなる。そのあとの自分は一体何なのか，わからなくなります。
SP：何だか，困っているみたいですね。前まで大好きだったものが，今では嫌いになっている。でもそれを捨てると，自分自身の大部分を失うことになる。
J：その通りです。行く場所がなくなったような感じなんです。
SP：少し孤独感もあるかな？
J：そうですね。でも今はあまり，友達のこととか考えていません。
SP：ジョエル君，それは私は違うと思うよ。さっき，君が友達との楽しい思い出を話しているところを見せたかった。もう，ニコニコしながら，明るい顔で話していたよ。そして，その友達が懐かしくて，寂しい気持ちになるから，話をしたあとは悲しい表情だった。どうかな？　間違っている？
J：いえ，そうですね，その通りです。僕はただ，友達をどう作ったらいいのかわからないだけです。一緒に泳いでいたやつらは，もう何年も一緒に泳いでいました。ずっと，最初から永遠に友達みたいでした。そして，親友とはどんな

第14章　スポーツ界を離れる　391

ことでも話せました。
　ここでまた，ジョエルの暗黙の質問がありました。「先生とはどんなことでも話せるの？　僕が失ったもののかわりになるものがあるの？」。この時点で，その質問に答えを出す必要がありました。

SP：そういう友達を失うのはつらいことだよ。私がその親友のかわりになれるわけではないけれど，ここにいる間はどんなことでも話し合えるよ…どんなことでも。水泳や親のこと，学校，感じていること，夢や友達，何でもいいよ。友達に関して言えば，新しい友達を作るのは気詰まりな感じがするし，怖いときさえあります。どんな人でも，拒絶されることはいやなことです。でも，新しい友達を作ることを，私と一緒に考えていこう。またあとで，人とのつながりを持つ方法を一緒に考えよう。ここで私が戻って取り上げたいのは，君がもがいている問題，「もし僕が水泳を辞めたら，僕はどうなるのか？」ということについてです。君にとって，水泳を辞めることは自分を失うことなのかな？

J：僕はずいぶん長い間水泳をやっているから，違う自分のあり方を想像できないんですよ。水泳がなかったら，きっと自分が何なのかわからなくなると思います。

SP：青春だな！

J：えっ，何？

SP：ごめんね，ジョエル。軽々しく言うつもりはなかったんだけど。自分が何なのか，将来何になりたいのかを探すのは，君の年代の仕事なんだよ。大人になろうとしている若い人たち，みんなの仕事です。君の年代のほとんどが，君と同じような経験をしている。なぜなら自分の正体を発見するのを助けてくれるのは仲のいい友達だけど，君の友達はいなくなってしまったみたいだから，君の場合はちょっと大変かもしれない。ある意味で，水泳をやめることを考えるのはいいことだと思う。それによって，水泳以外での自分は何なのか，という疑問が出てくる。多くのアスリートは"スポーツ・アイデンティティ"と呼ばれているものを作り上げて，自分をアスリートとしてだけ見てしまう。たとえば，水泳選手の多くは20代半ばで引退します。自分を水泳選手としてだけ見てきた人は，君と同じような経験をしますが，きっともっと大変でしょう。なぜなら，ふつうは14歳〜18歳のときに対処していく問題を，24歳にもなってその問題が出てくるのですから。遅かれ早かれ，いずれ君は水泳を辞めるときがきます。そのときが来るころまでには，水泳を超えた自分のあり方をしっかりと認識してもらいたいな。「自分は何なのか？」と自分に問いかけて，答えようとすることで，思春期の仕事を終わらせようとしています。君は今，正しい道を歩んでいるんだよ。おめでとう。

J：何となく先生の言っていることがわかります。いずれ辞めるときが来るので，そのあとはどうなるの？　そんな感じですよね？

SP：その通り！　辞めるときに自分も失わないことができれば，スポーツを辞めることはもっと簡単なことになるよ。
J ：でも，今の自分の仕事はけっこうつらいです。
SP：当分，つらいでしょうね。自分を見失った気持ち，孤立している気持ち，自分や他人にイライラする気持ちは当分あるでしょう。険しい道のりだよ。
J ：まったく！　どこから始まったのかもわからないのに。(やや絶望した表情)
SP：まあ，ジョエル，少なくとももう君は始まっているんだよ。自分にその質問を問いかけたじゃない。その「ジョエル君は何？」という質問に対する多くの答えを解決するために，私は喜んで手伝いますよ。
J ：(ニコッとして) いいですね。助かります。

　ボーッとしている彼の顔に冷たい水をかけるような感じで言った私の厳しい言葉と，そのあとに続いた教育的介入は，自分を見失ったという彼の感覚を再解釈するためでした。自分の正体がわからないのは，本当にいる場所がわからないのではなく，むしろ自分の人生のこの時期にちょうどいい場所にいるのだよ，と彼にわかってもらおうとしました。このことを別の言葉で言い換えたときも，厳しく言いました。彼の混乱や見失った感覚はすぐには消えず，この年代の一般的なプロセスの一部だと伝えました。もし，ジョエルが「自分は何？」の質問に，「水泳選手」としか答えられないならば，遅かれ早かれ彼は本当に自分を見失うだろうことを理解しました。私たちのラポールを固めたのは，私が助けると申し出て，彼がその助けを受け入れたことです。
　私はそれから，ジョエルと一年間，さまざまな問題を取り上げました。彼が自分で自分の人生や人間関係（家族，先生，コーチ，新しい友達）を観察していくうちに，彼は水泳以外にどれだけの自分があるのか認識するようになりました。ジョエルは自分や問題ある英語に対するネガティブ思考を扱うのがかなり上手になりました。彼は英語を嫌いな科目ではなく，手応えがあってチャレンジしがいのあるものだと考えを再構築することができました。彼が他人に怒ってしまうのは，自分に対するイライラを外部に発していたのだとわかりました。また，ジョエルが自分を水泳選手の枠から超えて見るようになり，自分の価値を水泳パフォーマンス以外のもので測るようになってから，プールでの問題が少しずつ解決されました。逆説的ですが，水泳がジョエル自身のあり方の中心部分でなくなるにつれて，彼が発揮できていなかった潜在能力が徐々に現われてきたのです。私たちは彼の社交技術や友達を作る気詰まりな気持ちを変えようとしました。目標設定，ポジティブ思考，日誌，その他の認知行動的介

入を通して，ジョエルの浅い付き合いが仲のいい友達の輪になりました。ジョエルは奨学金をもらうことになり，水泳が強くてしかも工学でも有名な大学に入学しました。

　アスリートの内面では，選手としてのアイデンティティを締め出したり，発達を阻止するようなことが起こりますが，大多数のアスリートは社会心理の段階を上手に進めていきます。しかし，一部のアスリートにおいては，スポーツを離れると，スポーツ以外での自己アイデンティティについての疑問が発生します。ほとんどのキャリア・トランジション前のカウンセリングでは，「1日3時間練習するスポーツ以外での自分は何なのか？」というような問題を取り上げます。ブリューワー，ヴァンラールテ，リンダー（1993）やブリューワーら（出版中）が言うように，アスリートのアイデンティティ，特に取り除かれたアイデンティティは適応障害につながってきます。アスリートがスポーツ以外での自分の存在の意識を確立するのを手伝うのは，アスリートがスポーツキャリアのどの時点にいても役に立つ介入です。ジョエルのケースのようにたとえそれが引退する何年も前でも，役に立つのです。

　最後にあったジョエルからの連絡によると，彼はプールですばらしい大学一年目の生活を送っていて，彼女もできたと言っていました。彼が引退するのはきっと何年か先だと思いますが，いざスポーツを離れる時期が来ても，そのときに役に立つ技術と自分のあり方の意識をすでに持っています。ジョエルは水泳選手である自分を知ることから，それ以上にもっと本当の自分自身のことを知るようになる，大きなトランジションを経験しました。

† 撃ち倒された：トランジション後のアスリートへのカウンセリング

　スポーツからの引退に対する心理的適応を直接調査した12の研究のまとめに基づいて，グローブら（1998）は調査したアスリートの20％近く（2000人以上）がスポーツを引退するときに心理的適応の難しさを経験したと報告しています。ジョエルの事例で示したように，スポーツ心理学の実践家はトランジション前のアスリートを助けるために，重要な役割を果たすことができます。トランジション後のアスリートと仕事をするときには，その時期にどのようなことを乗り越えてくるのかについてアスリートの理解をうながすようなアプローチが必要だとスポーツ心理学者は主張しています（Baillie, 1993；Petitpas et al., 1996）。この分野に存在している理論的，経験的，そして実践的な知識に基づいて，キャリア終結をしたアスリートに介入する際に念頭に置く質問の

例は，次の通りです。
1) そのアスリートは自分の意志でスポーツキャリアを終結しているのか否か？　そして彼・彼女はその決断をどの位置からコントロールしているのか？
2) どの程度そのアスリートとしての役割と自分を同一視しているのか (Brewer et al. 1993)？
3) どの程度スポーツ以外の自分の生活を排除してきたのか？ (Murphy, Petitpas, & Brewer, 1996)
4) どの程度アスリートは困難なことに対処する資料（ソーシャルサポートなど）を持っているのか？
5) そのアスリートにはトランジションの経験があるのか？　(Pearson & Petitpas, 1990)
6) どの程度そのアスリートがキャリア終結の後にスポーツ関連活動に参加を続けているのか？
7) どの程度そのアスリートがスポーツキャリア後の計画を立てているのか？
8) そのアスリートはトランジションできる技術を持ち，そして理解しているのか？ (Mayocchi & Hanrahan, 出版中)
9) どの程度そのアスリートはトランジションできる技術を利用し，そして今現在どれを使っているのか？
10) どの程度そのアスリートはスポーツ関連の目標を達成できたのか？
11) そのアスリートはキャリア・トランジション支援サービスに参加したことがあるか。したことがあるなら，どの程度このサービスを利用したのか？
12) どの程度そのアスリートは引退後に新しく集中するものを持っているのか？

ジオフ，フィービー，そしてトニーは，今から述べるコンサルテーションの6週間前に予期せぬキャリア終結を経験した射撃選手です。彼らの国での火器に関する法律が急に変わったため，全ての射撃協会やクラブが国内で試合を開催したり，参加することが法律で禁止されました。この法律が定められたあとに資金を維持できた人も，国際射撃大会出場に必要な予選を通るために海外で

のトレーニングを余儀なくされました。残念ながら，選手の大多数はフルタイムでトレーニングするほどの資金がなく，スポーツから引退せざるを得ませんでした。

ジオフ，フィービー，そしてトニーは，仲間が引退を余儀なくされた6週間後に，選手のために開催された，1日キャリア・トランジション講習会に参加しました。次の会話は講習会の中で，選手3人と第一著者（ディビット）が行った小さなグループセッションであったものです。トランジション中のアスリートと1対1で働くのが勧められているサービス提供法ですが（Grove et al., 1998），スポーツ心理学の実践の場では同時に二人以上サービスを提供することもあります。このケーススタディの内容を補足するために，グループカウンセリングの原則やテクニックに関する文献を読者に紹介します（Corey, 1994；Gazda, 1989 など）。

👥 *SP＝スポーツ心理学者　G＝ジオフ　F＝フィービー　T＝トニー*
 SP：みなさん，こんにちは。どうぞ入って，おかけになってください。
 T：ありがとう。私たちと会うのは久しぶりじゃないですか？
 F：ほんとね。3ヶ月ぶりよ。
 SP：そうですね，本当に久しぶりですね。今日は全員が来ることができて，よかったです。
 G：射撃のパフォーマンスについて話すために会う方がいいけどね…昔みたいに。

スポーツからのトランジションを成功させる手助けをするのは簡単なプロセスではありません。アスリートはスポーツを辞めてから数ヶ月（ときには数年も）たってからスポーツ心理学者を訪れることもあります。ときにはアスリートがスポーツ心理学者に助けを求めるのが，スポーツキャリアが終わってからということもあります。今回の場合は，私は今日来た射撃選手全員と，スポーツを辞める直前まで，一人一人にさまざまな競技力向上に取り組んでいたので，お互いの関係を築き上げるのは初対面の場合と比べてそんなに複雑ではありませんでした。今回の課題はすでにあるお互いの関係をより発達させ，アスリートの心配事を，それが何であろうと取り上げることです。セッションが始まってすぐに，トニー，フィービー，ジオフが6週間ほど前に気持ちが留まったままでいると気付きました。

👥 SP：今日，私たちはここでこの6週間に起こったことについて，私たちの考えや気持ちをみんなで話し合いたいと思っています。そしてもし時間があれば，あの法律（射撃競技を突然やめることになってしまった法律）が実際に決まった

瞬間にどんな反応をしたかを話し合って、またこれからの計画について聞いてみたいと思います。もしその他に話し合いたいテーマがあれば、いつでも言ってください。ここをできるだけ自由に話し合える場にしたいと思います。誰か初めに話したい人はいませんか？

　トニー、ジオフ、そしてフィービーは今まで何回もチームメイトになったことがあるので、みんなが自己紹介するような始め方ではなくてこのセッションを自由に話し合うことから始めるのが一番いいと思いました。個人的なカウンセリングと同じように、小さなディスカッショングループにもいくつかのはっきりとした目的が必要です。セッションが進んでいくにつれて、目的が変化するかもしれませんが、グループ司会者の役割はグループの目的を最初から明白にすることです。この場合私が最初に選んだ目的は、みんなが話し合えるような雰囲気を作ることでした。

　T ：僕から始めよう。僕たちのこのような気持ちはいつまで続くのですか？
　SP：いい点から始めましたね。と言うのも、みんながその質問の答えを知りたがっているはずです。ただみんなが同じ気持ちであるとは限らないので、トニー、あなたがどんな気持ちなのかみんなに教えてくれませんか？
　T ：うーん、言葉で表現するのは難しいけど…たぶん私は、この出来事に対して怒っています。オリンピックに行く夢を持っていたのに、全部消えてしまったのですから。その瞬間、今までの努力の跡を示すものが何もなくなってしまったような気持ちになりました。
　SP：ありがとう、トニー。もしよかったら、後ほどまた君の発言に触れることにします。フィービーやジオフも様子を教えてください。
　F ：そうね…今日までは、すごく将来のことが心配でした。今朝のキャリア・トランジション講習会で、私が考えてきたことのいくつかに説明がつきました。
　SP：フィービー、今日になるまでの気持ちと今の気持ちを比較して、具体的にどのように思いが変わったのか教えてくれませんか？
　F ：今日までは、全てのことについてただ混乱していました。でも、今日は自分と同じような経験をしている人をたくさん見て、私だけじゃないと気付きました。
　SP：それじゃあ、ジオフ、あなたはどうですか？
　G ：個人的には、早く新しい仕事を探すのに集中しないといけないことに気付きました。ただ、どこから始めたらいいのかがわかりません。

　トランジション中のアスリートは小さなグループセッションでよい反応を示す傾向があります。それはグループセッションがトランジションに対する気持ちをみんなと分かち合える場だからです（Petitpas et al., 1990）。トニーが一

第14章 スポーツ界を離れる

番目に貢献しようと立候補し，そして私が使った「私たち」という言葉を彼は借りて，そこにいるみんなが自分と同じ気持ちになっているのを示唆しました。実際それが事実なのでしょう。しかし私は敢えて，みんなが同じ気持ちではないと決め付け，彼がはっきりと自分の気持ちを説明するようにお願いしました。私がこの方策を選んだのは，トニーが最初にキャリア・トランジションについての気持ちを打ち明けるのを励ますだけではなく，他のみんなにも自分の気持ちを確かめる機会を与えるためでした。ジオフとフィービーが自分たちの気持ちを打ち明けて，比較することができました。

　みんなの最初の発言を聞いて，私はこのグループに大いに期待しました。全体的な感じとして，この3人のメンバーはお互いに話し合ったり，経験を分かち合うことに興味があると思いました。中でもフィービーは他の二人に比べて，キャリア・トランジションにうまく対処しているように見えました。彼女が言った，「私だけじゃないんだ」というコメントは，グループのメンバーとして学べる最も重要なことです。それは普遍性の感覚（みんな同じように感じているんだ）を表していました（Yalom, 1995）。このミーティングの中で，ジオフやトニーにも同じようなことを学んでもらいたいというのが私の願いでした。トニーは少しつらい気持ちを表していましたが，自分の気持ちを語ることには積極的でした。ジオフは将来の仕事を心配しているようでした。

　3人がセッションの中で自分の経験や気持ちをもっと具体的に話す機会があったあと，私はトニーの"グループメンバーが抱えている気持ちがいつまで続くのか"という最初の質問に戻りました。

> SP：それで，トニーが最初に質問した，みんなが抱えている気持ちに関してだけど…あなたたちがこれからどれくらいの間，怒りや混乱，そして将来を心配する気持ちが続くのか，それを知る公式があればいいのですが…残念ながら，それはありません。でも，私が言えるのは，このような気持ちはふつうだということです。将来を心配するのはふつうのことです。怒りを持つのもふつうです。混乱した気持ちになるのもふつう。あなたたちは全員，射撃にすごくコミットしていたので，今すぐに気持ちを切り替えるのは無理な話です。

　ジオフ，フィービー，そしてトニーのように，特定のスポーツでエリートクラスのレベルに達するためには，人生のさまざまなものを犠牲にしなくてはなりません。ある一定のレベルに到達すると，そのスポーツ能力を維持するために，この種の人たちは，自分とのファウスト（自分の魂を売る伝説）的な駆け

引きをしなければなりません。ガードナー (1993) が述べているように，熟達した人が持っている到達レベルを維持するには，彼らは才能発達に執着せざるを得ないという観念をファウストの伝説が例証しています。自分のスポーツのみに没頭するしくみに深くはめ込まれた多くの人はまた，そのスポーツへの専念を緩めると自分の能力を傷つけたり，失ってしまうとさえ感じています。このようにアスリートの役割に強くコミットすることはスポーツのパフォーマンスに好ましい影響を与えますが，アスリートであるという自分の一部分だけを高く評価する人は，キャリアを終えるときに適応問題を経験する恐れがあります (Brewer et al., 1993)。スポーツ心理学の実践家がトランジション後のアスリートと働くにあたっては，トランジションそのものが自己アイデンティティに悪い影響を与えることを考慮し，(Brewer et al., in press；Lavallee et al., 1998)，トランジション後のアスリートが自分を見失ったり，不安定になったりすることを頭に入れておく必要があります。

  T：だけど僕は，自分たちが頑張って長い間トレーニングしてきたものを，急に誰かがそれをしてはいけないと決めるのはフェアだとは思わない！
  SP：私たちはこうなるかもしれないと，数年前から知っていたのではありませんか？　昨年のチームのミーティングで，一度このことを話し合ったのを覚えています。
  T：確かに，強制的に引退させられることもあると知っていました。でも，僕自身がまさかこうなるとは思いませんでした…トレーニングをするために海外に引っ越しをしなければならない状況になるなんて。

 もっとも一般的なスポーツからの引退の理由に，個人の選択，怪我，選手から外される，そして年齢のことがあります (Ogilvie & Taylor, 1993)。今回の場合のように，自分の意志ではないスポーツキャリア・トランジションは，アスリートの心の準備ができていないことが多いため，対処していくのが困難なのです (Fortunato, 1998)。しかし，トニーが海外でトレーニングを続け，試合に出る機会がまだあると言ったので，トニーの射撃キャリアが終わった理由についての認識には矛盾があることがわかりました。グループの他のメンバーにトニーと同じような考えがあるかはっきりとわからなかったので，彼が言った言葉を私が違う言葉で言い換えてみました。

  SP：みんなが知っているように，すべてのプロ射撃選手はいつかそのキャリアを終えます。視力の問題で早い時期に辞める人がいたり，ある人は簡単にもう辞めてもいい時期だと思い，家族と過ごす時間を増やそうと思います。今回の場

合は，あなたはむりやりに射撃を引退させられたと言いました。そしてまた，あなたは海外に引越しをしてトレーニングをする選択もあるとも言いました。少し矛盾した考えを持っているようなので，次へ進む前にそれをはっきりさせようと思います。いいですか？

キャリア・トランジションの最中にまつわる複雑な問題をアスリートが理解し，認識するのを助けるのに加え，スポーツ心理学者はもっと直接アスリートたちが状況をコントロールできているような気持ちを抱かせるのを助けることができます（Murphy, 1995）。研究者によると，適応困難をもっとも経験するアスリートは，キャリア終結の原因を内面からコントロール（内面統制）できていないと言われています（Lavallee, Grove, & Gordon, 1997など）。ここでの私の計画は，トニーのキャリアが終わった理由の矛盾した理解を直接取り上げることによって，グループが持っているキャリア終結の認識を変えようとしたことでした。このような取り組み方は実践家の基本的な任務はクライアントが効果的にコントロールをできるように助けることだと提案している，グラッサー（1965, 1989）の発言のリアリティ・セラピーモデルと一致しています。私はグループ全員に話していましたが，トニーの発言から敵意を感じたので，私の言葉はトニーに注がれました。

F　：その当時の選択肢は，経済的に無理でした。
SP：フィービーさん，そのときに選択できることにはどんなものがありました？
F　：そうですね…そこで引退するか，もしくは新しいスポンサーを見つけるかでした。その時点では，国際的スポンサーを見つけるのはほとんど無理なことでした。
SP：あなたの話によると，引退するのが一番いい選択のように感じていたと聞こえますが。それはどうなのかな？
T　：一番いい選択とは言えないけど，でも引退するか，海外でトレーニングして大きな借金を抱えるかでした。僕は経済的な悪夢の方を選択できたかもしれないけれど，やっぱりやめようと思っいました。（彼の怒りは徐々に収まっていました）
SP：（ジオフを見て）でも一番いい選択だからといって，それが楽というわけではないよね。
G　：そうですね。
SP：スポーツからきれいさっぱり離れるのを意識的に決める方が，もっとつらいときもある。あなたは二つのあまりよくない選択を迫られました。引退か，大きな経済的困難…その中からしか選べませんでした。その選択権はあなたにありましたが，残念ながらどれも悪いものでした。引退を前進できる手段だとみ

なして，次の目標を考えてみたらどうですか？
G：そう，それが問題なんですよ…。私の問題はつい最近まで，どのような仕事につくか真剣に考えてなかったことなんですよ。今もまだ，はっきりとわからないんですけれどね。

　グループの行動を観察し，彼らの発言を聞いている間，深い失望感や無関心は感じられませんでした。フィービーは自信を持ってスポンサーを見つける可能性について話していました。トニーの怒りはまだありましたが，和らいでいました。私のスポーツから完全に離れるというコメントへのジオフの反応は，セッションを新しい仕事を考えたり計画するという課題に進めさせてくれました。

　エリートレベルのアスリートの中で繰り返される問題は，キャリア終結計画に対する彼らの抵抗です（Murphy, 1995）。スポーツ心理学者はキャリア・カウンセリングのテクニックについて正式なトレーニングを受けることはあまりありませんが，スポーツからのトランジションを対処するのを手助けすることができます。対処法（コーピング）というのはトランジション最中の選手にとって複雑で力学的なプロセスだとみなされていて（Grove, Lavallee, & Gordon, 1997），研究によると，アスリートのキャリア終結時の対処方策の有無が，適応の全体的な質を左右することになります（Taylor & Ogilvie, 1998）。また，スポーツからの引退前に次の職業を考えることが非常に効果的なトランジションの対処法だとわかっています（Wylleman et al., 1993）。引退前の準備が，キャリア・トランジションプロセスの心配を和らげ，それによりアスリートが引退するまでのスポーツにより集中できるようになったケースもあります（Murphy, 1995）。ジオフ，フィービー，そしてトニーは射撃を辞めてからの計画を立てていなかったため，将来については不安で確信が持てません。そのため，私はジオフの状況を理解していることを伝え，みんなが経験している無力な気持ちはふつうのことだと確認しようとしました。

SP：あなたたちが経験していることは充分に理解できます。エリートクラスの射撃の特質からして，試合に参加している間は，選手たちは将来のことを考える暇がありません。ジオフさん，あなたの場合もそうですね？
G：そうでした。フルタイムでトレーニングを始めてから，他のことをする時間がほとんどありませんでした。コーチもいつも言ってました…もしチーム内での地位を守りたかったら，射撃以外のことは考えるな，と。

　アスリートのキャリア開発は，よくアスリートが参加していたスポーツ環境

に影響されます。Petitpas ら（1990）は，一部のコーチはアスリートがキャリア・トランジションを計画すると高いレベルに到達しようと集中せずに気を散らしてしまい，そのためスポーツパフォーマンスも悪くなると恐れていると述べています。キャリアトランジションの計画はパフォーマンス向上に貢献することをコーチたちは徐々に認識し始め，現在のスポーツ界ではこの古い考えはなくなりつつあります（Crook & Robertson, 1991）。しかし，他のことを排除してスポーツに強く没頭するように仕向けられたアスリートほど，引退前のキャリア計画に対して不適合な思考を持っている問題を，実践家は知っていなければなりません（Brewer et al., in press；Murphy et al., 1996；Pearson & Petitpas, 1990）。

SP：ジオフさん，セッションの最初の方でも，あなたは新しい仕事をどこから探し始めたらいいのかわからないと言いましたね。

G：ええ，でも本当のことを言うとここ数年間，いくつかのことを考えていました。けれど，考えるだけで実行はしていないのです。去年はアルバイトを探そうとしたんですけど…。でもトレーニングや試合のスケジュールを維持できるような，柔軟性のあるアルバイトは見つかりませんでした。射撃がいつも邪魔になっていましたが，今はそんな心配はないですけどね。

SP：（強調して）じゃあ，しばらくは仕事のことを考えていたのですね。それはあなたが思っている以上に，だいぶ前に進んでいるのですよ。あなたが以前（去年のセッション）に，教育に興味があると私に言ったのを思い出しましたけれど，まだ興味はありますか。

G：正直なところ，あれからあまり考えていません。自分が教師をしているのところを想像はできますが，それをこれからずっとやりたいかはわかりません。

SP：職業についての大きな社会的通念は，一生続く仕事を早い時期から計画しないといけないというものです。ですが今の段階でこれから何をしたいかまだはっきりわからなかったら，もっと短い期間の仕事を考えた方がいいと思います。そうすれば，あなたの選択肢を広げることができます。私はいつでも，あなたが興味を持っている職業の選択について一緒に考えますよ。射撃でパフォーマンスの目標を立てたときと同じように，私たちは一緒にその職業の目標を立てることができますからね。

トランジションの最中のアスリートのカウンセリングを成功させるには，共通した目標を見つけるためにアスリートとスポーツ心理学者が協力し合う必要があります。ジオフがキャリア・トランジション計画をするのを怠った結果，彼は職業に関する決断が一生に関わる決断だと思い込むようになりました。このような信念は，多くの人が仕事を選ぶ際の不安の原因になるため

(krumboltz, 1992), グループの全員が職業の選択肢をもっと短期間のものとして考えられるように, 私は彼のコメントを人間中心的, 非指示的に取り上げました。選手たちがスポーツ以外での職業を考える準備ができると, スポーツ心理学者たちは職業興味リストを使ったり, いくつかの分野を見てみることを勧めて支援します。アスリートがどこから始めたらいいかわからないときには, セッションが終わりに近づいたところで, 選手たちがキャリア・トランジションをコントロールできるように一人一人にいくつかの職業目標を作ってもらいました。

ジオフ, フィービー, そしてトニーと私は, それから5ヶ月の間にときどき会いました。その間に, 彼らが射撃で身につけた技術を人生の他の分野に移行する方法を学ぶことによって, 今までのスポーツ経験をいかに最高にできるかをグループで考えました。また私は, 個別にさまざまなキャリア・トランジション問題を取り上げました。セッションがないときに, 彼らに"*Athlete's Guide to Career Planning*: *Keys to Success from the Playing Field to Professional Life*" (Petitpas et al., 1997) (「アスリートのキャリア・プランの手引き:選手から仕事までの成功の秘訣」) を読んでもらいました。この自習的な本は, あらゆるレベルにいる選手のためになるすばらしい資料です。この本の中にはたくさんの職業研究や, トランジション計画の練習, スポーツ関連の仕事の案内, その他の職業のサーチガイドが含まれています。

ジオフとフィービーは, キャリア・トランジションに成功しました。ジオフは最終的に教師になるために大学に戻りました。フィービーは現在, 地元の新聞社に勤めていて, 将来はスポーツ記者になりたいと思っています。しかしトニーは, 射撃引退後の生活への適応が困難でした。私が彼と個別に働いていくうちに, 彼はやがて射撃以外での興味をいくつか持つようになりました。私はトニーに職業カウンセラーを紹介し, そこで彼は満足のできる職業の道を見つけ始めています。

## 過去, 現在, そして未来

競技スポーツに参加する選手への要求が年々増えていくにつれ, スポーツ心理学の実践の中でキャリア・トランジションの重要性も増しています。マクファーソンは, この課題に関しては20の文献を見つけるのがやっとであると

1980年に報告しています。しかし1998年には，200以上のスポーツのキャリア・トランジションの文献を見ることができ，その中の93は専門的な現場での問題を取り上げています (Lavallee, Sinclair, & Wylleman, 1998；Lavallee, Wylleman, & Sinclair, 1998)。ヨーロッパスポーツ心理学連盟 (European Federation of Sports Psychology：FEPSAC) の支持でこの間に，この分野での応用や調査についての情報を交換するための国際グループができ上がりました (Alfermann et ai, 1999)。そしてアスリートのキャリア終結の準備を助けるために，いくつかのキャリア・トランジション介入プログラムが，世界中の政府やスポーツ団体によって始められました (Anderson & Morris, in press；Gordon, 1995；United States Olympic Committee, 1988)。これらの多くのプログラムはスポーツ心理学者のサービスを利用して，アスリートにトランジション前やトランジション後のカウンセリングサービスを提供しています。さらに，オーストラリア国立スポーツ研究所 (Australian Institute of Sport：AIS) は「アスリートの職業と教育マネージメント」の修士学位を取得するためのトレーニングとスーパービジョンの機会を提供しています (Anderson & Morris, in press)。

この章で取り上げた心理学介入に加えて，スポーツ心理学者はいくつかの他の文献で提供されている，行動的，認知的，情動的，そして社会的な方法も考慮に入れてもいいでしょう。たとえば，ウォルフとレスター (1989) はエリートアスリートのキャリア・トランジション適応を容易にするために，Meichenbaum (1985) のストレス免疫訓練技法を用いて，キャリア終結が実際に起こる前にそれを取り上げる方法を勧めています。感情表現 (Yalom, 1980) や認知的再体制化 (Beck, 1979) もアスリートがスポーツから引退するときの苦悩反応について，新しい解釈を湧き出させる助けになる方法です (Gordon, 1995；Taylor & Ogilvie, 1994)。また，それに加えて，Shapiro (1995) の眼球運動を鈍感にさせて再処理する方法は，キャリアを終結させる怪我にまつわる望ましくない考えやイメージを改善してくれる精神運動技法として提案されています (Sime, 1998)。ハーヴェイ，ウェバー，オーバッチ (1990) の社会心理学的コーピング方法は，すばらしい引退後の適応を経験し，生産的で信頼される活動を行うようになったエリートアスリートによって例証されています (Grove et al., 1998；Lavallee, Gordon, & Grove, 1997)。

スポーツから離れるアスリートを助けることは大きな課題であり，スポーツ

心理学者は，引退する，もしくは引退したアスリートにサービスをしばしば提供するようになってきました。研究者たちは，私たちがトランジションの最中のアスリートを理解することを大いに助けてきました。今必要なのは，修士号や博士号のレベルでの応用スポーツ心理学プログラムの中で，スポーツ心理学者の卵である生徒たちに，トランジションの最中のアスリートと効果的に働く方法を教える充実したトレーニング・プログラムなのだと言えるかもしれません。

あとがきに代えて (AFTERWORD)

## Shane M. Murphy (Gold Medal Consultants)

　私は編者をおいて，この注目すべき本の最初の読者になるという特権を得ることになった。本書は，スポーツ心理学の複雑でダイナミックなふだんの仕事ぶりを実際に描いた初めてのものである。私は本書に心奪われたが，それはあなた方読者にとってもきっと同様であろうことと思う。アスリートが困難なパフォーマンスに取り組む際にスポーツ心理学は有用だと私は考えるが，その挑戦がいかに心躍らせるもので挑戦しがいのあるものであるかを本書は示してくれるのだ。

　本書でもっとも印象的な特質は，スポーツ心理学の介入の"過程"に焦点を当てていることである。スポーツ心理学の文献は，個々の技法や介入について記述したテキストであふれかえっている。それらの業績の多くは優れたものではあるが，それらはあたかも，目標設定，ビジュアライゼーション，集中力トレーニングといった介入の総体こそがスポーツ心理学であるとしてしまっているかのような感がぬぐえない。しかしながら実際に現場に携わっているスポーツ心理学者ならば，そうした技法についての知識を得るということが実は，アスリートたちが望むパフォーマンスを成し遂げることのサポートに熟達するという長い道のりの最初の一歩にすぎないことに気付いている。

　もしあなたが，スポーツ心理学のアプローチについての問いを抱いて訪れたアスリートと少しでも働いたことがあるなら，実践家の役割というものがどれほどの際限のない問いを伴ったものであるかを知っているはずだ。——「いつになれば，自分は介入の取り方について知りつくしたと言えるのだろうか」，「どちらのパフォーマンスの問題にまずとりかかるべきなのだろうか」，「これらのパフォーマンスの問題点のいくつかは相関性があるのか」，「長期的に見て，どの介入計画がもっとも効果を示しそうであるのか」，「やり方を変えるべき点を直接伝えた方がいいのか，アスリート自身がその必要性に気付けるよう促してやるべきなのか」，「私たちの関係はいつまで続けるべきなのか」，「いつコン

サルティングの関係をやめるのが私にとって適切なのか」……。スポーツ心理学者が取れるさまざまな介入戦略に焦点を当てたテキストにおいて，このような問いについて論じられることはほとんどない。そして"*Doing Sport Psychology*"の美点は，これらの問い——そしてその他の数多くの問い——がまさに本の中核を成しているところにある。各章は，スポーツ心理学者とアスリートの間で交わされる実際のやりとりを記述するというシンプルだが優れた手法をとることによって，これらの内面で交わされる問い——"スポーツ心理学をどのように行うか"という迷宮——へと挑んでいく。その手腕は，どうして今まで他に誰かこの教え方を取る者がいなかったのだろうかと不思議に思わせてしまうほど，あざやかなものである。そして，アスリートとスポーツ心理学者のやり取りが紙上に再現されるとき，そこには理論走った議論の陰に隠れたり，心理的サポートの調査報告書の束を引き合いに出してごまかす余地はない。そのやり取りについてどう判断を下すかは，読者の自由なのである。もちろん執筆者はさまざまな解釈をそこに示すことだろうが，アスリートとスポーツ心理学者の実際の言葉が紙上に再現されてしまえば，そのコンサルテーションで生じたことの本質をどう取るかは，こちらの手にゆだねられることになる。私は本書を読んでいる間，そのことを体験する場面にたびたび出会った——「この筆者が言っていることは理解できるが，ここで起こっていることとは違うのではないか」とか，「私がその状況なら，全く別の手段を取るだろう」と。書物がこのように読者の思考に働きかけてくることは，すばらしい体験であろう。本書の読書会などを通して，大学院生やその他の学習者の間で刺激的な議論が数多く成されることを私は楽しみにしている。

　さらには，本書を読むことは私がエリートアスリートと仕事をするうえに少なからず影響をもたらし，また私たちがこれまで論文発表の場を通してさんざん学習したと思っていた直接的な介入を本当はいかにやってこなかったかということを気付かせるものでもあった。すなわち，実践的な仕事をすることがいかに難しいかをスポーツ心理学者たちはまず認め，効果的な介入が成されているときに実際には何を行っているのかを理解しようとすることが重要なのである。本書の流儀に則って，ここで私が最近仕事をしているエリート中距離ランナーのリーンとのやりとりを示したいと思う。これまでの章を通じて何かを得た読者の方々に，また別の一考を促す最後の投げかけができるならば，幸いである。

リーンとは，今も続くプロの陸上チームとのコンサルテーションの一部として面談を行っている。以下に続くやり取りの採録で，私が行おうとしている介入がどの種のものであるか，あなたは分析してみることができるだろう。

　リーンは最初，私がコンサルタントをしているプロチームのトレーニングキャンプの期間中に，私を訪ねてきた。彼女は国際的に大きな成果をあげ，ある程度成功を収めたと言っていい800メートル走者であるが，レースの間に"焦点を失う"ことが何度かあったと語った。そして彼女はしょっちゅう，自分の期待より低いパフォーマンスをしてしまったという。最初のセッションの間，私は彼女のエネルギー水準について尋ねた。彼女は，リラックスしているときはうまくパフォーマンスできるように思うことが何度かあるが，その一方で，時にはリラックスしすぎているせいでうまくパフォーマンスできないこともあるようだとコメントした。私は彼女にいくつかの意識の組み立て方について教え，次のキャンプで再度面談を行う計画を立てた。

　私はその後の6ヶ月間で，二度多く彼女と面談することとなった。そのうちの一度は，彼女の試合日だった。この日のレースで，彼女は過去のシーズン中でも最悪のストレスを抱えたパフォーマンスしかできずにいた。しかし次のレースではシーズン中ベストのパフォーマンスを残し，3位入賞という結果で終えたのだ。そして私たちが面談するとき，二人の話の焦点は，彼女が大会や大きなレースで確固とした心理的アプローチができるようにすることに当てられることとなった。

　以下のやりとりは，彼女が3位入賞を取ったあとのセッションからのものである。それは彼女のプレシーズン調整キャンプから3ヶ月後のことであった。

**　S＝Shane Murphy　L＝リーン**

　S：来シーズンのために，メンタル面の試合計画として何に取り組みたいんだい？

　L：私はただ，今シーズン始めのときから今まで持っている，自信のある状態でいたいだけなんです。自分はうまく走るし，そのことを意識しないでいられる…。私は，絶好調なんです。

　S：じゃあシーズン中その自信を維持するには，何が必要だと思う？

　L：もう何もしたくないんです！　そんなことを考えるのはうんざりだわ。もっと自信をつけようと，あんなにハードな練習をして，あげく最低だった去年のようにはなりたくないだけなんです。（話すにつれリーンの声は高くなり，表情

には緊張がみなぎっていった)
S：どうやら，悪いシーズンになる可能性についてちょっとでも話すことすら，ひどくあなたを苦しめるようだね。
L：いいえ，そうじゃないんです。そのことは大丈夫なの。私はただそんな，メンタルトレーニングみたいなことはまっぴらなだけなの。それに，最悪なシーズンをまた迎えることもよ。(リーンは話している間，息切れがしているようだった)
S：よくない結果になりそうなら，何をすべきか知っておくのは大切なことじゃないかな。いまあなたが自信を持てていてうまく走っているなら，それはすばらしいことだ。けれど，もしあなたが自信をなくしてしまい，いいレースをできなくなったら，それをどうやって乗り越えるんだい？
L：(こらえきれずにすすり泣き始めて) あり得ないわ！ 何をやっても無駄なのよ。それを考えれば考えるほど，悪くなるんです。私は本当に，ただ自信のあるままでいたいだけなの。なのに，先生と一緒にやり始めてから，またそのことを考え出してしまっている…。もう，たくさんよ。(声を上げ続けた)
S：(ティッシュの箱を持って立ち上がり，それを彼女に渡しながら) あなたについてのエキスパートは，あなた自身しかいないと思うよ，リーン。あなたのことについて，私よりよっぽどよくわかっている。もしかすると，このことは確かに考える必要がないのかもしれないね。
L：レース前にルーティンでそれをやって，しかもひどい結果になるのは嫌なの。こんなのは，私には意味がないのよ。ただ私は自分で自分の邪魔をしたくないだけ。
S：いったいどうして，自分で自分の邪魔をするというんだい？
L：(なおもときどき，しゃくり上げながら) 今は自信があるし，絶好調で走れているわ。けれどもし，試合の前に自信にあふれているのに，やってみたらひどい結果だったら，どうすればいいというの？
S：だけど，競い合うこと，挑戦し続けることはすばらしいことだよね。確かにあなたはいま自信を持てているし，絶好調だ。けれど時としてあなたは，全て正しくやっていて自信を持てていても，悪い成績で終えてしまうことがあるみたいだね。それはあなたが結果をコントロールできていない，ということではないかな。
L：だけどレース前にビジュアライゼーションも，目標設定も，リラクセーションもやっているわ，それに深呼吸もよ。だけど効かないんです。それでも最低の走りなの。
S：リーン，そういったことは些細なことだ。あなたはそんなやり方を越えた途上にいるんだ。あなたはそれほどすばらしいランナーだよ。いいレースをするのに，あなたは近道などする必要はないな。ただ大事なことに焦点を置いていればいいんだよ。

L ：だけど私が読んだ本にはみんな，そういうことが大事だって書いてあったわ。毎日，全てのことにポジティブな断言をしなさい，とか。そういうことがスポーツ心理学というものじゃないんですか？

S ：スポーツ心理学というものは，どんなプレッシャーの中でも自分のベストを尽くすことについて学ぶということなんだよ。ビジュアライゼーションや自分へのポジティブな断言といったものは，アスリートたちがどうやってベストを尽くすかを学ぶことを助けてくれる，一つのツールではあるね。だけど，それらがあなたの走りをいいものにしてくれるわけじゃない。あなた自身と，あなたの持っているもの，そしてあなたの懸命な取り組みこそが，あなたをすばらしいランナーにしてくれるんだ。

L ：(彼女は深い息をして，全身から緊張を出し尽くすようにどっさりと，椅子に沈み込んだ) だけど，どうして自分で自分の邪魔をしてしまうのかしら？ 先週，単純に余暇とシーズンオフの体重維持のためだけに参加した，マウンテンバイクのレースのときもそうだったわ。最初のレースは男性たちとやったんだけど，練習のときは叫び声をあげながら山を下りていくだけでした。けれどレース本番では，力みすぎてしまいましたが，うまくやりたいとは思っていたんです。そのレースは，ライン取りを乱してしまってスピードが出せず，最低でした。それで2回目は女性のライダーたちとレースをすることになったんですが，そのとき私は，彼女たちに勝てるはずだと思いました。自分はそんなにいいライダーじゃないけれど，レースで彼女たちに勝てるはずだって思えたんです。結果は15秒差をつけて勝てました。だけどそれは本当は45秒くらいの差をつけているべきだったんです。そういうことをしてしまうとき，私はとてもストレスを抱えてしまうんです。なぜ彼女たちを負かすときに，手を抜いてしまうのかしら？ もっといいレースができたはずなのに。私にとって頑張りすぎてしまうことと手を抜いてしまうことの間に，ちょうどいい中間があるはずなんです。

S ：先のシーズンであなたが走っているのを見たとき，あなたはとてもよかったじゃないか。あなたはLake Bejounで銀メダルを取り，それは見事な走りだった。

L ：だけどあのときですら，最初はうまく走って先導していたのに，そのことを考え出してしまってから頑張りすぎてしまったの。最初の計画通りやっていたら，1位を取れたのに。

S ：じゃあ，どうすればいいのかわかってるんだね？

L ：だけど，できないんです。自分の邪魔をしてしまう…。どうして，ただそれをすることができないのでしょう？

S ：自分自身のやり方をもう見つけていることに，気付いているみたいだね。

L ：その通りです。失敗するのか怖いのかもしれません。もし自分がわかっているようにうまくレースできれば，今シーズンは信じられないほどすばらしい年

になるかもしれません。だけど一方で悲惨な年になるかもしれない。わかりません。自分に挑戦させることができない，前に踏み出せないの。

S：今から20年後，あなたがランナーとしての自分のキャリアを振り返ったとしよう。そのときあなたはどちらを自分に残したいと思うだろうか。保守的にやってオリンピックを20位の結果で終えることかい？　それとも，リスクをかけて険しい道をゆき，ひょっとしたらチーム選手にすら選ばれないかもしれないけれども，少なくともそのために自分のすべてをかけて頑張ったという事実だけは残ること？

L：それはもちろん，自分のすべてをかけて努力をしたことを残したいです。オリンピック選手になれるかどうかという問題じゃないわ。そう，それなら自分はいったい何を怖れているというんだろう…。

S：今，私たちは本当に大切なことを話しているね。そうでしょう，リーン？　リスクをかけて前へ進むかい？　それはとても怖いことかもしれない。だけど，それを先延ばしにして踏み出さなければ，もうあなたに言い分は残されていないことも確かだね。

L：（長い間のあと，彼女は静かに座った）私は自分の思うやり方でいくと思うけど，実際に踏み出すか，やらずにいるかは私次第ですね。れれど，少なくとも自分自身を省みることはできるということですね。それでもやっぱり，失敗はいやだけどもね。

S：すべてのスポーツ選手に怖さはあると思うよ。少なくとも僕が関わったアスリートはみんなね。だけど，あなたにはそのことについて考え込んでいる時間はないんじゃないかな。いい走りをするのに必要なことに集中できてしまえば，失敗を恐れている時間なんてなくなるし，そんなことは起こらないんじゃないかな。

L：だけど前回のシーズンのように，レースのたびに自分を分析しすぎて混乱するようなことは，もうしたくないんです。

S：なら，そうならないようにしよう。シンプルに考えるんだ。なにもキャンプごとに私に会う必要はないんだよ。言ったでしょう？　あなた自身が，あなたについての一番のエキスパートだよ。

L：私につきまとっている心理的混乱を止めるには，それがちょうどいいのかもしれません。それでもいいですか？

S：もちろん。私はあなたの手助けのためにここにいるんだ。もし私と話すことがいい走りをする助けにならないなら，私と会わなければいいだけさ。

L：でも，今日話したことはとても助けになりました。

S：私はいつでもここにいるよ。リスクをかけて踏み出すことや心理的な後押しのことで私とまた話したくなることがあったら，来るといい。

L：わかりました。それでいきましょう。

SM：よし！　あなたと話せてよかったよ。このシーズンがうまくいくといいね。

チャック（リーンのコーチ）には，私たちがしばらく面談をしないことを伝えておくよ。
SM：本当に，ありがとうございます。

　このセッションを振り返ってみても，イメージやリラクセーションといった手法を私が用いていないことはわかっている。それでも確かに介入を行っているはずである。始めに，リーンが自分の怖れと向き合うことを私はそっと手助けした。彼女の全身が緊張に満ちてゆくのははっきりとわかったし，しばらくの間それに向き合うことに抵抗していた。彼女がそれをしたとき，不安が涙となって溢れた――それでも私はその場を外したり，セッションを取りやめにしたり話題を変えたりといったことはせず，彼女に不安をもたらす存在としてそこにとどまったのである。このやり方が彼女の中の本当の怖れを明確にさせ，不安の陰から安堵が表れた。かくの如く，成功をおさめた選手としてのリーンのセルフイメージを強化するためならば，私はスポーツ心理学の定石的な介入のしかたを無視すらしたのである――そしてその結果，彼女はうまくやり，私の助けなしでトップを取るという形で終えることとなったのだが。私が願ったのは，彼女が自分自身の結果や成功，失敗を自らに引き受け，"分析のしすぎ"という失敗をしないということだけであった。彼女の受け答えのしかたには，ハイレベルのアスリートの多くが持っている典型的な完璧主義の傾向が見られたからだ。そして私は彼女が望むときいつでも面談できることを伝え，セッションを終わらせた。

　4ヶ月後の次のトレーニングキャンプ中，彼女は再度私に会いたいと言ってきた。私たちはコーチの部屋に行き，腰を下ろした。

S：前回のセッションでは，あなたが本当に私と話す必要ができときにはいつでも会えると言って終えたよね。どうしたんだい？
L：ええ，最近の2回の大会でうまくいかなかったんです。両方とも決勝に残れませんでした。コーチはもし私がランキングを上げなかったら，今度のシーズンのヨーロッパ遠征チームに入れないと言ってきたの。
S：それは心配だな。
L：まったくです。もし私が行けないと，ランキングはもっとひどいことになるわ。スポンサーも降りてしまうでしょう。競技をやめなければならなくなるかもしれません。（目に涙が浮かんだ）

S：ヨーロッパ遠征に行くために，どうすればいいのだと思う？
L：この週末にある最終レースで，決勝まで上りつめなければなりません。絶対に決勝まで，なのよ。
S：レースはどんな調子なのかな。
L：驚くほどとてもいいです。最後の2回のレースでは運が悪いことによくないスタートとコース取りをしてしまいましたが，それでも他のランナーと果敢にやり合えました。
S：練習の方はどう？
L：絶好調です。出さなきゃいけないタイムまでもうほんの少しだと思います。
S：じゃあ，自信の方は？
L：それが，あまりよくないんです。やっぱり混乱してしまうの。うまく走っていても，悪いパフォーマンスをしてしまうことを考えてしまうのが止められません。レース前に何をすべきでしょうか。リラクセーション？ それとも動機づけ？……
S：前回話したことを思い出してごらん。あなたは決めたはずでしょう？ うまく走るには物事をごくシンプルにとらえ，考えすぎないことだって。
L：はい，覚えています。
S：それについてはどうですか？
L：問題が起こってます。どうしてもいろいろ考え始めて，混乱してしまうの。
S：では，シンプルに考え，集中するためには何が必要なのかな？
L：誰か気づかせてくれる人が必要です。ただ走り始めると，すべて頭からぬけてしまって，何も考えられなくなってしまうのです。
S：レースで，集中し続けるよう注意してくれる人はいないのかい？
L：チャックかしら。だけど彼は私をナーバスにしてしまうし…。
S：どうして？
L：だって彼は，私がヨーロッパ遠征に行けるかどうか決めるために私を見ているんですもの。
S：じゃあ，他に誰かいるかな？
L：ハインズ（リーンのアシスタントコーチ）がいいわ。彼はとても落ち着いていていい人です。
S：レースの10分前にレースプランに集中するよう自分に注意してほしいということを，彼には頼んでみたかい？
L：いいえ。
S：（沈黙を保つ）
L：そうね，できるかもしれません。彼ならやってくれると思います。彼は私がトラックに出る前，レースのだいたい15分前には私をつかまえる必要があるというわけね。
S：彼があなたに注意してくれたら，レースプランに集中できる？

L：ええ，もちろんできるわ。彼がほんの1分か2分でも話してくれれば，私は頭の中からよけいなものを追い出せるわ。
S：どうやらハインズと話す必要があるみたいだね
L：そうですね。明日にもそうしてみるわ。
S：幸運を祈るよ！　シンプルに考えて，楽しむんだ。
L：やってみます。

　セッションの間，私は前回のリーンとの経験に基づいて，自分にとってのエキスパートは自分自身であること，したがって私の指導をほとんど必要としていないはずだという私の考えへと彼女を促した。レース前の混乱が自分のパフォーマンスを躓せるポイントだということを彼女が認識したとき，私は選択を迫られることになる。何か彼女に集中するための方法を教えるべきだろうか，と。しかしこれまでの会話から彼女は集中するやり方を知っており，それを実行して集中できていたことはわかっていた。それで私は彼女に，集中するための助けがいるかどうか尋ねたのである。そうして彼女はうまくやるための非常にいいポテンシャルを持った戦略に気付き，私は彼女がそうするよう促したのである。このセッションは非常に短いものである。その中で私は，言葉だけでなく身振りでもメッセージを強調したのだ——「シンプルに考えて，自分を分析しすぎないように」と。リーンは次のレースで決勝に残る好成績をあげ，チームと一緒にヨーロッパ遠征に行った。そこで彼女は次の年もレースを続けるのに充分な支えとなるだけの賞金を得ることができたのである。この介入のほとんどにおいては，彼女がいいパフォーマンスをあげ続けられているかということと，そのパフォーマンスの過程で何かを得ているのだという実感と満足感を持っているかどうかとうことで，私は自分のコンサルティングの効果を判断しているのだ。
　このような短い場面を記述することですら，それはいささか挑戦となった。というのも，読者はそこから私がどう仕事をし，どう判断を下したかを観察することができるということを私は思い知ったからである。私は自分のセッションに手を加えたいという，抗し難い誘惑に駆られた。そう，もし本書に寄稿している執筆者たちがある決定的に重要な本質を共有することがなかったら，本書は成功していなかったに違いないのだ——すなわちそれは，誠実でいることである。自らの仕事について批判的な分析へも胸襟を開いている彼ら執筆者た

ちに，私は大きな敬服の念を抱かずにおれない。人がその成した仕事を（思想をではなく）読者の批評の場にさらすということは，勇気を要するものなのである。スポーツ心理学コンサルティングの本質を描くにおいて，本書の章の多くが，私ならば"素朴なまでの誠実さ"と称するであろうものを共有していることに私は感じ入ったのである。これらの章を読者であるあなた方が読む際，スポーツ心理学コンサルティングを行うということがどのようなものであると取るかは，全てあなた方の手にゆだねられている。これは並大抵の仕事ではない。この主題における私自身の編者としての仕事の経験から照らして，スポーツ心理学者とアスリートのやりとりの間で実際に生じていることを読者に伝えることがいかに難しいかを，私は身にしみて理解している。本書で執筆者たちは，成功も失敗もともに提示してみせる——コンサルティングがうまくいったときの喜びのみならず，別のやり方を試みて失敗に終わることの痛みまでも。Sean McCannによる章は，エリートレベルのアスリートへスポーツ心理学コンサルティングを試みることについて他に類のないものになっている。この章は，私もこのように描きたいものだと思わせることだけでなく，自らのコンサルティングプロセスにおいてもこのような洞察を生み出したいという思いを抱かせることによって，私を嫉妬の念に駆りたてるものである。

　全ての章が賞賛に足るものを持っているからには，私はどれか一つの章を取り上げるというようなことはすべきでないのかもしれない。しかしながら，ここでいくつかをどうしても強調しておきたいと思う。Frances PrinceとMark Andersenによる章は，アスリート・クライアントと長期間にわたる関係を築くことの魅力的な洞察を示してくれる。Daryl Marchantは目標設定に焦点を当てながら，プロチームとのコンサルティングの関係のユニークな視点を見せてくれた。Kate Haysは他にまねのできないスタイルで，ミュージシャンと仕事をするのにスポーツ心理学の原理をどう応用するかを説明してくれ，また若いパフォーマーと仕事をするという試みをも見せてくれる（訳者註：本邦訳書では未訳）。Vance Tammenによる章は，私の血圧をいささか上昇させた。というのも，私は彼がそこで議論しているところのスーパーバイザーその人だったからである。しかし結局私は，彼を呼びつけて「おい，私が覚えているのと違うじゃないか」と言ってやりたい衝動を捨て去ることができ，代わりに，自らの挑戦と失敗を示してくれている彼の誠実さを賞賛することとなったのだ。Burt Gigesは，一連の短いポートレイトを通じてある種の介入は驚くべき短時

間で効果をあげ得ることを示しながら，彼がパフォーマンスコンサルティングの経験から学んだキーとなる原理に光を当ててみせる。これらの章は印象深いものであったが，しかしもちろん本書の全ての章が，読者に大きな貢献をしてくれることは間違いない。それゆえ私は，編者である Mark Andersen に感謝の念を申し述べるのである。

　残された最後の問い——本書では直接的には取り上げられていないが，スポーツ心理学の文献においてはしばしば論議されてきたもの——は，スポーツ心理学ははたして発展的見込みのある職業であり得るかどうか，ということである。それはシンプルに言ってしまえば，スポーツ心理学のキャリアを追究したいと考えている者たちに将来仕事があるのか，ということだ。スポーツの世界において与えられる機会は常に非常に限られていることから，このような問いに楽観的な回答をするのは困難であると言わざるを得ない。しかしながら，ここで別の問いの立て方をしてみようと思う。個人や集団，組織が高水準のパフォーマンスを達成するためのサポートのエキスパートに，将来どんな需要があるだろうか，と。ビジネス，ヘルスケア，教育，パフォーミングアート，財務…多様な現場において，そこでのグループやチームは，最終的に優れた結果を達成せねばならないという多大なプレッシャーにさらされている。チームが高いパフォーマンスをあげることをサポートするエキスパートにとって，個人やチームが優れた業績をあげることの助けになるためには，専門家はさまざまな領域について精通している必要が出てくるであろう。たとえば次のような——

・リーダーシップ
・チームワーク
・ストレスマネジメント
・バーンアウト（燃え尽き）
・キャリアへの満足度や，その意味するところ
・人生のフローと幸福
・ライフマネジメント
・コーチングの効果
・感性ある聡明さ

　スポーツ心理学はこれら全ての，そしてさらに多くの領域における情報のデータベースに満ちた分野であることを，この本は明確に示している。スポーツ心理学ほど幅広く，パフォーマンス向上の心理学について取り扱っている他の

学問を，私は思いつかない。スポーツ心理学がその取り扱う範囲を広め続け，さまざまな領域における高いパフォーマンスについての研究を続けるなら，その未来は輝かしいものであると私は信じている。私は過去数年においての，この話題についての私の考えを修正したことを告白せねばならない。私の以前の著作のいくつかの中で私は，スポーツ心理学はスポーツの研究においてごく狭い分野に焦点を合わせ続けるべきだと主張していたのだ。今では私は，スポーツ心理学が，高度な達成が得られる際の過程を解明するために，他のどんな学問よりも多様な観点を採用していることを確信している。スポーツ心理学者たちは，社会からの増大し続けている要請に応えるために，パフォーマンス向上の理論と実践を発展させ続けねばならないだろう。本書はその過程における重要な一歩を示しているのだ。本書が我々の学問における進歩の触媒になることを私は信じている。また，スポーツ心理学を実践するためにこの本を読むすべての読者が大いに触発されることを期待するものである。

# 訳者あとがき

　本書を読めば読むほど自分自身が勉強になることを確信させられる書籍だと感じます。読むたびに学びと発見があるからです。そんな書籍はそうないと思います。そんなすばらしい書籍との出会いにまずは感謝したいと思います。

　日本ではスポーツ心理学といっても臨床スポーツ心理学や教育スポーツ心理学が混在しているように思います。スポーツカウンセリングもあれば，スポーツコンサルティング，メンタルトレーニングという分野もあるようです。いずれにせよ，わたしは本書のようにスポーツ心理学をベースとしアスリートをサポートする社会背景がもっともっと日本で構築されることを本書を読んで益々願わざるを得なくなりました。その背景にはスポーツそのものが日本ではまだまだ文化となっていないため，多くの人にとってスポーツが社会生活の一部になっていないことがあります。そのためにビジネスとしての成熟も見られないので，広くスポーツ界のアスリートに対するサポートにお金や人材が十分に流れないという事実があります。また学問的な心理学の発展はともかく，実際にカウンセリングやコンサルティングを受けるという心理に対する社会習慣もいまだ未熟といわざるを得ません。日本で本書のようなカウンセリングやコンサルティングが活発に行われ，アスリートたちが充実したスポーツ生活を送り，かつサポートするスポーツ心理学者たちもいきがいを持って働けるような時代の到来を心から願っております。そして，本書の出現によりそんな社会がやってくることを強く予感さえさせるようなすばらしい内容になっています。

　実際に行われるアスリートやクライアントとのやりとりを中心に構成される本書の価値はスポーツ心理学をこれから勉強しようとする方々はもちろん，カウンセリングやコンサルティングを行っているすべての方々にも必ず参考になるどこにも書いていない実践性にあるのだとあらためてここで強調させていただきたいと思います。知識ではなく，経験により身に着けていく目に見えない部分の財産や価値をこれほどまでに体系化している書籍はこれまで類をみないでしょう。本書をいつもそばにおいて読んでいれば，その人は応用スポーツ心理学の深遠なる世界の入り口を真に垣間見ることができるに違いありません。

本書が日本のスポーツ心理学の世界によい意味で一石を投じる存在になることを願ってあとがきとさせていただきたいと思います。

　最後に本書の出版にあたり多大なるご尽力をいただいた大修館書店の河田朋裕さま，英訳のサポートをしてくれた慶應義塾大学ゴルフ部，早稲田大学バスケ部の学生たちに深謝するとともに，原著では19章にわたって書かれた内容を日本向けのテーマにそぐわない章は省いて訳本とさせていただいたことを読者のみなさまにはご了承いただきたくここに申し述べたいと思います。そして，わたしをこのすばらしいスポーツ心理学の世界に導いてくれたパッチ・アダムスと井上雄彦氏への感謝をあらためて忘れないようにしたいと思います。ありがとうございます。

2008年春　スポーツドクター　辻　秀一

[参考文献]

【まえがき】
Basch, M.F. (1980). *Doing psychotherapy.* New York: Basic Books.
Gauron, E.F. (1984). *Mental training for peak performance.* Lansing, NY: Sport Science.
Harris, D.V., & Harris, B.L. (1984). *Sports psychology: Mental skills for physical people.* Champaign, IL: Leisure Press.
Murphy, S.M. (Ed.). (1995). *Sport psychology interventions.* Champaign, IL: Human Kinetics.
Ray, R., & Wiese-Bjornstahl, D.M. (Eds.). (1999). *Counseling in sports medicine.* Champaign, IL: Human Kinetics.
Syer, J., & Connolly, C. (1984). *Sporting body, sporting mind: An athlete's guide to mental training.* Cambridge, UK: Cambridge University Press.
Williams, J.M. (Ed.). (1998). *Applied sport psychology: Personal growth to peak performance* (3rd ed.). Mountain View, CA: Mayfield.

【序章】
Andersen, M.B. (1992). Sport psychology and procrustean categories: An appeal for synthesis and expansion of service. *Association for the Advancement of Applied Sport Psychology Newsletter, 7* (3), 8-9, 15.
Balague, G. (1999). Understanding identity, value, and meaning when working with elite athletes. *The Sport Psychologist, 13,* 89-98.
Chambless, D.L., & Hollon, S.D. (1998). Defining empirically supported therapies. *Journal of Consulting and Clinical Psychology, 66,* 7-18.
Davis, J.O. (1991). Sport injuries and stress management. *The Sport Psychologist, 5,* 175-182.
Goldfried, M.R., & Wolfe, B.E. (1998). Toward a more clinically valid approach to therapy research. *Journal of Consulting and Clinical Psychology, 66,* 143-150.
Heyman, S.R., & Andersen, M.B. (1998). When to refer athletes for counseling or psychotherapy. In J. M. Williams (Ed.), *Applied sport psychology: Personal growth to peak performance* (3rd ed., pp. 359-371). Mountain View, CA: Mayfield.
Murphy, S.M. (Ed.). (1995). *Sport psychology interventions.* Champaign, IL: Human Kinetics.
Perna, F., Neyer, M., Murphy, S.M., Ogilvie, B.C., Murphy, A. (1995). Consulting with sport organizations: A cognitive-behavioral approach. In S. M. Murphy (Ed.), *Sport psychology interventions* (pp. 235-252). Champaign, IL: Human Kinetics.
Petitpas, A.J., Danish, S.J., & Giges, B. (1999). The sport psychologist-athlete relationship: Implications for training. *The Sport Psychologist, 13.*
Ravizza, K. (1988). Gaining entry with athletic personnel for season-long consulting. *The Sport Psychologist, 2,* 243-254.
Rotella, R. (1992). Sport psychology: Staying focused on a common and shared mission for a bright future. *Association for the Advancement of Applied Sport Psychology Newsletter, 7* (3), 8-9.
Simons, J.P., & Andersen, M.B. (1995). The development of consulting practice in applied sport psychology: Some personal perspectives. *The Sport Psychologist, 9,* 449-468.

【第1章】
Andersen, M.B., Van Raalte, J.L., & Brewer, B.W. (in press). When sport psychology consultants and graduate students are impaired: Ethical and legal issues in training and supervision. *Journal of Applied Sport Psychology, 12.*
Andersen, M.B., & Williams-Rice, B.T. (1996). Supervision in the education and training of sport psychology service providers. *The Sport Psychologist, 10,* 278-290.
Ellis, A. (1994). The sport of avoiding sports and exercise: A rational-emotive behavior therapy perspective. *The Sport Psychologist, 8,* 248-261.
Freud, S. (1955). *The interpretation of dreams* (J. Strachey, Trans.). New York: Norton. (Original work published in 1900).
Giges, B. (1998). Psychodynamic concepts in sport psychology: Comment on Strean and Strean. *The Sport Psychologist, 12,* 223-227.
Hamilton, L.H. (1997). *The person behind the mask: A guide to performing arts psychology.* Greenwich, CT: Ablex.
Hellstedt, J.C. (1987). The coach/parent/athlete relationship. *The Sport Psychologist, 1,* 151-160.
Hellstedt, J.C. (1995). Invisible players: A family systems model. In S. M. Murphy (Ed.), *Sport psychology interventions* (pp. 117-147). Champaign, IL: Human Kinetics.
Henschen, K. P. (1991). Critical issues involving male consultants and female athletes. *The Sport Psychologist, 5,* 313-321.
Henschen, K.P. (1998). The issue behind the issue. In M. A. Thompson, R. A. Vernacchia, & W. E. Moore (Eds.), *Case studies in sport psychology: An educational approach* (pp. 27-34). Dubuque, IA: Kendall/Hunt.
Rogers, C.R. (1957). Training individuals to engage in the therapeutic process. In C. R. Strother (Ed.), *Psychology and mental health.* Washington, DC: American Psychological Association.
Rogers, C.R. (1961). *On becoming a person.* Boston: Houghton Mifflin.
Simons, J.P., & Andersen, M.B. (1995). The development of consulting practice in applied sport psychology: Some personal perspectives. *The Sport Psychologist, 9,* 449-468.

Stainback, R.D., & La Marche, J.A. (1998). Family systems issues affecting athletic performance in youth. In K. F. Hays (Ed.), *Integrating exercise, sports, movement, and mind: Therapeutic unity* (pp. 5-20). New York: Haworth Press.
Strean, W.B., & Strean, H.S. (1998). Applying psychodynamic concepts to sport psychology practice. *The Sport Psychologist, 12,* 208-222.
Taylor, J. & Schneider, B.A. (1992). The sport-clinical intake protocol: A comprehensive interviewing instrument for applied sport psychology. *Professional Psychology: Research and Practice, 23,* 318-325.
Wolpe, J. (1973). *The practice of behavior therapy* (2nd ed.). New York: Pergamon.
Yambor, J., & Connoly, D. (1991). Issues confronting female sport psychology consultants working with male student-athletes. *The Sport Psychologist, 5,* 304-312.

【第 2 章】

Beck, A.T. (1967). *Depression: Clinical, experimental, and theoretical aspects.* New York: Hoeber.
Berne, E. (1961). *Transactional analysis in psychotherapy.* New York: Grove Press.
Cox, R.H. (1994). *Sport psychology: Concepts and applications.* Dubuque, IA: Brown & Benchmark.
Danish, S.J., Petitpas, A.J., & Hale, B.D. (1992). A developmental-educational intervention model in sport psychology. *The Sport Psychologist, 6,* 403-415.
Erikson, E.H. (1950). *Childhood and society.* New York: W. W. Norton.
Frankl, V. (1992). *Man's search for meaning: An introduction to logotherapy.* Boston: Beacon Press.
Giges, B. (1995, September). *How people change.* Keynote address presented at the annual meeting of the Association for the Advancement of Applied Sport Psychology, New Orleans, LA.
Giges, B. (1996a, May). *Beyond psychopathology: An alternative to the medical model in sport.* Paper presented to the International Society for Sport Psychiatry at the annual meeting of the American Psychiatric Association, New York.
Giges, B. (1996b). Commentary. *Newsletter of the Association for the Advancement of Applied Sport Psychology, 11,* (3), 24, 27.
Giges, B. (1997, February). *Psychological barriers to excellence in sport performance.* Keynote address presented at the Southeastern Region Sport and Exercise Psychology Student Symposium, West Virginia University, Morgantown, WV.
Giges, B. (1998). Psychodynamic concepts in sport psychology: Comment on Strean and Strean. *The Sport Psychologist, 12,* 223-227.
Greenson, R.R. (1967). *Technique and practice of psychoanalysis.* New York: International Universities Press.
Maslow, A. (1954). *Motivation and personality.* New York: Harper & Row.
Maslow, A. (1962). *Toward a psychology of being.* Princeton, NJ: Van Nostrand.
Munroe, R.L. (1955). *Schools of psychoanalytic thought.* New York: Dryden Press.
Nideffer, R.M. (1985). *An athlete's guide to mental training.* Champaign, IL: Human Kinetics.
Orlick, T. (1986). *Psyching for sport: Mental training for athletes.* Champaign, IL: Human Kinetics.
Perls, F. (1969). *Gestalt therapy verbatim.* Lafayette, CA: Real People Press.
Van Raalte, J.L., & Brewer, B.W. (Eds.). (1996). *Exploring sport and exercise psychology.* Washington, DC: American Psychological Association.
Weinberg, R.S., & Gould, D. (1995). *Foundations of sport and exercise psychology.* Champaign, IL: Human Kinetics.
Williams, J.M. (Ed.). (1998). *Applied sport psychology: Personal growth to peak performance* (3rd ed.). Mountain View, CA: Mayfield.

【第 3 章】

Bordin, E.S. (1979). The generalizability of the psychoanalytic concept of the working alliance. *Psychotherapy: Theory, Research, and Practice, 16,* 252-260.
Danish, S.J., & Hale, B. (1983). Teaching psychological skills to athletes and coaches. *Journal of Physical Education, Recreation, and Dance, 54* (8), 11-12, 80-81.
Danish, S.J., Petitpas, A.J., & Hale, B.D. (1993). Life developmental interventions for athletes: Life skills through sports. *The Counseling Psychologist, 21,* 352-385.
Lankton, S.R. (1980). *Practical magic: A translation of basic neuro-linguistic programming into clinical psychotherapy.* Cupertino, CA: Meta Publications.
Meichenbaum, D. (1985). *Stress inoculation training.* Elmford, NY: Pergamon Press.
Petitpas, A., & Danish, S.J. (1995). Caring for injured athletes. In S. M. Murphy (Ed.), *Sport psychology interventions* (pp. 255-282). Champaign, IL: Human Kinetics.
Sexton, T.S., & Whiston, S.C. (1994). The status of the counseling relationship: An empirical review, theoretical implications, and research directions. *The Counseling Psychologist, 22,* 6-78.
Watzlawick, P., Weakland, J., & Fisch, R. (1974). *Change: Principles of problem formation and problem resolution.* New York: Gardner Press.

【第4章】
Bakker, F.C., & Kayser, C.S. (1994). Effect of a self-help mental training programme. *International Journal of Sport Psychology, 25*, 158-175.
Baum, A., Gatchel, R.J., & Krantz, D.S. (1996). *An introduction to health psychology* (3rd ed.). New York: McGraw-Hill.
Benson, H. (1975). *The relaxation response*. New York: William Morrow.
Benson, H. (1983). The relaxation response: Its subjective and objective historical precedents and physiology. *Trends in Neurosciences, 6*, 281-284.
Crocker, P.R.E., Alderman, R.B., & Smith, F.M.R. (1988). Cognitive-affective stress management training with high performance youth volleyball players: Effects on affect, cognition, and performance. *Journal of Sport and Exercise Psychology, 10*, 448-460.
Davidson, R.J., & Schwartz, G.E. (1976). Psychobiology of relaxation and related states. In D. Mostofsky (Ed.), *Behavior modification and control of physiological activity*. Engelwood Cliffs, NJ: Prentice-Hall.
Davis, M., Eshelman, E.R., & McKay, M. (1995). *The relaxation and stress reduction workbook* (4th ed.). Oakland, CA: New Harbinger.
Ellis, A. (1995). Rational emotive behavior therapy. In R.J. Corsini & D. Wedding (Eds.), *Current psychotherapies* (5th ed., pp. 162-196). Itasca, IL: F.E. Peacock.
Greenspan, M.J., & Feltz, D.L. (1989). Psychological interventions with athletes in competitive situations: A review. *The Sport Psychologist, 3*, 219-236.
Hamilton, S., & Fremouw, W. (1985). Cognitive-behavioral training for college free-throw performance. *Cognitive Therapy and Research, 9*, 479-483.
Hanin, Y.L. (1980). A study of anxiety in sports. In W.F. Straub (Ed.), *Sport psychology: An analysis of athlete behavior* (pp. 236-249). Ithaca, NY: Mouvement.
Henschen, K. (1995). Relaxation and performance. In K.P. Henschen & W.F. Straub (Eds.), *Sport psychology: An analysis of athlete behavior* (2nd ed., pp. 163-167). Longmeadow, MA: Mouvement.
Jacobson, E. (1962). *You must relax*. New York: McGraw-Hill.
Lazarus, R. (1966). *Psychological stress and the coping process*. New York: McGraw-Hill.
Lehrer, P.M., and Woolfolk, R.L. (Eds.). (1993). *Principles and practice of stress management* (2nd ed.). New York: Guilford Press.
Lichstein, K.L. (1988). *Clinical relaxation strategies*. New York: Wiley.
Luthe, W. (1965). *Autogenic training: International edition*. New York: Grune & Stratton.
Meyers, A., Schleser, R., & Okwumabua, T. (1982). A cognitive behavioral intervention for improving basketball performance. *Research Quarterly for Exercise and Sport, 53*, 344-347.
Meyers, A.W., Whelan, J.P., & Murphy, S.M. (1996). Cognitive behavioral strategies in athletic performance enhancement. In M. Hersen, R.M. Eisler, & P.M. Miller (Eds.), *Progress in behavior modification* (vol. 30, pp. 137-164). Pacific Grove, CA: Brooks/Cole.
Poppen, R. (1998). *Behavioral relaxation training and assessment* (2nd ed.). Thousand Oaks, CA: Sage.
Selye, H. (1974). *Stress without distress*. Philadelphia: Lippincott.
Smith, J.C. (1986). Meditation, biofeedback, and the relaxation controversy: A cognitive-behavioral perspective. *American Psychologist, 41*, 1007-1009.
Smith, J.C. (1988). Steps toward a cognitive-behavioral model of relaxation. *Biofeedback and Self-Regulation, 13*, 307-329.
Unestahl, L.E. (1983). Inner mental training for sport. In T. Orlick, J.T. Partington, & J.H. Salmela (Eds.), *Mental training for coaches and athletes* (pp. 135-140). Ottawa, Canada: Coaching Association of Canada.
Unestahl, L.E. (1986). Self-hypnosis. In J.M. Williams (Ed.), *Applied sport psychology: Personal growth to peak performance* 2nd ed., (pp. 285-300). Palo Alto, CA: Mayfield.
Vealey, R.S. (1994). Current status and prominent issues in sport psychology interventions. *Medicine and Science in Sports and Exercise, 26*, 495-502.
Williams, J.M., & Harris, D.V. (1998). Relaxation and energizing techniques for regulation of arousal. In J.M. Williams (Ed.), *Applied sport psychology: Personal growth to peak performance* (3rd ed., pp. 219-236). Mountain View, CA: Mayfield.
Wolpe, J. (1973). *The practice of behavior therapy* (2nd ed.). New York: Pergamon Press.
Wrisberg, C.A., & Anshel, M.H. (1989). The effects of cognitive strategies on the free throw shooting performance of young athletes. *The Sport Psychologist, 3*, 95-104.
Zhang, L., Ma, Q., Orlick, T., & Zitzelsberger, L. (1992). The effects of mental-imagery training on performance enhancement with 7–10-year-old children. *The Sport Psychologist, 6*, 230-241.

【第5章】
Aidman, E.V. (1999a). *The Self-Apperception Test: A technical manual* (2nd ed.). Melbourne, Australia: InterMind

Consulting.
Aidman, E. V. (1999b). Measuring individual differences in implicit self-concept: Initial validation of the Self-Apperception Test. *Personality and Individual Difference, 27*, 211-228.
Allison, M.T. (1991). Role conflict and the female athlete: Preoccupations with little grounding. *Journal of Applied Sport Psychology, 3*, 49-60.
Alwin, D.F., & Otto, L.B. (1977). High school context effects on aspirations. *Sociology of Education, 50*, 259-273.
American Psychiatric Association. (1994). *Diagnostic and statistical manual of mental disorders* (4th ed.). Washington, DC: Author.
Bauer, G.P. (1993). *The analysis of the transference in the here and now.* Northvale, NJ: Aronson.
Boyle, G.J. (1994). Self-description questionnaire II: A review. *Test Critiques, 10*, 632-643.
Bracken, B.A. (1992). *Multidimensional Self-Concept Scale.* Austin, TX: Pro-Ed.
Bracken, B.A. (1996). Clinical applications of a context-dependent, multidimensional model of self-concept. In B.A. Bracken (Ed.), *Handbook of self-concept* (pp. 463-503). New York: Wiley.
Buunk, B.P., and Ybema, J.F. (1997). Social comparisons and occupational stress: The identification-contrast model. In B.P. Buunk & F.X. Gibbons (Eds.), H*ealth, coping, and well-being: Perspectives from social comparison theory* (pp. 359-388). Mahwah, NJ: Erlbaum.
Byrne, B.M. (1984). The general/academic self-concept nomological network: A review of construct validation research. *Review of Educational Research, 54*, 427-456.
Byrne, B.M. (1986). Self-concept/academic achievement relations: An investigation of dimensionality, stability, and causality. *Canadian Journal of Behavioural Science, 18*, 173-186.
Cialdini, R.B., & Richardson, K.D. (1980). Two indirect tactics of image management: Basking and blasting. *Journal of Personality and Social Psychology, 39*, 406-415.
Cooley, C.H. (1902). *Human nature and the social order.* New York: Scribner.
Covington, M.V. (1992). *Making the grade: A self-worth perspective on motivation and school reform.* Cambridge University Press.
Damon, W., & Hart, D. (1988). *Self-understanding in childhood and adolescence.* New York: Cambridge University Press.
Davis, J.A. (1966). The campus as a frog pond: An application of theory of relative deprivation to career decisions for college men. *American Journal of Sociology, 72*, 17-31.
Diener, E., & Fujita, F. (1997). Social comparison and subjective well-being. In B.P. Buunk & F.X. Gibbons (Eds.), *Health, coping, and well-being: Perspectives from social comparison theory* (pp. 329-358). Mahwah, NJ: Erlbaum.
Felson, R.B. (1984). The effect of self-appraisals on ability of academic performance. *Journal of Personality and Social Psychology, 47*, 944-952.
Felson, R.B., & Reed, M.D. (1986). Reference groups and self-appraisals of academic ability and performance. *Social Psychology Quarterly, 49*, 103-109.
Festinger, L. (1954). A theory of social comparison processes. *Human Relations, 7*, 117-140.
Firebaugh, G. (1980). Groups as contexts and frog ponds. *New Directions for Methodology of Social and Behavioral Science, 6*, 43-52.
Goethals, G.R., & Darley, J.M. (1987). Social comparison theory: Self-evaluation and group life. In B. Mullen & G.R. Goethals (Eds.), *Theories of group behavior* (pp. 21-47). New York: Springer-Verlag.
Greenwald, A.G., & Banaji, R. (1995). Implicit social cognition: Attitudes, self- esteem, and stereotypes. *Psychological Review, 102*, 4-27.
Harter, S. (1985). *The Self-Perception Profile for Children.* Denver, CO: University of Denver.
Harter, S. (1990). Causes, correlates, and the functional role of global self-worth: A life-span perspective. In J. Kolligian & R. Sternberg (Eds.), *Perceptions of competence and incompetence across the life-span* (pp. 67-98). New Haven, CT: Yale University Press.
Hattie, J. (1992). *Self-concept.* Hillsdale, NJ: Erlbaum.
Helson, H. (1964). *Adaptation-level theory.* New York: Harper & Row.
Hyman, H. (1942). The psychology of subjective status. *Psychological Bulletin, 39*, 473-474.
James, W. (1963). *The principles of psychology.* New York: Holt, Rinehart & Winston. (Original work published in 1890)
Jung, C.G. (1933). *Modern man in search of a soul.* New York: Harvest Books.
Lazarus, R.S., & Folkman, S. (1984). *Stress, appraisal, and coping.* New York: Springer-Verlag.
Leahy, T., Harrigan, R., & Freeman, G. (1999, November). *Evaluation of a body image enhancement programme with elite female athletes.* Paper presented at the fifth IOC World Congress on Sport Sciences, Sydney, Australia.
Liggett, J. (1959) The paired use of projective stimuli. *British Journal of Psychology, 50*, 269-275.
Marsh, H.W. (1974). *Judgmental anchoring: Stimulus and response variables.* Unpublished doctoral dissertation. University of California, Los Angeles.
Marsh, H.W. (1984a). Self-concept: The application of a frame of reference model to explain paradoxical results. *Australian*

*Journal of Education, 28,* 165-181.

Marsh, H.W. (1984b). Self-concept, social comparison, and ability grouping: A reply to Kulik and Kulik. *American Educational Research Journal, 21,* 799-806.

Marsh, H.W. (1986). Global self-esteem: Its relation to specific facets of self-concept and their importance. *Journal of Personality and Social Psychology, 51,* 1224-1236.

Marsh, H.W. (1987a). The hierarchical structure of self-concept and the application of hierarchical confirmatory factor analysis. *Journal of Educational Measurement, 24,* 17-19.

Marsh, H.W. (1987b). The big-fish-little-pond effect on academic self-concept. *Journal of Educational Psychology, 79,* 280-295.

Marsh, H.W. (1990a). A multidimensional, hierarchical self-concept: Theoretical and empirical justification. *Educational Psychology Review, 2,* 77-171.

Marsh, H.W. (1990b). The structure of academic self-concept: The Marsh/Shavelson model. *Journal of Educational Psychology, 82,* 623-636.

Marsh, H.W. (1991). The failure of high-ability high schools to deliver academic benefits: The importance of academic self-concept and educational aspirations. *American Educational Research Journal, 28,* 445-480.

Marsh, H.W. (1993). Academic self-concept: Theory, measurement, and research. In J. Suls (Ed.), *Psychological perspectives on the self* (vol. 4). Hillsdale, NJ: Erlbaum.

Marsh, H.W. (1994). The importance of being important: Theoretical models of relations between specific and global components of physical self-concept. *Journal of Sport and Exercise Psychology, 16,* 306-325.

Marsh, H.W., Byrne, B.M., & Shavelson, R. (1988). A multifaceted academic self-concept: Its hierarchical structure and its relation to academic achievement. *Journal of Educational Psychology, 80,* 366-380.

Marsh, H.W., & Hattie, J. (1996). Theoretical perspectives on the structure of self-concept. In B.A. Bracken (Ed.), *Handbook of self-concept* (pp. 38-90). New York: Wiley.

Marsh, H.W., Hey, J., Johnson, S., & Perry, C. (1997). Elite athlete self-description questionnaire: Hierarchical confirmatory factor analysis of responses by two distinct groups of elite athletes. *International Journal of Sport Psychology, 28,* 237-258.

Marsh, H.W., Hey, J., Roche, L.A., & Perry, C. (1997). The structure of physical self-concept: Elite athletes and physical education students. *Journal of Educational Psychology, 89,* 369-380.

Marsh, H.W., & O'Neill, R. (1984). Self-description questionnaire III (SDQ III): The construct validity of multidimensional self-concept ratings by late-adolescents. *Journal of Educational Measurement, 21,* 153-174.

Marsh, H.W., & Parker, J.W. (1984). Determinants of student self-concept: Is it better to be a relatively large fish in a small pond even if you don't learn to swim as well? *Journal of Personality and Social Psychology, 47,* 213-231.

Marsh, H.W., & Peart, N. (1988). Competitive and cooperative physical fitness training programs for girls: Effects on physical fitness and on multidimensional self-concepts. *Journal of Sport and Exercise Psychology, 10,* 390-407.

Marsh, H.W., Perry, C., Horsely, C., & Roche, L.A. (1995). Multidimensional self-concepts of elite athletes: How do they differ from the general population? *Journal of Sport and Exercise Psychology, 17,* 70-83.

Marsh, H.W., Richards, G.E., Johnson, S., Roche, L., & Tremayne, P. (1994). Physical Self-Description Questionnaire: Psychometric properties and a multitrait-multimethod analysis of relations to existing instruments. *Journal of Sport and Exercise Psychology, 16,* 270-305.

Marsh, H.W., & Roche, L.A. (1996). Predicting self-esteem from perceptions of actual and ideal ratings of body fatness: Is there only one ideal supermodel? *Research Quarterly for Exercise and Sport, 67,* 13-23.

Marsh, H.W., & Shavelson, R. (1985). Self-concept: Its multifaceted, hierarchical structure. *Educational Psychologist, 20,* 107-125.

Marshall, H.H., & Weinstein, R.S. (1984). Classroom factors affecting students' self-evaluations. *Review of Educational Research, 54,* 301-326.

McFarland, C., & Buehler, R. (1995). Collective self-esteem as a moderator of the frog-pond effect in reactions to performance feedback. *Journal of Personality and Social Psychology, 68,* 1055-1070.

Mead, G.H. (1925). The genesis of the self and social control. *International Journal of Ethics, 35,* 251-273.

Mead, G.H. (1934). *Mind, self, and society.* Chicago: University of Chicago Press.

Meyer, J.W. (1970). High school effects on college intentions. *American Journal of Sociology, 76,* 59-70.

Morse, S., & Gergen, K.J. (1970). Social comparison, self-consistency, and the concept of self. *Journal of Personality and Social Psychology, 16,* 148-156.

Oosterwegel, A., & Oppenheimer, L. (1993). *The self-system: Developmental changes between and within self-concepts.* Hillsdale, NJ: Erlbaum.

Parducci, A. (1995). *Happiness, pleasure, and judgment: The contextual theory and its applications.* Mahwah, NJ: Erlbaum.

Perry, C. (1999). *An investigation of the relationship between self-concept and elite swimming performances.* Unpublished doctoral dissertation, University of Western Sydney, Sydney, Australia.

Rogers, C.R. (1950). The significance of the self-regarding attitudes and perceptions. In M.L. Reymart (Ed.), *Feeling and emotion: The Moosehart symposium* (pp. 78-79). New York: McGraw-Hill.
Rogers, C.R. (1951). *Client-centered therapy.* Boston: Houghton Mifflin.
Rogers, C.R. (1977). *Carl Rogers on personal power.* New York: Delacorte Press.
Shavelson, R.J., Hubner, J.J., & Stanton, G.C. (1976). Validation of construct interpretations. *Review of Educational Research, 46,* 407-441.
Shavelson, R.J., & Marsh, H.W. (1986). On the structure of self-concept. In R. Schwarzer (Ed.), *Anxiety and cognition.* Hillsdale, NJ: Erlbaum.
Sherif, M., & Sherif, C.W. (1969). *Social psychology.* New York: Harper & Row.
Snyder, C.R., Lassegard, M., & Ford, C.E. (1986). Distancing after group success and failure: Basking in reflected glory and cutting off reflected failure. *Journal of Personality and Social Psychology, 51,* 382-388.
Sperry, L. (1995). *Handbook of diagnosis and treatment of the DSM-IV personality disorders.* Levittown, PA: Brunner/Mazel.
Stouffer, S.A., Suchman, E.A., DeVinney, L.C., Star, S.A., & Williams, R.M. (1949). *The American soldier: Adjustments during army life* (vol. 1). Princeton, NJ: Princeton University Press.
Suls, J.M. (1977). Social comparison theory and research: An overview from 1954. In J.M. Suls & R.L. Miller (Eds.), *Social comparison processes: Theoretical and empirical perspectives* (pp. 1-20). Washington, DC: Hemisphere.
Taylor, S.E., & Lobel, M. (1989). Social comparison activity under threat: Downward evaluation and upward contacts. *Psychological Review, 96,* 569-575.
Tesser, A. (1988). Toward a self-evaluation maintenance model of social behavior. *Advances in Experimental Social Psychology* (vol. 21, pp. 181-227).
Upshaw, H.S. (1969). The personal reference scale: An approach to social judgment. *Advances in Experimental Social Psychology* (vol. 4, pp. 315-370). San Diego, CA: Academic Press.
Wills, T.A. (1981). Downward comparison principals in social psychology. *Psychological Bulletin, 90,* 245-271.
Wylie, R.C. (1989). *Measures of self-concept.* Lincoln, NE: University of Nebraska Press.

【第 6 章】

Feltz, D.L., & Landers, D.M. (1983). The effects of mental practice on motor skill learning and performance: A meta-analysis. *Journal of Sport Psychology, 5,* 25-57.
Freud, S. (1965). *The interpretation of dreams* (J. Strachey, Trans.). New York: Basic Books. (Original published in 1900)
Graham, H. (1995). *Mental imagery in health care: An introduction to therapeutic practice.* London: Chapman & Hall.
Moran, A.P. (1996). *The psychology of concentration in sport performers: A cognitive analysis.* East Sussex, UK: Psychology Press.
Wolpe, J. (1973). *The practice of behavior therapy* (2nd ed.). New York: Pergamon Press.
Wundt, W. (1896). *Lectures on human and animal psychology.* New York: Sonnenschein.

【第 7 章】

Burton, D. (1993). Goal setting in sport. In R.N. Singer, M. Murphey, & L.K. Tennant (Eds.), *Handbook of research on sport psychology* (pp. 467-491). New York: Macmillan.
Cattell, H.B. (1989). *The 16 PF: Personality in depth.* Champaign, IL: Institute for Personality and Ability Testing.
Cattell, R.B., Cattell, A.K., & Cattell, H.B. (1994). *Sixteen Personality Factor Questionnaire (16 PF)* (5th ed.). Champaign, IL: Institute for Personality and Ability Testing.
Danish, S.J., Mash, J.M, Howard, C.W., Curl, S.J., Meyer. A.L., Owens, S.S., & Kendall, K. (1992). *Going for the goal leader manual.* Richmond, VA: Virginia Commonwealth University.
Gould, D. (1998). Goal setting for peak performance. In J.M. Williams (Ed.), *Applied sport psychology: Personal growth to peak performance* (3rd ed., pp. 182-196). Mountain View, CA: Mayfield.
Harris, D.V., & Harris, B.L. (1984). *The athlete's guide to sport psychology: Mental skills for physical people.* Champaign, IL: Human Kinetics.
Ravizza, K. (1990). Sportpsych consultation issues in professional baseball. *The Sport Psychologist, 4,* 330-340.
Rotella, R.J. (1990). Providing sport psychology consulting services to professional athletes. *The Sport Psychologist, 4,* 409-417.
Weinberg, R.S. (1996). Goal setting in sport and exercise: Research to practice. In J.L. Van Raalte & B.W. Brewer (Eds.), *Exploring sport and exercise psychology* (pp. 3-24). Washington, DC: American Psychological Association.

【第 8 章】

American Psychological Association (1992). Ethical principles of psychologists and code of conduct. *American Psychologist, 47,* 1597-1611.
Basch, M.F. (1980). *Doing psychotherapy.* New York: Basic Books.
Callahan, T.R. (1994). Being paid for what you do. *The Independent Practitioner (Bulletin of the Division of Independent*

Practice, Division 42 of the American Psychological Association), *14* (1), 25-26.
Conolley, J.C., & Bonner, M. (1991). The effects of counselor fee and title on perceptions of counselor behavior. *Journal of Counseling and Development, 69,* 356-358.
Frances, A., & Clarkin, J. (1981). Parallel techniques in supervision and treatment. *Psychiatric Quarterly, 53,* 242-248.
Herron, W.G., & Sitkowski, S. (1986). Effect of fees on psychotherapy: What is the evidence? *Professional Psychology: Research and Practice, 17,* 347-351.
Herron, W.G., & Welt, S.R. (1992). *Money matters: The fee in psychotherapy and psychoanalysis.* New York: Guilford Press.
Martin, S.B., Wrisberg, C.A., Beitel, P.A., & Lounsbury, J. (1997). NCAA Division I athletes' attitudes toward seeking sport psychology consultation: The development of an objective instrument. *The Sport Psychologist, 11,* 201-218.
McNeil, B.W., & Worthen, V. (1989). Parallel process in psychotherapy supervision. *Professional Psychology: Research and Practice, 20,* 329-333.
Orlick, T., & Partington, J. (1987). The sport psychology consultant: Analysis of critical components as viewed by Canadian Olympic athletes. *The Sport Psychologist, 1,* 4-17.

【第 9 章】
Kirschenbaum, D.S., Parham, W.D., & Murphy, S.M. (1993). Provision of sport psychology services at Olympic events: The 1991 Olympic Festival and beyond. *The Sport Psychologist, 7,* 419-440.
Napier, A.Y., & Whitaker, C.A. (1978). *The family crucible.* New York: Bantam Books.
Sachs, M. (1999). The sport psychologist-athlete relationship: Implications for training: Comment on Petitpas, Danish, & Giges. *The Sport Psychologist, 13,* 344-357.

【第 10 章】
Graham, H. (1995). *Mental imagery in health care: An introduction to therapeutic practice.* London: Chapman & Hall.
Harris, D.V., & Harris, B.L. (1984). *The athlete's guide to sports psychology: Mental skills for physical people.* Champaign, IL: Leisure Press.
Ievleva, L., & Orlick, T. (1991). Mental links to enhanced healing: An exploratory study. *The Sport Psychologist, 5,* 25-40.
Linder, D.E., Brewer, B.W., Van Raalte, J.L., & DeLange, N. (1991). A negative halo for athletes who consult sport psychologists: Replication and extension. *Journal of Sport and Exercise Psychology, 13,* 133-148.
Linder, D.E., Pillow, D.R., & Reno, R.R. (1989). Shrinking jocks: Derogation of athletes who consult a sport psychologist. *Journal of Sport and Exercise Psychology, 11,* 270-280.
Porter, K., & Foster, J. (1990). *Visual athletics: Visualizations for peak sports performance.* Dubuque, IA: William C. Brown.
Shultz, J.H., & Luthe, W. (1969). *Autogenic therapy* (Vol. 1). New York: Grune & Stratton.

【第 11 章】
Beck, A., Rush, J., Shaw, B., & Emery, G. (1979). *Cognitive theory of depression.* New York: Guilford Press.
Ellis, A. (1962). *Reason and emotion in psychotherapy.* New York: Lyle Stuart.
Mahoney, M.J. (1991). *Human change processes: The scientific foundations of psychotherapy.* New York: Basic Books.
Meichenbaum, D. (1977). *Cognitive behavior modification.* New York: Plenum.

【第 12 章】
Francis, S.R., Andersen, M.B., & Maley, P. (2000). Physiotherapists' and male professional athletes' views of psychological skills for rehabilitation. *Journal of Science and Medicine in Sport, 3,* 17-29.
Gordon, S., Milios, D., & Grove, J.R. (1991). Psychological aspects of the recovery process from sport injury: The perspective of sport physiotherapists. *Australian Journal of Science and Medicine in Sport, 23,* 53-60.
Gordon, S., Potter, M., & Ford, I.W. (1998). Toward a psychoeducational curriculum for training sport-injury rehabilitation personnel. *Journal of Applied Sport Psychology, 10,* 140-156.
Heil, J. (Ed.). (1993). *Psychology of sport injury.* Champaign, IL: Human Kinetics.
Kolt, G.S. (1996). Psychosocial factors and sports injury rehabilitation. *Australian Journal of Psychology, 48 (Suppl.),* 114.
Kolt, G.S. (1998). Psychological aspects of sports injury: Practical applications for rehabilitation. In S. Hniat (Ed.), *The scene through their eyes: Proceedings of the Fifth International Congress of the Australian Physiotherapy Association* (pp. 266-267). Hobart, Australia: Australian Physiotherapy Association (Tasmanian Branch).
Kolt, G.S., & Kirkby, R.J. (1996). Injury in Australian female gymnasts: A psychological perspective. *Australian Journal of Physiotherapy, 42,* 121-126.
Larson, G.A., Starkey, C., & Zaichkowsky, L.D. (1996). Psychological aspects of athletic injuries as perceived by athletic trainers. *The Sport Psychologist, 10,* 37-47.
MacWhannell, D.E. (1992). Communication in physiotherapy practice, I. In S. French (Ed.), *Physiotherapy: A psychosocial approach* (pp. 98-112). Oxford, England: Butterworth-Heinemann.
Nathan, B. (1999). *Touch and emotion in manual therapy.* London: Churchill Livingstone.

National Athletic Trainers' Association. (1999). *Athletic training educational competencies*. Dallas, TX: Author
Ninedek, A. (1998). *An investigation of sports physiotherapists' perceptions of the importance of psychological strategies in sports injury rehabilitation*. Unpublished honour's thesis, La Trobe University, Melbourne, Australia.
Pargman, D. (Ed.). (1998). *Psychological bases of sport injuries* (2nd ed.). Morgantown, WV: Fitness Information Technologies.
Pearson, L., & Jones, G. (1992). Emotional effects of sports injuries: Implications for physiotherapists. *Physiotherapy, 78*, 762-770.
Shaffer, S.M., & Wiese-Bjornstal, D.M. (1999). Psychosocial intervention strategies in sports medicine. In R. Ray & D.M. Wiese-Bjornstal (Eds.), *Counseling in sports medicine* (pp. 41-54). Champaign, IL: Human Kinetics.
Taylor, J., & Taylor, S. (1997). *Psychological approaches to sports injury rehabilitation*. Gaithersburg, MD: Aspen.
Tuffey, S. (1991). The role of athletic trainers in facilitating psychological recovery from athletic injury. *Athletic Training, 26*, 346-351.
Upledger, J.E. (1990). *SomatoEmotional release and beyond*. Palm Beach Gardens, FL: UI.
Wiese, D.M., & Weiss, M.R. (1987). Psychological rehabilitation and physical injury: Implications for the sportsmedicine team. *The Sport Psychologist, 1*, 318-330.
Wiese, D.M., Weiss, M.R., & Yukelson, D.P. (1991). Sport psychology in the training room: A survey of athletic trainers. *The Sport Psychologist, 5*, 25-40.
Wiese-Bjornstal, D.M., Gardetto, D.M., & Shaffer, S.M. (1999). Effective interaction skills for sports medicine professionals. In R. Ray & D.M. Wiese-Bjornstal (Eds.), *Counseling in sports medicine* (pp. 55-74). Champaign, IL: Human Kinetics.
Wiese-Bjornstal, D.M., & Smith, A.N. (1993). Counseling strategies for enhanced recovery of injured athletes within a team approach. In D. Pargman (Ed.), *Psychological bases of sport injury* (pp. 149-182). Morgantown, WV: Fitness Information Technology.

【第 13 章】

American Psychiatric Association. (1994). *Diagnostic and statistical manual of mental disorders* (4th ed.). Washington, DC: Author.
American Psychological Association. (1992). Ethical principles of psychologists and code of conduct. *American Psychologist, 47*, 1597-1611.
Andersen, M.B. (1992). Sport psychology and procrustean categories: An appeal for synthesis and expansion of service. *Association for the Advancement of Applied Sport Psychology Newsletter, 7* (3), 8-9.
Bobele, M., & Conran, T.J. (1988). Referrals for family therapy: Pitfalls and guidelines. *Elementary School Guidance, 22*, 192-198.
Buceta, J.M. (1993). The sport psychologist/athletic coach dual role: Advantages, difficulties, and ethical considerations. *Journal of Applied Sport Psychology, 5*, 64-77.
Brewer, B.W., Petitpas, A.J., & Van Raalte, J.L. (1999). Referral of injured athletes for counseling and psychotherapy. In R.R. Ray & D.M. Wiese-Bjornstal (Eds.), *Counseling in sports medicine* (pp. 127-141). Champaign, IL: Human Kinetics.
Bump, L., & McKeighan, J. (1987). *American Coaching Effectiveness Program: Sport psychology*. [Videocassette]. Champaign, IL: Human Kinetics.
Burke, K.L., & Johnson, J.J. (1992). The sport psychologist-coach dual role position: A rebuttal to Ellickson & Brown (1990). *Journal of Applied Sport Psychology, 4*, 51-55.
Carron, A.V., & Hausenblas, H.A. (1998). *Group dynamics in sport* (2nd ed.). Morgantown, WV: Fitness Information Technology.
Doherty, J.K. (1976). *Track and field omnibook* (2nd ed.). Los Altos, CA: Tafnews Press.
Ebert, B.W. (1997). Dual-relationship prohibitions: A concept whose time never should have come. *Applied and Preventive Psychology, 6*, 137-156.
Ellickson, K.A., & Brown, D.R. (1990). Ethical considerations in dual relationships: The sport psychologist-coach. *Journal of Applied Sport Psychology, 2*, 186-190.
Gardner, F. (1995). The coach and the team psychologist: An integrated organizational model. In S.M. Murphy (Ed.), *Sport psychology interventions* (pp. 147-175). Champaign, IL: Human Kinetics.
Heil, J. (1993). Referral and coordination of care. In J. Heil (Ed.), *Psychology of sport injury* (pp. 251-266). Champaign, IL: Human Kinetics.
Heyman, S., & Andersen, M.B. (1998). When to refer athletes for counseling or psychotherapy. In J.M. Williams (Ed.), *Applied sport psychology: Personal growth to peak performance* (3rd ed., pp. 359-371). Mountain View, CA: Mayfield.
Koocher, G.P., & Keith-Spiegel, P. (1998). *Ethics in psychology: Professional standards and cases* (2nd ed.). New York: Oxford University Press.
Martens, R. (1987). *Coaches guide to sport psychology*. Champaign, IL: Human Kinetics.

Martin, G.L., & Lumsden, J. (1987). *Coaching: An effective behavioral approach*. St. Louis: Times Mirror Mosby.
Petitpas, A.J., Brewer, B.W., Rivera, P.M., & Van Raalte, J.L. (1994). Ethical beliefs and behaviors in applied sport psychology: The AAASP Ethics Survey. *Journal of Applied Sport Psychology, 6,* 135-151.
Smith, D. (1992). The coach as sport psychologist: An alternate view. *Journal of Applied Sport Psychology, 2,* 56-62.
Smith, R.E. (1998). A positive approach to sport performance enhancement: Principles of reinforcement and performance feedback. In J.M. Williams (Ed.), *Applied sport psychology: Personal growth to peak performance* (3rd ed., pp. 28-40). Mountain View, CA: Mayfield.
Van Raalte, J.L., & Andersen, M.B. (1996). Referral processes in sport psychology. In J.L. Van Raalte & B.W. Brewer (Eds.), *Exploring sport and exercise psychology* (pp. 275-284). Washington, DC: American Psychological Association.
Whelan, J.P., Meyers, A.W., & Elkin, T.D. (1996). Ethics in sport and exercise psychology. In J.L. Van Raalte & B.W. Brewer (Eds.), *Exploring sport and exercise psychology* (pp. 431-447). Washington, DC: American Psychological Association.
Williams, J.M. (Ed.). (1998). *Applied sport psychology: Personal growth to peak performance* (3rd ed.). Mountain View, CA: Mayfield.
Yukelson, D.P. (1998). Communicating effectively. In J.M. Williams (Ed.), *Applied sport psychology: Personal growth to peak performance* (3rd ed., pp. 142-157). Mountain View, CA: Mayfield.

【第14章】
Alfermann, D., Bardaxoglou, N., Chamalidis, P., Lavallee, D., Stambulova, N., Menkehorst, H., Petitpas, A., Salmela, J., Schilling, G., van den Berg, F., & Wylleman, P. (1999). *Career transitions in competitive sports*. Biel, Switzerland: European Federation of Sports Psychology.
Andersen, M.B. (1996). Working with college student-athletes. In J.L. Van Raalte & B.E. Brewer (Ed.), *Exploring sport and exercise psychology* (pp. 317-334). Washington, DC: American Psychological Association.
Anderson, D., & Morris, T. (in press). Athlete lifestyle programs. In D. Lavallee & P. Wylleman (Eds.), *Career transitions in sport: International perspectives*. Morgantown, WV: Fitness Information Technology.
Baillie, P.H.F. (1993). Understanding retirement from sports: Therapeutic ideas for helping athletes in transition. *The Counseling Psychologist, 21,* 399-410.
Beck, A. T. (1979). *Cognitive therapy and emotional disorders*. New York: New American Library.
Bookbinder, H. (1955). Work histories of men leaving a short life span occupation. *Personnel and Guidance Journal, 34,* 164-167.
Brewer, B.W., Van Raalte, J.L., & Linder, D.E. (1993). Athletic identity: Hercules' muscles or Achilles' heel? *International Journal of Sport Psychology, 24,* 237-254.
Brewer, B.W., Van Raalte, J.L., & Petitpas, A.J. (in press). Self-identity issues in sport career transitions. In D. Lavallee & P. Wylleman (Eds.), *Career transitions in sport: International perspectives*. Morgantown, WV: Fitness Information Technology.
Corey, G. (1994). *Theory and practice of group counseling* (4th ed.). Pacific Grove, CA: Brooks/Cole.
Crook, J.M., & Robertson, S.E. (1991). Transitions out of elite sport. *International Journal of Sport Psychology, 22,* 115-127.
Cummings, E., & Henry, W.E. (1961). *Growing old and the process of disengagement*. New York: Basic Books.
Danish, S.J., Petitpas, A.J., & Hale, B.D. (1993). Life development intervention for athletes: Life skills through sports. *The Counseling Psychologist, 21,* 352-385.
Erikson, E.H. (1950). *Childhood and society*. New York: Norton.
Erikson, E.H. (1968). *Identity: Youth and crisis*. New York: Norton.
Fortunato, V. (1998). Getting the axe: Adjustment process of delisted Australian rules footballers. *Journal of Applied Sport Psychology, 10, (Suppl.),* S119.
Gardner, H. (1993). *Creating minds*. New York: Basic Books.
Gazda, G.M. (1989). *Group counseling: A developmental approach* (4th ed.). Needham Heights, MA: Allyn & Bacon.
Glasser, W. (1965). *Reality therapy*. New York: Harper & Row.
Glasser, W. (1989). Control theory. In N. Glasser (Ed.), *Control theory in the practice of reality therapy: Case studies* (pp. 1-15). New York: Harper & Row.
Gordon, S. (1995). Career transitions in competitive sport. In T. Morris & J. Summers (Eds.), *Sport psychology: Theory, applications and issues* (pp. 474-501). Brisbane, Australia: Jacaranda Wiley.
Grove, J.R., Lavallee, D., & Gordon, S. (1997). Coping with retirement from sport: The influence of athletic identity. *Journal of Applied Sport Psychology, 9,* 191-203.
Grove, J.R., Lavallee, D., Gordon, S., & Harvey, J.H. (1998). Account-making: A model for understanding and resolving distressful reactions to retirement from sport. *The Sport Psychologist, 12,* 52-67.
Haerle, R.K. (1975). Career patterns and career contingencies of professional baseball players: An occupational analysis. In D.W. Ball & J.W. Loy (Eds.), *Sport and social order* (pp. 461-519). Reading, MA: Addison-Wesley.
Hallden, O. (1965). The adjustment of athletes after retiring from sport. In F. Antonelli (Ed.), *Proceedings of the 1st*

*International Congress of Sport Psychology* (pp. 730-733). Rome: International Society of Sport Psychology.
Harvey, J.H., Weber, A.L., & Orbuch, T.L. (1990). Interpersonal accounts. Oxford: Basil Blackwell.
Krumboltz, J.D. (1992). The wisdom of indecision. *Journal of Vocational Behavior, 41,* 239-244.
Kübler-Ross, E. (1969). *On death and dying.* New York: Macmillan.
Lavallee, D., Gordon, S., & Grove, J.R. (1997). Retirement from sport and the loss of athletic identity. *Journal of Personal and Interpersonal Loss, 2,* 129-147.
Lavallee, D., Grove, J.R., & Gordon, S. (1997). The causes of career termination from sport and their relationship to post-retirement adjustment among elite-amateur athletes in Australia. *The Australian Psychologist, 32,* 131-135.
Lavallee, D., Grove, J.R., Gordon, S., & Ford, I.W. (1998). The experience of loss in sport. In J.H. Harvey (Ed.), *Perspectives on loss: A sourcebook* (pp. 241-252). Philadelphia: Brunner/Mazel.
Lavallee, D., Sinclair, D.A., & Wylleman, P. (1998). An annotated bibliography on career transitions in sport: I. Counselling-based references. *Australian Journal of Career Development, 7,* (2), 34-42.
Lavallee, D., Wylleman, P., & Sinclair, D.A. (1998). An annotated bibliography on career transitions in sport: II. Empirical references. *Australian Journal of Career Development, 7,* (3), 32-44.
Mayocchi, L., & Hanrahan, S.J. (in press). Transferable skills for career change. In D. Lavallee & P. Wylleman (Eds.), *Career transitions in sport: International perspectives.* Morgantown, WV: Fitness Information Technology.
McPherson, B.D. (1980). Retirement from professional sport: The process and problems of occupational and psychological adjustment. *Sociological Symposium, 30,* 126-143.
Meichenbaum, D. (1985). *Stress inoculation training.* New York: Plenum.
Mihovilovic, M. (1968). The status of former sportsmen. *International Review of Sport Sociology, 3,* 73-93.
Murphy, S.M. (1995). Transitions in competitive sport: Maximizing individual potential. In S.M. Murphy (Ed.), *Sport psychology interventions* (pp. 331-346). Champaign, IL: Human Kinetics.
Murphy, G.M., Petitpas, A.J., & Brewer, B.W. (1996). Identity foreclosure, athletic identity, and career maturity in intercollegiate athletes. *The Sport Psychologist, 10,* 239-246.
Ogilvie, B.C., & Taylor, J. (1993). Career termination issues among elite athletes. In R.N. Singer, M. Murphey, & L.K. Tennant (Eds.), *Handbook of research on sport psychology* (pp. 761-775). New York: Macmillan.
Parker, K.B. (1994). "Has-beens" and "wanna-bes": Transition experiences of former major college football players. *The Sport Psychologist, 8,* 287-304.
Pearson, R., & Petitpas, A. (1990). Transitions of athletes: Developmental and preventive perspectives. *Journal of Counseling and Development, 69,* 7-10.
Petitpas, A.J., Brewer, B.W., & Van Raalte, J.L. (1996). Transitions of the student-athlete: Theoretical, empirical, and practical perspectives. In E.F. Etzel, A.P. Ferrante, & J.W. Pinkney (Eds.), *Counseling college student-athletes: Issues and interventions* (2nd ed., pp. 137-156). Morgantown, WV: Fitness Information Technology.
Petitpas, A., Champagne, D., Chartrand, J., Danish, S., & Murphy, S. (1997). *Athlete's guide to career planning: Keys to success from the playing field to professional life.* Champaign, IL: Human Kinetics.
Petitpas, A., Danish, S., McKelvain, R., & Murphy, S.M. (1990). A career assistance program for elite athletes. *Journal of Counseling and Development, 70,* 383-386.
Schlossberg, N.K. (1981). A model for analyzing human adaptation to transition. *The Counseling Psychologist, 9,* 2-18.
Shapiro, F. (1995). *Eye movement desensitization and reprocessing: Basic principles, protocols, and procedures.* New York: Guilford Press.
Sime, W.E. (1998). Injury and career termination issues. In M.A. Thompson, R.A. Vernacchia, & W.E. Moore (Eds.), *Case studies in applied sport psychology: An educational approach* (pp. 195-226). Dubuque, IA: Kendall/Hunt.
Sinclair, D.A., & Orlick, T. (1993). Positive transitions from high-performance sport. *The Sport Psychologist, 7,* 138-150.
Taylor, J., & Ogilvie, B.C. (1994). A conceptual model of adaptation to retirement among athletes. *Journal of Applied Sport Psychology, 6,* 1-20.
Taylor, J., & Ogilvie, B.C. (1998). Career transition among elite athletes: Is there life after sports? In J.M. Williams (Ed.), *Applied sport psychology: Personal growth to peak performance* (3rd ed., pp. 429-444). Mountain View, CA: Mayfield.
United States Olympic Committee (1988). *Career assessment program for athletes: 1988-1989 seminar workbook.* Colorado Springs, CO: Author.
Wolff, R., & Lester, D. (1989). A theoretical basis for counseling the retired professional athlete. *Psychological Reports, 64,* 1043-1046.
Wylleman, P., De Knop, P., Menkehorst, H., Theeboom, M., & Annerel, J. (1993). Career termination and social integration among elite athletes. In S. Serpa, J. Alves, V. Ferreira, & A. Paula-Brito (Eds.), *Proceedings of the 8th World Congress of Sport Psychology* (pp. 902-906). Lisbon: Universidade Tecnica de Lisboa.
Yalom, I.D. (1980). *Existential psychotherapy.* New York: Harper Collins.
Yalom, I.D. (1995). *The theory and practice of group psychotherapy* (4th ed.). New York: Basic Books.

〈原著編者・執筆者紹介〉
[編者]
**Mark B. Andersen** †公認心理学者，オーストラリア・メルボルンのヴィクトリア大学准教授。ヒューマン・ムーブメント，レクリエーション，パフォーマンスの学術研究大学院のトップを務め，心理学部で応用スポーツ心理学の修士課程のコーディネーターに従事。1988年アリゾナ大学でPhDを取得，1994年にオーストラリアに移住。しかし，彼は今も米国オリンピック委員会に登録されている。統計学，リサーチデザイン，リハビリテーションの心理学，心理学の専門訓練を教えている。リサーチの関心は障害・リハビリテーション時の心理にある。たとえば，メンタルヘルス，健康，クォリティ・オブ・ライフにおけるエクササイズの役割，大学院生に対するトレーニング，スーパーヴィジョン，スポーツ心理サービス提供の訓練など。国際学術雑誌である"*the Sport Psychologist*"の専門訓練部門での初代編集者であり，現在でもそのポジションにいる。1994年に応用スポーツ心理学会（AAASP）より優秀な若手学者・実務家に送られるthe Dorothy V. Harris Memorial Awardを授与される。

[執筆者]
**Burt Giges** †マサチューセッツ州スプリングフィールドのスプリングフィールドカレッジ心理学部アスレチックカウンセリングプログラム臨床教授。女子陸上部のスポーツ心理コンサルタントも務める。米国陸上協会スポーツ心理プログラムの特別コンサルタント。"*The Sport Psychologist*"の編集員。

**Albert J. Petitpas** †マサチューセッツ州スプリングフィールドのスプリングフィールドカレッジ心理学部教授。アスレチックカウンセリングの大学院トレーニングプログラムを指導。応用スポーツ心理学会のフェロー（特別会員）で認定されたコンサルタント。米国スキーチームや米国オリンピック委員会のキャリア・アシスタンスプログラムなど広範囲にわたってコンサルタントサービスを行う。

**Clay P. Sherman** †カリフォルニア州立大学フラトン校助教授。PhDをユタ大学のスポーツ科学部で取得。リサーチの関心は，スポーツやアクティビティを通じて青少年にライフスキルを教える教育的なアプローチの開発。

**Artur Poczwardowski** †セントルイス大学心理学部の助教授。いろいろなチーム・個人のコンサルタントをしているが，トップレベルでは1992年のオリンピックにおいてポーランド男女柔道チームで働いた。

**Clark Perry, Jr.** †キャンベラにあるオーストラリアスポーツ協会（AIS）に心理学者として従事。1990年にエリート選手と現場で働くポジションを求め，オーストラリアに渡る。1992年と1996年のオリンピックで，オーストラリアの水泳，自転車，野球，トライアスロンチームにサービスを提供した。

**Herbert W. Marsh** †オーストラリアのウェスタン・シドニー大学学術研究大学院学部長，the Self-Concept Enhancement and Learning Facilitation（SFLF）センター長。"*International Journal of Sport Psychology*"や"*Journal of Sport & Exercise*"など八つの国際学術雑誌の編集委員を歴任。

**Jeff Simons** †オーストラリア・メルボルンの Optimal Performance Consulting 社の取締役，公認心理学者。イリノイ大学で PhD を取得後，UCLA，コロラド大学，ビクトリア大学で 12 年間教えた経験がある。

**Daryl B. Marchant** †メルボルンのヴィクトリア大学講師。学部と大学院で応用スポーツ心理学を教えている。アルベルタ大学で修士を，ヴィクトリア大学で PhD を取得。

**Judy L. Van Raalte** †マサチューセッツ州スプリングフィールドのスプリングフィールドカレッジ准教授。心理学部の学部生と大学院生を教え，セルフ・トークとスポーツパフォーマンスの研究を行っている。1996-2000 年に米国オリンピック委員会のスポーツ心理学者として登録，応用スポーツ心理学会認定コンサルタントでもある。

**Frances L. Price** †ワイオミング大学で臨床心理学博士課程修了。博士課程在籍時に大学の体育局でアカデミック・アドバイザーを務める。8 年以上アスリートにパフォーマンス・エンハンスメント，カウンセリングのサービスを行ってきた。

**Vance V. Tammen** †ボールステート大学助教授。1994 年から 1998 年の間，メルボルンのヴィクトリア大学でスポーツ心理学を教える。現在応用スポーツ心理コンサルタントとして，広範囲にわたるクライアントにサービスを行う。

**Sean C. McCann** †オリンピックトレーニングセンター（コロラドスプリングス）の米国オリンピック委員会（USOC）委員長。ハワイ大学で PhD を取得。現在は USOC スポーツ心理スタッフとして直接オリンピック選手，コーチ，チームを指導。

**Shane M. Murphy** † 1992 年，スポーツ心理学者として初の OTC スポーツ科学部門の責任者となる。米国オリンピックチームのスポーツ心理学者，スポーツ心理コンサルタントとして働く。

**Greg Harris** †メルボルンのヴィクトリア大学修士課程修了。州レベルや国際レベルの多くのチームでコーピング，ストレスマネージメント，パフォーマンス・エンハンスメントなどの心理スキルトレーニングコンサルティングを行う。

**Gregory S. Kolt** †ニュージーランドのオークランド工科大学健康科学部副学部長。ラトローブ大学で体操における障害，パフォーマンス，競技参加についての分野で PhD 取得。公認心理学者，フィジカルセラピストとして国際レベルのチーム，個人と働く。

**David Lavallee** †英国のティーサイド大学社会科学部主任講師。心理学を教え，スポーツパフォーマンス・応用研究センター長を務める。ハーバード大学でカウンセリングの修士を取得，スポーツ心理学の PhD はウエスタン・オーストラリア大学で取得。

**Britton W. Brewer** †マサチューセッツ州スプリングフィールドのスプリングフィールドカレッジ准教授。心理学部の学部生と大学院生を教え，スポーツ傷害に関する心理的側面の研究を行っている。1996-2000 年に米国オリンピック委員会のスポーツ心理学者として登録，応用スポーツ心理学会認定コンサルタントでもある。

【訳者紹介】
## 辻 秀一（つじ・しゅういち）

1961年東京生まれ。北海道大学医学部卒。慶應義塾大学医学部内科学教室で研修を積み，慶應義塾大学スポーツ医学研究センターでスポーツ医学を学んだ後，スポーツ心理学を専門とし南青山にエミネクロスを設立。応用スポーツ心理学をもとにアスリートはもちろん企業，音楽家などのパフォーマンス・エクセレンスのサービスを行っている。スポーツドクターという立場で，スポーツカウンセリングからスポーツコンサルティングまで幅広く活動・サポートしている。日本体育協会公認スポーツドクター，日本医師会認定産業医。
著書に『スラムダンク勝利学』（集英社インターナショナル），『心の力コーチング』（講談社），『ほんとうの社会力』（日経BP社）など多数。
www.doctor-tsuji.com

## 布施 努（ふせ・つとむ）

1963年，東京生まれ。慶應義塾大学文学部卒，総合商社勤務の後渡米，ウエスタン・イリノイ大学大学院修士課程（スポーツ心理学専攻）修了。ノースカロライナ大学グリーンズボロ校大学院スポーツ科学部博士課程にて応用スポーツ心理学を専攻。現在は慶応義塾大学スポーツ医学研究センターにて研究員，応用スポーツ心理学非常勤講師。スポーツ分野では，プロ・社会人・大学のチーム，選手と契約しスポーツ心理パフォーマンス・コンサルタントとしても活動。2006年に㈱エミネクロス・クリエイツジャパンを設立し，ビジネスフィールドでの組織・個人のパフォーマンス向上にスポーツ心理学を応用している。

じっせんれい　まな
実践例から学ぶ
きょうぎりょく
競技力アップのスポーツカウンセリング
© Shuichi Tsuji, Tsutomu Fuse 2008

NDC 780　xvi, 428p　21 cm

初版第1刷──2008年7月10日

| | |
|---|---|
| 編　者──── | マーク B. アンダーセン |
| 訳　者──── | 辻　秀一／布施　努 |
| 発行者──── | 鈴木一行 |
| 発行所──── | 株式会社大修館書店 |
| | 〒101-8364　東京都千代田区神田錦町3-24 |
| | TEL：03-3295-6231（販売部）　03-3294-2358（編集部） |
| | 振替：00190-7-40504 |
| | ［出版情報］http://www.taishukan.co.jp |
| 装　幀──── | 石山智博 |
| 印刷所──── | 壮光舎印刷 |
| 製本所──── | 牧製本 |

ISBN 978-4-469-26664-1　Printed in Japan

Ⓡ本書の全部または一部を無断で複写複製（コピー）することは、著作権法上での例外を除き禁じられています。